SANCTI GEORGII FLORENTII

GREGORII
EPISCOPI TURONENSIS

LIBRI MIRACULORUM

ALIAQUE

OPERA MINORA

LES LIVRES DES MIRACLES

ET AUTRES OPUSCULES

DE

GEORGES FLORENT GRÉGOIRE

ÉVÊQUE DE TOURS

TOME IV

PARIS. — IMPRIMERIE GÉNÉRALE DE CH. LAHURE
Rue de Fleurus, 9

LES LIVRES
DES MIRACLES

ET AUTRES OPUSCULES

DE

GEORGES FLORENT GRÉGOIRE

ÉVÊQUE DE TOURS

revus et collationnés sur de nouveaux Manuscrits

ET TRADUITS

POUR LA SOCIÉTÉ DE L'HISTOIRE DE FRANCE

PAR H. L. BORDIER

TOME QUATRIÈME

A PARIS

CHEZ JULES RENOUARD ET Cie

LIBRAIRES DE LA SOCIÉTÉ DE L'HISTOIRE DE FRANCE

RUE DE TOURNON, N° 6

M DCCC LXIV

EXTRAIT DU RÈGLEMENT.

Art. 4. Le Conseil désigne les ouvrages à publier, et choisit les personnes les plus capables d'en préparer et d'en suivre la publication.

Il nomme, pour chaque ouvrage à publier, un Commissaire responsable, chargé d'en surveiller l'exécution.

Le nom de l'Éditeur sera placé à la tête de chaque volume.

Aucun ouvrage ne pourra paraître sous le nom de la Société sans l'autorisation du Conseil, et s'il n'est accompagné d'une déclaration du Commissaire responsable, portant que le travail lui a paru mériter d'être publié.

Le Commissaire responsable soussigné déclare que l'Édition de : Les Livres des Miracles, *préparée par* M. H. L. Bordier, *lui a paru digne d'être publiée par la* Société de l'Histoire de France.

Fait à Paris, le 15 *décembre* 1864.

Signé : Jules MARION.

Certifié,
Le Secrétaire de la Société de l'Histoire de France,
J. DESNOYERS.

DU
COURS DES ÉTOILES

ET DE LA MANIERE DE LES OBSERVER POUR ACCOMPLIR
L'OFFICE DIVIN;

PAR

GEORGES FLORENT GRÉGOIRE

ÉVÊQUE DE TOURS.

En terminant son Histoire ecclésiastique des Francs (Livre X, ch. XXXI, § 19) Grégoire de Tours se complut à faire une récapitulation des travaux de son ministère et des œuvres de sa plume. Il énumère ainsi ces dernières : « J'ai « écrit dix livres d'Histoires; sept livres de Miracles; j'ai fait « un livre de Commentaires sur les psaumes; j'ai aussi com- « posé un livre sur les offices ecclésiastiques (*De cursibus* « *ecclesiasticis librum unum condidi*). » On a cru jusqu'à ces dernières années, comme dom Ruinart (*præfatio*, § 72) que celui de ces écrits par lequel l'auteur termine sa récapitulation était entièrement perdu. L'érudition allemande a récemment démenti cette opinion. Un philologue de Breslau, M. le professeur Frédéric Haase, a eu le bonheur et le talent de découvrir ce traité dans un manuscrit du VIIIe siècle conservé à la bibliothèque de Bamberg et en a fait l'objet d'une publication qui a paru il y a dix ans sous ce titre :

S. Georgii Florentii Gregorii Turonensis episcopi *Liber ineditus de cursu stellarum ratio qualiter ad officium implendum debeat observari, sive de cursibus ecclesiasticis* nunc primum edidit, recensuit, vindicavit Frid. Haase philosophiæ doctor, antiquarum litterarum et eloquentiæ professor ordinarius. Adjectæ sunt stellarum figuræ et scripturæ specimen e codice Bambergensi. *Vratislaviæ* venumdant Jos. Max et socii; MDCCCLIII. — (52 pages in-4.).

Le manuscrit de Bamberg d'où provient cette découverte (coté HJ. IV. 15) est un recueil in-4° de 103 feuillets renfermant divers écrits de Cassiodore, d'Isidore de Séville et d'autres auteurs du moyen âge. Entre le v° du f° 75 où s'arrête un traité de métrique par Mallius Theodorus et celui du f° 82 où commence le *De rerum natura* par saint Isidore, se trouve l'opuscule de Grégoire qui occupe ainsi quatorze pages et commence par un titre (In Christi nomine incipit de cursu etc.) en lettres capitales tracées au vermillon.

Il ne porte pas de nom d'auteur, mais il est certainement l'œuvre du saint évêque de Tours : M. Haase l'a surabondamment prouvé, d'abord en faisant remarquer la conformité du titre qu'il porte avec celui de ce livre, de peu d'étendue, *librum unum*, visé à la fin de l'*Histoire des Francs*; puis en signalant le passage où l'opuscule du manuscrit de Bamberg parle et de l'Auvergne et du roi Sigebert et de la funeste influence des comètes, comme Grégoire seul à notre connaissance en pouvait parler et comme on le voit en parler en effet aux chapitres xxxi et lii du livre IV de son *Histoire*. Enfin le docte éditeur a surtout complété la démonstration en faisant ressortir, soit dans sa préface soit dans des notes placées en appendice, les nombreuses locutions, barbares pour la plupart, qui se retrouvent identiquement dans ce texte comme dans les autres ouvrages de Grégoire, et qui à elles seules suffiraient pour faire reconnaître sa main. Le seul endroit où l'identité nous semble cesser est à la fin de l'opuscule, lorsqu'il s'arrête brusquement à une observation touchant les offices nocturnes du mois d'août, tandis qu'une habitude dont Grégoire ne se départit jamais est de terminer ses moindres chapitres par une conclusion morale ou par une invocation de sa piété chrétienne. Il est probable que le scribe auquel on doit le manuscrit de Bamberg aura fait omission de la fin.

Il existe un moyen de vérifier ce fait, comme aussi de soumettre tout le texte de Bamberg au précieux contrôle d'un second manuscrit du traité *De cursibus ecclesiasticis*. On en conserve en effet un second manuscrit dans la bibliothèque du Vatican. Malheureusement plusieurs années de demandes et d'attente n'ont pas suffi jusqu'à présent à nous le faire retrouver. La preuve de son existence est fournie par le cardinal Angelo Mai qui en a cité deux passages dans l'une de ses publications, sans savoir que ces passages appartenaient à Grégoire de Tours et sans spécifier le manuscrit auquel il les empruntait. Ce fait ne fut connu de M. Haase qu'après l'achèvement de son travail, comme le montre la lettre suivante adressée à la société de l'Histoire de France; lettre aussi élégante par la courtoisie que par le langage, et qu'à ce titre seul nous placerions ici avec plaisir, si d'ailleurs elle ne contenait le renseignement dont il vient d'être parlé.

FRID. HAASE, PROF. VRATISLAVIENSIS, S. P. D. ILLUSTRISSIMÆ SOCIETATI AD EXPLORANDAM HISTORIAM FRANCOGALLICAM PARISIIS CONSTITUTÆ.

« Postquam ex iis, quæ mense julio superioris anni, in
« Athenæo Francogallico, pag. 578, de utilissimis vestris
« et omni laude dignis studiis relata sunt, his demum
« diebus intellexi suscepisse vos, viri illustrissimi, edendo-
« rum Gregorii Turon. operum curam necessariam plane
« vestrisque studiis dignissimam, et gavisus sum magno-
« pere præclaro isto consilio et cupio vehementer, ut quod
« sapientissime constituistis felicissime ad finem perdu-
« catur; est enim res illa talis ut pariter et historicis et
« philologis cordi esse debeat. Quamobrem ego qui nu-
« per Gregorii librum diu desideratum et pro amisso habi-

« tum de Cursibus ecclesiasticis primus in lucem reduxi,
« mittendum vobis ejus libri exemplum existimavi, non
« quod ambitiose meam vobis operam ingerere velim, sed
« quod nullam adhuc in diurnis vestris inventi libri men-
« tionem fieri vidi nec solent fere academica nostra pro-
« grammata nisi in Germania innotescere; vos autem credo
« ægre laturos fuisse si scriptoris clarissimi et historiæ
« vestræ parentis quamvis exiguæ reliquiæ curam vestram
« effugerent, sicuti ego ægre fero, quod cum muneris mei
« rationibus coactus librum festinanter ederem, non anim-
« adverti parvam ejus particulam sine auctoris nomine jam
« olim esse ab A. Majo editam in Collect. Vatic. tom. III,
« p. 239. Si vero serum vobis et supervacaneum acciderit
« hoc meum officium, tribuatis id velim magnæ meæ erga
« societatem vestram observantiæ, cujus ego cum omnia
« studia plurimi facio, tum hæc maxime et laudo summo-
« pere et cupide expecto quæ in Gregorium Turonensem
« conferre statuistis. Valete. »

« Dabam Vratislaviæ d. XXIV m. Febr. a. MDCCCLVI. »

On trouve en effet dans le tome III de la *Collectio Vaticana*[1] la note ci-dessous qui termine une série de chapitres intitulée *Sermons ariens*[2] et dans laquelle le lecteur recon-

---

(1) *Scriptorum veterum nova Collectio e Vaticanis codicibus, edita ab Angelo Maio*, tom. III. Romæ, 1828. (2º partie du vol., p. 239.)

(2) *Sermonum Arrianorum fragmenta antiquissima*, pp. 208 ad 239. — « Quoniam in meis ad Arriana fragmenta scholiis Hilario Pictaviensi plurimum usus sum, venit mihi in mentem Hilarii alterius Arelatensis cujus deperditos de fonte ardente versus memorat biographus ejus antiquus (apud Quesnel, op. S. Leon., t. I, p. 367), ego autem nuper legebam in Vaticano codice satis vetere, ubi opusculum quoddam scribitur de mundi miraculis. Immo ante Hilarii versus fragmentum legitur ex deperdita item Julii Titiani (qui sub Commodo vixit) chorographia, quam Servius ad Æneid. IV, 43, laudat. In eodem opusculo phœnix quoque Lactantii citatur et Berosus in Babylonicis. Verum his omissis, tractum illum recitabo, qui J. Titiani Hilariique fragmenta nobis exhibet.

« *Quartum miraculum Æthna, cujus montis meminit et ille Julius Titia-*

naîtra le passage du texte même de Grégoire imprimé ci-après page 15, §§ 30 à 32.

Il aurait été d'un grand intérêt pour notre édition de collationner ce texte avec celui de M. Haase. Malheureusement le cardinal Mai n'a pas donné, on le voit dans sa note, l'indication du manuscrit auquel il en a emprunté la substance, et les recherches que nous avons tentées à la bibliothèque du Vatican pour le retrouver, bien que patronées par l'amitié de M. Léon Renier et de M. Léopold Delisle, n'ont point eu de succès. Le successeur du savant cardinal, M. le chevalier de Rossi, a bien voulu s'en occuper lui-même avec activité et visiter dans ce but une quantité de recueils des *Mirabilia* ou des *Miracula mundi* sans pouvoir retrouver le traité de Grégoire. « Je désespère, dit-il enfin, de le trouver par des recherches directes ; peut-être le hasard me le fera-t-il un jour tomber sous la main. »

Contentons-nous donc d'espérer les faveurs du hasard qui souvent, en effet, nous donne plus qu'un travail persévérant.

Une décision spéciale du Conseil de la société de l'His-

---

nus his verbis dicens : « Montes maximi in Sicilia IIII, Erycus, Nebro-
« des, Neptunus et Æthna : quem videns sæpius flammas e vertice vol-
« vere, sentire orbis prope fide credentium (*locus corruptus*) : quamquam
« id cum primo Romæ nuntiatum est arsisse, et hoc jam in monstris
« procuratum est. » *Quintum est de fonte Gratianopolitano, de quo simul et latex manet et ignis. Nam vides e nymphis flammas supervolare, hauris aquam de medio fonte; curris, bibis, nec incenderis; portas nec ab igne comprehenderis. Quod si cereum vel tædas admoveas, protinus ut flammas attigerunt, comprehenduntur. Manum quoque si mittas, non crematur. Hinc Hilarius quidem ait :*

> *Si vere exurunt ignes, cur vivitis undæ?*
> *Si vero extinguunt undæ, cur vivitis ignes?*
> *Lympharum in gremiis inimicus conditur ignis :*
> *Communesque ortus imperat alta manus. Et reliqua.*

Non retulit reliquos versus auctor opusculi cujus aetas (sæc. vi) inde argui potest, quod in eo memoratur Sigeberti (primi) regis obitus veluti ejus temporis eventus. »

toire de France a autorisé l'éditeur à supprimer la traduction qu'il avait préparée du *De cursu stellarum*. Il a été reconnu que ce traité est trop technique, et vers la fin trop obscur, pour qu'une traduction en soit utile. Nous l'avons remplacée par un sommaire assez ample, auquel on peut joindre l'analyse que nous avons donnée dans le *Bulletin de la Société de l'Histoire de France*, année 1855, p. 124.

SOMMAIRE.

§ 1. La plupart des philosophes ont décrit sept merveilles du monde. J'en énumérerai sept aussi; mais non pas toutes les mêmes. — 2. La première est l'Arche de Noé. — 3. La seconde est Babylone; — 4. et ses remparts. — 5. La troisième est le Temple de Salomon; — 6. ses portiques; — 7. son autel; — 8. ses chérubins; — 9. ses sculptures et son pavé; — 10 et 11, ses portes. — 12. La quatrième est le tombeau du roi de Perse. — 13. La cinquième est le Colosse de Rhodes. — 14. La sixième le Théâtre d'Héraclée. — 15 et 16. La septième le Phare d'Alexandrie. — 17. Ces merveilles sont toutes de fabrication humaine et exposées à une ruine inévitable par l'effet du temps. — 18. D'autres, au contraire, ont pour but de montrer la puissance de Dieu, comme le soleil, la lune, les étoiles, le phénix, ou de signaler aux pécheurs le feu de l'enfer comme l'Etna et la fontaine de Grenoble : ces merveilles-là ne périront jamais jusqu'à ce que le Seigneur ordonne la dissolution de ce monde. — 19. La première d'entre elles est le flux et le reflux de la mer. — 20. La seconde est la fructification des germes végétaux déposés dans la terre; — 21. que saint Paul compare à la résurrection de notre corps; — 22. et qui, je le crois, en est en effet le symbole. — 23 à 27. La troisième est le phénix, qui se brûle lui-même sur son nid et renaît de ses cendres; — 28. représentation frappante de la résurrection qui attend nos corps. — 29, 30. La quatrième est l'Etna. — 31. La cinquième est la fontaine enflammée de Grenoble, qui ne brûle pas la main et qui allume les cierges et les torches. — 32. Un certain Hilaire a composé des vers à ce sujet; — 33. lequel montre bien que les flammes éternelles épargnent notre corps pour le consumer après le jugement, s'il s'est livré au péché. — 34. La sixième est le cours fécondant du soleil. — 35. La septième est la lune, que nous voyons croître et décroître, puis les étoiles qui, levées à l'orient s'abaissent à l'occident, dont les unes voisines du nord tournent circulairement au lieu de suivre un chemin rectiligne, tandis que les autres apparaissent vers le milieu du ciel; elles se voient les unes toute l'année, les autres quelques mois seulement. — 36. Avec

DU COURS DES ÉTOILES.

la permission de Dieu, je veux rendre compte du cours de ces astres à ceux qui l'ignorent, autant, du moins, que la connaissance en est parvenue jusqu'à moi ; mais je laisserai de côté les dénominations que leur ont données Virgile et les autres poëtes, les appelant seulement des noms reçus dans notre usage rustique, ou de ceux que suggère la disposition même des étoiles, comme la Croix, la Faux et autres termes. — 37. Dans ces lignes, en effet, je n'enseigne pas la science et n'ai pas dessein de sonder l'avenir ; mais je montre comment le cours d'un jour doit être logiquement rempli par les louanges du Seigneur, c'est-à-dire à quelles heures celui qui désire suivre avec soin le service de Dieu doit se lever la nuit pour prier. — 38. Du cours du soleil. — 39. Nombre d'heures pendant lesquelles il se montre dans chaque mois. — 40. Cours de la lune et nombre d'heures pendant lesquelles elle se montre chacune des nuits du mois. — 41. La lune suit en été le même chemin que le soleil durant l'hiver et réciproquement. — 42. Voici le cours des étoiles, pour lequel j'ai cru devoir, en outre, dessiner en rouge les endroits du ciel que je veux indiquer. D'abord, la Rubiole (*Arcturus*), précédée d'une autre étoile plus petite. — 43. Le Sigma ou Stibadion (*Couronne boréale*). — 44. L'Oméga (*partie de la Lyre*). — 45. La Grande-Croix (*le Cygne*). — 46. L'Alpha ou Petite-Croix (*Dauphin* ou *Alpha*). — 47. Le Trion (*Aigle*) ; — 48. dont une étoile est plus grande que les autres. — 49. Le Signe du Christ ou Couronne. — 50. Le Serpent (*Gémeaux*). — 51. La Masse ou les Pléiades, ou plutôt encore la Grappe (*Pléiades*). — 52. Le Support de la Masse (*probablement les Hyades*). — 53. La Faux (*probablement Orion*). — 54. Les deux étoiles qui suivent la Faux (*probablement le Petit-Chien*). — 55. Le Quine (*Grand-Chien*). — 56. La constellation que les paysans nomment le Chariot (*Grande-Ourse*), et que les savants appellent Septentrion, à cause des sept étoiles dont elle se compose. De là vient que quelques-uns donnent le même nom à la région où elle se trouve et que nous appelons Aquilon. — 57. Elles restent de ce côté du ciel en tout temps. — 58. L'étoile que divers savants nomment la Comète. Elle se montre, non pas en tout temps, mais plutôt à la mort d'un roi, ou lors d'un désastre dans le pays. Lorsque sa tête chevelue apparaît avec un éclatant diadème, c'est l'annonce d'un trépas royal ; si elle semble, au contraire, armée d'une épée rutilante et que sa chevelure soit éparse dans l'obscurité, c'est du pays qu'elle présage la ruine. — 59. Ainsi, avant la peste qui ravagea l'Auvergne, on la vit suspendue une année entière au-dessus de cette contrée et avant la mort du roi Sigebert, une comète chevelue fut aperçue de beaucoup de monde. — 60. Après avoir indiqué le cours des principales étoiles, l'auteur passe à l'explication des signes par lesquels la dévotion révèle aux fidèles le moment de se lever pour le service de Dieu. Si quelqu'un le critique de ce qu'il ne commence pas au mois de mars, ou au jour de Noël, il saura que c'est parce que la constellation qu'on observe au mois de mars est née dans un autre mois. —

61. Au mois de septembre donc naît la brillante étoile ci-dessus mentionnée sous le nom de Rubiole, avec la petite qu'elle a auprès d'elle et qui la précède ; indication des psaumes à chanter au lever de cette étoile, puis au moment où la Faux est arrivée à la même place où se trouve le soleil pendant le jour, quand il marque la cinquième heure ; enfin, à l'heure où apparaît la constellation de la Grappe. — 62. Indications analogues pour le mois d'octobre ; — 63. pour novembre ; — 64 et 65. pour décembre ; — 66. pour janvier ; — 67. pour février ; — 68. pour mars ; — 69. pour avril ; — 70. pour mai ; — 71. pour juin ; — 72. pour juillet ; — 73. pour août.

In Christi nomine incipit de cursu stellarum ratio qualiter ad officium implendum debeat observari.

1 Plerique philosophorum dum studiis litterarum vacant quasi plus ceteris septem scripserunt miracula, ex quibus mihi quaedam praetermittere et alia plus admiranda libuit memorare, quorum haec habentur vel formae vel opera.

2 PRIMUM ergo miraculum ponimus Noe arcam, quae domini ore qualis fieret, est mandata ; cujus longitudo quinquaginta, altitudo triginta cubitorum est habita ; quam arcam bicameratam et tricameratam legimus, cujus omne opus in cubito consummatum est. Fenestram sive ostium a latere habuit. In ea enim de omnibus volatilibus caeli ac bestiis terrae sive reptilibus, cum hominibus octo, ad reparationem mundi per inluviem cataclysmi, genera reservata sunt.

3 SECUNDUM ponimus Babyloniam cujus, juxta Orosium, haec positio : « In campi planitie undique conspicua, natura loci laetissima, castrorum facie et moenibus paribus per quadrum disposita ; murorum ejus vix credibilis relatu firmitas et magnitudo, id

est latitudine cubitorum L, altitudine quater tantum. ceterum ambitus eius CCCC^{tis} LXX stadiis circumvenitur; murus coctili e lapide adque infuso bitumine conpactus; fossa extrinsecus lata patens vice amnis circumfluit; a fronte murorum centum portae aereae; ipsa autem longitudo in consummatione pinnarum, utroque latere habitaculis defensorum aeque dispositis, media intercapedine vicinas quadrigas capit; domus intrinsecus quatergerminae, habitationes minaci proceritate mirabiles. » Haec prima post humani generis reparationem a Nebroth gigante condita est.

TERTIUM est templum Salomonis, quod non tantum in magnitudine fabricae, quantum in ornamentis miraculum fuit. Aedificavit parietes domus intrinsecus tabulatis cedrinis a pavimento domus usque ad summitatem parietum et usque ad laquearia, operuitque lignis intrinsecus et texuit pavimentum domus tabulis abiegnis, aedificavitque XX cubitorum ad posteriorem partem templi tabulata cedrina a pavimento usque ad superiora; et fecit interiorem domum oraculi in sancto sanctorum. Porticorum XL cubitorum erat ipsius templi pro foribus oraculi, et cedro omnis domus intrinsecus vestiebatur, habens tornaturas et juncturas suas fabricatas et celaturas eminentes; omnia cedrinis tabulis vestiebantur, nec omnino lapides apparere poterant in pariete. Oraculum autem in medio domus interius fecerat, ut poneret ibi archam federis domini. Porro autem oraculum habebat XX cubitos longitudinis et viginti cubitos latitudinis, operuitque illud adque vestivit auro purissimo;

set et altare vestivit cedro; domum quoque ante altare operuit auro purissimo et adfixit laminas clavis aureis nihilque erat in templo, quod non auro tegeretur; et totum altare oraculi texit auro. Et fecit in
8 oraculo duo cherubin de lignis olivarum, decem cubitorum altitudinis; quinque cubitorum ala cherubin una, id est decem cubitos habentes a summitate alae usque ad alae alterius summitatem; decem quoque cubitorum erat cherubin secundum mensuram parietum; posuitque cherubin in medio templi interioris texitque eos auro. Et omnes parietes per circuitum
9 scalpsit variis caelaturis et turno, et fecit in eis cherubin et palmas et picturas varias quasi prominentes de pariete et egredientes; set et pavimentum domus
10 texit auro intrinsecus et extrinsecus. Et in ingressu oraculi fecit ostiola de lignis olivarum; postes quadrangulorum quinque et duo ostia de lignis olivarum; et
11 scalpsit in eis picturas cherubin et palmarum species et anaglypha valde prominentia et texit ea auro. fecitque introitu templi postes de lignis olivarum quadrangulatos et duo ostia de lignis abiegnis altrinsecus; utrumque ostium duplex erat et se invicem tenens operiebatur, et scalpsit cherubin et palmas et celaturas valde eminentes. Multa quidem et alia inibi fecit admirabilia, quae prosequi longum videtur.

12 QUARTUM est sepulchrum regis Persici ex uno lapide amethysto cavatum miroque opere sculptum ac interrasile et extrinsecus habens effigies hominum, bestiarum seu avium foris prominentes; arbores quoque sculptas habet cum foliis et pomis opere celato.

QUINTUM est statua colossi Rhodo insulae collo- 13
cata ex aere fusile, cujus tam inmensa est altitudo, ut
vix lapidem capiti ejus aliquis possit jacere. Ferunt
quoque multi per tibiam ejus usque ad capud hominem posse ascendere, si aditum unde ingrederetur haberet; adserunt etiam capud hujus statuae recipere
posse tritici choros duos et viginti.

SEXTUM est theatrum quod in Heraclea habetur, 14
ex uno monte factum, ita ut omne ex uno latere sit
expletum, tam extrinsecus parietes quam intrinsecus
arcus, fovea, gradus, sedilia; et omne opus ejus ex
lapide uno conpletum est; est autem marmore Hera-
cleo vestitum.

SEPTIMUM pharus Alexandrina, quae super quat- 15
tuor mirae magnitudinis cancros constructa habetur;
nec enim hi parvi esse poterant, qui tam inmensum
sustinent vel altitudinis vel latitudinis pondus; nam
ferunt super unum quemque brachium cancri si homo
extensus jaceat, eum operire non possit. Pharus au- 16
tem ista datis de publico paleis nocte succenditur,
scilicet ut nocturno tempore errantes nautae vento
vel imbre si stellas videre non potuerint, sciant qua
parte dirigant vela.

Set ista, licet quaepiam jussione dei, quaepiam au- 17
tem adinventione humana constructa sint, ab hominibus tamen constant esse fundata, ideoque et quaedam
deruerunt, quaedam autem ruinae sunt proxima; nam
sunt alia, quae ipse omnipotens deus noster proprio
opere in hoc mundo vel per dies singulos renovat, vel
post transactum anni curriculum repraesentat, quae

et in locupletatione ostenduntur muneris, ut est commotio oceani et fructus terrae; alia vero in ostensione proferuntur virtutis, ut est sol, luna, stellae, phoenix; et quaedam ex his peccatores arguunt et ignem infernalem figurant, ut est Aetna, fons Gratianopolitanus. Haec sunt enim miracula, quae nulla aetate senescunt, nullo occasu occidunt, nulla labe minuuntur, nisi cum dominus mundum dissolvi praeceperit.

PRIMUM est ergo omnium maris oceani commotio, in qua ita per dies singulos dilatatur, ut accedens oram litoris repleat rursumque recedens siccum praebeat iter; tunc populis per humum aridam gradientibus piscium sive diversorum leguminum multitudo copiosa colligitur. Hoc primum miraculum deus humano generi praeparavit, quod et admiratione praeclarum sit et congruum servituti.

SECUNDUM est simile huic, de granis scilicet frugum et de fructibus arborum, cum jacta terrae semina et sulcis operta, adveniente aestate eriguntur in culmina ornataque comis et spicis lacteo intrinsecus adipe saginantur, quae dominus spiritalis doctrinae sator de profectu verborum suorum, quae in populos jaciebat, parabolice commutavit dicens : « sic est verbum dei quemadmodum si jactet homo semen et exurgat nocte et die ; ultro enim terra fructificat, primum herbam, deinde spicam, deinde plenum granum in spica. » Paulus autem apostolus de resurrectione hanc rationem figuravit, dicens : « quod seminas, non vivificatur nisi prius moriatur »; « sic est, inquit, et resurrectio mortuorum : seminatur in infirmitate, surgit in virtute », et cetera. Aequa est enim et arborum natura, quae ut puto ipsam resur- 22 rectionem signat, cum in hieme nudatae foliis tamquam mortui habentur, verno vero tempore ornantur foliis, decorantur floribus, pomisque aestate replentur. Quod miraculum quamquam hac utatur similitudine, adpraesens tamen beneficium populis praestat, ut cognoscat homo ab illo se accipere victum, qui eum creavit ex nihilo.

TERTIUM est quod de phoenice Lactantius refert : 23 magna est, ait, corpore et decora plumis unguibus que et oculis, quae alterius avis non est juncta consortio nec vincta conjugio; nam et nescire homines manifestum est cujus sit generis, masculus an femina sive 24 neutrum. Haec postquam mille transierit annos, petit locum omnibus locis mundanis celsitudine praeminentem, in quo habetur lucus viridi coma verno hibernoque perdurans, in cujus medium fons est magnus et ubertate profluus et lenitate praeclarus; hujus in litore arbor nobilis reliquas luci arbores proceritate praecellens; in hujus arboris vertice haec avis de diversis pigmentorum generibus construit sibi « seu ni- 25 dum sive sepulchrum », insedensque in medio ejus ore odoramenta adtrahit seque ex his tegit; tunc diversis modulis incipit cantos effundere suaves ac de nido exiliens aquarum se undis inmergit; quod cum ter quaterque repetierit, ascendit iterum super nidum ad- 26 trahitque denuo super se odoramenta, quae detulit; emicante autem sole primum ei jubar infert ignem adprehensumque nidum tota integre concrematur;

tunc pulvis exustus ad se collegitur et in unam massam quasi in ovi specie conglobatur; ac exinde iterum
27 surgens resumta vita nutritur, nec cuiquam homini, dum inplumis est, pascere cura est : tantum celesti rore nutrita ad pristinam speciem revocatur et ipsius figurae eisdem plumis eodemque colore reparata pro-
28 greditur, ut prius fuerat ante mortem. Quod miraculum resurrectionem humanam valde figurat et ostendit, qualiter homo luteus redactus in pulvere, sit iterum de ipsis favillis tuba canente resuscitandus.

29 QUARTUM est Aetna mons Siciliae insulae datus, qui vivis ardoribus exaestuat flammasque evomit validas ac terribiliter praedictae regionis accolis ignea cotidie sulphora eructuat, de quo Publius Mantuanus in tertio Aeneidum libro ita ait :

« Portus ab accessu ventorum inmotus et ingens
ipse set horrificis juxta tonat Aetna ruinis
interdumque atram prorumpit ad aethera nubem,
turbine fumantem piceo et candente favilla,
adtollitque globos flammarum et sidera lambit. »

30 Set et si qua in foraminibus, unde haec egrediuntur flammae, injecta fuerint, mox evometur. Meminit et hujus montis et ille Iulius Titianus his verbis dicens : « Montes maximi in Sicilia quattuor, Erycus, Nebrodes, Neptunius et Aetna, quem videns saepius flammas e vertice volvere, idque sentire[1] orbis prope

---

(1) Locus corruptus. Ex imagine ad calcem Haasii delineata (fac-simile) legendum videtur : *Propter fidem* credentium. G. Hermannus non timidus proposuit : *Idque Centuriporum urbis pro-*

finem credentium, quamquam id cum primum Romae nuntiatum est arsisse Aetnam, in monstris procuratum est. »

QUINTUM est de fontibus Gratianopolitanis, de 31 quibus simul et latex manat et ignis; nam videas limphis flammas supervolare; hauris aquam de medio foci nec ureris; bibis nec incenderis; portas nec ab igne comprehenderis; quod si cereum vel tedas admoveas, protinus ut flammas attigerint, conprehenduntur; manum quoque si inicias, non crematur. 32 Hinc Hilarius quidam ait :

« Si vere exurunt ignes, cur vivitis undae?
Si vere extingunt undae, cur vivitis ignes?
Limpharum in gremiis, inimicos condidit ignes
    Communesque ortus imperat alta manus. » et reliqua.

O admirable potentiae divinae mysterium! una vena 33 fontis et ignes producit et latices, scilicet ut cognoscant omnes dominationi ejus et refrigerium gloriosae vitae et judicium aeternae mortis adsistere, intellegantque incendiis licentiam esse non datam ad nocendum corpus humanum, quod post judicium si peccato obnoxium fuerit, accepturi erunt perpetualiter exurendum.

SEXTUM est illud, quod licet ante ista dei opere 34 fuerit conditum, tamen pro ratione hujus rei locatur

---

pinquæ fide credendum, Centorba urbe pro Centuriporum excogitanda. — Cf. supra, pag. 4, n. 2.

extremum, hoc est, quod de solis officio creator omnium deus praecepit celebrari; nam non sine grandi admiratione cernitur, quod ipse sol omnibus diebus quasi famulans mundo ingerit lumen, quod orientem occidentemque perlustrat, quod calore suo terras fecundans fruges gignere facit.

35 SEPTIMUM est miraculum, qualiter luna in ter quinis diebus vel crescat ad integritatem vel ad exiguitatem minuatur. Admiramur et illud, quod stellae oriente ortae decedunt occidenti et quaedam ex his in medio caeli apparentes, quaedam aquiloni propinquantes in circuitu rotentur nec rectam faciant viam, et quaepiam toto videantur anno, quaepiam menses, in quibus appareant, habeant definitos. De quo cursu, si deus jubeat, velim de quanto expe-
36 rimentum accepi, rationem nescientibus dare. Set nomina, quae his vel Maro vel reliqui indiderunt poetae postpono, tantum ea vocabula nuncupans, quae vel usitate rusticitas nostra vocat vel ipsorum
37 signaculorum expremit ordo, ut est crux, falcis vel reliqua signa : quia non ego in his mathesim doceo neque futura perscrutare praemoneo, set qualiter cursus in dei laudibus rationabiliter impleatur exhortor, vel quibus horis qui in hoc officio adtente versari cupit, debeat nocte consurgere vel dominum deprecare.

38 SOLIS AUTEM HAEC RATIO, qualiter aut quantis horis in singulis luceat mensibus; et quamquam omni tempore horae duodecim conputentur, non tamen aequalem habent mensuram; si vero aequalem vis

DU COURS DES ÉTOILES.

tenere mensuram, erunt, ut diximus, in diebus longis horae XV.

Lucet igitur :

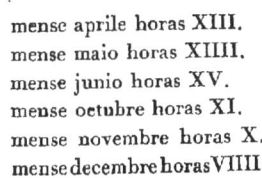

mense januario horas X.
mense februario horas XI.
mense martio horas XI-
mense julio horas XIIII.
mense augusto horas XIII.
mense septembre horas XII.

mense aprile horas XIII.
mense maio horas XIIII.
mense junio horas XV.
mense octubre horas XI.
mense novembre horas X.
mense decembre horas VIIII.

LUNAE AUTEM RATIO HAEC EST :

prima lucet ς		VIII	VI	XV.	XII
II	Iς	VIIII	VIIς	XVI.	XI
III	II	X	VIII	XVII	X
IIII	III	XI	VIII·ς	XVIII.	VIIIIς
V.	IIII	XII	VIIII·ς	XVIIII·	VIIIς
VI	V	XIII	X·	XX·	VIII·
VII	Vς	XIIII	XI·	XXI·	VII·ς
				XXII·	VI·
XXIII	Vς	XXVI	III	XXVIII	Iς
XXIIII	V	XXVII	II	XXVIIII	∴
XXV	IIII			XXX	latet.

Illud autem sciendum est, quod luna in aestate, quando noctes breviores sunt, illum currit tramitem quem sol in hieme tenet; hieme vero in prolixioribus noctibus illum ordinem tenet, quem sol in aestate percurrit.

---

(1) Solis hic faciem depictam habet codex bambergensis, in modum cujusdam barbati, prorsus que barbari viri, cujus caput duodecim acuti radii circumcingunt.

(2) Orbiculus alter in quo muliebris quidam vultus apparet, praecedentis hominis ad instar, id est rudissimo penicillo delineatus.

42 STELLARUM QUOQUE CURSUS hoc modo est observandus, quem etiam fucis colorum credidi pingendum in singulis locis[1].

★

★

Haec stella in septembre oritur et matutino apparet, quae a quibusdam rubeola vocatur, tamen prius [in] initio apparet noctis et sic iterum oritur mane; ergo lucet in septembre hora I, in octubre horas II, in novembre III, in decembre et in januario VIII, in februario VIII, in martio VII, in aprile VI, in junio IIII, in julio III, in augusto II. Set primum ut diximus, oritur; habet tamen aliam minorem, 43 quae praecedit.

★
★ ★
★
★ ★

Haec stellae symma, id est stefadium vocantur a quibusdam; egrediente octubre cum primo sero appareant, occidunt tamen et mane oriuntur, lucent [que] horas II; in novembre jam apparent in initio noctis, set mane oriuntur, lucent [que] horas IIII; in decembre horas VI, in januario VIIII, in februario

---

(1) Stellarum figurae in codice Bambergensi rubro pictae sunt, apparentibus tamen saepe atramenti vestigiis quo primum delineatae erant. De usu vocis (*fuci colorum*), vid. Gregorii *hist. Francor.*, l. II, c. XVII initio: *Quam* (basilicam) *cum fucis colorum adornare vellet*, et de *Glor. mart.* I, LXV. (Haasius.)

VIII, in martio VII, in aprile VI, in maio V, in junio IIII, in julio III; in augusto mane parum, sero plus.

Has stellas ω vocitamus, quia eum significant et secuntur priores, praecedunt vero crucem majorem.

Haec stellae crux major, quae ad orientem jacens apparet pro eo quod in primordio mundi jacuerit, id est inter prophetas patriarchasque pronuntiata quieverit, ad occidentem vero erecta apparet, scilicet quod ad suscipiendum dominum in occiduo mundi esset tempore erigenda.

Has stellas quidam crucem minorem dicunt, quidam autem alfam vocant pro eo quod ad sinistram crucis majoris sunt et propter duas minores, quae deorsum apparent, quas praecedit trion.

Haec stellae vocantur trion. Stellae ergo, quas ω significare diximus, hoc mense decembre in initio noctis apparent, occidunt et mane oriuntur; lucent horas III, in januario horas IIII, in februario horas V, in martio VI, in apri. VII, in maio VIIII, in junio X; jam in julio primo sero quasi in hora V, apparent, lucent horas IIII; in augusto lucent VII, in septembrio V, in octobrio IIII, in novembre III.

48 Habent tamen unam ceteris clariorem, sicut supra indicavimus; crux vero istas sequitur quasi post unius horae spacium; illae vero quae alfam significant, istas post alterius horae spacium prosecuntur, de quibus scribere non est necesse per singula; tramitem vero ipsum tenent quem sol mense junio.

49

Has stellas signum Christi vocant, quia ipsum signant, set habent unam clariorem. In aprile mense primum apparent mane, lucent horas II, maio III, junio V, julio VI; in augusto primo sero apparent, lucent tota nocte, in septembrio horas VII, in octubrio VII, in novembrio VI, in decembrio V, in januario IIII, in februario III; a medio martii lucent horas II; tenent tamen superiorum viam; aprile tamen et maio primo sero apparent, occidunt, et mane oriuntur.

50

Haec stellae a quibusdam anguis vocantur; in augusto primo mane apparent et lucent hora I, in septembrio horas III, in octubrio horas V, in novembrio VI, in decembrio VIII, in januario X, in februario VIII, in martio VII, in aprile V, in maio II; in junio julioque latere solent.

Has stellas quidam massam vocant, nonnulli Pliadas[1], plerique vero butrionem; mense junio egrediente oriuntur et lucent mane horam I, in julio horas III, in augusto horas IIII, in septembrio horas VI, in octubrio horas VII, in novembrio VIII, in decembrio horas VIIII, in januario VIII, in februario horas VII, in martio horas III, in aprile hora una; in maio latent.

Has stellas quidam massae feretrum vocant, quae superiores secuntur; oriuntur autem mense [in] julio medio; duabus tantum horis a superioribus discrepant; ipsum tamen viae tramitem tenent.

Haec stellae kalendis augustis oriuntur primum,

---

(1) Pliades sunt multæ juges stellæ quas etiam botrum appellamus a multitudine stellarum. (Isid. Sev., *De natura rerum*, XXVI, 6.)

quas quidam falcem vocant; duas horas tardius a superioribus surgunt, quarum cursum ideo per singulos non descripsimus menses, quia sufficere arbitrati sumus dixisse a superioribus duarum spatio horarum esse disjunctas. Sciendum tamen, quod mense maio junioque et julio latent et cum ortae fuerint, ipsam viam, quam sol mense maio vel augusto pergit, tenent.

Istae vero stellae falcem secuntur, in hoc discrepantes, quod duabus tantum horis post tergum secuntur, ipsam tenentes viam, quam sol vel in septembre vel in aprile; lucent primo sero, set parum.

Haec stellae ad imam australem plagam surgunt, a tergo superiorum horae unius intervallo, quas quidam quinionem vocant, ipsam viam quam sol februario mense tenentes.

De his stellis, quas rustici plaustrum vocant, quid dicere possumus, cum non ut reliquae stellae oriuntur aut occidunt? set tamen quantum ex ipsis intellegimus, non silemus. A sapientibus septentrio vocatur propter numerum; unde et plaga illa, in qua habentur, a quibusdam ex eorum nomine vocitatur : nos vero Aquilonem dicimus. Apparent ergo haec stellae a parte aquilonis omni tempore. Cum in aestivo noctes fuerint breviores, istae humilius habentur et ad lucem thimonem ad occidentem faciunt; cum vero autumnum versus proficientes noctes crescere ceperint, et haec altiora continent caeli et sic usque diminutionem reiteratam noctium faciunt. Hoc tamen sciendum, quod in hieme adpropinquante luce thimonem vertit ad orientem; noscendum etiam est et illud, quod omnibus annis aequaliter oriuntur.

Haec stella cometes vocatur a plerisque peritis. Non omni tempore, set maxime aut in obitu regis aut in excidio apparet regionis. Qualiter ergo intellegatur, haec est ratio : cum capud crinitum diademate apparuerit fulgorans, regalem adnuntiat letum; si autem gladium ferens, rutilans, cum nigrore sparserit comas, patriae monstrat excidium; sic enim et ante pestilentiam Arvernae regionis apparuit pendens per annum integrum super regionem illam. Quod enim has proferat tristitias, Prudentius cum de nativitatis dominicae stella prudenter dissereret, haec in hymno sanctae Epiphaniae ait :

« Tristis comita intercedat,
et sicut astrum, sibi
offeruerit vapore jam dei,
sublucendis tractu cadat. »

nam et priusquam Sigibertus rex obiit, crinita multis apparuit.

60 SCRIPSIMUS DE ORTIS VEL OCCASIBUS sive cursibus stellarum, pauca signa, quot arbitrati fuimus sufficere, praeponentes : nunc ea pandimus, qualiter ad officium dei observandum possit devotio humana consurgere; et forsitan detrahit aliquis, cur non a mense martio vel ab ipso nativitatis dominicae die sumpserimus exordium : noverit, quia stella, quae mense martio observatur, in alio oritur mense.

61 ### SEPTEMBER.

★

★

In mense septembre oritur ergo stella splendida, quam supra rubeolam diximus, aliam prope se habens minorem praecedentem; ergo quando in septembre oritur, si signum moveatur ad matutinos, quinque psalmos in dei laude concinere in antiphonis potes; jam vero si ad medium noctis vis signum caeleste requirere, falcem observa, et cum in hora diei quinta advenerit, surge; certe si vigiliam perpetim celebrare volueris, si consurgas, cum stellae apparent, quas butrionem superius vocitamus, explicias nocturnos cum galli cantu, octoginta psalmos in antiphonis, priusquam matutinos incipias, explicabis.

62 OCTUBER. In octubre vero falcis illa cum oritur, mediam noveris esse noctem; deinde celebratos nocturnos cum gallorum cantu, nonaginta in antiphonis concinere poteris psalmos; deinde adtende rubeolam, quae cum hora diei venerit secunda, si signum

ad matutinum moveas, decim poteris concinere psalmos.

NOVEMBER. Mense novembre jam prolixioribus [63] noctibus falcis hora noctis quinta oritur. Quod si sic consurgas, celebratos nocturnos gallique cantum, centum X psalmos psallere poteris. Rubeola vero cum hora tertia venerit, si signum sonet, duodecim nihilominus psalmos in antiphonis explicabis ad matutinos.

DECEMBER. Mense decembre falcis hora noctis [64] oritur quarta; si illa hora consurgas, dictis nocturnalibus hymnis vel galli cantu dupliciter, hoc LX in his duobus cursibus psalmis, quia ante dominicum natalem maturius consurgere debes, tunc relicum psalterium in antiphonis decantabis. Signum ad matutinos si moveas cum oritur rubeola, XXX psalmos expedite [65] decantandum. Post eas oriuntur stellae, quas simam, id est stephadium diximus; deinde oriuntur in hoc mense stellae illae, quae crucem majorem praecedunt quas ω nominavimus, in quibus est una aliarum clarior ac lentior, quam commodius poteris observare.

IANUARIUS. Mense januario post dictos nocturnos [66] stellae istae oriuntur, inter quas, ut superius diximus, quae est clarior, observatur; si ad horam die tertiam venerit, si matutinos incipias, XV psalmos poteris psallere.

67 FEBRUARIUS. Mense februario, quando oritur stella illa quam inter stellas superiores diximus clariorem, si nocturnos incipias, mediam esse intellegas noctem; cum stella ad horam diei quartam advenerit, si signum ad matutinos commoveatur, XII psalmos poteris explicare.

68 MARTIUS. Mense martio cum quadragesima advenerit, et maturius consurgere debes; quando stella est in hora II diei, si surgas, dicis nocturnos et galli cantum, quae dupliciter, ut superius diximus, hoc est in directis LX psalmos; quibus expeditis psallis in antiphonis XX psalmos et stella illa venit ad horam V diei; quod si sic inchoas matutinos, XXX decantatis cum antiphona psalmis lucescit.

69 APRILIS. Mense autem aprile si adhuc quadragesima est, similiter observabis quae praeterita; si tardius consurgere volueris, observabis stellam quam inter eas, quae signum Christi faciunt, diximus clariorem; quae cum orta fuerit, si signum commoveatur ad matutinos, octo psalmos poteris in antiphonis expedire.

70

MAIUS. Mense maio cum orta fuerit, nocturnos

celebrabis cum galli cantu, expeditisque et reliquis cursibus cum ad horam tertiam venerit, si matutinos incipias, VII psalmos in antiphona explicabis.

IUNIUS. Mense junio cum surrexeris similiter, celebrabis, et cum in horam IIII.^{tam} venerit, matutinos incipiens V psalmos poteris decantare; VIII autem kalendarum juliarum stellae illae, quas butrionem vocitavimus, oriuntur, quas in sequentibus mensibus rectius observabis.

IULIUS. Mense vero julio potestatis tuae erit temperandum, quia noctes breviores habentur, si tota nocte vigiles, si media nocte consurgas; tamen cum stellae istae apparent, si signum sonet, sex psalmos expedis.

AUGUSTUS. Mense augusto cum haec stellae oriuntur, noccursos adimple; dehinc cum ad horam tertiam diei venerint, si matutinos incipias, VII psalmos in antiphonis explicabis; quod si nocte tota vigilare volueris, totum psalterium decantabis.

OEUVRES

ÉDITÉES SEULEMENT PAR GRÉGOIRE DE TOURS

OU A LUI ATTRIBUÉES.

Tous les écrits de Grégoire de Tours, que nous avons fait entrer jusqu'ici dans cette édition de ses OEuvres secondaires, sont certainement sortis de sa plume. A cet égard, aucune contestation ne s'élève. Nous nous sommes appliqués, en conséquence, suivant le plan qui nous avait été tracé par la Société de l'Histoire de France, à les traduire avec une respectueuse exactitude. Il nous reste à donner une série d'autres opuscules qui n'ont plus le même caractère, et où la personnalité de notre auteur n'est intéressée que d'une manière indirecte ou d'une manière très-dubitative.

Ils se divisent d'eux-mêmes en deux catégories bien distinctes : l'une formée d'œuvres attribuées à l'évêque de Tours, sur la foi de quelques manuscrits du moyen âge, mais où rien d'ailleurs ne justifie cette attribution qu'on peut considérer comme entièrement fausse ; l'autre, d'œuvres que Grégoire n'a pas composées, mais dont il s'est fait l'éditeur, et qu'il a certainement retouchées ou complétées en vue du public auquel il s'adressait. De tels écrits, nous parlons de ces derniers, ont un vif intérêt. Si l'on pouvait juxtaposer et comparer un texte antérieur à Grégoire de Tours et le même texte remanié par lui, accommodé à son style, scindé à sa mode en chapitres précédés chacun d'un bref intitulé; s'il avait commencé ce travail par une préface et l'avait terminé par un épilogue où il aurait exposé ses vues d'éditeur, n'est-il pas vrai qu'on aurait là un produit de son esprit, où il se décèlerait presque autant que par un ouvrage original? Or, l'on possède quelque chose de semblable dans ses *Miracles de saint André*.

Il existe, sous le nom de Julius Africanus, historien du iiie siècle, une traduction latine, en langage fort inélégant, d'une histoire apocryphe des apôtres, qui aurait été rédigée primitivement en hébreu par Abdias, l'un de leurs disciples et le premier évêque, dit-on, de Babylone. Cette histoire a été plusieurs fois imprimée au xvie siècle, et a été comprise, par J. A. Fabricius, dans son recueil intitulé : *Codex apocryphus novi Testamenti* (1703, 2 vol.; 1719, 3 vol. in-8°). Elle est divisée en dix livres, dont le troisième, consacré à la vie de saint André, est l'opuscule dont s'est occupé Grégoire de Tours. Le travail du bon évêque se borna sans doute à une transcription au moyen de laquelle il introduisit, à peu près sans le vouloir, dans le récit de son auteur, quelques habitudes de son propre style, et transforma un latin déjà bien dégénéré en latin tout à fait barbare. C'est ainsi qu'il use abondamment de l'accusatif absolu, et qu'aux formes concises de l'original il substitue des longueurs qui semblent la secrète propension d'un esprit déjà français vers les formes analytiques du langage. De plus, le texte qui, dans Abdias, ne constitue, d'un bout à l'autre, qu'un seul chapitre bien homogène, s'est scindé sous la main de Grégoire en une trentaine de chapitres, le tout précédé et suivi, comme nous l'avons dit, de pieuses exhortations formant prologue et épilogue; enfin il assure avoir abrégé les miracles et supprimé les longueurs (voy. la préface ou prologue); mais il ne semble pas, surtout en ce qui concerne les miracles, qu'il ait été bien hardi.

Dom Ruinart ne s'est pas arrêté à cet intéressant travail; il s'est borné à en donner le premier et les trois derniers chapitres, qui appartiennent plus spécialement à Grégoire; quant aux autres, il n'en rapporte que les titres, en ajoutant que le texte de l'évêque de Tours diffère à peine de celui du prétendu évêque de Babylone. Il en diffère beaucoup au contraire; le lecteur pourra s'en convaincre tout à l'heure; mais on peut soupçonner ici dom Ruinart d'avoir fermé volontairement les yeux et jeté le voile sur cet écrit, qui n'est rien moins qu'édifiant. Le pieux bénédictin a bien pu se sentir révolté du fonds inepte et licencieux dont se composent la plupart de ces prétendus miracles de saint André, et il aura pu saisir avec plaisir un prétexte de l'épargner à son édition. Aujourd'hui, l'on n'est plus lié par de tels scrupules; car il est entendu que ces récits de miracles n'ont aucune valeur par eux-mêmes, et que c'est la manière seule dont la matière est traitée par l'écrivain qui leur donne quelque prix historique et littéraire. Quant à Grégoire de Tours, il est tout excusé de sa prédilection pour un tel ouvrage par un renseignement qu'il nous donne en terminant : c'est qu'il devait une dévotion particulière à saint André, étant né le jour de sa fête, le 30 novembre.

Le peu que dom Ruinart a donné des Miracles de saint André a été tiré d'un manuscrit du xiie siècle, conservé de son temps dans la bibliothèque de l'abbaye de Saint-Germain des Prés (n° 488, aujourd'hui à la Biblioth. imp., même n°). Il cite cependant quelques variantes tirées d'un manuscrit de la bibliothèque de Colbert, que nous croyons être le n° 5339 actuel du fonds latin à la Biblioth. imp. (olim Colbert, 5425). Ce dernier est plus précieux que l'autre, en ce qu'il est plus ancien de deux siècles; du moins la partie du volume où se trouvent les Miracles de saint André (f°s 28 à 52) est-elle du xe siècle. Aussi est-ce le manuscrit que nous avons suivi de préférence, en rapportant en note les variantes tirées d'Abdias, de façon à ce que l'on puisse aisément comparer le texte primitif avec ce qu'il est devenu sous la main de Grégoire. Il faut tenir grand compte toutefois des altérations qu'un manuscrit du xe siècle doit nécessairement avoir admises dans la transcription d'un texte de beaucoup antérieur.

Au travail de Grégoire sur saint André se joindrait naturellement le livre des messes de Sidoine Apollinaire, qu'il nous dit lui-même [1] avoir recueilli et augmenté d'une préface; mais celui-là est complètement perdu.

La plus grande incertitude règne au sujet des vies de saint Maurille et de saint Aubin, évêques d'Angers, l'un au ve, l'autre au vi^e siècle, vies que beaucoup de manuscrits attribuent à Grégoire, mais dont le texte ne diffère pas de celui dans lequel l'hagiographe Fortunat a traité les deux mêmes sujets [2]. Cependant, en tête de la vie de saint Maurille, les manuscrits qui en font honneur à Grégoire placent une lettre de celui-ci, lettre dont le fonds et la forme rappellent en effet sa manière. Cela ne suffit point pour lui faire attribuer l'ouvrage lui-même, mais cela nous a paru suffire pour nous obliger à en placer le texte sous les yeux du lecteur.

Un très-court opuscule sur la Passion et les Miracles de saint Julien, qui semble n'être qu'un extrait du second livre des Miracles (ci-dessus, t. I, p. 302) est mis encore sous le nom de notre auteur, bien qu'il n'y ait à cet égard aucune raison plausible. Il y en a moins encore pour la *Vie des Sept Dormants* de Marmoutier, et pour celle de saint Yriez; mais les doutes, quelque sérieux qu'ils soient, n'autorisent pas à faire abstraction complète de l'allégation des nombreux manuscrits qui attribuent ces récits à Grégoire. Nous imiterons donc Ruinart en les reproduisant, et nous rappelons au lecteur que de plus amples détails sur ces divers opuscules se trouvent aux pages XIII à XX de notre premier volume.

---

(1) *Hist. Francor.*, l. II, ch. XXII.
(2) Voy. ci-dessus, t. I, p. XVIII.

LIBER DE MIRACULIS

BEATI ANDREÆ APOSTOLI.

SOMMAIRE.

Préf. L'auteur ayant trouvé une Vie de saint André, ouvrage beaucoup trop verbeux d'ailleurs, et que quelques-uns réputaient apocryphe à cause de cela, la reproduit en l'abrégeant, car la foi n'exige pas la surabondance de paroles, mais l'intégrité de la raison et la limpidité de l'intelligence. — 1. Aussitôt après l'ascension du Seigneur, André annonce l'Évangile en Achaïe et délivre saint Matthieu de prison, en s'exposant lui-même aux mauvais traitements. — 2. Il rend la vue à un aveugle qui, possédé du démon, refusait ce bienfait à moins que l'apôtre ne lui fît donner en même temps de l'argent pour se vêtir et se nourrir. — 3. Il ressuscite un enfant égyptien appartenant à Démétrius, le plus riche citoyen d'Amasea. — 4. Il délivre un jeune homme nommé Sostratus, poursuivi par l'amour incestueux de sa mère et accusé par elle au tribunal du proconsul. — 5. Il guérit de la fièvre Cratinus de Sinope et sa femme, à condition qu'ils cessent tous deux leurs infractions à la foi conjugale ; il délivre aussi leur fils d'un démon qui s'était emparé de son esprit, un jour que cet enfant se baignait dans le bain des femmes. — 6. A Nicée, saint André débarrasse le pays de sept démons qui l'infestaient et qu'il en chasse après les avoir changés en chiens. — 7. En arrivant à Nicomédie, il rencontre le convoi d'un enfant que sept chiens venaient de dévorer, et reconnaissant que c'étaient les démons qu'il avait expulsés de Nicée, il rend la vie à cet enfant. — 8. Il apaise la tempête, en allant par mer à Byzance. — 9. Une multitude armée et menaçante qui s'était placée sur son passage, est dissipée par un ange. — 10. Il convertit l'équipage du navire qui le conduit de Byzance à Périnthe. — 11. Il défend le mariage entre cousins et cousines, comme étant un péché contre le Seigneur. — 12. Les parents d'un jeune homme noble et riche qui s'était attaché à saint André tentent en vain de le reprendre par la force. — 13. Le saint rend la vigueur à Adimathès, fils de Carpianus, qui n'avait pu se tenir debout depuis vingt-trois ans. — 14. Il ressuscite un enfant dont un démon s'était emparé et l'avait fait périr. — 15. Supplié par Médias, citoyen de Philippes, de rendre la santé à son fils, saint André n'y consent qu'après avoir exigé de Médias la libération de plusieurs malheureux que celui-ci retenait en prison. — 16. Un certain Nicolas lui présente un char doré attelé de quatre mules blanches et de quatre chevaux blancs, pour obtenir la guérison de sa fille, que le saint guérit, en effet, mais en disant au père qu'il n'accepte de don que le don des cœurs. — 17. Un jeune homme délivré du démon. — 18. Le proconsul Quirinus fait saisir saint André à Thessalonique et le livre aux bêtes féroces. Un sanglier et un taureau lancés contre l'apôtre refusent de le toucher; un léopard qui leur succède se jette sur le fils même du proconsul et l'étrangle; saint André ressuscite cet enfant. — 19. Saint André fait mourir, par une simple parole, un serpent terrible, puis ressuscite un enfant que le monstre avait tué. — 20. Il annonce à ses disciples que saint Pierre et saint André l'ont averti en songe qu'il allait bientôt périr sur la croix. — 21. Dans un voyage par mer, il sauve un de ses disciples qui s'était laissé tomber dans l'eau. — 22. Il guérit le proconsul Lesbius, qui l'implore après avoir vainement cherché à le faire périr. — 23. Trophima, autrefois maîtresse du proconsul et mariée depuis à un autre, donne lieu aux soupçons jaloux de son mari, en allant chaque jour dans la maison du proconsul, afin d'y entendre les enseignements de l'apôtre. Le mari fait partager ses soupçons à Calixte, femme du proconsul, par les ordres de qui Trophima est aussitôt jetée dans un mauvais lieu où elle édifie par sa vertu et où un ange la défend. Peu de temps après, Calixte est frappée de mort au moment où elle était au bain avec un de ses serviteurs. L'apôtre, averti de ce malheur par le bruit public, ressuscite la défunte et sur sa demande, la réconcilie avec Trophima. — 24. Tandis qu'André était assis sur le rivage de la mer avec ses disciples, le flot apporte un cadavre à leurs pieds. « Il faut le ressusciter, dit l'apôtre, afin de savoir de quelle manière le diable l'a fait mourir. » Le noyé, revenu à la vie, leur apprend qu'il a péri avec trente-neuf autres personnes, en traversant d'Italie en Macédoine, pour aller entendre la parole de Dieu annoncée par saint André. L'apôtre, touché de compassion, ressuscite aussi les trente-neuf autres. — 25. Il délivre une femme en mal d'enfant, qui avait commis le double péché de s'unir à un homme homicide et d'envoyer sa sœur consulter Diane, comme déesse présidant aux accouchements. — 26. Sostrate, père du premier des quarante noyés ressuscités par André, vient à Corinthe pour offrir des présents à l'apôtre, qui les refuse, en disant qu'il ne veut rien de lui que lui-même. — 27. Saint André, en se baignant à Corinthe, trouve aux bains un vieillard et un jeune homme qui étaient démoniaques et les guérit. — 28. Un vieillard, nommé Nicolas, se présente à saint André, en lui disant qu'il n'a pas cessé, depuis soixante-quatorze ans, d'être plongé dans la débauche et l'impudicité; il le supplie de prier, afin que Dieu ait pitié de ses erreurs; l'apôtre, après avoir longtemps parlé contre la fornication, se met en prières et entend une voix du ciel lui annoncer que Nicolas est admis dans le sein du Seigneur. — 29. Antiphane, citoyen de Mégare, obtient que saint André vienne chez lui pour délivrer sa femme et ses enfants, sa maison entière ayant été envahie par les démons. — 30. Saint André vient à Patras, où il guérit de la fièvre Maximilla, femme du proconsul Egeas, successeur de Lisbius. — 31. Il guérit un paralytique. — 32. Il rend la vue à trois aveugles. — 33. Il purifie et lave lui-même dans la mer, le fils d'un marin de Patras, qui était depuis cinquante ans couvert d'ulcères et de vermine, et qui, dans l'enthousiasme de sa foi nouvelle, s'élance tout nu par les rues de la ville pour proclamer le vrai Dieu. — 34. Saint André délivre du démon un esclave de Stratocles, frère du proconsul. — 35. Le proconsul était parti de Patras pour la Macédoine très-irrité contre l'apôtre, parce que, depuis qu'elle avait entendu la prédication de l'Évangile, son épouse Maximilla, se refusait à ses embrassements. La foule était rassemblée dans le prétoire pour écouter la parole de Dieu, lorsqu'on annonce son retour, qui terrifie les assistants; mais à la prière que saint André élève aussitôt vers le Seigneur, le proconsul est pris d'un besoin en entrant chez lui; et pendant qu'il y satisfait, la foule a le temps de se retirer. — 36. Le saint apôtre est attaché à la croix et y reste attaché pendant trois jours avant de rendre l'âme. Maximilla fait embaumer et ensevelir son corps. — 37. De son sépulcre découle une huile parfumée, dont l'abondance ou la disette annonce si l'année sera fertile ou non, ainsi que Grégoire l'a précédemment expliqué au chapitre XXXI de son livre Ier des *Miracles* (ci-dessus t. I, p. 80). — 38. Tels sont les miracles du bienheureux apôtre que Grégoire, quoique indigne, s'est permis de transcrire, et il nourrit l'espérance, qu'étant né le jour même de la fête de saint André (30 novembre), il sera placé pour la vie à venir sous sa protection spéciale.

Prefatio Gregorii episcopi Turonensis in libro miraculorum beati Andreæ apostoli.

Inclita sanctorum apostolorum trophea nulli credo latere fidelium, quia quedam exinde evangelica dogmata docent, quedam apostolici actus narrant. De quibusdam vero extant libri, in quibus proprie actiones eorum denotantur; de plerisque enim nichil aliud nisi passionum scripta suscepimus. Nam repperi librum de virtutibus sancti Andreæ apostoli, qui propter nimiam verbositatem a nonnullis apocryphus dicebatur. De quo placuit ut retractis enucleatisque tantum virtutibus, prætermissis his que fastidium generabant, uno tantum parvo volumine admiranda miracula clauderentur, quod et legentibus præstaret gratiam et detrahentium auferret invidiam. Quia inviolatam fidem non exigit multitudo verbositatis, sed integritas rationis et puritas mentis.

Explicit prologus.

CAPUT PRIMUM.

De Matheo apostolo et que in Myrmidona acta sunt.

[1] Igitur post illum dominice ascensionis nobile gloriosumque triumphum, cum beati apostoli prædicare verbum Dei per diversas regiones dispersi fuissent [2],

---

(1) Abdianum exordium Gregorius omnino sustulit. His enim verbis Abdias incœperat : *Andreas apostolus Simonis Petri, qui Barionas cognominatus erat, frater germanus fuit et Jonæ filius : ex primis erat qui Christo a Joanne in Jordane baptizato adhæserunt. Audiens quippe a Joanne in deserto hunc Dei agnum esse, miraculo ductus, simul auctoritate Joannis, ad fratrem festinabundus contendit. Cui cum de Christo significasset, Petro persuasit ut sese ad illum contemplandum sequeretur. Quam rem mox casus insecutus est, ut quo tempore is cum Simone fratre retia in mare mitteret Christus forte transiret : a quo ambo vocati fratres sine mora discipuli magistrum secuti sunt. Quo in munere cum diu Christum sequeretur, probatus magistro, ad apostolatus demum apicem ante passionem vocatus fuit. Et hæc quidem ante dominicam passionem, ab hoc Dei viro gesta sunt. At vero post illum dominicæ....* etc.

(2) *Regiones incepissent tum et* Andreas.

Andreas apostolus apud Achaiam provinciam adnuntiare dominum Jesum Christum exorsus est. Matheus [1] autem apostolus qui et evvangelista Myrmidoniæ urbi verbum salutis adnuntiavit. Sed incole civitatis dure [2] indigneque ferentes que de redemptoris nostri virtutibus audiebant, hec sua nolentes destruere templa, apprehensum beatum apostolum, erutis oculis, circumdatum catenis [3] in carcere detruserunt, ut interpositis paucis diebus interficeretur. Venit autem angelus Domini ad Andream apostolum dicens : « Surge et vade in Myrmidoniam civitatem et erue fratrem Matheum de squalore carceris quo tenetur. » Cui ille ait : « Domine, ecce viam nescio, et quo ibo ? » — Et ille : « Vade, inquid, ad litus maris et invenies ibi navim in qua statim ascende ; ego enim ero duc itineris tui. » Fecit Andreas juxta verbum Domini et invenit in littore navim ascendensque in eam [4], flantibus ventis congruis prospere navigavit ad urbem. Ingressus [5] portam civitatis, venit ad carcerem. Videns autem Matheum apostolum in squalore carceris cum vinctis aliis residentem, amarissime flevit. Et facta oratione simul ait Andreas : « Domine Jesu Christe

---

(1) *Eodem tempore Matthæus apostolus.*
(2) *Civitatis illius graviter et* indigne.
(3) Catenisque *oneratum carceri incluserant eo animo ut paucis interpositis diebus interficerent. Quod antequam fieret, angelus a Domino missus ad Andream apostolum ut in Myrmidonem civitatem maturaret et fratrem Matthæum de squalore carceris erueret monuit. Cui ille...*
(4) *Paruit Andreas, inventamque navem ascendens,* flantibus....
(5) *Quam ut ingressus est ad publicum se illico carcerem contulit, inveniensque cum relictis vinctis Matthæum, amarissime flevit et facta oratione hæc verba locutus est :* Domine.

quem fideliter prædicamus et ob cujus nomen tanta perferimus, qui cecis visum, surdis auditum, paraliticis gressum, leprosis mundiciam, mortuis vitam per immensam clementiam largiri dignatus es, aperi queso oculos servi tui ut eat ad adnuntiandum verbum tuum. » Et statim locus ille contremuit et lux magna[1] refulsit in carcere, et oculi beati apostoli restaurati sunt et[2] cunctorum catene confracte sunt et trabes in qua pedes eorum coartati erant scissa est, et omnes magnificabant Deum dicentes : « Quia magnus est Deus quem prædicant servi ejus. » Tunc educti per beatum Andream de carcere (omnes qui capti fuerant) abiit unusquisque ad propria sua cum quibus et Mathæus recesserat. Ipse vero Andreas, manens apud Myrmidonem, prædicabat incolis verbum Domini. Cognoscentes autem homines illi de carcere educti que acta fuerant, adprehensum[3] Andream ligatis pedibus trahebant per plateas civitatis. Jam enim capilli capitis ejus evellebantur et sanguis defluebat[4] a capite et oravit ad Dominum[5] dicens : « Aperi, queso Domine, oculos cordis[6] eorum ut cognoscant te Deum verum et desistant ab hac iniquitate et ne statuas[7] hoc illis in peccatum quia nesciunt quid faciunt. » Et statim timor magnus factus est super habitatores civitatis illius et, dimissum apostolum, dicebant : « Pec-

---

(1) *Et lumen* refulsit.
(2) *Restaurati* et.
(3) *Quod cum minus audirent* adprehensum.
(4) *Quibus in tormentis cum jam sanguis efflueret.*
(5) *Ad Dominum in hoc verbo orationem habuit.*
(6) *Cordium.*
(7) *Neque velis... statuere.*

cavimus in te¹, nescientes quid faceremus. Rogamus ergo domine ut remittas nobis delictum et demonstres nobis viam salutis ne descendat ira Dei super civitatem hanc. » Hæc enim dicentes prostrati erant solo ante pedes Andree. Quibus ille erectis prædicabat dominum Jesum Christum et miracula quæ fecit in hoc mundo et qualiter² ipsum mundum jam pereuntem proprio cruore redemit. At illi, credentes baptizati sunt in nomine Patris et Filii et Spiritus sancti, accepta peccatorum remissione³.

CAPUT II.

De ceco inluminato.

Andreas autem recedens⁴ ab eo loco venit in regionem suam, cumque deambularet⁵ cum discipulis suis accessit ad eum cecus quidam et ait : « Andreas apostole Christi, scio quia potes⁶ mihi reddere visum sed nolo eum recipere nisi⁷ deprecor ut jubeas his qui tecum sunt conferre mihi pecuniam de qua vestitum habeam sufficientem et victum⁸. » Cui beatus Andreas ; « Vere, inquid, cognosco quia non est hec

---

(1) *In justum; cumque se ad pedes apostoli demitterent, remissionem delicti et sibi ostendi viam salutis petebant.* Quibus ille....

(2) Mundo *ostendit et quemadmodum* ipsum.

(3) *Ita vindicatis Domino incolis ejus civitatis cunctos in nomine P. et F. et S. s., concessa peccatorum remissione, baptizavit.*

(4) *Quibus gestis* recedens.

(5) *Ubi cum ambularet.*

(6) *Posses.*

(7) Recipere. *Hoc tantum deprecor.*

(8) Tecum sunt *tantum conferre pecuniæ unde vestitum et victum comparem. Cui Andreas...*

vox hominis sed diaboli¹ qui non sinit homini isti recipere visum. » Et conversus tetigit oculos ejus et confestim recipit lumen et glorificabat Deum. Cumque indumentum haberet vile et hispidum, ait apostolus: « Auferte ab eo vestimenta sordida et date ei vestimentum novum. » Expoliantibus se pœne omnibus, ait apostolus : « Quod sufficit; hæc accipiat. » Et sic accepto vestimento, gratias agens rediit ad domum suam.

CAPUT III.

De puero suscitato.

Demetrii autem primi² civitatis Amaseorum erat puer Ægyptius quem amore unico diligebat. Orta³ autem in eo febre spiritum exalavit. Denique audita Demetrius signa que faciebat beatus apostolus, venit ad eum et procidens cum lacrimis ante pedes ejus ait: « Nihil tibi difficile confido⁴, minister Dei. Ecce puer meus quem unice diligebam mortuus est et rogo ut adeas domum meam et reddas eum mihi⁵. » Hec audiens, beatus apostolus condolens lacrimis ejus, venit ad domum in qua puer jacebat⁶ et prædicans diutissime ea que ad salutem populi pertinebant, conversus ad feretrum ait : « Tibi dico puer, in nomine

---

(1) Cognosco *hanc non hominis sed diaboli vocem esse.*
(2) *Interea Demetrii cujusdam... puer erat.*
(3) *Is correptus febri forte eo tempore spiritum exhalaverat. Itaque* auditis.
(4) *Difficile est o minister Dei. Ecce puer.*
(5) Mortuus est; *confido autem et rogo ut domum meam ingressus eum, ut potes, reddas* mihi.
(6) *Decumbebat.*

Domini Jesu Chriti surge et sta sanus. » Et confestim surrexit puer Ægyptius; et reddidit illum[1] domino suo. Tunc omnes qui erant increduli crediderunt Deo[2] et baptizati sunt ab apostolo sancto.

CAPUT IV.

De Sostrato puero cui mater crimen impigerat.

Puer quidam Sostratus[3] nomine, Christianus, venit secretius ad beatum Andream dicens[4] : « Mater mea concupivit formam speciei meæ, et jugiter me insectatur ut commisceam ei, quod ego infandum exsecrans effugi[5]. At illa felle commota adiit proconsulem[6] ut crimen suum projiciat[7] in me, et scio cum accusatus fuero quia nihil ad hæc respondebo[8]. Satius enim duco vitam amittere quam matris detegere crimen. Nunc autem tibi hec confiteor ut digneris pro me Dominum exorare ne innocens caream vita presenti[9]. » Hec eo dicente venerunt ministri proconsulis arcersientes eum. Beatus vero apostolus facta oratione surrexit et habiit cum puero. Mater autem instanter accusabat eum dicens : « Hic, domine proconsul,

---

(1) Illum *apostolus*.
(2) *In Deum*.
(3) *Dum hæc fierent puer quidam Sostratus nomine venit.* — Sustratus, ms. S. Germ.
(4) *Conquerens*.
(5) Ego infandum *execratus fugi*.
(6) Proconsulem *provinciæ*.
(7) *Retorqueat*.
(8) Nihil *habebo quod ad hoc respondeam*. Satius.
(9) Innocens *præsenti vita priver*.

oblitus materne pietatis affectum stuprose in me conversus, vix potui eripi¹ ne ab eo violarer. » Cui ait proconsul : « Dic, puer, si vera sunt ista que mater tua prosequitur. » At ille tacebat. Iterum atque iterum consul interrogabat et nihil ille respondit². Durante autem eo in silentio proconsul habebat cum suis consilium quid ageret. Mater autem pueri cœpit flere, ad quam³ beatus Andreas apostolus ait : « O infelix que fletus emittis amaritudinis ob stuprum quod in filium agere voluisti⁴, quam in tantum concupiscentia præcipitavit ut unicum amittere filium libidine inflamante non metuas⁵. » Hæc eo dicente ait mulier : « Audi, proconsul : postquam filius meus hæc agere voluit⁶ homini huic adhesit⁷ et non discessit ab eo. » Proconsul autem de his ira commotus jussit puerum in æculeo paricide recludi et in flumen proici, Andream autem in carcere retrudi donec, excogitata supplicia, et ipsum perderet. Orante⁸ autem beato apostolo terre motus magnus cum tonitruo gravi factus est et proconsul de sede cecidit et omnes terre decubuerunt. Mater vero pueri⁹ percussa aruit et mortua est. Tunc

---

(1) Pietatis, *stuprum mihi inferre voluit adeo ut vix ab eo me eripere potuerim ne* violarer. *Ad quæ* proconsul....

(2) Et nihil *ei quicquam puer* respondit.

(3) *Conversus*.

(4) *Propter incestum quem in filium es meditata. Quam adeo* concupiscentia.

(5) Non *verearis*.

(6) Hæc *in me molitus est*.

(7) Huic *ab eo tempore* adhæsit *semper*. Proconsul autem *super* his.

(8) *Tum vero* orante beato apostolo, *mox* terræ.

(9) *Tum et mater* pueri.

proconsul[1] prostratus pedibus sancti apostoli ait :
« Miserere pereuntibus, famule Dei, ne nos terra deglutiat. » Orante autem [2] beato apostolo cessavit terre motus, fulgura quoque ac tonitrua quieverunt. Ipse autem circuiens eos qui turbati jacebant cunctos reddidit sanos [3]. Proconsul vero suscipiens verbum Dei credidit in Domino cum omni domo sua et baptizati sunt ab apostolo Dei.

CAPUT V.

De Gratino ac filio et uxore ejus.

Gratini quoque [4] Senopensis filius dum in balneum mulierum lavaretur a demone perdito sensu graviter cruciabatur [5]. Gratinus autem epistolam ad proconsulem mittens in qua rogabat ut Andream exoraret ad se venire. Sed et ipse apprehensus febre graviter ægrotabat. Uxor vero ejus ab idrope intumuerat. Deprecante igitur proconsule Andreas ascenso vehiculo venit ad civitatem, cumque introisset in domum Gratini conturbavit malus spiritus puerum, et venit et procidit ante pedes apostoli. Quem ille increpans : « Discede inquid, humani generis inimice, a famulo Dei. »

---

(1) *Quæ videns* proconsul.

(2) Orante *igitur.... confestim* cessavit.

(3) Cunctos *sanitati restituit. Ex eo tempore et proconsul et multi alii in Achaia provincia suscipientes verbum Domini crediderunt in J. C.* et baptizati....

(4) *Contigit autem ut eo tempore Gratini* quoque. — Gratiani Sinopensis; S. Germ.

(5) Cruciaretur. *Ipse igitur cum et febre graviter ægrotaret et uxor similiter hydrope intumuisset, epistolam ad proconsulem misit.*

Et statim multum clamitans discessit ab eo. Et veniens (apostolus) ad stratum viri ait : « Recte ægrotas incommode quia relicto proprio toro misceris scorto. Surge in nomine Domini Jesu Christi et sta sanus, et noli ultra peccare ne majorem egrotationnem incurras. » Et sanatus est[1]. Mulieri quoque dixit : « Decepit te, o mulier concupiscentia oculorum, ut relicto conjuge aliis miscearis. » Et ait : « Domine Jesu Christe, deprecor piam misericordiam tuam ut exaudias servum tuum et prestes ut si hæc mulier ad scelus[2] libidinis quod prius gessit[3] fuerit revoluta non sanetur omnino. Certe si scis, domine cujus[4] potentia etiam futura pronoscuntur, quod si abstinere possit ab hoc flagitio te[5] jubente sanetur. » Hæc eo dicente, disrupto per inferiorem partem humore, sanata est cum viro suo. Beatus autem apostolus fregit[6] panem et dedit ei. Que gratias agens accepit et credidit in Domino cum omni domo sua. Nec deinceps illa aut vir ejus scelus quod prius admiserant perpetrarunt[7]. Misit quoque postea Gratinus magna munera sancto apostolo per famulos suos; et ipse postmodum secatus est cum uxore. Prostratique coram eo rogabant ut acciperet munera eorum. Quibus ille ait : « Non est meum hæc accipere,

---

(1) Est *ex illa hora Cratinus*.
(2) Ad *cenum* S. Germ.
(3) *Quo prius erat fœdata*.
(4) *Quare, si Domine novisti*, cujus.
(5) *Jam* te.
(6) *Cum gratias egisset*, fregit.
(7) Perpetraverunt. *Quibus factis, Cratinus, cum magna munera apostolo, prostratus in terra cum uxore, tribuere vellet:* « Non est meum, *inquit vir Dei*, hæc accipere...

delictissimi, sed potius vestrum est ea indigentibus erogare. » Et nihil accepit ex his que offerebantur [1].

CAPUT VI.

De septem demonibus a Nicea expulsis.

Post hæc ad Nicæam proficiscitur ubi erant VII demones inter monumenta commorantes sita secus viam. Homines quoque pretereuntes [2] meridie lapidabant et multos jam morti affecerant. Veniente autem beato apostolo exiit ei obviam tota [3] civitas cum ramis olivarum proclamantes laudes atque dicentes : « Salus nostra in manu tua, homo Dei. » Et exponentes [4] omnem rei ordinem, ait beatus apostolus : « Si creditis in Dominum Jesum Christum filium omnipotentis Dei cum Spiritu Sancto unum Deum, liberamini ejus auxilio ab hac infestatione demoniorum. » At illi clamabant dicentes : « Quecumque predicaveris credemus et obaudiemus jussioni tue [5]; tantum ut liberemur ab ista temptatione. » At ille gratias agens Deo pro eorum fide jussit ipsos demones in conspectu omnis populi ejus adsistere. Qui venerunt in similitudine canum. Conversus autem beatus apostolus, ait : « Ecce demones qui adversati sunt vobis. Si autem [6] creditis quod in nomine Jesu Christi possim eis imperare ut desistant

---

(1) *Et ita, nihil accipiens ex his quæ offerebantur, Nicæam proficiscitur in Asiam*, ubi erant.
(2) Homines *quotidie lapidabant et morte afficiebant*.
(3) *Universa*.
(4) Et *cum exposuissent*.
(5) Tuæ *ut modo ab ista* liberemur.
(6) *Itaque*.

a vobis, confitemini coram me. » At illi clamaverunt dicentes : « Credimus Jesum Christum filium Dei esse quem predicas. » Tunc beatus apostolus Andreas imperavit demonibus dicens : « Ite in loca arida et infructuosa nullum penitus hominem [1] nocentes neque accessum habentes ubicumque nomen Domini fuerit invocatum, donec accipiatis debitum vobis supplicium ignis æterni. » Hec eo dicente demones dato rugitu evanuerunt ex oculis adstantium, et sic civitas liberata est [2]. Baptizavit autem illos beatus apostolus et instituit eis episcopum nomine Calixtum [3] virum sapientem et inreprehensibiliter custodientem que a doctore susceperat.

CAPUT VII.

De mortuo suscitato.

Denique adpropinquans ad portam Nicomedie [4] ecce efferebatur mortuus in grabato. Cui pater senex, servorum sustentatus manibus, vix obsequium funeris valebat impendere. Mater quoque hac etate gravata, sparsis crinibus sequebatur hejulando cadaver, dicens : «Ve mihi cujus usque ad hoc tempus etas producta est ut funeris mei apparatum in filii funus expendam. » Cumque hec et his similia deplorantes cadaver vociferando prosequerentur, affuit apostolus Dei condo-

---

(1) *Nulli penitus homini.*

(2) *Et liberata est civitas ea, ex illa hora. Baptizavit quoque incolas illius beatus.*

(3) *Calistum.* — Celestem, S. Germ.

(4) *Postea egressus Niceam Andreas, cum ad portam Nicomediæ avvropinquaret, efferebatur...*

lensque lacrimis eorum ait : « Dicite mihi queso quid huic puero contigit ut ab hac luce migraret. » At illis pre timore[1] nihil respondentes a famulis apostolus hæc audivit : « Dum esset, inquiunt, juvenis iste in cubiculo solus, advenerunt subito VII canes et irruerunt in eum. Ab his igitur miserrime discerptus cecidit et mortuus est. » Tunc beatus Andreas suspirans et in cœlum oculos erigens cum lacrimis ait : « Scio, Domine, quia demonum eorum fuit insidia[2] quos expuli[3] a Nicea urbe, et nunc ergo rogo, Jesu benigne, ut resuscites eum, ne congaudeat adversarius humani generis de ejus interitu. » Et hæc dicens ait ad patrem[4] : « Quid dabis mihi si restituero tibi filium tuum salvum? » Et ille : « Nihil eo pretiosius habeo; ipsum tibi dabo si ad vitam resurrexerit te jubente. » Beatus vero[5] apostolus iterum expansis ad cœlum manibus oravit dicens : « Redeat, queso, Domine, anima hujus pueri ut isto resuscitato, relictis cunctis ydolis ad te convertantur fiatque ejus vivificatio, salus omnium pereuntium ut jam non[6] subdantur morti, sed tui effecti vitam mereantur eternam. » Respondentibus fidelibus amen, conversus ad feretrum, ait : « In nomine Jesu Christi surge et sta supra pedes tuos. » Et statim ammirante populo surrexit, ita ut omnes qui aderant voce magna clamarent : « Magnus est Deus Christus

---

(1) Nihil *respondere poterant. Tandem collecta mente subjecerunt :* « Dum esset.
(2) *Fuerunt insidiæ.*
(3) *Pepuli.*
(4) Patrem *mortui.*
(5) *Quibus dictis iterum* beatus.
(6) Non *amplius.*

quem predicat servus ejus Andreas. » Parentes enim pueri multa munera dederunt filio suo[1], que beato apostolo obtulit, sed ille nihil ex his accepit. Puerum tantum secum usque ad Macedoniam abire precipiens salutariis[2] verbis instruxit.

CAPUT VIII.

De commotione maris sedata.

Egressus inde[3] apostolus Domini navim conscendit ingressusque Helespontum, fretum navigabat ut veniret Bizantium. Et ecce commotum est mare et incubuit super eos ventus validus, et mergebatur navis[4]. Denique prestolantibus cunctis periculum mortis, oravit beatus Andreas ad Dominum. Precipiens vento, siluit[5]. Fluctus autem maris quieverunt et tranquillitas data est. Ereptique omnes a presenti discrimine Bizantium pervenerunt.

CAPUT IX.

De latronibus obstupefactis.

Inde progressi ut venirent Thracias apparuit eis multitudo hominum a longe cum evaginatis gladiis,

---

(1) Filio *suscitato a mortuis quæ....* offerret.
(2) *Salutaribus* verbis.
(3) Egressus *itaque Nicomedia.*
(4) *Ita ut navis mergeretur. Itaque* cum omnes mortis periculum *præstolarentur.*
(5) Siluit. *Quieverunt autem mox et* fluctus maris et tranquillitas *secuta est.*

lanceas manu gestantes,[1] volentes in illos irruere. Quod cum vidisset Andreas apostolus, faciens signum crucis contra eos ait : « Oro, Domine, ut decidat pater eorum qui hæc agere instituit. Conturbentur virtute divina ne noceant sperantibus[2] in te. » Hæc eo dicente, angelus Domini cum magno splendore preteriens tetigit gladia eorum et corruerunt proni in terra. Transiensque beatus apostolus cum suis nihil est nocitus[3]. Omnes enim projectis gladiis adorabant eum; angelus quoque Domini discessit ab eis cum magno lumine[4].

CAPUT X.

De his qui in navi crediderunt.

Sanctus[5] vero apostolus abiit ad Perintum[6] civitatem Tracie maritimam et invenit ibi navem que in Macedoniam properaret. Apparuit enim ei iterum angelus Domini et jussit eum ingredi navem. Tunc pre-

---

(1) Lanceas manu *gestantium qui volebant* in....

(2) Ne *lædant sperantes*.

(3) Cum suis *sine detrimento præterivit. Et qui hostes antea fuerant* projectis.

(4) *Cum ingenti lumine recessit.*

(5) *Interea Andreas emenso itinere ad Perynthum... maritimam ut nave in Macedoniam trajiceret. Cumque angeli monitu, qui ei iterum apparuit, navem conscendisset, antequam solverent a terra, prædicavit verbum Domini cunctis in navi secum existentibus. Cujus verbis salutaribus persuasi cuncti, cum ipso navis præfecto, in Jesum Christum credentes glorificabant Deum. Quare lætatus sanctus apostolus quod nec in mari defuerit qui verbum Domini audiret et ad filium Dei omnipotentis converteretur, glorificabat et laudabat Deum conditorem cœli et terræ.*

(6) S. Germ., Berintum.

dicans in navi verbum Dei, credidit nauta Dominum Jesum Christum et omnes qui cum eo erant; et glorificabat apostolus sanctus Deum quod nec in mari defuit qui audiret predicationem ejus aut qui crederet filium Dei omnipotentis.

CAPUT XI.

De nuptiis puerorum.

Fuerunt autem[1] duo viri in Philippis fratres[2]; et uni quidem erant filii duo, alteri filie duæ. Quibus erat facultas magna eo quod essent valde nobiles. Dixitque unus ad alterum : « Ecce sunt nobis opes eximie et non est de civibus qui digne copuletur generationi nostræ, sed veni et fiat nobis una domus ex omnibus. Filii mei accipiant filias tuas ut opes nostræ facilius conjungantur. » Placuit hic sermo fratri et inito fœdere obligaverunt hanc convenientiam per arrabone quod pater puerorum misit. Dato igitur die nuptiarum, factum est verbum Domini ad eos dicens : « Nolite conjungere filios[3] vestros donec veniat famulus meus Andreas. Ipse enim vobis que agere debeatis ostendet. » Jam enim thalamum præparatum erat et convive vo-

---

(1) *Dum hæc fierent et antequam adhuc apostolus in Macedoniam pervenisset, accidit quod* duo viri.

(2) *Germani essent nobiles et quibus erat magna facultas, erantque alteri filii duo, alteri totidem filiæ. Hi cum in civibus nulli forent qui digne generationi illorum jungi possent inito fœdere obligaverunt se mutuo ut unam domum facerent et unius filii alterius filias in matrimonium acciperent. Cumque jam dies nuptiarum esset constitutus* factum est...

(3) *Liberos* vestros.

cati et omne apparatum nuptiale in promptu tenebatur. Tertia vero die[1] advenit apostolus et videntes eum gravisi sunt magno gaudio et occurrentes ei cum coronis prociderunt ante pedes ejus et dixerunt : « Te ammoniti prestolamur, famule Dei, ut venias et ad nunties nobis quid faciemus. Accepimus enim verbum expectare te[2] et ne ante conjungerentur filii nostri quam tu venires indicatum est nobis. » Erat tunc vultus beati apostoli tanquam sol relucens ita ut omnes admirarentur et honorarent Deum[3]. Quibus ait apostolus : « Nolite filioli, nolite seduci; nolite decipere hos juvenes quibus potest fructus justicie apparere; sed magis pœnitentiam agite, quia deliquistis in Dominum ut proximos sanguine voluissetis conjugio copulari[4]. Non nos nuptias aut avertimus aut vitamus cum ab initio Deus masculum jungi precepisset et feminam; sed potius incesta dampnamus. » Hæc eo loquente commoti parentes eorum dixerunt : « Oramus, domine, ut depreceris pro nobis Deum tuum quia nescientes fecimus hoc delictum. » Adolescentes autem videntes vultum apostoli splendere tanquam angeli Dei dicebant : « Magna et immaculata est doctrina tua, vir beate, et nesciebamus. Verum enim cognovimus quia Deus loquitur in te. » Quibus sanctus[5] apo-

---

(1) *Interea triduo elapso* advenit.

(2) *Sumus enim oraculo divino jussi te operiri et ne antea conjungerentur liberi* nostri.

(3) Honorarent *eum. Qui cum audivisset quæ gesta essent : Nolite, ait,* filioli.

(4) Ut proximo *sanguine velletis polluere conjugia filiorum vestrorum.*

(5) *Ad quos conversus* sanctus.

stolus ait : « Custodite sine pollutione que audistis ut sit Deus vobiscum et accipiatis mercedem operis vestri id est sempiternam vitam que nullo clauditur fine. » Hec dicens apostolus et benedicens eos, siluit[1].

CAPUT XII.

De Exoo et parentibus ejus.

Erat quidam juvenis in Tesalonica nobilis valde ac dives opibus, Exuos[2] nomine. Hic venit ad apostolum nescientibus[3] parentibus suis et procidens ad pedes ejus rogabat eum dicens : « Ostende mihi queso, famule Dei[4], viam veritatis[5]. Cognovi enim quod verus minister sis ejus qui te misit. » Sanctus vero apostolus prædicavit ei dominum Jesum Christum et credidit adolescens adherens sancto apostolo, nihilque de parentibus meminens neque de facultatibus aliquam inpendens sollicitudinem[6]. Parentes autem requirentes eum audierunt quod in Philippis cum apostolo moraretur, et venientes cum muneribus rogabant ut separaretur ab eo[7]. Sed nolebat dicens : « Utinam nec vos has

---

(1) *Hæc dicens apostolus benedixit eis et relictis Philippis perrexit in Thessalonicam ubi juvenis quidam.*

(2) *Exoos, cujus parentes magno in ea civitate loco erant. Hic cum de virtutibus beati Andreæ cognovisset,* venit. — S. Germ. Exous.

(3) *Insciis.*

(4) Quæso *domine.*

(5) *Ut immortalitatem consequi possim.*

(6) *Nulla facta vel parentum vel facultatum suarum mentione. Interea* parentes.

(7) *Accedentes, muneribus filium ab Andrea separare nitebantur. Sed noluit adolescens obtemperare,* dicens.

opes haberetis ut mundi cognoscentes auctorem qui est verus Deus erueritis animas vestras ab ira futura. » Sanctus quoque apostolus descendit de tristico[1] et prædicabat eis verbum Dei. Sed non audientibus rediit ad puerum et clausit ostia domus. At illi convocata cohorte venerunt ut incenderent domum[2] illam in qua erat juvenis dicentes : « Intereat puer qui reliquid parentes et patriam; » et adhibentes faces caractæ scirpique et facularum cœperunt succendere domum. Et cum flamma jam ferretur in altum, arepta adolescens ampulla aque, ait : « Domine Jesu Christe in cujus manu omnium elementorum consistit natura, qui arentia inficis et infecta facis arescere, qui ignita refrigeras et extincta succendis, tu extingue hos ignes[3] ut tui non tepescant, sed magis accendantur ad fidem. » Et hec dicens, sparsit desuper aquam ex ampulla et statim omne incendium ita sopitum est ac si non fuisset accensum. Quod videntes parentes pueri dicebant : « Ecce jam filius noster magnus[4] effectus est; » et adhibentes scalas volebant ascendere in tristico ut eos interficerent gladio[5]. Dominus autem excecavit eos ne viderent ascensum scalarum, cumque in hac perversitate durarent quidam Lisimachus e civibus ait : « Ut quid, o viri, casso vos labore consumitis? Deus enim pugnat pro viris istis et vos non cognoscitis. Desi-

---

(1) *Quæ dum juvenis faceret sanctus quoque apostolus descendit de tristega et prædicabat.* — De triclinio, S. Germ.

(2) Domum, *cumque scirpos et faculas subjecissent* et jam flamma ferretur.

(3) *Jam* hos ignes.

(4) *Magus.*

(5) In *tristegam ut eos interficerent.* — In triclinium, S. Germ.

nite ab hac stultitia ne vos celestis ira consumat. »
Hoc eo dicente compuncti omnes corde dicebant:
« Verus est Deus quem isti colunt quem et nos prosequi
temptavimus [1]. » Hoc eis dicentibus cum jam tenebre
noctis advenissent, subito lumen effulsit et omnium
oculi inluminati sunt; ascendentesque ubi erat apo-
tolus Christi[2] invenerunt eum orantem. Prostrati quoque in pavimento clamabant dicentes : « Quæsumus
domine ut ores pro servis tuis qui errore seducti sunt. »
Tanta enim omnes compunctio cordis attigerat ut diceret Lysimachus[3]: « Vere Christus est filius Dei quem
prædicat servus ejus Andreas[4]. » Tunc erecti ab apostolo corroborati sunt in fide; tantum parentes pueri
non crediderunt. Qui exsecrantes adolescentem regressi
sunt in patriam[5] subdentes omnia que habebant pu-
blicis ditionibus. Post dies autem quinquaginta unius
hore momento exspiraverunt. Et post hæc pro eo quod
diligerent omnes viri civitatis adolescentem propter
bonitatem et mansuetudinem[6] ejus omne patrimonium
ei concessum est a publico. Et erat possidens cuncta[7]
que habuerant parentes ejus, nec tamen ab apostolo

---

(1) Quem *et nos sequi constituimus. Advenerant autem jam* tenebræ.

(2) Apostolus *cum puero.*

(3) Lysimachus *qui vicinus erat.*

(4) Servus ejus Andreas. *Itaque cum omnes corroborati ab apostolo in fide crederent parentes tamen infideles manserunt* et exsecrantes.

(5) *Domum* regressi sunt. *Qui haud multo post, quinquaginta diebus elapsis,* unius.

(6) Adolescentem *ob mansuetudinem.*

(7) Et *cum possideret* cuncta.

discedebat, sed fructus prediorum in pauperum necessitatibus et curis indigentium expendebat.

CAPUT XIII.

De filio Carpiani debili.

[1]Rogavit autem adolescens beatum apostolum ut proficiscerentur simul in Tesalonica. Et cum venissent ibi congregati sunt omnes ad eum et gaudebant videntes puerum. Tum congregatis omnibus in theatrum prædicabat eis puer verbum Dei, ita ut sileret apostolus et admirarentur prudentiam ejus. At illi clamaverunt dicentes : « Salva filium Carpiani civis nostri quia valde egrotat et credimus in Jesum quem predicas. » Quibus ait beatus apostolus : « Nihil est impossibile apud Dominum, sed tamen ut credatis adducite eum in conspectu nostro et sanabit illum Dominus Jesus Christus. » Tunc pater ejus abiit ad domum suam et dixit ad puerum[2] : « Hodie sanus eris, fili dilectissime Adismathe. » Hoc enim erat nomen pueri. Qui ait ad patrem : « Vere enim effectum est somnium

---

(1) *Igitur cum multo tempore apud Thessalonicam sanctus apostolus Domini una cum adolescente moraretur, congregati subinde in theatrum multis hominum millibus, prædicabat non solum Andreas verbum Dei sed ipse etiam juvenis, adeo ut mirarentur prudentiam ejus. Itaque evenit postmodum ut Carpiani cujusdam civis filius valde ægrotaret pro quo cum multi et apud apostolum ipsum precibus intercederent :* Nihil est impossibile...

(2) Christus. *Quæ audiens pater ægroti, cucurrit mox ad filium suum, domum :* « Hodie, Adimathe (hoc enim erat ægroti pueri nomen) sanus eris. » *Ad quem filius* : « Jam video insomnii mei exitum, nam per quietem hunc vidi virum qui me sanabit. » — S. Germ. Adunante.

meum, nam ego vidi per visum virum hunc qui me sanum reddiderit. » Et hæc dicens induit vestimenta sua surrexitque a grabato et pergebat ad theatrum cursu veloci ita ut non possit a parentibus adsequi[1]. Et procidens ad pedes beati apostoli gratias agebat pro sanitate recepta. Populi autem stupebant[2] videntes eum post viginti tres annos[3] ambulantem; et glorificabant Deum, dicentes quia non est similis Deo Andreæ.

CAPUT XIV.

De mortuo suscitato.

Unus autem e civibus cujus filius habebat spiritum immundum rogabat beatum apostolum dicens[4]: « Sana queso, vir Dei, filium meum quia male a demonio[5] vexatur. » Demon vero sciens futurum se eici seduxit puerum in secretum cubiculum et suffocavit eum laqueo extorquens animam ejus. Denique pater pueri cum[6] invenisset illum[7] mortuum flevit multum[8] et ait amicis suis : « Ferte cadaver ad theatrum. Confido enim quod poterit resuscitari ab hospite qui prædicat Deum verum. » Quo delato[9] et posito coram apostolo[10],

---

(1) Ut non *possent parentes vestigia ejus* adsequi.
(2) *Populus autem qui aderat obstupescebat.*
(3) *Ex quo lecto fixus fuisset.*
(4) *Accessit et alius a civibus tum ad beatum virum cujus filius spiritum immundum habebat.* Sana.
(5) *E dæmonio.*
(6) *Pater cum.*
(7) *Filium* mortuum.
(8) *Plurimum* flevit.
(9) *Quod ubi factum fuisset.*
(10) Apostolo, *cadavere, totam rei causam cognovisset, conversus ad populum Andreas :* « *Quid, inquit,* vobis proderit.

BEATI ANDREÆ APOSTOLI. 57

narravit ei qualiter interfectus esset a demone dicens : « Credo, homo Dei, quod etiam a morte per te possit resurgere. » Conversus autem apostolus ad populum, ait : « Quid vobis proderit viri Thesalonicenses cum hæc fieri videritis si non credideritis ? » At illi dixerunt : « Ne dubites, vir Dei, quia isto resuscitato omnes credemus². » Hec illis dicentibus ait apostolus : « In nomine Domini Jesu Christi, surge puer. » Et statim surrexit. Et stupefactus omnis populus clamabat dicens : « Sufficit³, nunc credimus cuncti Deo illi quem prædicas, famule Dei. » Et deducentes eum ad domum cum facibus et lucernis eo quod jam nox advenisset introduxerunt eum in domum suam ubi per triduum instruxit illos de his que Dei erant⁴.

CAPUT XV.

De filio Mediæ et ejus pueris aliisque infirmis sanatis.

Venit ad eum quidam vir de Phylippis, Medias nomine, cujus filius in debilitate nimia ægrotabat et ait ad apostolum : « Deprecor, homo Dei, ut restituas mihi filium meum quia debilitatus est corpore. » Et hec dicens flebat valde⁵. Beatus vero apostolus abstergens genas ejus et caput manu demulcens dicebat :

---

(1) Omnes *in Deum tuum credituri sumus.*

(2) *Sufficiunt hæc nobis* et deducentes.

(3) Advenisset, *manserunt apud eum per triduum; quo tempore de illis quæ Dei erant abunde omnes instruxit.*

(4) *Dum hæc apud Thessalonicam fiunt interea vir quidam ex Philippis, Medias nomine, cujus filius gravi ægritudine torquebatur, Thessalonicam ad apostolum venit, deprecans filii sanitatem tanto animi affectu ut lacrymas emitteret.* Beatus.

« Confortate¹ fili, tantum crede et implentur voluntates tuæ². » Tunc adprehendens manum ejus ibat in Phylippis. Cumque ingrederetur portam civitatis occurrit ei³ senex rogans pro filiis quos pro culpa ineffabili Medias carcerali supplicio detruserat et erant ulceribus putrefacti⁴. Conversus autem sanctus apostolus ad Mediam, dixit : « Audi homo. Tu⁵ deprecaris ut sanetur filius cum apud te vincti teneantur quorum jam sunt carnes exesæ ? Et ideo si preces tuas apud Deum vis proficisci⁶ absolve prius miserorum catenam ut et filius tuus a debilitate laxetur ; nam video⁷ impedimentum fore precibus meis malitiam quam exerces. » Tunc Medias procidit ad pedes ejus et deosculans ait : « Absolvantur hi duo et alii septem de quibus nihil audisti, tantum ut sanetur filius meus. » Et jussit eos in conspectu beati apostoli exhiberi. At ille impositis eis manibus, et per triduum abluens vulnera eorum restituit eos sanitati libertatique donavit. Postera vero die ait ad puerum : « Surge in nomine Domini Jesu Christi qui me misit ut mederer infirmitati tue ; » et adprehensa manu ejus levavit eum. Qui statim surrexit et ambulavit magnificans Dominum. Vocabatur enim puer Philionedis⁸ qui viginti duobus annis fuerat

---

(1) *Confortare.*
(2) Voluntates tuæ, *apprehensaque manu...* Philippos.
(3) *Eis.*
(4) Quos *,carceri conclusos Medias habebat, ulceribus pene et temporis diuturnitate* putrefacti.
(5) Tu *quidem.*
(6) *Quare si preces..., solve.*
(7) *Sentio.* — S. Germ., Scito.
(8) *Philomedes qui tribus decubuerat annis. Clamante autem plebe*

debilis. Clamantibus autem populis et dicentibus : « Et nostris medere infirmis, famule Dei Andrea! » ait apostolus ad puerum : « Vade per domos ægrotantium et in nomine Jesu Christi in quo sanatus es tu jube eos exsurgere. » At ille, admirantibus populis, abiit per domos infirmorum invocatoque Christi nomine restituebat eos sanitati[1]. Credidit autem omnis populus offerensque ei munera, rogabant ut audirent verbum Dei. Beatus vero apostolus prædicans Deum verum nihil de muneribus accipiebat.

CAPUT XVI.

De filia debile cujusdam sanata.

Denique Nicolaus quidam e civibus[2] exibens carrucam deauratam cum quatuor mulis candidis equisque ejusdem numeri et coloris[3], obtulit beato apostolo dicens : « Hæc accipe famule Dei, quia nihil repperi inter res meas his amabilius[4]; tantum ut sanetur filia mea que nimio[5] cruciatu vexatur. » Cui subridens beatus apostolus ait : « Accipio quidem munera tua Nicolae, sed non hæc visibilia[6]. Nam si pro filia quod pretiosum[7] in domo tua habebas offers, quanto magis

---

(1) Restituebat sanitati *quotidie plurimos. Credidit igitur ex eo tempore omnis populus Philipporum*, offerens.

(2) *Ex civium numero*.

(3) *Totidemque equis* obtulit.

(4) *Quibus nihil inveni in rebus meis præstantius*.

(5) *Diutino*.

(6) Nicholae *charissime*, sed non. — S. Germ., non hæc vel similia.

(7) *Quæ pretiosa...* offerre cupis.

pro anima debes¹. Ego enim hoc a te accipere cupio ut homo ille interior agnoscat verum Deum factorem suum creatoremque omnium, qui terrena respuat et eterna desideret, qui caduca neglegat, eligat sempiterna, qui illa que videntur contemnat et ea que non videntur contemplatione spiritalis intentionis advertat; ut cum in his exercitato sensu vigueris, vitam æternam consequi merearis, filiamque hic sanitati redditam solatio, etiam in illa² æternitatis gaudia, perfruaris. » Hæc eo dicente persuasit omnibus ut relictis idolis Deum verum crederent. Filiam quoque ipsius³ Nicolai sanavit ab infirmitate qua tenebatur⁴ et omnes magnificabant eum, percurrente per totam Macedoniam fama de virtutibus quas faciebat super infirmos⁵.

CAPUT XVII.

De demone expulso.

Sequenti vero die, docente eo ecce quidam⁶ adolescens clamavit voce magna dicens : « Quid tibi et nobis Andrea famule Dei? Venisti⁷ ut nos a propriis sedibus exturbares? » Tunc beatus apostolus vocatum ad se juvenem ait : « Enarra, auctor criminis, quod sit opus

---

(1) Debes *quoddam munus preciosum offerre. Ego vero hoc solum* a te.
(2) *In illo æternitatis gaudio.*
(3) Ipsius *ejusdem.*
(4) Ab infirmitate *in illa hora* et omnes.
(5) Infirmos *apostolus Domini.*
(6) *Evenit porro sequenti die cum doceret beatus Andreas populos ut* adolescens quidam.
(7) Venisti *ne* ut nos *e* propriis.

tuum. » Et ille : « Ego, inquid, in hoc puero ab adolescentia ejus inhabitavi[1], suspicans quod numquam ab eo recederem. Die autem tertio audivi[2] patrem illius dicentem amico suo : Vadam ad hominem famulum Dei Andream et sanabit filium meum[3]. Nunc autem timens cruciatus quos nobis infers, veni ut egrediar ab eo coram te. » Et hæc dicens prostratus solo ante pedes apostoli exiit a puero et sanatus est[4], et surgens glorificabat Deum. Tantam enim gratiam Deus prestitit sancto apostolo ut sponte omnes[5] venirent ad audiendum verbum salutis et dicerent : « Enarra nobis homo Dei quis est verus Deus in cujus nomine nostros curas infirmos. » Sed et philosophi veniebant et conquerebant[6] cum eo, et nemo poterat resistere doctrinæ ejus.

CAPUT XVIII.

De Virino proconsule et filio ejus ac milites suscitatos[7].

Dum autem hæc agerentur[8] surrexit quidam inimicus prædicationnis apostolice et venit ad proconsulem dicens[9] : « Surrexit homo iniquus in Thessalonicam qui

---

(1) *Habitavi.*
(2) *Nudius tertius* autem audivi.
(3) Meum. *Timens igitur.*
(4) Est *ex illa hora, surgensque voce magna* glorificabat.
(5) Ut *sua sponte quotidie multi.*
(6) *Disserebant.*
(7) Ac muliere suscitata, S. Germ.
(8) *Igitur cum hæc agerentur a viro Dei apud Thessalonicam,* surrexit.
(9) *Is accessit proconsulem provinciæ Quirinum, et ei de Andrea significavit quemadmodum multos quotidie a religione majorum et Deorum cultura averteret* in Thessalonica, qui templa.

templa Deorum prædicat destrui, cerimonias respui et omnia prisce legis decreta convelli; unum Deum tantum prædicat coli, cujus se etiam famulum protestatur[1]. » Hæc audiens proconsul misit milites qui eum exhiberent in conspectu ejus. Qui venientes ad portam didicerunt in qua domo commoraretur apostolus[2]. Ingredientes autem cum vidissent vultum ejus fulgore nimis resplendere[3], timore perterriti ceciderunt ante pedes ejus. Beatus vero apostolus narrabat audientibus que de eo proconsuli nuntiata fuissent et venientes populi cum gladiis et fustibus volebant milites interficere. Sed prohibuit eos sanctus apostolus. Proconsul enim veniens cum non invenisset apostolum in civitate, quo preceperat, fremuit ut leo et misit alios viginti[4]; et ipsi ascendentes in domum cum vidissent beatum apostolum turbati nihil dixerunt. Tunc proconsul hæc audiens iratus valde misit multitudinem[5] militum qui eum adducerent. Quibus visis apostolus dixit : « Numquid propter me venistis? » Et illi : « Propter te, inquiunt, si tamen tu es ille magus qui prædicas Deos non coli. » Quibus ille ait : « Ego magus non sum sed sum apostolus[6] domini mei Jesu Christi quem predico. » Dum hæc agerentur unus

---

(1) Tantum *coli præcipiens cujus etiam se famulum profitetur. Quibus commotus proconsul milites qui comprehenderent ipsum misit.*

(2) Ad portam *in qua domo... didicerunt.*

(3) *Resplendentem.*

(4) Apostolus. *Impeditus igitur proconsul iis quæ constituerat fremuit valde* et misit alios viginti.

(5) *Que proconsul ut accepit misit aliam militum catervam* qui.

(6) *Sed apostolus.*

militum arreptus a dæmone, evaginato gladio exclamans dixit : « Quid mihi et tibi Virine proconsul ut mitteres me ad hominem qui non modo extrudere me ab hoc vase verum etiam suis me virtutibus incendere potest. Utinam venires ad occursum ejus et nihil mali ageres contra illum. » Cum autem hoc dixisset demonium egressum est a milite. Miles igitur cecidit et mortuus est. Interea venit proconsul cum magno furore et stans secus sanctum apostolum eum videre non poterat[1]. Cui ille dixit : « Ego sum quem queris, proconsul. » Et statim aperti sunt oculi ejus et vidit illum et indignans ait : « Que est hec insania ut contempnas jussionem nostram et ministros nostros subicias ditioni tuæ? Vere enim te magum atque maleficum esse manifestum est; nunc autem feris te subiciam pro contemptu Deorum et nostro, et tunc videbis si te possit eripere crucifixus quem prædicas. » Cui beatus apostolus ait : « Oportet te credere proconsul Deum verum et quem misit filium ejus Jesum Christum, præsertim cum videas unum de tuis militibus interisse. » Et prostratus ad orationnem sanctus apostolus, cum diutissime preces fudisset ad Dominum, tetigit militem dicens : « Surge! suscitat te Dominus meus Jesus Christus quem prædico. » Et statim surrexit miles et stetit sanus; cumque populus adclamaret : « Gloria Deo nostro! » proconsul ait : « Nolite o populi, nolite credere magum[2]. » At illi clamabant dicentes : « Non est hec magica, sed est doctrina sana et vera. » Proconsul[3] dixit :

---

(1) Videre *nequivit.*
(2) Credere, *o simplices; magus est.*
(3) *Ad quæ* proconsul.

« Hominem istum ad bestias tradam et de vobis scribam Cæsari ut velociter pereatis quia contempnitis leges ejus. » Illi autem volentes eum lapidibus obruere dicebant : « Scribe Cæsari quia Machedones receperunt verbum Dei et contemptis idolis Deum verum adorant. » Tunc iratus[1] proconsul recessit a prætorio. Et facto mane intromisit feras in stadium et jussit trahi et proici beatum apostolum in stadio[2]. Quo adprehenso trahebant per capillos, impellentes fustibus, projectumque in harena, dimiserunt aprum ferocem et horribilem. Qui ter circuivit sanctum Dei et nihil nocuit[3]. Videntes autem hec populi dederunt gloriam Deo. Proconsul vero jussit iterum dimitti taurum qui a triginta militibus adductus et a duobus venatoribus impulsus, Andream non attigit sed venatores in frusta decerpsit, et dans[4] mugitum cecidit et mortuus est. Et statim adclamavit populus, dicens : « Verus Deus Christus. » Dum hæc agerentur angelus Domini visus est descendisse de cœlo et confortabat sanctum apostolum in stadio. Denique proconsul fervens ira jussit leopardum ferocissimum dimitti; qui dimissus reliquid apostolum et ascendens ad sedem proconsulis arripuit filium ejus et suffocavit eum. Tantaque insania proconsulem obtinuerat ut nihil de his aliquid aut[5]

---

(1) *Ad quæ* iratus *abiit* in.

(2) Jussit *eo trahi ac projici beatum Andream. Quo adprehenso cum, capillis tractus ac fustibus impulsus, in harena fuisset relictus,* admiserunt aprum.

(3) *Qui ter cum circuisset… nihil nocuit.*

(4) Et *postremo* dans.

(5) Ut *neque de his aliquid aut doleret aut diceret. Inter hæc* beatus.

doleret aut diceret. Tunc beatus apostolus conversus ad populum dixit : « Cognoscite nunc quia verum[1] Deum colitis cujus virtute bestiæ superatæ sunt, quem nunc Virinus proconsul[2] ignorat. Sed ego ut facilius credatis etiam filium ipsius, in nomine Christi quem prædico, suscitabo ut confundatur stultissimus pater ejus. » Et prostratus terræ, diutissime oravit adprehensaque manu suffocati suscitavit eum. Hæc videntes populi magnificaverunt Deum et voluerunt Virinum interficere[3], sed permissi non sunt ab apostolo. Virinus autem[4] confusus discessit in prætorium suum.

CAPUT XIX.

De serpente interfecto et mortuo suscitato.

His ita gestis adolescens quidam, qui[5] erat jam cum apostolo, indicavit matri suæ que erant acta et accersivit eam ut veniret ad occursum sancti. Que accedens procidit ad pedes ejus et querebat[6] ut audiret verbum Dei. Cui cum satisfactum fuisset de prædicatione, rogavit[7] ut accederet ad agrum ejus in quo serpens mire magnitudinis erat qui totam regionem istam devastabat. Appropinquante autem apostolo, sibilum magnum emittens erecto capite venit in obviam. Erat enim longitudo ejus quinquaginta cubitorum, ut

---

(1) Dixit : *Ex his cognoscitis, viri Tessalonicenses*, quia verum.
(2) *Quirinus consul.*
(3) *Et quærebant Quirinum* interficere.
(4) *Proconsul* autem.
(5) Qui *diu jam cum apostolo manserat.*
(6) Querebat *audire* verbum.
(7) Satisfactum *esset deprecatione multa* rogavit.

omnes qui aderant metu terrerentur et terre decubarent. Tunc sanctus Dei ait ad eum : « Abde capud funeste quod erexisti in principio ad perniciem generis humani et subde te famulis Dei, ac morere. Et statim serpens emittens gravem rugitum, circumdedit quercum magnam que propinqua erat, et obligans se circa eam, evomens rivum veneni cum sanguine, expiravit. Sanctus vero apostolus[1] pervenit ad predium mulieris, in quo parvulus quem serpens perculerat mortuus decubabat, et videns flere parentes ejus[2] ait ad eos: « Deus noster qui vult vos salvos fieri, misit me[3] ut credatis in eum. Nunc autem abeuntes videte mortuum interfectorem filii vestri. » At illi dixerunt : « Nihil[4] dolemus de morte filii si ultionem ex inimico videmus. » Illis vero abeuntibus, dixit apostolus ad uxorem proconsulis : « Vade et suscita puerum. » At illa nihil dubitans venit[5] ad corpus et ait : « In nomine Domini mei Jesu Christi surge incolomis : » Et statim surrexit. Parentes autem ejus redeuntes cum gaudio quod[6] vidissent serpentem mortuum, invenerunt filium viventem, et prostrati coram pedibus apostoli gratias agebant[7].

---

(1) Apostolus *post hæc*.
(2) Parentes *illius inquit : Dominus noster qui omnes* vult.
(3) Me *huc* ut.
(4) Nihil *de morte dolemus filii... de* inimico.
(5) Nihil *addubitans accessit ad... et inquit : surge, puer, incolumis*.
(6) Cum *vidissent*.
(7) Coram *apostolo, gratias Deo* agebant.

CAPUT XX.

De revelatione passionis beati apostoli.

Sequenti vero nocte[1] visum vidit beatus apostolus quem etiam fratribus enarravit dicens : « Audite dilectissimi somnium meum. Videbam et ecce mons magnus erat in sublimi delatus, qui nihil de terrenis rebus super se habebat, nisi[2] tantum luce resplendens ita ut mundum putaretur illuminare. Et ecce adstiterunt mihi dilectissimi fratres Petrus et Johannes apostoli; et Johannes quidem extensa manu Petro apostolo, levavit eum in vertice[3] montis. Et conversus ad me rogabat ascendere post Petrum dicens : « Andreas poculum Petri bibiturus es; » et extensis manibus ait : « Appropinqua mihi et extende manus tuas ut conjungantur manibus meis et caput tuum capiti meo societur. » Quod[4] cum fecissem inventus sum brevior esse Johanni[5] et post hæc ait mihi : « Vis cognoscere imaginem hujus rei quam cernis vel quis sit qui tibi loquitur. » Et ego aio : « Desidero ita cognoscere[6]. » Et ait mihi : « Ego sum verbum crucis in qua pendebis in proximo propter nomen ejus quem prædicas. » Et multa alia mihi dixit que nunc silere oportet, prodebuntur tamen tunc cum ad hanc im-

---

(1) Nocte *vidit per quietem beatus Andreas visionem quam et* fratribus.
(2) Nisi *quod luce resplendescebat in tantum* ut mundum.
(3) *Verticem.*
(4) *Quæ.*
(5) *Johanne.*
(6) Desidero, *inquam.* Et ait.

molationnem [1] accessero. Nunc autem conveniant omnes qui susceperunt verbum Dei et commendem illos Domino Jesu Christo ut eos in doctrina sua immaculatos custodire dignetur. Ego vero jam resolvor a corpore et vado ad promissionem illam quam mihi polliceri dignatus est regnator celorum et terre qui est filius omnipotentis Dei cum spiritu sancto, verus Deus permanens in secula sempiterna. » Hæc audientes fratres flebant valde et cædebant palmis facies suas cum gemitu magno. Denique convenientibus cunctis, ait iterum : « Scitote dilectissimi me discessurum a vobis, sed credo in Jesum cujus verbum prædico quia custodiet vos a malo ut non divellatur ab inimico hæc messis quam in vobis serui, id est cognitio et doctrina Jesu Christi Domini mei. Vos autem orate jugiter et state fortes in fide ut, evulsam Dominus omnem zizaniam scandali, tanquam triticum mundum in horreo vos celesti congregare dignetur. » Et sic per dies quinque docebat eos et confirmabat in præceptis Dei. Post hec autem expansis manibus oravit ad Dominum dicens : « Custodi Domine, queso Domine, gregem hunc qui jam tuam cognovit salutem, ut non prevaleat illi malignus, sed quæ te jubente me dispensante suscepit inviolatum [2] custodire mereatur in secula seculorum. » Et hec dicens omnes qui aderant responderunt amen. Et accipiens [3] panem gratias agens fregit et dedit omnibus, dicens : « Accipite gratiam quam vobis tradit per me famulum suum Christus Dominus Deus nos-

---

(1) *Æmulationem* accessero. *Quare rogo* conveniant.
(2) *Inviolata*.
(3) *Apostolus vero* accipiens.

ter. » Et osculans[1] singulos atque commendans Domino[2] in Thessalonica profectus est ibique biduo docens discessit ab eis.

CAPUT XXI.

De eo qui in mare cecidit.

Multi autem ex Machedonia fideles profecti sunt cum eo, quorum fuerunt duæ naves. Querebant autem omnes ut illam navem in qua apostolus vehebatur conscenderent. Desiderantes eum audire loquentem scilicet ut nec in mari eis deesset verbum Dei. Quibus[3] ait apostolus : « Novi desiderium vestrum dilectissimi, sed navis hæc parvula est; ergo[4] pueri cum impedimentis in majore conscendant[5] nave; vos vero in ista que minor est nobiscum properabitis. » Et dato eis Anthimo[6] qui consolaret, eis jussit aliam conscendere navem quam prope sibi semper jussit adesse[7] ut et ipsi viderent eum et audirent verbum Dei[8]. Dormiente autem eo, parumper quidam vento modico impulsus cecidit in mari. Anthimus autem excitavit eum dicens : « Succurre, doctor bone; periit unus de famulis tuis[9]. » Expergefactus autem apostolus incre-

---

(1) Et *exosculans*.
(2) Domino, *ex Philippis Thessalonicam*.
(3) *Ad quos conversus apostolus : Novi, inquit*.
(4) Est; *Quare rogo ut* pueri.
(5) In *majorem navem transeant*.
(6) *Antymo qui consolaretur eos*.
(7) Semper *esse jusserat*.
(8) Dei. *Hæc dum fierent accidit ut quidam, solutus in somnum, vento impulsus, caderet in mari. Quod videns Antymus, conversus ad apostolum : « Succurre, doctor, inquit, bone. »*
(9) Tuis. *Tunc beatus Andreas* increpavit.

pavit ventum et siluit[1] et mare tranquillum est redditum. Homo vero qui ceciderat unda famulante ad navem devectus est. Cujus manum Anthimus adprehensam, levavit eum in navi[2], et omnes admirati sunt virtutem apostoli quod etiam et mare obediebat ei. Duodecima igitur die Patras Achaiæ civitatem adpulsi sunt, egressique navem[3] in quodam diversorio morabantur.

CAPUT XXII.

De Lisbio proconsule et fide ejus.

Denique cum eum multi rogarent[4] ut in domibus eorum ingrederetur, dixit : « Vivit Dominus quia non vadam nisi quo præceperit Deus meus[5]. » Et nocte dormiens nihil revelationis accepit. Altera vero nocte cum esset ex hoc tristis, audivit vocem dicentem sibi: « Andreas ego semper tecum sum et non te derelinquo[6]. » Hec autem audiens glorificabat Dominum pro hac visione[7]. Is autem a quo pergebat monitus est per visum ut susciperet hominem Dei. At ille misit ad hominem qui eum hospicio susceperat et rogavit ut adduceret sibi beatum apostolum. Quod cum ille audisset venit ad proconsulem et ingressus cubiculum

---

(1) *Statim* siluit.
(2) *In navem.... obediret.*
(3) *De navi.*
(4) Cum *multi precibus insisterent ut in domos.*
(5) Quæ præceperit *ille.*
(6) Non *derelinquam te. Quæ audiens ille.*
(7) Visione. *Dum hæc fierent interea Lisbius proconsul admonetur divinitus ut susciperet hominem Dei. Qui misit in occursum apostolo homines qui eum hospitio exciperent et sibi adducerent.* Quod cum.

ejus vidit eum jacentem clausis oculis quasi mortuum pungensque latus illius ait : « Surge et enarra nobis que tibi contigerunt. » Et ille : « Ego inquid sum qui exsecrabam viam quam doces, et misi milites cum navibus ad proconsulem Machedoniæ ut vinctum te transmitteret mihi, et ego te morti dampnarem; sed naufragia perferentes nunquam potuerunt accedere quo jussi sunt. Cumque in hac intentione durarem[1] ut destruerem viam tuam, apparuerunt mihi duo viri Æthiopes qui me duris flagris cedebant dicentes : « Non possumus hic jam ullam potestatem habere, quia venit homo ille quem persequi cogitabas. Et nunc in hac nocte[2] in qua adhuc potestatem habemus ulciscimur nos in te. » Et sic graviter cesum recesserunt a me. Nunc autem tu[3] vir Dei, deprecare Dominum ut dimittens mihi hoc delictum, saner ab infirmitate qua teneor. » Hæc eo coram omni populo narrante, beatus apostolus prædicabat assidue verbum Dei et credebant omnes. Proconsul vero sanatus credidit et conroboratus est in fide[4].

CAPUT XXIII.

De Trophime et uxore proconsulis.

Igitur Trophime[5] que quondam concubina proconsulis fuerat et alio jam viro sociata[6] erat, reliquid

---

(1) *Dumque in hac mente essem* ut.

(2) Cogitabas; *quare isthac adhuc nocte qua* potestatem.

(3) Nunc *igitur vir Dei deprecari velis Dominum ut dimittat hoc mihi delictum et ipse* saner.

(4) In fide *affatim*.

(5) *Qua ex re accidit ut Trophima.* — S. Germ. Trophima.

(6) Sociata *vivebat relinqueret et ipsa* virum.... *adhæreret. Veniebat enim ipsa plerumque in domum.*

virum suum et adherebat apostolicæ doctrine. Et ob hoc plerumque in domo proconsulis veniebat in qua jugiter docebat apostolus. Iratus¹ autem vir ejus venit ad dominam suam dicens : « Trophime, recolens stuprum quod cum domino meo proconsule agere consueverat, ei nunc iterato commiscetur. » At illa succensa felle ait : « Idcirco ergo me reliquid vir meus; etiam sex mensibus non² conjungitur mihi, eo quod diligat ancillam suam. » Et vocato procuratore, jussit eam scorto dampnari. Nec mora deducitur ad lupanar ac lenoni donatur. Sed nihil horum Lysbius sciebat. Requirens tamen eam, ab uxore deludebatur. At illa³ ingressa lupanar orabat assidue. Cumque venissent qui eam contingerent, ponebat evangelium quod secum habebat ad pectus suum et statim omnes vires perdebant. Accedens autem⁴ ad eam quidam vir impudicissimus ut inluderet ei, resistente autem ea, disrupit vestimenta ejus et cecidit evangelium ad terram. Trophime vero lacrymans et extensis ad cœlum manibus dixit : « Ne patiaris me Domine pollui ob cujus nomen di-

---

(1) Apostolus. *Istud in iram maritum ejus concitavit ut accederet proconsulis conjugem, dicens : « Si nescis, domina, Trophima viri tui scortum est quam ipse sub prætextu mihi collocavit ut ea nihilominus pro libito, ut facit, potiretur. » Que illa audiens,* succensa.

(2) Meus; *jam enim sex menses transierunt ex quo non conjungitur mihi. Jam autem intelligo quod diligit ancillam suam. » Et hoc dicens vocavit procuratorem suum jussitque Trophimam ut scortum damnari atque in lupanar retrudi.* Nec mora.

(3) *Trophima vero ex quo die lupanar erat ingressa projecta humi* assidue orabat.

(4) *Quare cum accederet eam impudentissimæ vitæ juvenis quidam ac illudens jam vim pararet, adeo ut scissis vestimentis, Trophima consternata ac lachrymans,* extensis.

ligo castitatem. » Et statim apparuit ei angelus Domini et juvenis cecidit ante pedes ejus et mortuus est. At illa confortata[1] benedicebat et glorificabat Dominum qui non permiserat eam deludi. Sed[2] postmodum in nomine Jesu Christi resuscitavit puerum et omnis civitas cucurrit ad hoc spectaculum. Uxor vero proconsulis abiit ad balneum cum procuratore suo, cumque lavarentur simul, apparuit eis demon teterrimus, a quo percussi ambo ceciderunt et mortui sunt. Et ecce planctus[3] magnus factus est et nunciatum est apostolo et proconsuli quod uxor ejus cum lenone mortua erat[4]. Tunc beatus Andreas hæc audiens ait populo : « Videte dilectissimi quantum prævalet[5] inimicus, nam Trophime propter pudicitiam[6] damnaverunt scorto, nunc autem judicium Dei adfuit et ecce materfamilias que eam in lupanar poni jussit, cum lenone suo percussa, in balneum cecidit et mortua est[7]. » Hec eo dicente advenit nutrix ejus[8] que præ senectute manibus deportabatur aliorum, scissis[9] vestibus cum cla-

---

(1) *Itaque confortata pia mulier* benedicebat.

(2) Deludi. *Ipsa quoque tantam ex illo tempore in fide constantiam acceperat ut non ita multo post in nomine Jesu Christi puerum a mortuis resuscitarit; ad quod quidem spectaculum universa civitas convenerat. Interea temporis uxor* proconsulis.

(3) Sunt. *Quæ dum ita fierent planctus* factus est magnus.

(4) Mortua esset. *Motus igitur his turbis (verbis) beatus Andreas plebem in hæc verba alloquitur :* « Videte.

(5) *Prævaleat*.

(6) Pudicitiam *lupanari inclusa est; sed non defuit judicium divinum. Mox enim et materfamilias quæ hoc preceperat* cum lenone.

(7) Et *extincta* est.

(8) Nutrix *mortuæ*.

(9) Manibus *portabatur. Et ipsa* scissis vestibus, cum clamore magno : « Scimus inquit, quia.

more magno, et deposita coram apostolo rogare cœpit dicens : « Scimus quia dilectus Dei es, et quecumque petieris Deum tuum præstare tibi. Nunc autem miserere mei et resuscita illam. » Condolens beatus [1] apostolus super lacrimas mulieris, conversus ad proconsulem ait : « Vis ut resuscitetur ? » Cui ille : « Absit inquid, ut vivat que tanti [2] flagitii commisit in domo mea. » Et apostolus : « Noli ait, sic agere : misereri enim nos oportet petentibus ut misericordiam consequamur [3] a Deo. » Hæc eo dicente perrexit consul ad prætorium. Sanctus vero apostolus jussit corpus exhiberi in medium et accedens ait : « Rogo benigne Domine Jesu Christe ut resuscitetur hæc mulier et cognoscant omnes quia tu es Dominus Deus solus misericors et justus qui non pateris innocentes perire. » Et conversus tetigit capud mulieris dicens : « Surge in nomine Jesu Christi Dei mei. » Et statim surrexit mulier, que dimisso vultu flens et gemens respiciebat in terram. Cui apostolus : « Ingredere in cubiculum tuum et esto secretius orans donec conforteris a Domino. » Cui illa respondit : « Facito me prius cum Trophime pacificam in qua tanti [4] mali congessi. » Sanctus apostolus dixit : « Noli timere, non enim meminit Trophime malorum neque ultionem expectat, sed gratias agit Deo in omnibus que accesserint ei. » Et vocata Trophime pacificavit eam

---

(1) *Cujus lachrymis motus beatus apostolus condolebat* conversus que.

(2) *Tantum flagitium.*

(3) *Et ipsi* consequamur.

(4) In qua *tantum mali misera admisi. Ad quæ apostolus : Noli inquit, timere, non enim Throphima eorum amplius* meminit.

cum Calistœ[1] uxore proconsulis[2] que resuscitata erat. Lisbius vero[3] in tantum profecit in fide ut quadam die accedens ad apostolum[4] omnia confiteretur peccata sua. Cui sanctus apostolus dixit : « Gratias ago Deo, fili, quod times futurum judicium, sed viriliter age et confortare in Domino quem credis. » Et tenens manum ejus deambulabat in littore.

CAPUT XXIV.

De multis mortuis suscitatis.

Post deambulationem vero cum sedisset, sedebant et singuli qui cum eo erant super arenam, audientes verbum Dei, et ecce cadaver necatum in mari projectum est[5] ante pedes apostoli in littore. Tunc sanctus Andreas apostolus exultans in Domino ait : « Oportet hunc resuscitari ut cognoscamus que in eum adversarius est operatus. » Et fusa orationne tenens manum mortui, erexit eum et statim revixit et loquebatur. Cumque nudus esset, dedit ei tunicam suam dicens: « Dic nobis ordinem atque expone omnia quæ contigerunt[6]. » At ille respondit : « Nihil tibi occultabo cum sis homo Dei[7]. Ego sum Sostrati filius civis

---

(1) Calista.

(2) Quæ resuscitata *a mortuis reconciliata est.*

(3) Vero *ipse, videlicet proconsul,* in tantum.

(4) *Apostolum accedens omnia ei peccata ultro confiteretur.*

(5) Projectum est *ad littus maris et proxime ad pedes S. Andreæ. Quod videns beatus* apostolus.

(6) Contigerunt *tibi.*

(7) Nihil *te celabo quicunque sis homo.*

Machedonis qui nuper ab Italia adveni[1]. Sed cum redissem ad propria, audivi doctrinam surrexisse novam quam nullus hominum prius audivit. Sed et signa prodigiaque ac medelas magnas fieri a quodam doctore[2] qui se veri Dei affirmat esse discipulum. Ego autem cum hæc audissem properavi ut[3] eum videre possem. Non enim aliud arbitrabar nisi[4] quod ipse esset Deus qui talia ageret; cumque navigarem cum pueris et amicis meis[5] subito orta tempestas, commoto mari, obpressi fluctibus sumus, et utinam simul projecti fuissemus ut et illi resuscitati fuissent a te sicut et ego. Et hæc dicens volvebat multum in corde suo et arbitrabatur[6] quod ipse esset apostolus quem querebat. Et procidens ad pedes ejus ait : « Scio quia tu es famulus Dei. Verum rogo pro his qui mecum fuerunt[7] ut et ipsi te impertiente vitam mereantur, ut cognoscant Deum verum quem prædicas. » Tunc sanctus apostolus repletus spiritu sancto prædicabat ei verbum Dei constanter, ita ut[8] miraretur puer super doctrinam ejus. Et[9] expansis manibus ait : « Ostende, queso Domine, et reliquorum cadavera[10] mortuorum, ut et ipsi cognos-

---

(1) Ab Italia *navigavi. Sed cum revertissem.*
(2) Doctore, *fama erat* qui se.
(3) Ut *talem videre hominem* possem.
(4) Nisi *divina esse quæ is gereret. Itaque navigare cœpi.*
(5) Meis *et cum essem in alto, subito* orta tempestas *nos fluctibus oppressit* et utinam.
(6) Arbitrabatur *ipsum jam esse quem cum tanto periculo quæsisset.* Et procidens.
(7) Fuerunt *in navi.*
(8) Ita ut *admiraretur adolescens.*
(9) Et *demum* expansis.
(10) *Reliqua* cadavera.

cant Deum verum et solum[1]. » Hæc eo dicente statim apparuerunt triginta et novem corpora ad litus, unda famulante devecta. Tunc flente juvene omnes simul flere cœperunt prostratique ante pedes apostoli rogabant ut et isti suscitarentur. Sed Philopater[2], hoc enim erat nomen pueri, dicebat : « Genitor meus per bonam voluntatem impositis necessariis cum magna pecunia[3] misit me huc. Nunc autem si audierit quæ mihi contigerunt, blasphemabit Deum tuum et doctrinam ejus refutabit. Sed absit ut ita fiat. » Flentibus[4] autem omnibus rogavit apostolus ut congregarentur corpora simul. Sparsim enim projecta fuerant. Congregatis igitur omnibus in unum, ait apostolus : « Quem vis prius resuscitari ? » At ille dixit : « Vuarum conlactaneum meum. » Tunc flexis[5] in terra genibus palmisque extensis ad cœlum, diutissime oravit cum lacrimis dicens : « Jesu bone resuscita hunc mortuum qui cum Philopatore nutritus est, ut cognoscat gloriam tuam et magnificetur nomen tuum in populis. » Et statim surrexit puer, et admirabantur[6] omnes qui aderant. Apostolus autem iterum super singulos orationem fundens ait : « Queso Domine Jesu, ut et isti resurgant qui de profundo æquoris sunt delati. » Tunc jussit[7] fratribus ut unusquisque tenens mortuum diceret : « Resuscitet te Jesus Christus filius Dei vivi. » Quod

---

(1) Cognoscant *te duce* Deum.
(2) *Philopator....* nomen *adolescentis.*
(3) Necessariis *et largitus vim pecuniæ. Quare si* audierit.
(4) Ut *hoc fiat. Rursus flentibus* omnibus.
(5) *Hæc audiens apostolus* flexis.
(6) *Juvenis et mirabantur* omnes.
(7) *Quæ cum dixisset,* jussit.

cum factum fuisset, suscitata sunt triginta et novem; et glorificaverunt Deum qui aderant[1] dicentes : « Non est similis tibi Domine. » Lisbius vero[2] multa munera obtulit Philopatori dicens : « Non te contristet amissio facultatum neque recedas a famulo Dei. » Et erat semper cum apostolo[3], intendens omnibus que dicebantur ab eo.

CAPUT XXV.

De difficultate partus cujusdam mulieris.

Erat enim mulier[4] Caliopa nomine, que homicidæ conjuncta, conceptum suscepit inlicitum. Ubi[5] vero tempus pariendi venit, artabatur doloribus magnis et partum proferre non poterat. Que ait sorori suæ : « Vade queso et invoca Dianam deam nostram ut misereatur mihi. Ipsa enim habet studium[6] obstetricandi. » Faciente autem sorore que sibi imperata fuerant, venit ad eam nocte diabolus dicens : « Quid me casso invocas cum tibi nihil prodesse possim, sed magis vade ad apostolum[7] Dei Andream in Achaia[8] et ipse miserebitur sorori tuæ. » Surrexit igitur mulier et venit

---

(1) Aderant *cuncti dicentes quia non est* similis Deo Andreæ.

(2) Vero *proconsul, cum multis muneribus fuisset Philopatorem prosecutus: non contristet te frater, inquit, facultatum amissio; consulo ut non* recedas.

(3) Apostolo *Philopator, ex illa hora* intendens.

(4) *Dum hæc fierent apud Patras Achaiæ civitatem, contigit ut* mulier Caliopa.

(5) *Inlicitum, magnis in partu doloribus arctaretur, nec partum proferre posset. Hæc ad sororem suam inquit.*

(6) *Patrocinium.*

(7) Apostolum *accede.*

(8) *Qui in Achaia moratur.*

ad apostolum et narravit ei omnia hæc.[1] At ille nihil moratus venit in Chorintum ad domum mulieris ægrotantis. Erat autem Lysbius proconsul cum eo. Videns vero beatus apostolus mulierem gravium[2] dolorum cruciatu torqueri ait : « Recte hæc[3] pateris que male nupsisti, que de doloso concepiens, dolores intolerabiles sustines; insuper consulisti demonia que neque illi[4] neque sibi prodesse possunt. Crede nunc Jesum Christum filium Dei et projice puerperium; verumtamen mortuum egredietur quod indigne concepisti. » Credidit mulier[5], et egredientibus cunctis de cubiculo projecit partum mortuum, et sic a doloribus[6] liberata est.

CAPUT XXVI.

De Sostrato et servo ejus.

Cum autem multa signa et prodigia faceret beatus apostolus in Chorintho[7], Sostratus pater Philopatoris admonitus per visum ut apostolum visitaret, venit in Achaia[8]. Et cum non invenisset eum, pervenit in Chorintho, cumque cum Lysbio et aliis ambularet cogno-

---

(1) Omnia *quæ contigerunt.*

(2) *Gravidam.*

(3) *Merito* hæc.... *et ex dolo concipiens nunc intolerabiles labores.*

(4) Neque *ulli.*

(5) *Hæc ut mulier credidit mox* egredientibus.

(6) Et *ab omnibus* doloribus.

(7) *Itaque cum multa prodigia faceret in Corintho apostolus.*

(8) Ut *Andream accederet maturavit iter in Achaiam et cum cognovisset ubi esset, pervenit in Corinthum habensque occurrentem apostolum statim* cognovit.

vit eum Sostratus sicut ei jam per somnium[1] erat ostensus, complexusque pedes ejus ait[2] : « Miserere mei queso famule Dei, sicut et filio meo misertus es. » Philopater[3] autem ait apostolo : « Hic est pater meus quem cernis. Nunc autem interrogat te quid eum oporteat agere. » Et beatus[4] apostolus ait : « Scio quia pro cognoscenda veritate ad nos venerit et gratias agimus Domino nostro Jesu Christo qui se credentibus revelare dignatur. » Leontius[5] autem servus Sostrati ait ad eum : « Vides, Domine, qua luce refulgeat vultus hominis hujus. » Cui ille : « Video, inquit, dilectissime, et ideo non discedamus ab eo, sed simul cum illo vivamus et audiamus verba vite eterne. » Et sequenti die obtulit apostolo munera multa. Sanctus vero Dei dixit ad eum : « Non est meum accipere aliud ex vobis nisi ut vos ipsos lucrifaciam, cum credideritis in Jesum qui misit me evangelizare in hunc locum. Si pecuniam desiderassem, Lysbium ditiorem[6] repperissem qui me multo amplius ditare potuerat. Vos vero in his conferte[7] mihi in quibus vobis proficiat ad salutem. »

---

(1) Jam *antea per quietem*.

(2) Pedes *illius, inquit*.

(3) *Philopator*.

(4) *Ad quæ beatus apostolus : Scio, inquit*.

(5) *Dum hæc diceret Andreas, interea Leontius Sostrati servus ait Domino suo :* Vides.

(6) *Equidem* ditiorem.

(7) *Hoc autem cupio ut conferatis mihi quod vobis poterit prodesse ad salutem æternam*.

CAPUT XXVII.

De demoniacis sanatis ad balneum.

Post dies autem paucos[1] jussit sibi balneum præparari et cum venisset lavandi gratia vidit senem demonium habentem et trementem valde. Quem dum admiraretur, alius puer adolescens egressus de piscina procidit ad pedes apostoli dicens : « Quid nobis et tibi Andreas? Venisti huc ut deicias nos a[2] sedibus nostris. » Erecto autem, adstante populo, dixit apostolus : « Nolite timere sed credite in Jesum Christum Salvatorem nostrum. » Clamantibus autem omnibus : « Credimus quem prædicas, » increpavit utrumque demonem et egressi sunt a corporibus obsessis[3], dimissique vel senex vel adolescens redierunt ad propria sua. Beatus vero apostolus[4] lavans disserebat quia inimicus generis humani ubique insidiatur sive in lavacris sive in fluctibus[5], et idcirco nomen Domini assidue invocandum sit[6], ut is qui vult insidiari non habeat potestatem. Quod videntes viri civitatis veniebant et adferebant ægrotos, ponentes ante eum[7], et curabantur. Sed et ex aliis civitatibus[8] veniebant cum

---

(1) *His gestis in Corintho post paucos dies beatus apostolus jussit.*

(2) Ut *destruas nos de sedibus nostris. Erectus* autem.

(3) Confestim a corporibus possessis.

(4) *Interea apostolus lavans nihil quidquam de doctrina intermittebat sciens inimicum generis humani ubique insidiari,* sive.

(5) *Fluminibus.*

(6) Invocandum *suasit.*

(7) *Coram eo.*

(8) *Et multi etiam de aliis civitatibus qui verbum Domini acceperant quotidie accedebant beatum apostolum ut ab eo erudirentur.*

infirmis, et ipsi sanabantur et libenter audiebant verbum Dei.

CAPUT XXVIII.

De Nicolao sene.

Dum hæc agerentur[1] ecce quidam senex Nicolaus nomine, scissis vestibus venit ad apostolum dicens : « Famule Dei, ecce septuaginta quatuor anni sunt vitæ meæ in quibus non discessi ab immunditiis et scorto[2] ac fornicatione. Plerumque præceps deductus ad lupanar exercebam inlicita. Et nunc tertia dies est in qua[3] audivi miracula que agis et prædicationnes tuas que sunt plenæ verbis vitalibus. Cogitabam enim mecum ut relicto hoc opere, venirem ad te ut mihi ostenderes meliora. Sed dum hæc cogitarem[4] veniebat mihi alius sensus ut hæc relinquerem et non facerem bonum quod cogitabam. Luctante igitur conscientia mea, accepi evangelium et oravi Dominum ut hæc aliquando me faceret oblivisci. Post dies vero paucos oblitus evangelii quod super me erat, inflammante cogitatione perversa, abii iterum ad[5] lupanar. Et ecce mulier meretrix videns me ait : « Egredere senex, egredere ; angelus enim Dei es tu? Ne contingas me, neque appropinques in hoc loco[6]. Video enim in te misterium

---

(1) *In Corintho.*

(2) *Immunditiis ac scortatione* in lupanaribus subinde exercens inlicita.

(3) *Ex quo.*

(4) Cogitarem *venit mihi rursus aliud in mentem ut priorem sensum* relinquerem.

(5) Iterum *in.*

(6) *Huic* loco.

magnum. » Cumque ego obstupefactus cogitarem quid hoc esset, recolui quod evangelium Dei mecum habebam[1]; et conversus veni ad te famulum Dei ut miserearis erroribus meis. Spes enim mihi est maxima quod non peream si oraveris pro humilitate mea. » Hæc audiens beatus Andreas cum multa contra fornicationem disseruisset, prostratus genibus expansisque manibus tacitus orabat, emittens gemitus cum lacrimis ab hora diei sexta usque in horam nonam. Surgens autem, abluta facie, nichil cibi accipere voluit dicens : « Non gustabo quid donec cognoscam si miserebitur Deus huic homini et si sit reputandus inter salvatos. » Et jejunans[2] altera die, nihil ei revelatum est de homine usque ad quintum diem in quo flens vehementer dicebat : « Domine, pro mortuis obtinemus pietatem, et nunc iste qui tua cognoscere desiderat magnalia, cur non revertatur ut sanes illum. » Hec eo dicente vox de cœlis delata est dicens: « Obtines, Andrea, pro sene. Sed sicut tu jejuniis fatigatus es, ita et ipse studeat jejunium[3] ut salvetur. » Et vocans eum prædicavit ei abstinentiam[4]. Die vero sexta vocavit suos[5] et rogavit ut orarent universi pro eo. Qui prostrati solo orabant dicentes : « Domine pie et misericors, remitte huic homini[6] delictum suum. » Quo facto et ipse gustavit et ceteros manducare permisit. Nicolaus autem rediens ad do-

---

(1) Mecum *haberem. Abii et conversus venio nunc* ad te.
(2) *Cum jejunasset etiam altera, nihil tamen ei revelatum fuit de homine isto*, usque.
(3) *Per* jejunium.
(4) *Apostolus* abstinentiam.
(5) Vocavit *omnes christianos et rogabat* ut.
(6) *Pie, misericors, remitte homini.*

mum suam omnia que habebat distribuit indigentibus. Ipse quoque multum se excruciavit ita ut per sex menses nihil aliud quam aquam acciperet et pane arido vesceretur; exacta enim digna pœnitentia excessit a seculo[1]. Beatus autem apostolus non erat præsens, sed in loco quo erat vox facta est ad eum dicens : « Andreas, meus effectus est Nicolaus pro quo deprecatus es. » At ille gratias agens narravit fratribus Nicolaum excessisse de corpore, orans ut in pace quiesceret.

CAPUT XXIX.

De Antiphane et uxore ac servis ejus.

In quo loco dum commoraretur venit ad eum Antiphanis[2] civis Megarensis et ait ad eum : « Si qua est in te bonitatis juxta præceptum Salvatoris quem prædicas, beate Andreas, nunc ostende[3] et libera domum meam de insidia qua[4] temptatur. Ecce enim valde turbata est. » Cui sanctus apostolus : « Enarra, ait, nobis homo, que contigerint tibi. » Et ille : « Dum itinere[5], inquid, reversus domui fuissem et ingrederer januam atrii mei, ecce audivi vocem janitoris miserrime declamantem[6]; cumque interrogassem que essent

---

(1) *Igitur exacta digna pœnitentia haud ita multo post senex iste excessit e sæculo. Aberat tum beatus Andreas, sed circa ipsam mortem senis vox ad apostolum facta est alio loco:* « *Andrea,* meus....

(2) *Dum hæc apud Corinthum ab eo fierent et fama de virtutibus ejus quotidie cresceret, venit ad apostolum Antiphanes civis.*

(3) *Hanc ostende jam nobis, vir Dei, et libera.*

(4) De *insidiis quibus.*

(5) *De itinere.*

(6) *Declamantis.*

hæ voces, narraverunt mihi qui aderant ipsum cum uxore et filio male a demonio torqueri. Ascendens vero ad superiora domus, vidi alios[1] pueros stridentes dentibus et in me impetum facientes et arridentes risus insanos. Quos cum preterirem, ascendi iterum ad alia superiora in qua[2] conjux mea jacebat ab his verberata gravissime, que ita erat amentiæ fatigationne turbata ut cesariem super oculos dimissam[3] neque aspicere neque me cognoscere posset. Hanc ergo rogo ut restituas mihi tantum: de ceteris vero curam non habeo[4]. » Tunc sanctus apostolus misericordia motus ait : « Non est acceptio personarum apud Deum, qui propterea venit ut cunctos salvos faceret pereuntes[5], » et ait : « Eamus ad domum ejus. » Cumque procedens a Lachedemone[6] venisset in Megara, ingressi sunt januam domus et statim omnes demones unius vocis impetu clamaverunt dicentes : « Ut quid nos hic Andreas sancte persequeris? ut quid domum non tibi concessam adis? Que tua sunt posside; que nobis concessa sunt ne adicias[7] penetrare. » Sed sanctus apostolus nimis de his admirans[8] ascendit in cubiculum quo mulier decumbebat et facta oratione[9], appre-

---

(1) Vidi *et alios*.

(2) In *quibus conjunx* jacebat.

(3) *Cæsarie supra oculos dimissa*.

(4) Curam *nullam habeo*.

(5) Faceret *ne perirent*.

(6) Cumque *progrediens Andreas et Lache, venisset in Megaram jamjamque domum ingrederetur*, dæmones unius.

(7) Ne *velis*.

(8) *Quæ sanctus apostolus ut erant insolita admiratus*, ascendit.

(9) Et *cum flexis genubus orasset, adprehensa manu inquit : Sanat* te.

hensam manum ejus, ait : « Sanet te Dominus Jesus Christus. » Et statim surrexit mulier a lectulo et benedicebat Deum. Similiter et singulis quibusque qui a demonio vexabantur imponens manum, sanitati omnes restituit[1]. Habuit deinceps Antiphanem et uxorem ejus firmissimos adjutores[2] ad prædicandum verbum Dei.

CAPUT XXX.

De Maximilla uxore proconsulis Egeæ.

Veniens autem beatus apostolus[3] Patras civitate in qua proconsul Ægeas erat qui nuper Lysbio successerat, et accessit ad eum quedam mulier Effidama nomine que ex doctrina Sosiæ cujusdam apostolici[4] jam conversa fuerat; et amplectens pedes beati apostoli ait : « Andrea sancte, rogat te domina mea Maximilla que magnis febribus detinetur ut[5] accedas ad eam. Libenter enim vult audire doctrinam tuam. Nam et proconsul conjux ejus stat ante lectulum flens gladiumque in manu tenens ut cum illa spiritum exalaverit iste

---

(1) Sanitati *cunctos in domo* restituit.

(2) Adjutores *in Megara*.

(3) *His gestis non ita multo post, beatus apostolus Patras civitatem revertit, in qua proconsul Ægeates erat qui nuper adeo Lysbio successerat. Hic mulier quædam Ephidoma* nomine. — S. Germ. Efidania.

(4) Apostolici *discipuli, Christo mancipata fuerat, Andream accedit amplectensque* pedes.

(5) Ut *eam accedere digneris*, cupit enim audire doctrinam tuam. *Hæc autem proconsulis conjunx erat cujus morbum vir tam graviter ferebat ut educto mucrone sibi vellet mortem consciscere. Sic igitur* præcedente.

se mucrone perfodiat. » At ille præcedente Effidama[1] venit ad cubiculum in quo mulier jacebat et videns stantem præsidem cum evaginato gladio ait : « Nihil tibi nunc male feceris[2], sed reconde gladium tuum in locum suum. Erit enim tempus quando ad nos exserendum[3] erit. » Sed nihil intellegens præses, dedit tamen accedendi locum. Tunc apostolus veniens ante lectum infirmæ, facta oratione, adprehendit manum ejus. Et statim sudore perfusa est mulier et discessit ab ea febris jussitque ei apostolus dare cibum. Proconsul[4] autem centum argenteos obtulit[5] sancto Dei, quos ille nec aspicere voluit.

CAPUT XXXI.

De debili sanato.

Inde discedens[6] vidit hominem jacentem in stercore[7] debilem cui multi e civibus stipem porrigebant unde alimentum haberet. Et ait[8] ad eum apostolus : « In nomine Jesu Christi surge sanus. » Qui protinus surgens glorificabat Deum.

---

(1) *Ephidama, apostolus venit in cubiculum in quo mulier jacebat ægrota et videns.*
(2) Feceris, *o proconsul*, sed.
(3) Ad nos *is exercendus* erit.
(4) *Quæ ut vidit* proconsul.
(5) *Jussit numerari* sancto.
(6) *Egressusque domum illius* vidit.
(7) In *cœno.*
(8) *Misertus itaque miseri*, ait.

CAPUT XXXII.

De tribus cecis illuminatis.

Degressus vero, in alio[1] loco vidit hominem cecum cum uxore et filio et ait ; « Vere diaboli hoc est opus[2]. Ecce enim quos et mente cæcavit et corpore; » et ait : « Ecce ego vobis in nomine Dei mei Jesu Christi corporalium oculorum restituo lumen. Ipse quoque mentium vestrarum tenebras reserare dignetur, ut cognita luce quæ inluminat omnem hominem venientem in hunc mundum salvi esse possitis. » Et imponens eis manus aperuit oculos eorum. At illi procidentes osculabantur pedes ejus et dicebant : « Quia non est alius Deus nisi quem prædicat famulus ejus Andreas. »

CAPUT XXXIII.

De arido sanitati restaurato.

Videns autem hæc signa[3] quidam ait ad eum : « Rogo te famule Dei ut digneris accedere usque portum. Est enim ibi homo naute cujusdam filius, qui ab annis quinquaginta in debilitate nimia projectus, a domo jacet in littore, cui nullius medici potuit cura valere. Ecce enim est ulceribus plenus et scatens

---

(1) *Et cum progressus fuisset paululum*, in alio.

(2) Opus, *qui hos homines mente et corpore excæcavit*. Ecce ego.

(3) *Hec dum apud Patras faceret beatus apostolus signa, abduxit quidam ad littus Andream ubi nauta quispiam quinquaginta annis debilitate nimia projectus in cœno jacebat ulceribus scatens et vermibus, cui nullius medici potuit cura mederi. Hic cum aspexisset apostolum : Forsitan tu es, inquit*, discipulus.

vermibus. » Hæc eo dicente prosecutus est beatus apostolus. Venit ad eum. Quem intuitus, infirmus ait : « Forsitan tu es discipulus Dei illius qui solus salvare potest. » Cui sanctus apostolus ait : « Ego sum qui in nomine Dei mei te sanitati restituo. » Et adjecit : « In nomine Jesu Christi surge et sequere me. » At ille relictis pannis purulentibus in quibus tabes defluxerat, sequebatur eum, profluente pure cum vermibus a corpore ejus. Cumque venisset ad mare ingressi sunt utrique in aquam [1]. Tunc sanctus apostolus abluens eum in nomine Trinitatis, ita sanum reddidit ut nullum penitus infirmitatis ejus corpori [2] resedisset indicium. Tantaque fide post accepta sanitate accensus est, ut nudus per civitatem curreret adnuntians quia ille est verus Deus quem Andreas prædicat. Et mirabantur omnes congratulantes sospitati ejus.

CAPUT XXXIV.

De puero Stratoclei fratris proconsulis.

Cumque talia [3] apud Patras per beatum apostolum agerentur advenit Stratocleus, frater proconsulis, de Italia. Et ecce unus ex pueris ejus Algmana [4] nomine quem pretiosum habebat, ab inpulsu demonis percussus, jacebat spumans in atrio [5]; et ecce tumultus

---

(1) *Ingressus est uterque aquam abluensque eum apostolus* in nomine.

(2) *Corporeæ*.

(3) Talia *et alia plura digna admiratione* apud.

(4) *Huic erat puer Alcmana nomine quem in pretio singulariter habebat. Evenit autem ut ab* impulsu. — Algmanas, S. Germ.

(5) Percussus *tunc jaceret spumansque in atrio tumultum ma-*

magnus factus est, et nunciata sunt hæc Stratocleo. Qui nimio animi dolore motus ait : « Utinam prius me mare absorbuisset quam hæc vidissem de puero. » Videntes autem eum dolentem Maximilla et Effidama [1] dicunt : « Noli contristari frater; mox enim puer recuperabitur. Est enim hic vir Dei [2] qui viam salutis ostendens multos revocat ab infirmitate ad integram sanitatem. Mittamus ad illum et statim reddet puerum sanum. » Denique accersito apostolo [3] rogaverunt eum pro puero. At ille adprehensam manum ejus ait : « Surge puer in nomine Domini Jesu Christi Dei mei quem prædico. » Et statim surrexit incolumis. Stratocleus vero credidit [4] in Domino et confortatus est in fide [5]. Et non discedebat ab apostolo, sed cotidie adherens ei [6] audiebat verbum salutis.

CAPUT XXXV.

De proconsule ab itinere regresso.

Omni enim die Maximilla [6] ad prætorium veniens vocabat apostolum et audiebat ab eo verbum Dei, quia

---

gnum excitaret. Quæ videns Stratocles nimis molliter casum dilectissimi pueri ferebat. Et ecce Maximilla et Ephidama consolantes virum, dicunt.

(1) Efidania, S. Germ.

(2) *Vir quispiam* qui viam.

(3) *Haud mora, accersitus apostolus qui rogatus a matronis* adprehensa.

(4) Credidit *exinde in Dominum et ita* confortatus.

(5) In fide *ut ex illa hora non discederet* ab.

(6) Adherens *lateri ejus.*

(7) *Interea dum hæc fierent apud Patras, contigit ut abeunte proconsule in Macedoniam, Maximilla uxor verbis salutaribus instructa*

proconsul discesserat a Patras et abierat in Machedoniam. Magna enim indignatione succensus erat contra apostolum, eo quod Maximilla uxor ejus post acceptum salutis verbum non ei conjungebatur. Illo quoque redeunte cum omnes in prætorio residerent et audirent verbum Dei, turbati sunt valde timentes ne aliquam eis vim inferret. Tunc sanctus apostolus oravit dicens : « Ne patiaris queso Domine, ingredi proconsulem in hoc loco [1] donec omnes egrediantur. Extemplo proconsuli affuit voluntas purgandi ventris, cumque secessum petisset et moras innecteret, sanctus apostolus singulis manum imponens et signans [2] eos abire permisit. Novissime autem se signans et ipse discessit. Sed Maximilla [3] cum primum invenisset

in tantum beato apostolo adhæreret ut reversus præses parum abfuit quin et uxorem et magnam insuper hominum multitudinem in prætorio cum apostolo audientes verbum salutis invenisset. Quod præsentiens beatus Andreas : Ne patiaris, inquit, Domine.

(1) In *hunc locum donec omnes egrediantur exinde. Quod cum fecisset antequam proconsul prætorium fuisset ingressus accidit illi* voluntas.

(2) Et *consignans cruce eos.*

(3) *Maximilla autem jam et antea et post illa tempora sæpe domum ubi apostolus morabatur cum aliis christianis ingrediebatur et verbum Domini assidue audiebat. Qua ex re factum est ut rarius viro suo commisceretur, quod ille ægre ferens et causam in apostolum conjiciens, Andream accersit : cui cum religionem saniorem exprobrasset et ut ad idola adoranda mentem convertere vellet, persuadere conaretur, respondit intrepidus beatus apostolus : « Ego sum, inquit, proconsul, qui prædico verbum veritatis et Dominum Jesum ut recedentes homines ab idolis manufactis, verum Deum agnoscere incipiant per quem facta sunt omnia. Adhuc enim cum esset Dominus majestatis descendit de cœlo hominis formam suscipiens qui prius perierat, et cum esset Deus sponte pati dignatus est ut eum quem ipse fecerat de morte liberaret. »*

locum, statim veniebat ad sanctum apostolum et suscipiens verbum Dei regrediebatur ad domum suam.

CAPUT XXXVI.

De passione sancti apostoli.

Post hæc comprehensus[1] beatus apostolus ab Ægea proconsule, positus est in carcerem, ad quem omnes conveniebant ut audirent verbum salutis. At ille non

---

(1) *Hæc audiens proconsul, jussit eum recludi in carcerem. Ubi quamdiu clausus tenebatur, plurima quotidie turba ad eum confluebat, quam his verbis S. Andreas alloquebatur :* « *Ego quidem sum missus apostolus a Domino meo ad vos, charissimi fratres, ut homines positos in tenebris et umbra mortis per verbum Dei ad viam veritatis et luminis revocarem. Quo in instituto haud unquam cessavi hortans vos subinde ut recedentes a dæmonum culturis, verum Deum quærentes et in mandatis ejus perseverantes, promissionis ejus hæredes inveniamini. Hortor autem vos dilectissimi et moneo ut fidem vestram, quam supra fundamenta Domini mei Jesu Christi posuistis crescere sinatis in spem et laudem Domini. Cæterum in his quæ mihi contingunt nolo vos quidquam contristari; ista enim promissa sunt a Domino meo Jesu Christo sicut scriptum est; Pro nomine illius mulctandos nos esse passuros et flagellandos atque adeo ante judices staturos in testimonium ejus. Qui perseveraverit usque in finem hic salvus erit. Orate ergo sine cessatione, ut diabolus qui circuit ut leo rugiens, quærens aliquem devorare, elusus et prostratus jaceat a servis Domini superatus.* » *Cum hæc et alia plurima exhortans turbam per totam noctem doceret et cum prolongasset sermonem, sequenti die, primo diluculo, procedens Ægeas proconsul tribunal conscendit accersitoque sancto Andrea, illum in hæc verba convenit :* « *Scis quare te custodire manciparim? ut dum vana et superstitiosa nescio quæ in vulgum disseminas, ita aliquid certius cognoscerem de te. Interim audio nescio quæ ridicula tota nocte locutum.* » *Cui Andreas respondit :* « *Ego non cesso quæ mihi a Domino sunt injuncta exercere, ut populus de via erroris liberatus ad veram possit*

cessabat prædicare nocte et die verbum Dei. Paucis vero diebus interpositis, eductus de carcere, gravissime cæsus, cruci suspensus est. In qua cum per

---

cognitionem perduci. » *Tum proconsul :* « *Recede, ait, ab hac stultitia et noli bene viventes subvertere.* » *Andreas dixit :* « *Mihi Deus meus Jesus Christus præcepit ut opportune et importune verbum ejus prædicare non cessem atque errantibus pœnitentiam ostenderem.* » *Tum rursus Ægeas :* « *Aut promitte recessurum, ait, ab hac superflua et superstitiosa doctrina, aut statim jubebo te interfici.* » *Andreas respondit :* « *Ego non solum interfici sed diversis etiam pœnis excruciari paratus sum, priusquam a prædicatione divina recessero.* » *Sic proconsul septem eum ternionibus flagellorum cæsum crucifigi præcepit, mandans nominatim quæstionariis ut ligatis manibus et pedibus et non clavis affixus suspenderetur, quo diutino cruciatu deficeret. Hæc videns plebs indigna in virum Dei committi, in turba dicebat :* « *Justus homo et amicus Dei et doctor bonus ducitur immerito ad mortem!* » *Andreas vero, cum plurimis verbis eos alloqueretur, pervenit tandem ad locum videnesque procul crucem exclamavit dicens :* « *Salve crux quæ diu fatigata requiescis tanto tempore expectans me. Certissime autem scito te gaudere suscipientem discipulum ejus qui pependit in te. Quapropter lætus pergo ad te quia secretum tuum cognosco et mysterium novi, qua de causa fixa sis. Suscipe nunc quem desideras quia tandem speciem tuam desiderans, inveni in te. Video enim in te quæ a Domino mihi sunt promissa. Suscipe itaque electa crux humilem propter Deum, et transfer servum ejus ad Dominum suum.* » *Et hæc dicens beatissimus Andreas expolians se tradidit ministris. Qui ligantes manus et pedes ejus secundum quod eis fuerat præceptum, suspenderunt eum in cruce. Astante vero turba ingenti viginti ferme millium hominum, inter quos etiam stabat frater Ægeatis Stratocles, aperuit beatus apostolus os suum et ita loquutus est :* « *Ego quidem gratias habeo Domino meo Jesu Christo qui me tandem perfunctum jussione sua, abire corpore vult, ut per bonam confessionem perpetuam consequar misericordiam, dilectusque et notus ejus efficiar, qui me ad vos misit. Vos autem manete in verbo vobis tradito docentes et admonentes alterutrum ut et ipsi sitis cum Deo meo in perpetuum, et cum eo habitabitis promissionesque ejusdem recipiatis.* » *Et cum respondissent* triduum vivens penderet, non cessabat prædicare Dominum Salvatorem, donec tertia die, populis flentibus, spiritum exalaret. Quod lectio passionis etiam

---

qui aderant christiani: Amen, toto eo die et nocte quæ insecuta est jugiter loquebatur, neque in aliquo fatigabatur aut deficiebat. Sequenti igitur die, videntes ejus tolerantiam et animi constantiam denique spiritus prudentiam et mentis robur, venerunt turbæ ad Ægeatem ac sedente eo pro tribunali vociferantes dixerunt: « Quæ ista tua est tam crudelis sententia, proconsul, ut hominem probum qui nihil mali commisit crucis supplicio velis condemnare? Perturbata est tota civitas et simul cum eo omnes perimus. Quæsumus te ne Cæsaris tam celebrem perdas civitatem. Concede nobis hominem justum, redde nobis hominem sanctum, ne interficias hominem Deo carum, ne perdas hominem mansuetum et pium. Biduo enim suspensus vivit quæ res miraculo non caret, et quod plus est loquitur adhuc et nos suis sermonibus reficit. Quare reddas nobis hunc virum ut vivamus, solve pudicum et omnes patriæ erunt in pace. » His commotus proconsul cum et minas ac tumultum populi metueret, surgens de tribunali Andream solvere cogitabat, profectusque ad locum crucis, læto populo quod famulus Dei liberaretur et frequenti comitante, tristis et facti pœnitens, Andreæ suspenso appropinquabat. Ad quem ille : « Quid ad nos, inquid, Ægeas venisti? Numquid solvere me cupis et pœnitentia ductus credere desideras? Non mihi, crede, persuadebis ut ex ista cruce recedam. » Et cum populus ut solveret hominem juberet, sanctus Andreas exclamavit voce magna et dixit: « Ne permittas famulum tuum Jesu Christe qui propter nomen tuum pendet in ligno solvi, neque permittas quæso Deus misericors secretis tuis inhærentem humanis amplius conversationibus tradi. Sed suscipe tu magister me, quem dilexi, quem cognovi, quem retineo, quem videre desidero, in quo sum quod sum. Suscipe exitum meum Jesu bone et misericors. » Et hæc dicens diutissime Dominum clarificans et gaudens, nobis flentibus, reddidit spiritum. Cujus corpus Maximilla proconsulis uxor accipiens, conditum aromatibus celebri in loco sepelivit, et ex illo tempore pudicitiam et castitatem servans, in fide quoque accepta permansit. Ægeas vero maritus illius, arreptus ea nocte a dæmonio, de loco alto se præcipitavit et mortuus est. Stratocles porro frater ejus cum hæc audivisset de bonis procon-

ejus plenissime declarat. Cujus beatum corpus Maximilla accipiens, conditum aromatibus recondidit in sepulchro, assidue super illud deprecans Deum, ut ejus beatus apostolus memor esset exorans.

CAPUT XXXVII.

De virtute sepulchri ejus.

De quo sepulchro manna in modum farinæ, et oleum cum odore suavissimo defluit : a quo quæ sit anni præsentis fertilitas incolis regionis illius ostenditur. Si exiguum profluit, exiguum terra exhibet fructum; si vero copiose processerit, magna fructuum opulentia ministratur. Nam ferunt hoc oleum usque ad medium basilicæ sanctæ decurrere, sicut in primo Miraculorum scripsimus libro [1]. Passionis quoque ejus ordinem prosecuti non sumus, quia hanc valde utiliter et eleganter a quodam reperimus fuisse conscriptam.

CAPUT XXXVIII.

[Epilogus scriptoris finem facientis.]

Hæc sunt tamen quæ de virtutibus beati apostoli præsumpsi, indignus ore, sermone rusticus, pravus

---

sulis nihil contingere voluit dicens : « *Quæ tua sunt tecum pereant. Mihi sufficit Dominus Jesus quem cognovi per famulum ejus Andream.* » *Est autem passus venerabilis et sanctus Dei Andreas apostolus apud Achaiam, in civitate Patras, sub Ægeate proconsule, pridie kalendas decembris, regnante Domino Jesu Christo, cui sit gloria in sæcula sæculorum. Amen.*

(1) *Cap.* xxxi.

conscientia, propalare. Deprecor autem ejus misericordiam, ut sicut in illius natale processi ex matris utero, ita ipsius obtentu eruar ab inferno; et sicut in die passionis ejus sumpsi vitæ hujus exordium; ita me sibi proprium ascire dignetur alumnum. Et quia de majoribus meritis revocat nos pars magna facinoris, hoc tantum temerarius præsumo petere, ut cum idem post judicium dominico corpori conformatus refulserit in gloria, saltem obtineat pro immensis criminibus mihi vel veniam non negandam.

Expliciunt feliciter miracula sancti Andree (5339). — Finit Gregorii Turonensis episcopi liber de Virtutibus et miraculis beati Andree apostoli (S. Germ. 488).

LIBER DE PASSIONE

VIRTUTIBUS ET GLORIA

SANCTI JULIANI MARTYRIS.

SOMMAIRE.

Saint Julien était d'une illustre famille de Vienne et lié d'amitié, dans sa jeunesse, avec saint Ferréol. La persécution contre les chrétiens sévissant à Vienne, il passa en Auvergne et s'arrêta dans le bourg de Brioude. Le proconsul Crispinus lança l'ordre de son arrestation; et, après s'être un moment caché, Julien se livra lui-même aux soldats qui le cherchaient et qui lui tranchèrent la tête. (*Voy. ci-dessus*, t. I, pp. 304-307.)

*Incipit præfatio Gregorii episcopi Turonici
in passione sancti Juliani martyris.*

Magnum in nobis *etc.* [1].... audirentur. Sic et inclytus martyr Julianus, qui Viennensi ortus urbe Arvernis datus est martyr, ab hoc igne succensus, hæc concupivit ac mente tota desideravit. De cujus gestis et miraculis pauca juvat historico explicare stylo. Sed dum copiosum egregii certaminis opus sermo succinctus aggreditur, pauca, ut dixi, perstringenti deprecor

---

(1) *Eadem hic præfatio quam supra dedimus ad pag.* 302 *primi.*

veniam condonari, quod me minus vel idoneum, vel peritum ad hæc narranda cognosco, nec imbutum grammaticis artibus, nec litteris liberalibus eruditum. Sed quid? facio quod impellit me amor patroni, ut nequeam hæc silere? Aggrediar ergo ut possum, quia apud Deum non reor de sanctorum agonibus requiri amplius quam vicisse; nec cucurrisse plurimum, sed cursum consummasse propositum. Ipse enim licet perseverantium pugnas et victorias ad suam recognoscat pertinere laudem, similes tamen sive brevi sive longo prælio vincentibus parat coronas. Quare nihil differt quibus monimentis fortia triumphatorum facta pandantur, vel venerabilium rerum ordo memoriæ mandetur, dummodo constet ut sicut prædicandum cœlestis athletæ conflictum sub divini remuneratoris obtutu perpetuis litteris superna depingit historia, ita posteritati imitationis causa ad sequendam christianæ religionis fidem, sermo fidelis eumdem conflictum percurrat.

Incipit passio sancti Juliani martyris.

Sanctus igitur Julianus Viennensi ortus urbe, Arvernis datus est martyr : prosapia quidem illustris, ac morum probitate non mediocriter ornatus, sed quod majus est, igne superni amoris vehementer succensus. Beatus vero Ferreolus tempore Crispini consularis jam Christi miles, ut necdum proditus, officio tribunitiæ potestatis, habitu non corde, specie non affectu, apud præfatam urbem fungebatur. Cui videlicet sanctus Julianus, ætate jam adultus, collega mox futurus in cœlo, providentia divina solatium præbebat in sæculo. Se enim invicem in contubernio militiæ temporalis constituti, plus fidei studio quam militari diligebant amplexu, et inter labores publicos sanctorum societatem fidelibus vinculis sacra dilectio nexuerat. Cum præterea assiduis persecutionibus se immitis gentilium furor contra christianorum genus Deo charum armasset, et immortali agricolæ renitens pullulantem novellæ plantationis vineam radicitus evellere manu inimica contenderet; sicut impiorum rabies per diversas mundi partes callido inexsaturabilis sævitiæ gladio discurrebat, urbi nihilominus Viennensi proximare, fama vulgante, nuntiatur.

Itaque cum dubium non haberetur quin eximius christicola Julianus, martyrii amore flagrans, nullatenus occultari se pateretur, cœpit sanctus Ferreolus omnimodis agere, quatenus antequam rabies persecutorum illo pertenderet, prædictus vir Dei occulte discederet, et ad superstitum christianorum solamen ipse superstes, vesani furoris impetum paulisper evitaret. Hoc ergo consiliis suadet, hoc precibus exorat. Ille vero, quia virtute temperantiæ præditus erat, quamvis certamen martyrii toto cordis affectu jam dudum sitiret, tamen amicabilibus monitis parere non distulit. Videbat enim quia nec hoc sine divino mandato peregisset, quandoquidem tunc persecutio in Viennensi urbe ferveret. Legerat namque Dominum præcepisse : *Si vos persecuti fuerint in ista civitate, fugite in aliam* [1]. Metuebat enim ne ei parentes essent obvii, si inter eos hoc certamen inisset; et perderet miles Christi coronam gloriæ, si legitime non cer-

---

(1) Matth. x, 23.

tasset. His vero omnibus apud se collatis, propria quæque relinquens, et carnales affectus solius Christi succensus amore parvipendens, juxta beati Ferreoli consilium clam discessit, et in Arvernæ urbs territorio divertens, non alicubi nisi ad Brivatensem vicum, in quo fanatici erroris neniæ colebantur, latitare disposuit. Unde manifestum est quia non metu mortis ab urbe Viennensi subterfugerat, sed ob hoc potius, ut Christi præceptum de civitate in civitatem fugiendo complesset, et suis nihilominus vel rebus vel parentibus spretis, optati stadium certaminis liberius cucurrisset.

Porro Crispinus consularis comperto quod vir sanctus, clandestino discessu fugiens, in Arvernæ urbis territorio latitaret, ad hoc statim exitiale dedit præceptum, ut ubi reperiretur, insequens eum persecutor exstingueret. Et quidem ille, juxta sui furoris insaniam, qua totus in sanctorum sanguinem præceps invehebatur, de beati Juliani nece dictabat. Sed occulta Dei dispensatione agebatur, quod et ille damnationis cumulum sibi exaggeraret, et gloriosus martyr ad Christum, sicut jam dudum desiderabat, celeriter perveniret. Festinus itaque lictor, cum in loco qui Vinicella vocatur sanctum Julianum consequenti aspectu imprimens contemplaretur, ille quorumdam senium quasi occultandus ingreditur tugurium. Sed quia nutu Dei adversarios insequi se sentiebat, nec jam evocante Deo, qui ad cœlum paratum habebat ascensum, immorari per divortium amplius licebat, illico se detegi poposcit, cum videlicet eum senes certatim occulere vellent. Quibus nutantibus ac remorantibus, cum quidem ille minaci irrumpentium terrore peteretur, ne quid periculi excusantibus immineret, continuo foris exsiliens, inquit : « Quem poscitis? quem quæritis? En coram adsum; in me convertite ferrum[1], optatas pœnas jam mihi date, imperata supplicia de me sumite : reatum apostasiæ vestræ nullatenus ascribi patientiæ innocentis sanguinis sinat effusio. » At illi cum ad tantam constantiam beati martyris obstupescentes hæsissent, ille constantior subinde adjecit : « Nolo ultra commorari in hoc sæculo, quia Christum tota animi aviditate sitio. Ecce occurro obvius, caput subdo intrepidus : habetis quod tota mente petistis; ictus tantum exerite, et vestram devotionem meumque desiderium implete. » Et cum hujusmodi confessione beatissimus vir animam studeret consecrare martyrio, subjuncta nihilominus religiosa oratione, commendavit Christo. Barbaram vero immanitatem, cruentosque insanientium animos non constantia pii propositi, non tam mira in sui oblatione fiducia, ab effusione innocui sanguinis reflexit; sed eductam vibranti dextera frameam in cervicem ejus vibrant. Sanctum vero caput, desecto gutture, abscissum in fontem, qui forte propter locum effusi sanguinis emanat, carnifices abluunt : et quia nec patrata nece persecutorum animus, ut pote insatiabiliter æstuans, parcere novit, corpus truncum relinquentes, ad sanctum Ferreolum illud, quod parricidales manus abluerant, caput deferunt; quatenus non dubitaret cæsum, quem ense, veritate attestante, videbat desectum, et agnosceret hoc excepturum se in morte, quod per passionem ejus cernebat in corpore.

---

(1) Me, me! adsum qui feci. In me convertite ferrum.
(Nysus in *Æneide*, lib. IX.)

Quod totum juxta divinam voluntatem carnifices nesciendo fecerunt, ut videlicet fons sacro sanguine irroratus, futura salus multis fieret, et pretiosius sanctos Dei, quos conjunxerat militare collegium, pariter etiam ibi retineret sepulturæ consortium. Nam sicut ei nulla discretione minor est in cœlo, ita maxima et præcipua corporis parte sociatur in tumulo. O quam feliciter beatissimus vir, quamque concito gradu ad summum meruit pervenire fastigium! quam subito profectu pro Christo alacriter dimicans tyro rudis factus est emeritæ militiæ veteranus! quod strenui commilitones vix longo tempore multoque labore percipiunt propositum victoribus præmium, brevi conflictu fortis bellator obtinuit, immortalitatis stipendia percepturus, inexercitata principia victrici auctoritate inclytis sanctorum finibus exæquavit. Quibus itaque sicut prædicanda martyris patientia consecratis, ita profana persecutorum atrocitate peractis, in tribus, ut ita dicam, partibus gloriosus dividitur miles. Nam caput Viennæ defertur, corpus a loco in quo percussus est Brivatim delatum est, felix anima a Christo conditore suscipitur.

Beatissimi vero senes qui, succensi spiritali gratia, sacrosanctum corpus sepulturæ mancipaverant, ita redintegrati sunt, ut in summa senectute positi, juvenilis ætatis vigore firmati, tanquam juvenes haberentur. Hic igitur Christi martyr et testis ibidem studiose reconditus, læta quotidie fidelium devotione veneratur: ubi tanta beneficia virtutesque patrantur assidue, ut eas humana lingua nullatenus sufficiat enarrare. In loco autem illo, quo beatus martyr percussus est, fons habetur splendidus, lenis, et dulcibus aquis uberrimus, in quo a persecutoribus caput amputatum ablutum est, de quibus aquis multæ sanitates tribuuntur infirmis. Nam sæpe cæcorum oculi ab his tacti illuminati sunt; tertianarum, quartanarumve febrium accensi, ut potati qui patiuntur fuerint, conquiescunt. Nam et si quis gravi laborans incommodo, inspirante martyre, desiderium habuerit hauriendi, protinus ut hauserit convalescit, et ita velociter exstinguitur vis febrium, ceu si videas super immensum rogum projectis undis incendia universa restingui. Semper enim de tanti patroni gratia, indulto supplicationis affectu, populus gaudet; et quos locus ille mœrentes excipit, lætos remittit, regnante Domino nostro Jesu Christo, cui cum Patre et Spiritu sancto est honor, virtus et gloria in sæcula sæculorum. Amen.

HISTORIA

SEPTEM DORMIENTIUM

MAJORIS MONASTERII.

SOMMAIRE.

Lettre de Grégoire à saint Sulpice, évêque de Bourges : « …. Votre Sublimité a ordonné entre autres choses à ma faiblesse, car l'avis d'un ami est un ordre pressant, de vous envoyer par écrit, si je les trouvais quelque part, les actes, la vie et la fin des Sept-Dormants qui reposent, dit-on, à l'abbaye de Marmoutiers. Obéissant aussitôt, j'ai scruté les archives et les bibliothèques des églises, et j'ai enfin trouvé, à Marmoutiers même, ce que je cherchais. J'en envoie la copie à Votre Paternité comme vous l'aviez désiré. »

1. Au temps des empereurs Dioclétien et Maximien, l'empire romain s'affaiblissant, le gouvernement des Huns appartenait à un roi très-brave, nommé Florus. Après dix années d'un règne heureux, Florus fut attaqué par Maximien, vaincu et emmené captif à Rome avec ses deux frères, Martinus et Amnarus. Au bout de six mois, l'empereur le renvoya sur son trône, mais en lui enlevant ses revenus et ses forteresses et en lui faisant jurer que son fils ne lui succéderait que comme gouverneur et non comme roi. — 2. Mais Maximien, à son tour, ayant été renversé du trône par Constantin, tandis que Dioclétien se donnait la mort à Salone, Florus envoya son fils aîné au nouvel empereur, qui le prit en affection, lui donna sa nièce et le nomma tribun. Ce fils fut nommé Florus d'abord, puis Martinus, lorsqu'il reçut le baptême des mains de Paulus, évêque de Constantinople. Florus le Vieux mourut plein de jours et laissa sa terre à Florus le tribun, qui gouverna glorieusement. — 3. Le jeune fils de Florus, élevé au métier des armes, fut amené dans les Gaules par l'empereur Julien ; mais il aima mieux servir Dieu qu'un empereur terrestre.

Éloge des vertus de ce jeune homme qui fut saint Martin. — 4. Après avoir achevé son temps de tribunat, il resta encore deux ans, à contre-cœur, dans l'office de comte, puis abdiqua armes, parents et patrie, malgré l'indignation de l'empereur, et vint se placer sous la discipline de saint Hilaire, évêque de Poitiers. Une révélation divine lui enjoignit de retourner chez ses parents pour les convertir. Il partit, et convertit, en effet, toute sa famille, notamment sept de ses cousins, nommés : Clément, Primus, Lætus, Théodore, Gaudens, Quiriace et Innocent, qui vendirent tous leurs biens, affranchirent tous leurs esclaves et se clôturèrent volontairement pour se livrer tout entiers à l'étude et à la prière. Bientôt ils guérirent des malades et le peuple les respectait comme des prophètes. — 5. Informés des grandes actions et de la célébrité de saint Martin dans son épiscopat de Tours, ils vinrent le trouver dans cette ville, et, après s'être fait reconnaître de lui, ils lui demandèrent sa bénédiction pour visiter les tombeaux des apôtres saint Pierre et saint Paul, puis Jérusalem et le sépulcre du Seigneur; ils devaient ensuite revenir auprès de lui en visitant le tombeau de saint Jacques. Ils accomplirent ce voyage et revinrent, en effet, chargés de reliques, auprès de saint Martin, qui les revêtit de l'habit monastique et les établit dans une grotte où ils passèrent le reste de leur vie en grande dévotion. — 6. Ils habitèrent seize ans dans cette grotte, du temps que saint Martin vivait encore, et vingt-cinq ans après sa mort. Une certaine nuit, le saint leur apparut et leur annonça qu'ils mourraient le lendemain sans éprouver aucune des douleurs qui terminent la vie humaine. L'événement arriva comme il l'avait prédit, et les sept admirables religieux passèrent dans le monde éternel avec une si parfaite tranquillité qu'on pouvait les croire non pas morts mais endormis. Aussi les assit-on sur leurs sièges, comme ils avaient coutume d'être dans leur cellule et on les laissa sept jours en cet état, remplissant la grotte d'une odeur infiniment suave, et, durant les sept jours, la foule put venir les contempler; elle ne manqua pas de le faire, et les malades accoururent une dernière fois demander aux Sept-Dormants une guérison assurée. Après quoi, Brice, évêque de Tours, procéda à leur inhumation.

Epistola sancti Gregorii episcopi Turonensis ad beatum Sulpicium, Bituricensem archiepiscopum, in vitam sanctorum septem dormientium.

Beatissimo patri Sulpicio, Dei gratia Bituricensi archiepiscopo, Gregorius Turonorum indignus sacerdos, in Deo salutari nostro salutem perpetuam.

« Apud poetam sub figura apum sanctorum virtus et prudentia laudatur, cum dicit :

Quo magis exhaustæ fuerint, hoc acrius omnes
Incumbunt generis lapsi sarcire ruinas [1].

Hoc, Pater beatissime, in fronte epistolæ præmisisse licuerit, consideranti quanta prudentia, quanta sollicitudine titubantis ecclesiæ statum firmare et ejus ruinas resarcire contenditis. Hoc in te proprie exemplis lucentibus, hoc mellifluis exhortantium sermonum verbis, hoc denique gestis præcedentium sanctorum in medium prolatis, agere non cessatis. Hinc est enim quod inter cætera, quæ parvitati meæ vestra sublimitas imperavit, urgens scilicet imperium est amici admonitio, quatenus Septem Dormientes, qui apud Majus monasterium dicuntur quiescere quorumque fama percelebris longe lateque diffunditur, actus, vitam vel finem, si uspiam possem reperire, scripto mandarem. Tunc ego juxta poeticum illud, pro more meo, pro vestra reverentia respondi,

.... Tuus est, pater alme, quid optes
Exposuisse labor, mihi jussa capessere fas est [2].

Statimque vicino, ut dicitur, obedientiæ pede, vestram prosequens jussionem, perscrutatus ecclesiarum scrinia, et bibliothecas revolvens, tandem apud præfatum Majus monasterium reperi quod quærebam. Servato igitur tenore ecclesiæ, Paternitati vestræ, ut petieratis, transcriptum destinavi. De cætero vestrum est et pro-

---

(1) Virgil. IV *Georgic.*
(2) Virgil. I *Æneid.*

mere, vestrum est et ob Christi gratiam quærere, ædificare ecclesias et amico, imo servo obedienti, Christi Domini gratiam impetrare. »

Incipit vita vel conversatio, sive et mors sanctorum septem dormientium, quorum corpora in Majori Monasterio continentur, et nomina hic inscribuntur: Clemens, Primus, Lætus, Theodorus, Gaudens, Quiriacus, Innocentius.

I. Temporibus Diocletiani et Maximiani, crudelitate eorum exigente, deficere cœpit et discedere pene universus orbis a Romanorum potestate : inter multos autem Hunnorum[1] regnum discessit, præsidente eis Floro rege strenuissimo. Qui Florus, patre suo Amnaro[2] nomine noviter viam universæ carnis ingresso, regnum adeptus est, cum viginti esset annorum. Habebat autem idem Florus duos fratres minores se, Martinum et Amnarum. Duxit autem prædictus Florus uxorem puellam pulcherrimam, Brichildem nomine, filiam Chut regis Saxonum, ex qua genuit tres filios : primogenitum Florum beati Martini Turonensis genitorem; secundum Hilgrinum; tertium Amnarum. Secundus siquidem Hilgrinus quatuor filios genuit, Clementem, Primum, Lætum, et Theodorum. Tertius autem Amnarus tres genuit, Gauden-

---

(1) Clar., *Hungrorum*, sed infra eos, ut cæteri, appellat Hunnos. (*R*)

(2) Idem Cod., *Aumarus*, et sic infra. Victorin., ut plurimum, *Ainarus*. Albericus, qui sæculo XIII Chronicam scripsit, ex hac Septem Dormientium Vita, quam Gregorio nostro attribuit, descripsit sancti Martini genealogiam. (*R*)

tem, Quiriacun et Innocentium. Florus igitur cum regno suo fere per decem annos feliciter potiretur, a Maximiano aggreditur. Qui fere per tres annos laborans, vix et cum maxima difficultate, primas partes regni ejus ingressus est, nec sine morte et sanguine suorum pugnatorum. Siquidem Florus cum eo bis terque confligens eum turpiter devictum fugaverat. Sed proditione suorum saisivit quoddam castrum, et munivit contra eum et ejus regnum; et sic secundum et tertium. Tandem obsedit eum in quodam castro munitissimo cum omni fere nobilitate Hunnorum. Obsessus autem per dimidium annum ad deditionem compulsus est venire, vita sibi cum membris suis atque suorum concessa. Captosque duxit secum Romam, inter quos fuerunt duo fratres Flori regis, Martinus et Amnarus. Filios autem nondum genuerat, nisi primogenitum suum', Florum videlicet trium annorum, alios autem duos post reversionem captivitatis genuit. Cum autem præsentati essent Diocletiano, misit eos in carcerem. Post annum fere dimidium, recordatus Diocletianus probitatum Flori, jussit eum sibi præsentari. Videns autem pulchritudinem ejus ob fecem et laborem carceris emarcuisse, misericordia motus est; absolutumque remisit ad propria, permisso et regno suo in vita sua cum redditibus sublatis vel saisitis munitionibus. Tali etiam pacto permisit eum regnare, ut post mortem ipsius, filius ejus non sublimaretur in regno, nec in consulatu, sed tantum tribunus exsisteret. Quod cum ex utraque parte firmatum fuisset, recessit cum omnibus suis.

II. Reversus autem, eodem anno genuit duos filios geminos, Hilgrinum et Amnarum. Deus vero, qui non accipit personam principum et reprobat consilia eorum; qui quos vult indurat et tradit in reprobum sensum, et adducit in stuporem; et imperatores ipsos, qui ecclesiam persecutionibus gravissimis diu vexaverant, in tantam amentiæ et vanitatis devenire permisit mutationem, ut Diocletianus Nicomediæ, Maximianus Mediolani, uno die depositis insignibus imperii, post imperium privati viverent, quasi plebeii. Verum Maximianus haud multo post facti pœnitens, cum dispositis insidiis genero suo Constantino, jam regnum tenenti, mortem moliretur, deprehenso dolo illius, apud Massiliam captus, nec post multum in carcere, fractis laqueo cervicibus, est strangulatus : vel ut quidam asserunt, a dæmonibus suffocatus impiam vitam digna morte finivit. Diocletianus vero et ipse eadem de causa, eidem Constantino factum se intelligens suspectum, hausto veneno sui ipsius effectus est punitor impius, et in villa sua secus Salonas oppidum diem vitæ clausit extremum. His ita et temporali et æterna morte multatis, cum post tetram et horridam bellorum et persecutionum caliginem, diu desideratæ pacis tranquillitas divino nutu late per mundum splendescere inciperet, Florus primogenitum suum Florum Constantino, qui eisdem imperatoribus, Diocletiano et Maximiano, brevissimo tempore Constantio patre suo et Galerio Maximiano insimul tantum mediis, successerat, educandum tradidit, quem semper charum et dilectum Constantinus idem habuit. Adultoque et militi facto, uxorem dedit neptem suam, filiam sororis suæ, tribunumque constitutum remisit ad patrem suum. Qui ex eadem uxore sua filium, vivente patre suo, genuit, quem Florum vocari præcepit. Qui natus est quidem Constantini anno XVII, sed postmodum tempore filii ejus Constantii a beato Paulo Constantinopolitano episcopo, Deo disponente, catechumenus factus et baptizatus, Martinus est vocatus. Venerabilis autem baptizator ejus, idem patriarcha Paulus, ab eodem Constantio, qui patri in imperium succedens, in Arianam hæresim declinaverat apud civitatulam quamdam Cappadociæ, Cucusam nomine, ob catholicam fidem pulsus exsilio, Arianorum insidiis crudeliter strangulatus, ad cœlestia regna victor migravit. Florus autem antiquus senio confectus diem clausit extremum, terram suam primogenito suo dimisit, et duos fratres juvenes in manu ejus reliquit. Qui mortuo patre terram viriliter rexit, et fratres suos cum filiabus nobilissimorum pagi Hunnorum copulavit, ex quibus primogenitus suus, Hilgrinus videlicet, ut prædictum est, quatuor filios generavit; secundus autem Amnarus, tres.

III. Florus igitur tribunus, filius Flori regis, mortuo Constantino, et regnante Constantio, Constantinopolim venit cum filio suo Floro[1] parvulo, quem imperatori commendavit qui eum secum retinuit, et militem fecit. Quem etiam adhuc adolescentulum Julianus Cæsar, ab eodem Constantio patruele suo in Gallias adversus Barbaros, qui Romanorum terras infestabant ignarus quid de eo disponeret, secum ad ferenda præsidia adduxit, et exercitandum militia quandiu prævaluit, in comitatu suo detinuit. Sed vir sanctus magis elegit Deo servire cœlesti, quam sub imperatore terreno militare.

---

(1) Id est, Martino. Sic quippe eum tunc appellatum volunt. (R)

Quia [1] ad hoc specialiter effectus est, ut triumphale sanctæ crucis vexillum in occiduis mundi partibus erigendum et adorandum deveheretur, et militiæ sacramenta evangelicis mutaret edictis. Qui clarus avis, sed clarior meritis, sanctus ab infantia, devotus a pueritia, perfectus in adolescentia, perenniter de die in diem, de virtute in virtutem proficiens, magnis in mundo claruit miraculis, et doctrinis catholicis longe lateque resplenduit. Qui enim a tanta virtute, et miraculo tam grandi et stupendo, in initio viarum Dei inchoaverat, quid mirum si et prosperos in eis semper excursus et beatos exitus haberet? Imo mirum, si post tam mirabilem, qua ad se Deus illum traxit, conversionem, et virtutum sublimitate arduam, et miraculorum clari-

---

(1) Quæ editi cum Cod. Vict. habent, hic in notis apponere visum est. « Quia specialiter effectum est, ut vexillum sanctæ crucis occiduas orbis portaret in partes, et militiæ sacramenta evangelicis mutaret edictis. Qui, ut diximus, a beato Paulo Constantinopolitano episcopo tempore Constantii, Deo educante, primo catechumenus factus, et post non multum baptizatus est. Qui beatus episcopus a Constantino imperatore apud civitatem quamdam Cappadociæ, Cuthusam nomine, ob catholicam fidem pulsus exsilio, Arianorum insidiis crudeliter strangulatus ad cœlestia regna migravit. Beatus autem Martinus post sacri baptismatis mysterium magnis in mundo claruit miraculis, et doctrinis catholicis longe lateque resplenduit in orbe. Hic vir primo florem adolescentiæ suæ Mediolana trans egit in urbe, sed exinde Arianorum sævitia principum expulsus, Gallicanas secessit in partes, venerabilique Pictavensi antistiti Hilario est conjunctus, hujus se disciplinis sanctus Martinus post relictum militiæ cingulum sociavit. Inde quoque sanctus vir divino admonitus oraculo parentes suos, errore relicto, ad sanctæ fidei professionem convertit; et matrem quæ illum mundo genuit, ipse in Christo generavit, et exempla avorum suorum Martini et Amnari, qui Christianissimi erant, et civitatibus, etc. » (R)

tate gloriosam, et religionis decore splendidam, jugiter usque ad vitæ terminum non ageret conversationem. Quis enim non omni fere virtute et miraculo mirabilius ducat, infantulum vix decennem ab uberibus, ut sic dicam, cum lacte materno imbibitam erroris fanatici exhorruisse superstitionem, parentibus, tutoribusque atque actoribus, nunc minis, nunc verberibus, nunc blanditiis insistendo dehortantibus, ad Christi fidem, et ad ecclesiæ cujus sacramenta necdum perceperat, confugisse societatem? Quis non summis attollat præconiis puerum duodennem, instar cordati et fortis viri, ætatis teneritudinem non respiciendo, eremi squalorem, et quidquid ibi tolerare posset, ac si delicias concupiisse; et quod interim pro corporis imbellicitate non valebat, sed postea impleturus erat, meditando saltem et desiderando in conspectu Dei, qui velle nonnunquam pro facto reputat, jam facere? Quis non insigni laude prædicandum censeat adolescentem in summis enutritum deliciis, juribus patris sæculari implicitum militiæ, quasi solitarium vel monachum se exhibendo, non solum ab operibus malis, sed et ab omni concupiscentia nefaria continuisse, et in medio fornacis Babylonicæ sulphure et pice ferventis se illibatum custodisse; inter alios aliena diripientes et eum irridentes sua non modo superflua, sed etiam necessaria pauperibus erogasse, et quidem præcepta quoque transcendat ut in divisa chlamyde patet fecisse? De altera quippe duarum vestium pro Christo danda, non de una dividenda præceptum habemus, quod fecit iste, cujus cor et sua et se ipsum Christo et pro Christo fratribus impendere paratum erat. In quo et illud quis non cum stupore accipiat, quod inter parentes ditissimos et inclytos, ut pote regibus atavis editos, constitutus, quod et regis Constantii et Juliani Cæsaris, nunc hujus nunc illius, in diversis terrarum partibus comitatum sequi et eis, ut pote maternorum avunculorum filiis, in adolescentia adhærere et obsequi coactus; quorum alter Arianus, alter apostata, uterque persecutor orthodoxorum erat; in tanta rerum sibi oppositarum contrarietate, et fidem incorruptam servavit, et paupertatem terrenam semper amplexatus est, et humilitatem perfectam tenuit! Quis et illud in eo inconsideratum prætereat, quod ea qua pauperem contexerat parte chlamydis, Christum videns circumdatum, et illam quasi ostentando apud angelos inde gloriantem, de visione tam grandi, tamque gloriosa, de qua alius gloriaretur, ipse gloriatus non est : sed magis humiliatus, anhelanti desiderio instar cervi sitientis ad fontes aquarum, reversus Constantinopolim, percepto a beato Paulo urbis ejusdem patriarcha ut prædiximus baptismi sacramento, quod sedulo volvebat pectore, et longo æstu parturiverat, et jam quasi in partum maturitate naturali ad fructum vitæ erumpere gestiebat, ipse libens ad effectum perducere instituit? Quid hoc videlicet, ut calcatis omnibus sæculi lenocinantis oblectamentis, libere vacaret Deo, et absque interpellatione curæ exterioris cœlestem erigens conversationem, gustaret crebrius, et videret quam suavis est Dominus? Quod unum cum juxta sententiam Domini maxime duceret necessarium, et ad hoc solum adipiscendum vehementer ferveret, quis non contemplari delectetur, quis non imitari conetur, quam simplici et germana charitate pro salute fratris distulerit? O vere mirabilem sancti adolescentis benignitatem! qui cum hanc partem optimam, quæ nulli consequenti eam aufertur, nonnisi in foramine petræ et caverna maceriæ, obtinere se posse cognosceret, ubi unica protectio, et singulare refrigerium confugientibus in ombraculum diei ab æstu, et in securitatem et in absconsionem a turbine et a pluvia, voto tamen salvandi socium, contra votum biennio mala mundi toleravit, stans foris quasi sine tecto inter procellas, nimbos et grandines in limo profundi, in lubrico sæculi, ubi non inveniret requiem pes ejus; ubi non solum injuriis affligeretur, sed et periculis urgeretur innumeris. Quid faceret, vel potius quid non faceret pro salute multorum, qui pro unius devotione tantum tædii sustinuit, tam diuturnum quietis suæ dispendium pertulit? Quas cruces, quæ supplicia, quas injurias, si inferrentur pro Salvatore, non epulis omnibus quamvis delicatis anteferret, qui pro amore hominis mortalis singularis gaudii sui unicum æque desiderium, pro cujus dilatione acriter cruciabatur tam diu adimplere distulit? Sed profecto sancti juvenis exercebatur patientia, probabatur fortitudo, experientia formabatur, et prædiscebat in seipso spontanea charitate quod postea tempore opportuno, episcopus animarum positus, debita sollicitudine faciendum esset sibi de multis. Ita doctus a juventute, fecit hoc ipsum in senecta, ultra fere omnes homines, et plus quam exigi deberet ab eo. In diebus Maximi imperatoris, quando secundum charitatem quæ sua non querit ambulans, non solum juxta Paulum fieri optavit, sed etiam anathema pene se fecit a Christo pro fratribus noxiæ communionis: non voluntate, sed necessitate conventum iniens, ut his quorum cervicibus sævi regis gladius imminebat, Hispaniarum ecclesiis consuleret. Sed sciens procul dubio ad implendam legem, aliorum onera ab aliis esse portanda, sciens dilectionem esse legis plenitudinem, sciens charitatem esse vinculum perfectionis, et principium fructuum spiritualium; sciens per ipsam serviendum invicem, ipsam vero nunquam excidere, et ambulantem in ea non errare nec deficere, tantæ virtutis fretus suffragiis, secure præsumebat, quoniam quidquid aliquando detrimenti pro ejus conversatione incurreret, per ipsam quæ operit multitudinem peccatorum facillime restaurari vel impleri posset. Nec obsecro cuiquam vel onerosa sit, vel otiosa judicetur ista ob admirationem, et contemplanda Martini in ætate adhuc juvenili merita facta digressio, cum totius opusculi hujus summa in ipsum respiciat, nec minus propter ostendendam et charitatis ejus abundantiam, qua semper totus affluxit, et originis nobilitatem a Severo, primo Vitæ ipsius scriptore, prætermissam, quam propter prædictorum consanguineorum ejus venerabilem conversationem, vel obitum posteris insinuandum, inertem licet stylum moverimus.

IV. Sed ut ab his jam ad susceptæ narrationis seriem recurramus, Martinus veteri exutus et novo per baptismum indutus homine, tribuni sui, quem tantopere lucrari Christo satagebat, qui evoluto tribunatus sui tempore, mutatum vita et habitu, serviturum se Deo pollicebatur, revictus supplicatione, et dilectione quasi ligatus, per biennium non rapinis sed sanctis, ut cœperat, insistens operibus in comitatu moratus est. Qua exspectationne, quam gravissime ferebat, exacta, continuo non acquievit, sed renuntiavit carni et sanguini; et licet repugnante et indignante Cæsare, abjurata sæculari militia, abdicatis parentibus, prædiis et patria in qua natus et notus, dives et inclytus, et ob hoc reverendus et magnificus haberi poterat, Deo nobis illum in patronum destinante, in exteras has regiones diffugiens, ubi incognitus et inglorius reputaretur, exsul et pauper laudabilis, in argumentum suæ magnæ humilitatis, doctrina et exemplis præstantissimi et spectabilis viri Hilarii, qui in diebus illis ecclesiæ Gallicanæ singularis et lucerna et columna apparebat, erudiendum se subdidit discipulus, ne in vacuum vel periculose curreret, si suo ferretur judicio et se sibi magistrum constitueret; et ne incideret in eorum numerum quibus dicitur : *Væ vobis qui sapientes estis in oculis vestris, et coram vobis ipsis prudentes*[1]. Cui cum in schola virtutum desudanti juberetur a magistro celsiorem Levitici ordinis gradum ascendere, ipse in augmentum profectus sui, in infimo exorcistæ officio, eo securius quo humilius, eodem tandem magistro suo concedente et mirante, subsedit. Quid igitur jam de hoc viro tanta humilitate fundato fieret? Non ut, secundum Scripturas, humilem spiritu susciperet gloria, et qui se humiliaverat, a summo humilitatis doctore, quem pene sequebatur, exaltaretur; quasque in silentio subditus investigaverat, potens opere et sermone, et apostolico dignus ministerio aliis notas faceret vias vitæ? Sed quomodo ad ministerium accederet, nisi assumeretur? et quomodo prædicaret nisi mitteretur? Propterea cum apud magistrum in summa degens subjectione, et quiete instrueretur,

---

(1) *Isai.* v, 21.

nihil de se magni æstimans, nihil alti disponens, a Domino, qui cor parvuli sui intuebatur et magnipendebat, opus evangelistæ per revelationem jubetur exercere, et parentes quos adhuc gentilitatis error obligabat, ad insinuandam illis fidem Christi, monetur visitare. Oraculo itaque fretus divino, ex licentia beati Hilarii, nam necdum ab Augusto Constantio pro fidei defensione in exsilium missus fuerat, quorsum jussus fuerat devotus proficiscitur : et circunquaque verbum Dei spargens, multam ex conversione infidelium messem horreo Christi inferre contendit, parentesque suos, cooperante gratia superna, ad Christianæ fidei professionem convertit, solo patre, inscrutabili Dei judicio, in imagine et errore terreni hominis permanente, et ex sola veteris usus autoritate male ab infantia imbibiti superstitionem fanatici cultus defendente. Matrem quoque, quæ eum mundo genuerat, ipse in Christo regeneravit; factus ejus spiritualis pater cujus carnalis erat filius; et præstans ei ut esset initium aliquid novæ mundo creaturæ, a qua ipse homo ut exsisteret, post Deum, initium acceperat. Effecit autem ut et ista et cæteri, quos saluti conquisierat in Christo renascerentur per manus patruorum patris sui, suorum scilicet propatruorum Martini et Aumari, qui christianissimi erant, et civitatibus sibi deputatis episcopatus officio fungebantur; inter quos baptizati sunt etiam Hilgrinus et Amnarus patrui ejus, cum septem filiis suis, Clemente videlicet, Primo, Læto, et Theodoro, Gaudente, Quiriaco et Innocentio. Quorum patres, Hilgrinus scilicet et Amnarus, non sicut alii fratres paternam hæreditatem dividentes, sed sicut uno ortu gemini nati sunt, sic una domo, uno fundo, una re communi cum uxoribus et filiis contenti sunt. Eodem autem anno quo baptizati sunt, viam universæ carnis ingressi sunt. Horum itaque prænominati septem filii omnia sua venundantes, pretium pauperibus distribuerunt, servosque suos ingenuos fecerunt. Ipsi vero in quodam loco se incluserunt, lectioni, orationi et psalmodiæ vacantes, duobus tantum servulis contenti, qui eis officium consolationis impenderent. Vivebant in cœnaculo constituti sine querela, tam Deo quam hominibus placentes, uxorum et liberorum grato consortio carentes, cœlibemque vitam actitare satagentes. De reliquiis autem ciborum suorum, ad quascunque partes deferrentur, vel a quibuscunque infirmis sumerentur, qualicunque infirmitate tenerentur, protinus sanabantur. Quamobrem primo ex adjacenti provincia, postmodum ex omni regione illa pene universi venientes, illos sicut prophetas Dei venerabantur. Ex quibus multi prædicatione eorum fidem ipsorum imitantes, christianitati subjiciebantur, et veterem hominem exuentes, novum qui secundum Deum creatus est, induebantur. Denique omnes eos et obsequiis et multis donativis venerabantur. Cæterum principes, tribuni et milites Christiani, Judæi et gentiles eos visitabant, reverebantur et excolebant. Qua de re servi Dei permoti, inani gloriæ et ambitioni hujus sæculi subjici timentes, fugæ latibulum expetentes, patriam relinquere disposuerunt : quippe cum in hoc exemplo eis esset Abraham, et recentius multi alii justi, et recentissime eorum patruelis beatissimus Martinus. Qui sicut obtemperanter, et præcepta Christi audiens et consilia, nihil ejus amori præposuerat, sed omnibus relictis, assumpta cruce, et se sibi abnegato, ipsum ducem sequens, arbitrioque ejus se committens, damnosam cunctis propriæ voluntatis facultatem abjecerat; ita Christus quoque pollicitationis suæ sententiam in eo liberaliter complens, et miraculorum gloria et honore pontificatus, et divitiarum copia, illum quamvis ista fugientem illustraverat, et promissum sequacibus suis centuplum ei jam et hic reddiderat, in futuro servans illi plenitudinem interminæ retributionis. Cumque de terra et de cognatione sua solus propter Christum exisset, magnificante eum eodem Christo duce suo, in terra peregrinationis suæ, et ad verbum oris ejus faciente prodigia, mirum dictu! de lapidibus suscitavit filios Abrahæ, et mutabat corda hominum, erroneosque et incredulos conducebat ad semitas justitiæ, et ad prudentiam justorum. Evertebat delubra, fundabat monasteria, ædificabat ecclesias; et ita paulatim succrescens factus erat in gentem magnam.

V. Audientes igitur prædicti famam sanctitatis et celebritatem nominis ejus, et quod in episcopatu Turonicæ civitatis esset subrogatus, consilio inito, brevi expensa, et exiguis sarcinis collectis, usque ad ipsum venire et consilio ejus vivere stabiliverunt : quod et factum est. Venientes autem usque ad Turonensem civitatem, invenerunt beatum Martinum in episcopatu more suo dominico die missarum solemnia celebrantem, petieruntque more peregrinorum benedictionem. Post consummata divina missarum solemnia, cognovit eos beatissimus Martinus consanguineos et consobrinos suos; flevitque super singulos et osculatus est eos : ducensque eos trans fluvium secum, ubi multitudo commanebat fratrum, invitavit ad prandium in commune cum fratribus. Sequenti autem die, omnem peregrinationis suæ seriem retexuerunt, voluntatemque suam in hoc esse dicentes, ut limina apostolorum Petri et Pauli visitarent, ut et in Hierosolymis pergerent sepulcrum Domini visitaturi, et crucem Domini adoraturi, et per beati Jacobi sepulchrum venturi, et sic ad ipsum reversuri. Quam viam cum benedictione beati Martini aggredientes nudis pedibus, laneis utendo vestibus, pane et aqua, et crudis herbis contenti quinquennio peregerunt. Revertentes autem sani et incolumes, beato Martino se præsentaverunt cum multis reliquiis, videlicet de sepulcro etiam sanctæ Mariæ matris Domini et ipsius vestimentis, de reliquiis apostolorum Petri et Pauli et sancti Jacobi fratris Domini, et ex multis aliis quas beatus Martinus reverenter accipiens in apsida majoris ecclesiæ cum reverentia posuit. Ipsi vero septem fratres beato Martino, et fratribus ibidem manentibus, tam in anima quam in corpore se dedentes, voverunt se de loco illo non recessuros. Statim autem beatus Martinus eos gratanter excepit, et monachico habitu eos induit, et benedictione propria confirmavit, posuitque eos in latere cavati montis in quodam specu, fecit quoque eis oratorium[1] in ipsa rupe, benedixitque altare, ubi et reliquias proprias manu condidit, quas ipsi apportaverant. Ordinavit autem Clementem et Primum presbyteros, Lætum et Theodorum diaconos, Gaudentem, Quiriacum et Innocentium subdiaconos. Permanserunt au-

---

(1) Hoc ipsum esse aiunt quod hodieque prope Majoris monasterii basilicam visitur, in rupe imminenti cavatum, ubi eorum sepulcra, seu potius sepulcrorum representatio in lapide excisa habetur. (*R.*)

tem in eadem cella sive oratorio, ubi et delectabantur jejuniis, oratione, silentio, lectione, quandiu beatus Martinus superfuit. Ipse quidem per revelationem obitum suum longe ante prænoscens, ad Condatensem vicum ire disposuit, ut pacem inter clericos ecclesiæ illius dissidentes reformaret : cognoscens etiam per spiritum non se reversurum, convocatisque omnibus monasterii fratribus, singulos osculatus est, atque benedixit, et præfecit eis unum ex fratribus loco suo, nomine Gualbertum, abbatemque constituit, et benedictione sua confirmavit, cui et commendavit septem supradictos fratres et patrueles suos, qui eos suscipiens in commune cum fratribus aliis singulariter eos diligebat, et spiritualiter revisebat et confortabat.

VI. Beatus autem Martinus post obitum suum usque ad diem migrationis eorum sæpissime eis apparebat in visione, consolans eos et corroborans. Vixerunt autem cum eo in sancto proposito annis sexdecim, post transitum ejus viginti quinque : videlicet sub Gualberto abbate primo annis viginti tribus; sub Aicardo secundo abbate annis duobus. Hujus scilicet Aicardi secundi abbatis tempore, contigit festivitatem beati Martini de transitu sabbato evenire; sequenti vero die, qua dominicam celebramus, post peracta matutinorum solemnia, media nocte apparuit eis beatus Martinus, nuntians eis diem obitus sui, dicens : « Crastina die summo mane vocate huc Aicardum abbatem ad vos : qui dum astiterit intimate ei singuli omnem vitæ vestræ seriem, et actus vestros, confitentes omnia peccata vestra. Dicite quoque illi ex me, ut in honore sanctæ Trinitatis missam celebret, commemorationem mei faciens, et sanctorum quorum reliquiæ in præsenti altario a me consecrato continentur, ponatque singulas hostias pro vobis singulis immolandas, quibus consecratis singuli communicabitis. Peracta communione, viaticoque percepto corporis et sanguinis Domini nostri Jesu Christi, missaque finita, prosternetis vos ad orationem, viam universæ carnis ingrediemini, tam a doli corruptione carnis estis alieni; sicque ab angelis suscipiemini, et a meipso sursum conducemini, donec assignemus vos ante tribunal Christi. » Quod totum factum est ut beatus Martinus imperavit. Cum autem communionem accepissent de manu Aicardi abbatis, finita missa, genibus flexis sani atque incolumes, in oratione prostrati viam universæ carnis ingressi sunt, ut beatus prædixerat Martinus, tam a dolore mortis extranei quam a corruptione carnis fuerant alieni. Repleta est autem illico cella illa tanto odore ac si multorum aromatum congeries ibi sparsa putaretur. Suscipiens autem eos non de morte, sed quasi de oratione, abbas Aicardus una cum fratribus, non mortuos putabat sed dormientes, cum facies eorum ut rosa ruberet, caro ut nix splendesceret. Quam ob rem per sedilia illos disposuit, sicuti soliti erant sedere in cella sua, posuitque eos ita ut ab omnibus inspici possent, solis necessariis quibus ab injuria irruentium defenderentur, inter eos et intrantes mediis repagulorum obicibus. Patebant etiam limina ut omnes advenientes viderent sanctorum facies, non sicut mortuorum, sed sicut dormientum : quia licet hominibus mortui essent, Deo tamen cui omnia vivunt dormiebant. Per septem autem dies, quibus super terram fuerunt, non defuit odor ille suavissimus.

Tanta autem fuit adventantium multitudo, quantum aut locus admisit, aut viæ vel semitæ capere potuerunt. Omnes febricitantes vel frigoritici qui adveniebant, sani revertebantur; leprosi autem, surdi, muti et claudi multi curabantur. Afferebanturque qui venire non poterant in lectis et grabatis, et ex odoris fragrantia sospites revertebantur. Septimo demum die a transitu ipsorum abbas Aicardus, congregatis fratribus sancti monasterii, ad funus adfuit. Misit quoque et accersivit sanctissimum senem, Turonicæ sedis civitatis præsulem[1], beatum Brictium, una cum clero et populo; initoque consilio, sicut erant vestiti, sepelierunt eos in ipsa cella vel oratorio, ante altare ipsius oratorii, a beato Martino cum pignoribus sanctorum consecrati. Transierunt autem pridie Idus Novembris, secundo die a festo quo celebratur transitus sancti Martini, et depositi sunt[2] xiii Kalendas Decembris. Qui sepulti terris, in Christo se vivere

---

(1) Sic Clar.; alii *archiepiscopum*. Quo nomine Gregorii ævo Metropolitani in Occidente non donabantur. Nec eo alias usquam usus est Gregorius. (R.) — Hoc idem verbum in superscriptione epistolæ ad Sulpicium Bituricensem (supra p. 105) admissum, pluribus fuit argumentum falsitatis quo respuendam epistolam istam æstimarent.

(2) Sic Clar.; alii autem, *sepultique sunt*. Ex his collige non semper *depositionis diei* nomine intelligi eum qui fuit obitus. Sacra eorum corpora in capsis servantur retro majus altare principalis basilicæ Majoris monasterii. Porro præter hos Septem Dormientes, sunt alii item celebres apud Ephesum, de quibus agit Gregorius cap. xcv libri I de Gloria martyr. Septem item *in Germania* Dormientes laudat Paulus Diac. in lib. I de Gestis Langob. cap. iv, qui ab istis post Baronium Marollio alii esse non videntur. (R.)

manifestant virtutibus et miraculis, præstante eodem Jesu Christo Domino nostro, qui vivit et regnat cum Deo Patre in unitate Spiritus sancti Deus, per omnia sæcula sæculorum. Amen.

EXPLICIT VITA ET MORS SEPTEM DORMIENTIUM.

VITA

SANCTI MAURILII.

ANDEGAVORUM EPISCOPI.

SOMMAIRE.

1. Lettre de l'auteur à l'évêque Germain, de Paris. « Vous avez désiré nous voir corriger avec l'autorité, disiez-vous, de notre expérience, afin de l'envoyer à votre dévotion empressée à profiter de l'exemple de ceux qui nous ont précédés, la Vie des bienheureux Maurille et Aubin, évêques d'Angers, vies que le prêtre Fortunat a décrites dans un excellent ouvrage, mais que les copistes ont presque défigurées par leurs fautes. Mais réfléchissant, si nous faisions cela, que nous serions déchirés par les aboiements et les morsures de ceux qui ne savent point acquérir la science et ne sont bons qu'à envier, nous nous sentons frappés par un double ennui, le chagrin de ne pas obéir à vos ordres et la crainte de déplaire à ces gens. Cependant, confiants dans les promesses du Tout-Puissant, qui a dit par la bouche de son prophète que ceux qui sèment dans les larmes moissonneront dans la joie, je satisferai à votre désir. Nous savons, en effet, que s'il est des actions dignes d'être imitées et qui puissent servir à la génération suivante, qui que ce soit qui rédige et amende les vies et les miracles des saints confesseurs de Jésus-Christ, fût-ce en un style grossier, celui-ci s'assurera pour lui sa récompense, et pour ceux qui se porteront imitateurs des vertus qu'il raconte, leur salut. Il nous a semblé qu'il serait coupable de taire les étonnants miracles de ces précieux confesseurs du Christ, Maurille et Aubin, et employant, comme vous l'avez demandé, un style plébéien, afin d'être plus à la portée du vulgaire, nous avons corrigé suivant la plus pure vérité, Dieu nous en est témoin, un petit nombre de passages et omis plusieurs de ceux que relate Fortunat, mais que peut-être les infidèles auraient trouvés incroyables. »
— 2. D'où Maurille était originaire; comment il suivit les leçons de saint Martin et fut nommé lecteur par saint Ambroise, évêque de Milan.

— 3. Comment il détruisit l'idole du village de Chalonnes-sur-Loire et y construisit une église. — 4. Comment il délivra du démon une femme de Nantes. — 5. Comment il guérit un berger mordu par une vipère. — 6. Comment il obtint que Dieu donnât un fils à une femme stérile. — 7. Comment il renversa les idoles et les statues élevées sur le mont Prisciacus. — 8. Comment il guérit un moine de la fièvre. — 9. Comment il délivra de la servitude un homme qu'on venait vendre et ressuscita ensuite son maître. — 10. Comment il délivra par le signe de la croix des navigateurs qui allaient faire naufrage sur la Loire. — 11. Comment il délivra du démon un voleur qui avait pris au saint son âne. — 12. Il guérit une dame nommée Amélie en la frottant avec un peu d'huile. — 13. Saint Maurille est tiré de force de son église de Chalonnes et porté malgré lui au siége épiscopal d'Angers par saint Martin. — 14. Ce qu'il fut après son ordination et comment le Seigneur fit souvent ses œuvres par les mains de cet évêque. — 15. Il guérit un aveugle par le signe de la croix. — 16. Comment il ressuscita un enfant qui était mort depuis sept ans, le nomma René et l'obtint pour son successeur désigné dans l'épiscopat. — 17. Guérison d'un homme puni pour avoir travaillé le dimanche. — 18. Guérison d'un autre, nommé Belgicus, rendu aveugle par la même cause. — 19. Profits apportés à l'Anjou par le ministère de saint Maurille qui fut cause pour ce pays de trente années d'abondance, de paix et de prospérité commerciale étrangère à toute falsification de monnaie. — 20. Autre idole détruite. — 21. Guérison d'un enfant paralytique. — 22. Maurille voulant traverser un fleuve et ne voyant de bateaux qu'à l'autre bord, sans aucun marinier pour venir le chercher, ces bateaux se détachent tout seuls et viennent d'eux-mêmes le prendre. — 23. Il guérit une vache possédée du démon. — 24. Avec un peu d'huile sainte et le signe de la croix il sauve son embarcation menacée d'être engloutie par une tempête sur la rivière de Maine. — 25. Il ressuscite un de ses catéchumènes. — 26. Par ses seules paroles il guérit deux lépreux. — 27. Il ressuscite un pèlerin qui s'était mis en voyage pour venir le trouver et s'instruire auprès de lui. — 28. De la vie quotidienne de saint Maurille, de sa simplicité, de son abstinence et de toutes ses vertus. — 29. Guérison d'infirmes par le seul toucher du corps de Maurille après sa mort. — 30. De la fréquence des miracles opérés sur son tombeau.

Incipit prologus beati Gregorii Turonum archiepiscopi in vita beati Maurilii episcopi et confessoris.

Sanctissimo sanctæ Parisiorum matris ecclesiæ presulum domino Germano, Gregorius Turonicæ metropolis humilis episcopus salutem.

Petistis sane uti vitas et miracula quæ Dominus per beatum Maurilium atque Albinum, Andecavorum antistites, operari dignatus est, quas Fortunatus presbyter luculento sermone descripserat, scriptorum vitiis jam pene depravatas, nostræ auctoritatis peritia corrigeremus, vestræque devotioni, qui priorum exemplis proficere cupitis, misissemus. Sed nos recolentes si id egerimus, perfidorum nos latratibus atque morsibus qui doctrinam quærere nesciunt sed invidere, dilaniari, duplicis tædii merore concutimur, dum et vestris parere jussionibus cupimus ipsisque displicere metuimus. Fisi tamen Omnipotentis promissionibus, qui per prophetam suum loquens innotuit quia qui seminant in lacrymis metent in gaudiis, vestræ satisfaciam voluntati. Scimus namque quia si quæ digna sunt imitari et alteri possunt sæculo prodesse, sanctissimorum Christi confessorum vitas atque virtutes stylo quis digesserit correxeritque vel rustico, et sibi mercedem et imitari volentibus conferet adusque salutem. Permaximas igitur preciosorum Christi confessorum Maurilii atque Albini virtutes non loqui sive corrigere quia memoria dignæ sunt, crimen ducentes, plebeio ut postulastis utentes calamo, quo potius vulgaribus prosint de pluribus pauca, sed tamen Deo teste verissima corrigemus, omittentes plurima a Fortunato edita quæ fortassis infidelibus incredibilia viderentur. Quæ vero a nobis correcta sunt vestræ sanctitudinis petitioni dignius offerenda putavimus, ut qui illos imitari gaudetis illorum proficiatis virtutibus informati.

EXPLICIT PROLOGUS.

Incipit vita beati Maurilii Andegavorum episcopi.

CAPUT I.

Unde Maurilius ortus fuerit et qualiter a Martino eruditus et a beato Ambrosio usque ad lectorem ordinatus, postmodum Martinum secutus ceteros gradus ab ipso acceperit.

Igitur Maurilius Mediolanensis oppidi indigena extitit parentibus splendidissimis procreatus, et ab ipsis pene cunabulis a beato Martino qui illis temporibus Mediolani sibi monasterium collocaverat, sacris litteris et liberalibus studiis institutus est. Sed beato Martino, Arianorum perfidia, de civitate illa expulso, sanctus jam Maurilius, tam amore quam magnorum preceptis parentum qui Martinum prius sequi concupierat ibidem demoratus est quousque a beato Ambrosio ipsius civitatis episcopo officium lectoris accepit. Interea pater ipsius, qui nobilitate ac viribus totam pene regebat Hesperiam, communi sorte preventus hominem exuit. Maurilius vero verissimus jam evangelici cultor precepti dicentis : « Qui reliquerit patrem aut matrem aut agros propter me centuplum accipiet et vitam æternam possidebit, » relicta matre omniumque rerum suarum cupiditate habendi, sub Juliano tunc Cæsare, Martinum, cujus primo profecerat instrumentis, cujusque virtutes per totum prope Romanorum divulgabantur imperium, quique cogentibus populis Turonicam in Gallia jam regebat metropolim, expetiit. Et tam diu cum eodem commoratus est divinis semper occupatus officiis dum cæteros æcclesiasticos gradus gratiamque sacerdotii invitus, Martino cogente, susciperet. Adepto nempe sacerdotii honore, arctiorem quam inter monachos duceret, diligens vitam, ut solus solum liberius Dominum sequi valeret, Martini admodum doctrinis eruditus et æque benedictionibus roboratus, sese invicem osculantes et multum flentes, ab eodem ipso nolente, discessit.

CAPUT II.

Qualiter, a Martino jam presbiter sejunctus, Calonnam villam expetierit, indeque idolum destruxerit, et ecclesiam ibi construxerit et postmodum illam diebus multis incoluerit, et multas ibi per eum Dominus virtutes fecerit.

Prætiosus denique Dei sacerdos Maurilius Turonis egressus quo solitariam, quam potius diligebat, si posset, sibi vitam eligeret, Andecavorum aggressus est urbem. Audiens autem haud longe ab ipsa, super Ligerim fluvium in villa quadam cui prisca vetustas Kalonnæ nomen indiderat, fanum fore antiquissimum diversis idolorum cultibus dedicatum uti majori illic injuria quateretur, et simul animans ut ipsum quia non pauca ibi vulgarium superstitio servabatur everteret, ibidem advenit. Videns ergo quia nisi virtus illud divina dirueret eo quod dignitatem loci tenebat, humana non posset manu divelli, tota ad Dominum mente conversus expetiit ut qui ad petitionem quondam Heliæ prophetæ ignem de sublimi deposuit, qui infideles quinquagenos primo ac secundo exussit, ipse fanum dæmoniis consecratum, ubi diversis erroribus mentes fraudabantur humanæ, quod ille non poterat, ipse destrueret. Mox vero divinus ignis e cœlo dimissus, quicquid simulacrorum et immunditiæ ibidem repperit sub momenti hora consumpsit. Eliminata igitur omni spurcitia honorabilem Christi ibi fundavit æcclesiam, et ut dedicaretur optinuit, ipsamque postmodum fore vicum instituit. Ibi enim bis senos degens per annos multis se jejuniis et orationibus sedule Domino mancipabat. Quantas qualesve ibidem Dominus per ipsum virtutes operatus sit, non est nostræ facultatis evolvere; nam quantum in ipso fuit omnes virtutes suas occultare maluit. Sed quia, quod in sanctis suis Omnipotens operatur coram hominibus fieri et lucere præcepit, licet occultare voluerit, ex toto celare non potuit. Nos vero ex ipsius miraculis Deo tribuente licet pauca sed tamen, Deo teste, verissima corrigemus.

CAPUT III.

Qualiter in Pociacense villa quendam hominem Saturnum nomine, ambas manus ex utero matris suæ aridas habentem, tactu et benedictione sanavit.

In prædio vero cui Pocianinse[1] nomen est, erat vir quidam Saturnus nomine, quem ex utero matris suæ ambas manus aridas habentem in hanc mortalem vitam natura ipsa produxerat. Qui cum manuum destitutus offitiis devotorum semper alitus alimoniis, ad plenam pervenisset ætatem, quadam nocte admonitus per visum, audivit vocem dicentem sibi : « Vade ad virum Dei Maurilium et deprecare ipsum ut signum sanctæ crucis super manus tuas faciat, et statim sanaberis. » Expergefactus autem, properante crastina luce et ipse pariter propere cucurrit ad virum. Provolutus vero sanctis pedibus confessoris, totus effusus in lacrimis, suppliciter precabatur ut sibi manum imponeret, exponens illi pariter et ipsam quam de seipso viderat

---

(1) Alii mss. codd. *Pociacense*.

visionem. Tunc beatus Maurilius, totus ut erat verecundissimus, diutius erubescens, tota die et nocte illa jejunans, et in precibus solo prostratus perseverans, Dominum pro ægroto fideliter precabatur. Reddito vero mane, mox ut sacerdos venerabile crucis signum super manus infirmi deposuit, rubescentibus venis et directis nervis, geminas manus extemplo sanatas in usus operandi direxit.

CAPUT IV.

Qualiter quandam mulierem Namnetensem solo intuitu a dæmonio liberavit et postmodum ei lumen reddidit.

Non multo post tempore mulier quædam, civis Namnetensis[1], male a dæmonio vexabatur. Quod non solum illam toto corpore debilem, sed etiam cæcam ex pluribus jam præcedentibus annis lumine privato reddiderat. Quæ, geminis vincta catenis, ad ædem beati viri fidelium fide ac devotione deducitur. Altera vero die ubi in eam prius confessor sancta sua lumina direxit, mox illam dæmonium deseruit. Luminaque quæ illi vis inimica subtraxerat, signo sanctæ crucis imposito, fides addita confessoris mulieri restituit. Femina vero, quæ ferreis vincta catenis ad beati viri deducta fuerat æcclesiam, libera et incolumis repedavit ad patriam.

CAPUT V.

Qualiter quendam pecorum pastorem quem vipera momorderat, de saliva propria, signo crucis super vulnusculo bestiæ imposito, sanavit.

Sub ipso fere tempore, dum pastores quidam in eadem regione dominorum suorum pecora pascerent et

---

(1) Alii mss. codd., mulier quædam *Namnetensis pagi incola.*

pervigiles quibusdam noctibus redderentur, eorum unus, dum noctu pecora custodiret, mordetur a vipera. Bestiæ vero virus se repente per omnes pueri venas infudit et totum hominem in tumorem convertit. De quo, cum nihil aliud prestolaretur nisi interitus, quia jam semivivus jacebat extensus, tunc cæteri pecorum pastores, fide commoniti, infirmum præsentiæ deferunt confessoris. Sanctus autem Maurilius eum intuitus, eaque fide impletus qua fuerat beatus Paulus apostolus quando in proprio digito viperam pendentem excussit in ignem et nihil mali passus est, universa pueri membra signavit et oculos ad cœlum erigens, in ipso vulnusculo per quod vipera virus inflexerat, de propria saliva signum crucis impressit. Statimque venenum ex omnibus corporis partibus revocatum, cucurrit ad ipsum per quem se immerserat locum. Integræ igitur sanitati mox redditus, ad domini sui quod invitus reliquerat incolumis servitium recurrit.

CAPUT VI.

Qualiter cuidam pernobili matronæ sterili filium impetraverit, ipsumque absque dono septiformis Spiritus sancti defunctum, post septimum depositionis annum resuscitaverit, et postmodum ut post se episcopus Andecavorum fieret apud Dominum obtinuerit.

Fuit et quædam matrona Andecavensis territorii valde pernobilis, quæ nexa tamen vinculo conjugali, ex tempore suæ copulationis sterilis permanebat. Dum pro adipiscenda prole Dominum præcaretur assidue et nequaquam votum suum obtinere valeret, ac procederet matura in annos desperationis adepturæ jam prolis, ad beatum virum se tota mente convertit. Sedule flagitans ut quod illa non merebatur, ipse apud

Dominum suis meritis et intercessionibus obtineret et si suis precibus seni feminæ filium impetrare potuisset, ipsum se Domino oblaturam, et perpetuo serviturum, tota fide ac voto pollicebatur. Intuens autem vir beatus mulieris mentem et fidem ac fletuum ubertatem, nihilque apud Deum impossibile esse confidens, qui partum vetulæ Saræ et ad petitionem Heli sacerdotis filium, Samuhelem scilicet prophetam, sub sponsi voto sterili concessit Annæ, Dominum pro femina precaturus accessit. Exaudivitque Dominus virum, et deprecanti feminæ conceptum dedit et partum; quem illa, sicut promiserat, Domino consecravit habendum. Quale vero quantumque miraculum, super eundem Dominus per beatum Maurilium, postquam sanctæ Andecavensis ecclesiæ episcopatus honorem accepit, operatus est, puerum ad corroborandam fidem fidelium, licet illud beatus Fortunatus, propter minus credentes, omiserit, immo quia verum est, et res est digna memoria, non tacebimus. Quod tamen, quia post acceptum episcopatum idipsum pro eo Dominus fecit, suo in loco melius exponemus. Hic vero quæ ante episcopatum per eum Dominus fecerit, in ordine describemus.

CAPUT VII.

Qualiter in predio nomine Prisciaco, alterum idolum Domino cooperante destruxerit, et postmodum ibi honorabile monasterium construxerit.

Non longo vero a prescripto vico Calonne[1], cui vir beatus preerat, quemque sedulus incolebat, erat quidam collis Prisciacus nomine, diversis idolorum titulis decoratus. Maurilius vero dolens illam longius manere

---

(1) Al. *Calomne.*

superstitionem, ubi diversarum animarum credebat inesse perditionem, quadam die, adhibitis secum paucis fidelibus viris, perrexit ad locum. Cumque pervenisset ad idolum ut illud everteret, demonia quæ ibi latebant statim clamare ceperunt dicentia: « Quid nos et hic Maurili persequeris? In his regionibus nullus est locus quo te evadere valeamus? » Illico namque in adversum signo sanctæ crucis apposito, demonia repente, elevato magno gemitu, non sine immenso fetore fugerunt. Ille autem omnium idolorum simulacra eo adunari precepit, et ignibus concremans in favillam rededegit. Deinde mundans diligentius locum, ibidem honorabile statuit monasterium, quod ad gloriam Christi et laudem nunc usque sui permanet confessoris.

CAPUT VIII.

Qualiter quemdam monachum, datis solummodo eulogiis, a validissima febre, quam per tres annos pertulerat, sanavit.

Monachus quidam, Clemens nomine, per tres jugiter annos quaternis febribus urebatur. Atterebat enim illum nimius estus cum frigore, et erat ei horror cybi cum fatigato febre præ dolore deficeret virtus stomachi. Cumque tali dolore deficeret, jamque de presenti vita omnimodis desperaret, amicorum monitu ad beatum virum se transferri precepit. Qui ut ejus presentiam videre promeruit, eulogias salutis sibi dari ab eodem fideliter postulavit. Quas, dum beatus sacerdos, sanctificatas illi de more porrigeret, langor qui monachum diutius fatigaverat, ut fumus evanuit. Moxque omni virtute roboratus, propriis regressus est vestigiis, qui ad beatum virum adminiculis venerat alienis.

CAPUT IX.

Qualiter captivum, qui vendendus ducebatur, a servitio liberaverit, et postmodum negociatorem, dominum ipsius, de morte resuscitaverit.

Proximis sane exinde diebus dum negotiatores, inter diversarum specierum et mercium copias, scitos utriusque sexus juvenes venales haberent, et cum eisdem ad Hispanias tenderent, aut necessitudine commeandi, aut desiderio sacerdotis visendi, per Calonne predium iter agebant; pretereuntibus autem secus ædem beati confessoris, unus eorum qui vendituri ducebantur, magno prosiliens impetu, ecclesiam ingressus est, et provolutus cum lacrimis pedibus confessoris, orabat ut suis precibus aut pretiis, sese pro Dei amore redimeret secumque retineret, qui furtim de propria captivitatis patria vendendus ducebatur in alienam. Cujus verbis et fletibus suum patrioticum recognoscens, commotus est pia mente sacerdos, nec mora, pro captivo, ipsius dominum supplicaturus egreditur; humiliterque supplicabat ut sibi venderetur, quatinus a se servitio absolutus, liber ad patriam reverteretur. Sed cum dominus ipsius summa obstinatione id fieri posse negaret, annuit suis ut ipsum de ecclesia velociter extraherent. Cedentibus autem ministris, vimque facientibus ac domini sui preceptum exequentibus, immensis captivus clamare vocibus cepit : « Miserere et succurre serve Dei, quem devote liberandus expetii.» Sacerdos vero, flexis solo paululum genibus, rursusque elevatis ad cœlum manibus, inquit : « Domine Deus omnipotens, qui in angustia constitutis et de tua misericordia vere confidentibus, celeri pietate succur-

ris, subveni huic captivo, pro quo te supplex exoro.»
Ad hanc nempe sacerdotis vocem, tanta vis febrium
dominum ipsius arripuit, ut antequam perituro suc-
curreretur, spiritum exhalaret. Tum tanta formidine
ceteri percelluntur, metuentes ne sese vivos terra ab-
sorberet, ut unanimes expeterent sacerdotem, flebiliter postulantes, quatinus et sibi indulgentiam,
et defuncto suis meritis adquireret vitam. Vir vero
beatus, metuens ne ipse occasio et causa illius esset
perditionis, prostratus terræ, immensis planctibus et
crebris singultibus invocat Christum ut defuncto redderet animam. Nec antea surrexit a solo, donec et
defuncto vitam, et captivo adquireret libertatem. Ne-
gociatores denique, ut sibi retroacta presumptio in-
dulgeretur, multis donariis ipsum honoraverunt, et
locum. Quæ prope omnia vir beatus in usus pauperum deputavit.

CAPUT X.

Qualiter in Ligeris flumine quosdam navigatores naufragium perferentes signo sanctæ crucis liberaverit.

Quodam preterea tempore, ut necessitudo compel-
lit humana, argis haud modica, mercibus referta, per
Ligerim vehebatur. Quæ cum contra Calonnam ascen-
deret, subito, turbato cum flamine ponto, navis in
vertiginem rotabatur. Frangitur antemna et nunc
prora subrigitur elevata in fluctus, nunc puppis deprimitur inter undarum hiatus. Victi autem nautæ,
tantæque tempestatis timore perterriti, de presenti
jam desperantes salute, obliti omnia navis armamenta
jecerunt, solum tantum prestolantes interitum, cum
repente inmensis clamare vocibus ceperunt, dicentes:

« Miserere vir Christi, Maurili, nostro succurre naufragio. Potes enim hoc obtinere cum Christo, qui post funus vitam adquisisti defuncto. » Ad quorum voces, exsurgens ex oratione Maurilius, festine cucurrit ad litus, et elevato in adversum crucis signo, imperat procellæ ne seviret. Cedunt mox, deposito rigore, spiramina, tumescentes unde vertuntur in equora, subsequiturque serena tranquillitas. Illesi ergo nautæ, ut ceperant, navigium expleverunt, et ad optatum portum, sacerdotis adjuti suffragio, feliciter pervenerunt.

CAPUT XI.

Qualiter quondam latronem qui asellum ipsius furatus fuerat, arreptum a dæmonio liberaverit.

Erat autem familiare beato viro ut nunc æcclesias, nunc infirmos, evangelicum semper cupiens implere preceptum, verbique Dei fidelissimus dispensator, sedule circumiret. Et ne ultramodum fatigatus corpore defecisset, habebat humilis sessor asellum, quo sepius utebatur. Quem nocturnis latro temporibus apprehensum furari non metuit. Sed infelix, dum furatur asellum arripitur a demonio, et sic demens per totam noctem vagabundus illuditur. Mane autem reddito, ante fores beati viri affuit, exsensis pariter cum asello. Crimen quod commiserat, invito primitus confitetur. Deinde, arreptus a demonio fugere nititur ne uretur. Sed vir beatus furiosum per exorcismi graciam prius a demone liberavit et post modum ab omni crimine, recepto asino, miseratus absolvit. Veruntamen pro nocturna quam perpessus fuerat latro injuria, neve voto priori privaretur ex toto, qui necessitate ceperat involare novitio, tres illi sacerdos aureos dedit, sicque liberum abire permisit.

CAPUT XII.

Qualiter quandam matronam, Ameliam nomine, visitans, sola inunctione sanaverit.

Matrona quædam nobilis, prædives opibus, senatorio ex genere oriunda Amelia nomine, gravi cœperat incommodo urgeri. Quod cum per duodecim annos pertulisset, omnesque res suas in medicorum expensis impenderet, nullum incolumitatis remedium assequi merebatur. Sed quanto curiosius totum artis suæ ingenium in illam impendere studuissent, tanto semper deterius incommodo gravabatur. Cum jam de ejus sanitate desperantes parentes ipsius de solis sepulturæ necessariis admonebant, dicentes : « Non enim proficere potest periturae ulla vis medicaminis nostri ; » tum illa inquit amicis : « Ite, ite, currite quantocius ad beatum virum Maurilium, et si obtinere potueritis ut ab illo merear visitari, confido quod per illum restituar sanitati. » Tunc parentes ipsius et amici prepete cursu pro femina beatum Maurilium adierunt, piis precibus postulantes ut egrotam diutius languentem sua miseratione visitaret. Ille, ubi hoc audivit, reminiscens illud dicentis Domini benedictum : « Infirmus fui et visitastis me, » nec mora proficiscitur cum eisdem. Vento autem illo ad domum, de more proprio prius prostravit se ad orationem, deinde ægram intuens, accepto benedicti olei liquore, mulieris membra perunxit. Expleto namque unctionis offitio, femina surrexit incolumis; itaque extemplo restituta est sanitati, ut nihil eatenus putaretur pertulisse incommodi.

CAPUT XIII.

Qualiter de vico Calonna et sua propria ecclesia per vim extractus ad episcopatus honorem per beatum Martinum Turonorum archiepiscopum et reliquum populum, Spiritu sancto in specie demonstrante columbæ, electus et ordinatus sit.

Interea dum talibus vir beatus in predio Calonnæ floreret meritis et virtutibus, urbs Andecava proprio pastore viduabatur. Tum plebs urbana vel rustica, necnon et universa nobilitas, collectis etiam undique sacerdotibus, in unum venere concilium, conquirentes quis eorum substitui deberet in pontificale ministerium. Sed revera, aut ventoso nobilitatis favore, aut pecuniis subrogati, ad tanti culminis dignitatem quidam alios preferebant. Ideoque in unum non valebant venire decretum, eo quod etiam scriptum sit per prophetam : « Dominus scit cogitationes hominum quoniam vanæ sunt. » Et iterum : « Quod non est a Deo consilium numquam poterit stabiliri, sed solvi. » Dum igitur hæc invicem volverent nec deffinire valerent, subito sanctissimum sanctæ sedis Turonicæ archiepiscopum, cujus et potior erat potestas Andecavensi æcclesiæ pontificem eligere, nuntiatur adesse Martinum. Hujus, dum pene omnes sententiam prestolarentur, ait : « Viri fratres, audite et adtendite consilium bonum. Qui a Deo vobis electus est pontifex, ipsum suscipite sacerdotem. Sane Maurilius, Calonnensis æcclesiæ presbiter, erit pontifex vester. » Quod audientes, primo mirati sunt, sed quia simul Maurilii jam noverant et virtutes et merita, postposita statim omni priori ignorantia, mox pari mente ac voto in unam venere sententiam. Acceptoque domni archiepiscopi precepto, celerrime diriguntur ad virum; quem fisi episcopi auctoritate, de propria raptum æcclesia, Martini presentiæ nolentem sistunt. Qui, dum beato cum Martino jam æcclesiam ingrederetur, statim, ad declaranda tanti sacerdotis merita, niveo candore columba divinitus elapsa super caput ipsius descendit ac sedit. Quod videntes multi, ad beati Martini mox sese genua prostraverunt, una voce fideliter acclamantes Maurilium episcopatu esse dignissimum, non hominibus tantum, sed ab Omnipotente electum ac demonstratum. Tum Maurilius tali vel miraculo, vel precibus victus pariter et addictus, ut erat humilis et mitissimus, non contempsit imperium, sed implens preceptum suscepit sacerdotium. Nam, ut multi videre meruerunt, quotienscumque beatus Martinus ad sacram consecrandi antistitis benedictionem super caput ejus extendisset manum, semper ei prefata aditum dabat columba. Tali igitur miraculo sanctæ Andecavensi matri æcclesiæ Maurilio pontifice constituto, et beato Martino ad propriam sedem regresso, idem pretiosissimus confessor Christi Martinus referre sepius erat solitus quod ad benedicendum Maurilium antistitem, non solum in specie columbæ Spiritus Sanctus, sed etiam affuerit angelorum exercitus.

CAPUT XIV.

Qualis post ordinationem beatus Maurilius extiterit, et quid pro eo Dominus frequenter operatus fuerit.

Ordinato itaque in pontificali cathedra ad pastoralis curæ ministerium et custodiam Christi ovium

Maurilio pontifice, tanta in eo Domini gratia rutilabat, ut non minora per eum, quam dudum per apostolos, signa et miracula fierent. Nam verbis tantum demones effugebat, ægrotos vero sola oratione curabat. Sed et cæcis, imposito crucis signo, visum reddebat. Sane paralyticos sepissime ad pristinam corporis soliditatem, verus medicus merito medicante, revocabat. Sunt etiam et perplurima alia ejus miracula, quæ licet scripta non inveniantur, tamen quia vera sunt, deficere non possunt, sed multorum ore celebrantur. Talis igitur vir Dei, antistes Maurilius, apostolica simplicitate redimitus cordisque puritate perlucidus, sine intermissione pro sibi commisso Christi grege in vigiliis et orationibus atque jejuniis totum sese Domino mancipabat, ut antiquus hostis Diabolus, qui circuit tanquam leo quærens de unitate quem devoret, æcclesiæ ullam ex sibi ovibus creditis temptando posset ledere aut auferre.

CAPUT XV.

Ubi quemdam, ex utero matris suæ cæcum, signo sanctæ crucis illuminavit.

Proximo autem post acceptam episcopii dignitatem tempore, dum de basilica beati Petri apostoli egrederetur, ubi pervigil in orationibus totam noctem insomnem duxerat, obvium habuit quemdam cæcum ex utero matris suæ carentem lumine. Quod cum sibi a Domino tribui per merita beati Maurilii fideliter postularet, beatus antistes paulisper erubuit. Sed cum super oculos ipsius signum sanctæ crucis exprimeret, erumpente mox sanguine cum dolore, lumen quod numquam habuerat, habere promeruit. Tamen homo ipse pro amore beati Maurilii eidem beati Petri traditus basilicæ, quam diu in reliquum advixit, fideliter deservivit.

CAPUT XVI.

Qualiter puerum, de quo supra diximus, qui sine chrismatis dono excesserat, quem trans mare positus per VII annos planxerat, post septimum depositionis annum Andecavis revertens resuscitaverit; quem etiam, dum confirmaret, Renatum nominavit, et post se ut episcopus fieret Andecavorum cum Domino impetraverit.

Sequenti siquidem die, beato Maurilio antistite in eadem beati Petri apostoli basilica sancta solemnia celebrante, advenit cum moriente puero matrona, cui quondam sterili eumdem ut nasceretur, ante episcopatum, apud Dominum suis meritis obtinuerat, postulans ut filio suo, quem Domino habendum obtulerat, manuum suarum impositione Spiritum Sanctum daret antequam obiret. Sed remorante in sancta corporis ac sanguinis Christi consecratione paululum presule, puer excessit. Quantum vero miraculum super eumdem puerum post septimum depositionis ipsius annum, per pretiosissimum antistitem suum Maurilium Dominus operari dignatus est, quanquam, uti jam diximus, illud Fortunatus omiserit, nos tamen minime reticebimus quod verum esse scimus, quia ad gloriam Christi laudemque antistitis sui res est condigna describi. Nam novimus, dicente propheta, quia omnia quæcumque voluit Dominus fecit, in cœlo et in terra, in mare et in omnibus abyssis; et iterum quia in sanctis suis idem est ipse mirabilis. Si enim credimus quod fide obtenta ad jussionem unius hominis sol, luna cæteraque sidera spatio unius diei immobilia substitere, et quod ad percussionem virgæ Moysis mare Rubrum in gemina est partes divisum, siccaque Horel petra perlargas evomuit undas, quodque contra naturam intelligibiles asina edidit pavefacta loquelas, ad petitionemque Heliæ tribus annis et medio ne plueret seratum est cœlum, iterumque cum voluit, suis precibus adapertum; quodque est mirabilius, si credimus quod ad redemptionem humani generis mirabili et indicibili Spiritus Sancti opere verbum Patris verus processit Deus et homo de Virgine, idemque per crucis mysterium mortis destruxit imperium, quodque etiam per ipsum in fine sæculi Deus Pater mortuorum hominum omnium ex initio in cineres redacta sub momento resuscitabit corpora, aut ad gloriam, aut ad pœnam sine fine victura, quod per beatum Maurilium, gloriosum antistitem suum, post septimum depositionis annum mortuum resuscitaverit puerum, satis credere possumus. Sane, beato testante papa Gregorio, fides non habet meritum cui humana ratio prebet experimentum. Miraculum ergo qui non istud firme crediderit, quod in sanctis et per sanctos suos alia multa, quæ et premisimus, Dominus operari dignatus sit semper et operetur, nequaquam credere valebit.

Beatus igitur Maurilius, expleto sanctæ solempnitatis capitello, obituque pueri, qui absque carismatis dono excesserat, percognito, totum id suæ desitudini deputavit, lacrimis multo tempore inremediabilibus suæ culpæ lugens inobedientiæ. Cui cum nec ista sufficerent, diu multumque quid ageret secum animo colluctante, tandem reperit quod inter concives tantæ negligentiæ piaculum plene expiare nequiret, nisi singularis lapsus patriam propriam, civesque relinqueret. Tali igitur reperto consilio, occulte exinde semetipsum eripuit, ex sanctorum reliquiis, quibus sancta Andecavensis mater æcclesia decorabatur, secum claves exportans. Cum autem pervenisset ad mare, divina omnipotentis Dei providente clementia, qui manebat in littore, diem transitus sui exaravit in lapide, sicque ascensa puppi inchoati itineris cepit maturator existere. Cumque processisset in altum, et quare reliquiarum claves secum detulerit cogitaret, insidiante humani generis inimico, ut dolorem sancto viro super dolorem imponeret, repente claves de manibus elapsæ submerguntur in æquore. Tunc in lacrimis id fertur exclamasse Maurilius, quod postea rei probavit eventus : « Nisi, inquit, has iterum claves videre meruero, patriam urbemque nunquam repetam quam effugio. » Transmisso igitur mari, quo quis esset abscondere potuisset, mutato habitu uni regionis principum adhæsit, professus se ortolanum fore, quatinus corpus quod jejuniis, vigiliis et orationibus castigare devoverat, ne ex toto deficere potuisset, proprio labore pavisset. Qui cum tali preficeretur ministerio, tantam copiam ejus meritis Dominus holeribus dabat, ut et omnibus quibuscumque necesse fuerat ex eisdem sufficienter tribueret et tamen holera nunquam deficerent. Unde perpluribus placebat et pene ab omnibus amabatur.

Interea plebs Andecavorum e celitus sibi quondam dato viduata pastore non minimo pavore procellitur, crebrisque visionibus minatur, persepe etiam admonetur uti proprium pastorem circumquaque perquirerent; nisique Maurilius inventus suæ redderetur æcclesiæ, urbem Andecavam fore celerius subvertendam. Unde ejusdem regionis tota nobilitas, sed et vulgaris inmensitas, collatione facta in unum venere decretum, eligentes e concivibus quatuor diffusæ virtutis ac fidei viros. Quibus, qui necessarii ad tanti itineris erant supplenda negotia, sumptibus ex voto collatis, precipiunt ne umquam reverterentur ni prius proprium invenissent patronum. Qui functi legatione, et devotius jussa sequentes, urbes omnes, oppidaque vel vicos præterlegunt. Omnique fere Europa circuita, septimo tandem in partes Galliæ revertentes anno, et minime quem querebant invento, divino nutu ad portum Oceani maris qui in Britannia manet minori, cursu avido pervenerunt, quatenus eis mare quem invenire non poterant, trans mare querere niterentur. Prestolantes igitur navem, cum qua cœptum explere valerent obsequium, dum residerent in litore, scriptum quod supra diximus invenerunt in silice : « Hic transiit Maurilius Andecavorum episcopus. » De tam evidenti igitur alacres effecti inditio, trans pontum abiere securi. Haud longe autem adhuc acta puppis a litore, cum lenis fluctibus et pendulo velo, ac mari tranquillo, medios jam salis fluctus sulcare secura cœpisset, repente immanis emersus e gurgite piscis prosiluit in argim. De quo cum Deo gratias retulissent, ipsumque piscem exenterare cœpissent, reliquiarum claves, quas Maurilius in mari perdiderat, in piscis jecore reppererunt. Quas recognoscentes nimiumque mirantes turbabantur attoniti, metuentes ne cum ipsis Maurilius, naufragium passus, hominem exisset.

Demissis igitur de navi anchoris in hoc stantes ut

de mari reverterentur, asserentibus nautis Maurilium esse defunctum, singuli sequenti nocte unum eumdemque virum Domino tribuente viderunt. Nolite metuere, nec revertamini de itinere, cœptum maturate negotium proculdubio diu quæsitum et huc usque dilatum vestrum invenietis desiderium. Mane autem reddito, quid singuli viderant in invicem referebant. Unde admodum roborati, quod cœperant avidius peragebant. Unde factum est ut angelico ductu ad domum principis cum quo Maurilius habitabat, recto itinere ducerentur. Ingressi autem ilico vocari Maurilium, ut cum holeribus quibus rex uti consueverat accurreret, audierunt. Oculorum ergo aciem in partem qua illum inclamare audierant dirigentes, nec mora cum holeribus accurrere Maurilium prospexerunt. Quem cum recognovissent, prostrati pedibus ipsius cum magno fletu rogabant ut propriæ subveniret ecclesiæ atque civitati, quæ ejus absentia nil jam aliud quam supremum prestolaretur exitium. Ad quorum fletum cum se negare non posset, obstupefactus cum lacrimis repugnare cœpit obnixius, dicens : « Voto memet ac juramento constrixi nunquam me patriam reversurum ni claves videre mererer iterum quas amisi. » Quas statim exhibentes, quicquid in mari viderant et pertulerant ex ordine referebant.

Interea istius modi circumquaque negotii fama pervolitat, ipsumque sollicitat regem. Mirantur cuncti et quem ut ortolanum habuerant, nunc ut sanctissimum presulem venerantes adorant, multis eum muneribus et donariis honorare quantotius concertantes, ut qui quasi pauper et peregrinus ad eos venerat, felix et dives reverteretur ad propria. Tum Maurilius, tot precibus ut regrederetur et miraculis victus, dum sollicitior de reversione cunctaretur, et vigiliis atque orationibus insomnem ducere sequentem disponeret noctem, tandem fatigatus jejunio paululum obdormiens, vidit angelum dicentem sibi : « Surge, Maurili, et populorum te requirentium prepes exequere votum. Ecce enim tuis precibus atque meritis tibi commissas servavit Dominus oves pro quibus rogasti, et insuper reddidit tibi puerum quem diutius plorans quæsisti. » Quid multis? mane reddito, concurrentibus undique populis cum magno honore deducitur ad navem et traducto ponto cum nec minori gloria a propria excipitur patria. Taliter propriam regressus ad urbem, nimirum spectantibus turbis, de Domini promissione securus, venit ad pueri tumulum. Quo rastris discooperto, invocat diutissime planctibus Christum. Tandem autem expleta cum lacrimis oratione, uterque consurgunt, Maurilius de oratione, et puer de morte. Quem septiformis Spiritus gratia consecratum, ex eventu vocavit Renatum. Qui divinis cultibus ilico mancipatus, et a beato Maurilio diligentius eruditus, tantis promeruit florere virtutibus ut post Maurilium pontificalem Andecavensis æcclesiæ cathedram et posthumus sortiretur et hæres. Quod si quis fortuitu estimaverit fabulosum, Andecavam recurret ad urbem. Ibi enim inveniet pretiossissimum confessorem Christi Maurilium immensis virtutibus florentem, et nec minus Renatum antistitem, successorem ipsius, miraculis choruscantem.

CAPUT XVII.

Qualiter hominem, qui die dominica operari præsumpserat, divina ultione dampnatum sanaverit.

Sanctissimo itaque Maurilio sedi propriæ restituto, quid proximis exinde diebus cuidam contigerit ad declarandam virtutem antistitis, quod et Fortunatus edidit, adnectemus. Vir quidam avarus, omnium malorum radicitus instigatus cupiditate, temerario ordine arrepta securi die dominica avidus operator extiterat. Quem securis manubrio in manibus adheso, ultio statim divina dampnavit. Idem tamen, cogentibus doloribus post menses quinque sanctum Maurilium expetens, suæ ordinem culpæ flebiliter confitebatur. Cujus vir beatus cum pœnitudinem vidisset, commotus spiritu, dolere cœpit. Sed, cum sanctis manibus manubrium tetigisset securis, ilico laxatis nervis et directis digitis, omnique fugato dolore, manus integræ reformantur. Sic autem operator improbus ab Omnipotente correctus et a sacerdote mundatus, propriam ædem sospes est ad usque reversus.

CAPUT XVIII.

Qualiter alterum Belgicum nomine, pro simili temeritate cæcatum, illuminaverit.

Quid autem pro consimili negligentia sub ipsis temporibus alteri contigit, edicemus. Belgicus quidam nomine, primo die Paschæ proprias segetes, servis propriis, temerario jure mundare præceperat. Mancipia vero, cum reniti cœpissent ac dicere contra auctoritatem fore ut die dominica servilia opera agerentur, dominus eorum ut id agerent coegit invitos. Sed cum segetes ingressi, lolia et quæque inutilia sarrire temptassent, mox Belgicus oculorum cæcitate percussus, ut cœpta desererent et quantocius egrederentur, circumquaque palpando quærens insuper qui ei manum daret quemadmodum reverti posset ad domum, immensis vocibus clamabat invitus. Cum autem per tres annos in ea cæcitate mansisset, dum beatum Maurilium pro commissi sibi populi salvatione, ut episcopis moris est, vicos ac villas circuisse audisset, cogentibus continuis doloribus sedulo et devotius expetebat, ut ei vel vestimentum sacerdotis tangere præparassent, confidens si illud tangere mereretur, statim se ab infirmitate mundari. Quod cum præparantibus amicis tangere meruisset, mox, dempto dolore, lumen quod per negligentiam amiserat, merito sacerdotis recipere meruit. Nec tamen Belgicus, quæ prius commiserat, agere ulterius præsumpsit.

CAPUT XIX.

Qualiter impetraverit ut per XXX annos quibus Andecavis episcopus præfuit, vinum et triticum et cæteræ merces per totum Andecavensem pagum æqualiter venderentur.

Illud enim inserere lectioni opere pretium duximus, quod ex quo beatus Maurilius episcopatus adeptus est dignitatem usque ad terminum vitæ suæ, ejus meritis semper tantæ ubertatis fertilitate urbs Andecava super excrevit ut in mercibus modii cereris atque bachi forum publicum nec minueretur, nec omnipotentis Dei dona vilescerent, nec augeretur in pretiis ne pauperiores inopiæ necessitudinem paterentur. Semper enim in sumptibus cotidianis æquale erat pretium nummi, sane opere et prædicatione Maurilii inter populos sibi commissos crescente, concordia diffundebatur ubique, et quæ nunc frigescit laudabilis virtus caritas. Cessaverant bella, pax multiplicabatur in annos. Replebantur vino atque frumento omnium horrea, ideoque æqua erant in negotiis secundum quamque mercem æris commercia.

CAPUT XX.

[Qualiter alterum idolum destruxerit.]

In pago vero cui Commonio nomen est, erat rupes quedam excelsa diversarum arborum generibus nemorosa, ad quam non toto adhuc pagano ritu discusso stultorum turba conveniebat sacrorum suorum sollempnia anniversario ordine celebrari, ubi per septem dies epulando et choros ducendo adque bacchando sollempnia sua quasi jure debito persolvebant. Sed, quod fieri in conviviis et potationibus sepissime solet, orta seditione multi vulnerabantur, nonnulli etiam jugulabantur. Et id ipsum cum audisset inevitabili fato fieri adclamabant. Quod ubi Maurilius comperit, nec mora cum religiosis quibusdam fratribus ad locum perrexit; ubi cum in jejunio et oratione una nocte vigilasset, gallorum cantu tantus fetor de loco surrexit ut vix vir sanctus ibidem habitare posset cum suis. Mane autem reddito, hi qui superstitionem illius loci antea servabant, divino timore perterriti ne episcopo repugnarent, ipsi cum eodem omne nemus succidi et igne concremari festinant. Mundato itaque loco ædificavit ibi æcclesiam in honore Christi Locus enim ille qui antea Rupes vel Lucus Martis appellabatur Castæ Petræ nomen accepit.

CAPUT XXI.

Qualiter a Cinomannica urbe regrediens quendam puerum paralisis humore incurvum sua oratione sanavit.

Accidit autem iisdem diebus ut beatus Maurilius, ad fratrum visitationem et inter quosdam discordes reformandam pacem, Cinnomannicam vocaretur ad urbem. Quo cum sine mora venisset et pace inter desides restituta regredi cepisset, antequam ad pontem leuge perveniret, incole loci illius ut benedictionibus presulis firmari mererentur ejus adventum devotius præstolabantur. Inter quos, parentes cujusdam pueri filium suum nimia infirmitate ex tempore gravatum sccus viam per quam transitum episcopi fore cognoverant posuere dicentes : « Poterit hic si voluerit nostri infantuli obtinere salutem, qui mortuo puero vitam precibus reddidit etiam post sepulcrum. » Erat nempe puer ille tam gravi infirmitatis dolore, scilicet omnium membrorum constrictus nervis, manuum ac pedum quasi in circulum involutus, ita ut glomeris rotulam potius imitari cerneretur quam hominis formam. Adveniente autem episcopo inter benedictionis flagitationem, cuncti catervatim ad pedes ejus ruentes unanimes orabant ut infirmi pueri pietatis studio misereretur. Nec enim sacerdos aliud facere potuit quam quod populus Domino permittente coegit. Prostravit se omnino statim sacerdos in oratione cum lacrimis, nec antea semper Christum planctibus invocans ab oratione surrexit donec distortis tibiis cœpissent se singula pueri membra distendere ac pristinos in artubus repetisse reflexus. Tunc surgens ab oratione adprehensaque manu pueri, extemplo incolumem reddidit parentibus, qui aliorum manibus ad sese deportatus fuerat ægrotus. Sicque beatus vir Maurilius iter quod cœperat explicabat.

CAPUT XXII.

Qualiter naves Lidi fluminis ad ipsum transfretandum sponte ex altera parte in alteram venerunt.

Cum autem ad portum Lidi fluminis pervenisset nullam ibi navem repperit, set omnes ex parte fluminis altera tenebantur, nec etiam nauta parebat qui navigium adduxisset. Quod dum prestolaretur et nemo esset qui traduceret, repente se omnes carinæ divina jussione semotæ a littore ad obsequium presulis in partem alteram deducuntur. Unde cum Omnipotenti gratias retulissent, ingressis navibus Deo solo gubernatore ac remige absque humanorum nautarum amminiculo transierunt. Verumtamen nautis qui occurrerent quasi si eorum labore transisset, naulum non expetitus uti fidelis debitor dare præcepit.

CAPUT XXIII.

Qualiter in villa Geriaco bubula dæmonibus plena eum cornu petierit ipsamque signo crucis opposito salvaverit.

Villam quandam Geriacum nomine ad alimenta captivorum, viduarum adque pupillorum, nec non subsidia clericorum ac pauperum, profuturam vir beatus ex rebus ecclesiæ comparaverat. Quam dum quadam diæ ut ibidem quiddam operis ageret cum fratribus circumiret, repente cornu petens vitula instinctu demonis acta, cum ingenti mugitu ac torvis furibunda luminibus in eum rotatim cum magno impetu accurrebat contra, cum beatus episcopus signum crucis opponeret, mox diabolus de capite ejus in spetiæ corvi egrediens evolavit et subito velut fumus evanuit. Multi enim fidelium qui comitabantur oculis hæc videre corporeis meruerunt. Bubula vero gregi suo statim mitior se ove inmiscuit et deinceps neminem lesit et nunquam aliquid mali pertulit.

CAPUT XXIV.

Qualiter in Meduanæ fluvio naufragium dormiens pertulerit, expergefactus vero se ipsum et alios exinde eripuerit.

Quadam namque die dum per Meduane fluvium navali subvectio in Ligeris alveum secure descenderet, Maurilius jejunio fatigatus et oratione, in navali puppe paululum obdormierat, cum subito humani generis insidiante inimico diabolo cœperunt gurgitis intumescere fluctus ita ut cadentibus desuper limphis submergi navis autumaretur in undis. Tum discipuli timore perterriti excitaverunt eum dicentes : « Exurge quantocius et succurre, Maurili, in supreme mortis naufragio constitutos. » Expergefactus autem illis clementius inquid : « Quod mihi quæritis vos fratres satisfacere poteratis. » Tum accepta, quæ benedicti liquoris erat vasculum, ampulla, mox ut oleum cum oratione et signo sanctæ crucis in gurgitem respersit, illa sæviens tempestatis procella, temperatis flatibus, æquatisque undarum molibus extemplo cessavit. Læti ergo et incolumes ut obtaverant pervenerunt ad portum,

CAPUT XXV.

Qualiter mortuum catecuminum de numero famulorum suæ ecclesiæ lacrimis et oratione resuscitaverit.

Adolescens quidam catecuminus de numero æcclesiæ sibi commisse, absque Maurilio, tam vehementem febrem incurrerat ut antequam sacri fontis baptismate regenerari potuisset spiritum exalaret. Nec mora parentes ipsius non sine inmensis ac crebris suspiriis, singultibusque adque lacrimis, dum locus funeri pararetur eum ad æcclesiam detulerunt, cum subito beatus Maurilius adesse nuntiatur. Qui comperto quod sine baptismatis remedio ultimo fungeretur offitio ingemuit. Tum sentiens per spiritum sibi adesse virtutem, egredi omnes ex cellula in qua corpus jacebat præcepit, ubi solus cum puero remanens ex more prostravit se in oratione cum gemitu et rigans lacrimis solum, vix tantum spatium unius hore intercesserat, vidit defunctum palpitante spiritu paulatim membris omnibus commoveri; quem statim ut de oratione surrexit parentibus qui pro foribus adstiterant vivum et incolomem reddidit ac sacro baptismate consecravit.

CAPUT XXVI.

Qualiter duos miserabili languore leprosos sola tantum salutatione subita inspectione mundaverit.

Duos denique leprosos sub ipso tempore variis vulneribus obsessos adque fœdatos dum salutis remedium a beato pontifice postularent et ipse quod Dominus eos salvare dignaretur responderet, ilico eos verbo tantum medicante sub momento curavit.

CAPUT XXVII.

Qualiter quendam peregrinum sanctum virum, eruditionis causa ad se venientem, mirabiliter in via pereuntem coram multis astantibus populis Dominus resuscitaverit.

Quæ in sanctis suis Dominus operatur sunt quidem ineffabilia, sed tamen incredibilia non sunt omnipotentis Christi miracula. De beato ergo Maurilio non solum generales set et cotidianas quas per eum Dominus operabatur virtutes set nec speciales tantum et præcipuas scribere digne quis poterit. Set tamen unum adhuc miraculum quod nostris omnibus et multis jam aliis regionibus est notum qualiter per eum Dominus fecerit adnectemus. Peregrinus quidam, dum hiemali tempore pœnitentis habitum gerens medicinam animæ suæ quærendo vicos et urbes plurimas circumiret, beatum Maurilium cujus jam famam bonitatis audierat quatinus ab ipso verbum salutis audire potuisset, longius exul a patria cum aliis peregrinis iterator avidus expetebat. Set antequam ad ipsum pervenire potuisset repentina morte in via præventus, occubuit mortuus. Ubi cum peregrinorum alii multi quam etiam ex vicinis partibus ad plangendum peregrini obitum convenissent, accidit ut electus Dei sacerdos qui pro supplendis commissi sibi gregis necessitudinibus infatigabiliter laborare certabat, a vico Saponario revertens ad justi et sancti peregrini cadaver, justus et sanctus ac pius pastor Maurilius advenisset; cui cum debitum de more pro absolutione animæ funeris officium exsolvisset et cum populis qui advenerant sermonem de religione conferret, mirum dictu! subito se palam omnibus defunctus vivus erexit et cum reliquis Deo gratias referens quod per beatum Maurilium Dominus eum resuscitaverit, evidenter omnibus patefecit. Tum quod verum esse constabat turbe clamabant non minorem Helyseo Maurilium qui nostris temporibus ætiam mortuos suscitat post sepulcrum.

CAPUT XXVIII.

De cotidianis beati Maurilii virtutibus et abstinentia ac vestium vilitate et qualem per omne tempus vitæ suæ vitam duxerit, qualisque circa finem extiterit et quemadmodum criptam duplicem ad aquilonalem urbis partem, ad sepulturæ suæ locum, fieri jusserit; et qualiter clero suo obitum suum longe ante prædicens, die septima incommoditatis coram multis feliciter excesserit.

Ut supra dictum est et enim indicibilia Maurilii multa sunt opera, neç revera esse potest ut quod in eo divina contulit virtus et operatus est Spiritus sanctus sensus compræhendi possit humanus. Set tamen si ex operibus ejus cotidianis in exemplum et usum nostræ conversationis ad profectum et imitationem aliquid scribere poterimus, quis audire non cupiat? Et qui se silere audeat ore taciturno quod Deo jam patefactum et notum omni est Europe et prope universo mundo? Beatus igitur Maurilius cum ante episcopii dignitatem ex ipsa sua fere infantia in omnibus sanctis operibus non infideliter mancipaverit [satis est] ut breviter aliquid de ejus cotidiana operatione narremus ab exordio episcopatus sui usque ad terminum vitæ. Ut canonicam adimpleret sententiam quæ precepit : « Sit tibi canonica suppellectilis vilis et artus panis et aqua brevis, tenuis scilicet victus et interdum vespertinus, » semper victum pauperem et aquam brevem ac suppellectilem habuit vilem. Sane cum sanctæ quadragesime dies advenirent per omne tempus affliccionis erat ei ut dictum est

« aridus et vespertinus, » die tertia cibus aqua tepida et modicus salis ac panis ordeaceus, quem tamen ipse excutiens molebat sibique causa obœdientiæ preparabat. Hæc vero pro summa mollitiæ summisque utebatur deliciis. Pedem non præferebat iisdem diebus in publicum, cilicio semper interius tectus et cinere. Verumtamen non ideo macie corporis torpebat, non pallens in vultu apparebat. Robustus semper in corpore, facies ejus ut rosa rubebat. Revera quod dicturi sumus impossibile forsitan hominibus esse poterat, set credentibus Deo prestante satis possibilia esse possunt. Jam enim ad senilem beatus Maurilius pervenerat ætatem. Propterea non capud, non dentes, non visum, non stomachum, non cætera membra dolebat, non viscerum cruciabatur doloribus, non sicca humus jacentia super seipsius membra confregerat; set totus semper sanus corpore, mente etenim sanior, in utrisque semper robustior apparebat. Solitudinem qua inter homines utebatur putaret esse delitias et inter cives constitutus solitudinem heremi aut monachorum aridam et angustiorem vitam non desideraret. In sanctis namque genibus suis et cubitis sedule pro plebibus sibi commissis flectendo eadem instar genuum camelorum quandam duritiam concrevisse et concaluisse visum est. Nam bonum quod Maurilius elegit, arripuit, tenuit nec dimisit sed complevit. Nihil enim erat illius severitate jocundius, nihil jocunditate severius, nihil risu tristius, nihil in illo tristicia suavius. Erat omnino sermone silens et silentio loquens, nec citius nec tardus idem illi habitus idemque incessus. Erat etiam neglecta illi mundicies et inculta vestis, cultus tamen ipse sine cultu. Talibus ergo cum ab ipsa pueritiæ suæ ætate virtutibus floreret semper et meritis et adpropinquare cerneret sui transitus diem ad comparationem patriarche nostri Abrahæ haud longius ab Andecava urbi ad septentrionalem ejusdem urbis partem duplicem sepulture suæ criptam qua defossus quiesceret ædificari precepit. Quod cum secundum ipsius desiderium perficeretur et votum quadam die dominica dum sanctæ sollempnitatis officium de more complesset, modica pulsatus infirmitate convocavit omnem clerum sibi commissum commendans illis ultimam transitus sui dicens. Ego ingredior viam universe carnis, vos omnes ammoneo; servate caritatem, custodite dilectionem, diligite castitatis pudiciciam, pacientes estote ad omnes, et mementote semper precio sanguinis Christi vos omnes esse redemptos. Interea ætiam tantæ convenerunt ex vicinis undique partibus visitationis studio populorum caterve quantum urbs Andecava recipere poterat, aut recepit, mœrentes et multum flentes cur tanto viduarentur patrono. Quos omnes pater piissimus, in summæ mortis articulo constitutus, absolvens et benedictionibus corroborans, septima incommoditatis diæ ultimoque totius suæ ætatis anno nonagesimo et episcopatus trigesimo pius pastor et doctor Maurilius qualem de sacri fontis baptismate sumpserat, talem idus septembris coram multis adstantibus populis et psallentium choris, omnipotenti Domino animam reddidit, præstante Domino nostro Jesu Christo.

CAPUT XXIX.

Qualiter geminos ex utero matris suæ cæcos præ eo antequam sepeliretur ad ejus feretrum Dominus illuminaverit. Quemadmodum quendam paraliticum per XXX annos in lecto jacentem dum corpus beati Maurilii portaretur ad tumulum pro eo Dominus in via sanaverit.

Dum autem sanctum corpusculum ejus die altera portaretur ad tumulum, gemini ex utero matris suæ cæci ut sanctum corpusculi locum tangere potuerunt, lumen quod nunquam habuerant ad declaranda defuncti antistitis merita ilico recipere meruerunt.

Quidam etiam e civibus paralisi distentus incommodo per triginta annos tenebatur in lectulo, qui cum psallentium chorum Maurilium deferentium audisset e lectulo statim exiliens quasi cervus, nemine prohibente, ad beati Maurilii pervenit corpus, tactoque et osculato beati funeris feretro pristinam sanitatem fide plenus recipere meruit extemplo.

CAPUT XXX.

Qualiter quanti meriti fuerit ostendit dum post ejus transitum crebris miraculis Dominus ejus exornat sepulchrum.

In tanti igitur honoris gloria sepultus quanti qualisque meriti apud Dominum fuerit dum cotidianis virtutibus et miraculis ejus exornat tumulum, Dominus ostendit omnibus post sepulcrum, prestante Domino nostro Jesu Christo qui cum eo vivit et gloriatur et cum Spiritu sancto Deus per infinita seculorum secula. Amen.

VITA

SANCTI ARIDII ABBATIS[1].

SOMMAIRE.

1. Comme les miracles de presque tous les confesseurs et les glorieux supplices d'un très-grand nombre de martyrs ont été l'objet de monuments littéraires, nous avons essayé de rédiger ce petit livre, pour exposer la naissance, la vie et la mort illustre du saint et bienheureux confesseur Aridius. — 2. Aridius, né d'une famille noble de l'Aquitaine, dans la cité de Limoges, avait pour père Jucundus et pour mère Pélagie, qui le firent élever dans la religion catholique et dans la culture des lettres. Sa piété était parfaite comme son savoir. — 3. Présenté au roi Théodebert pour être instruit dans l'école du palais, il trouva grâce devant Dieu et auprès du roi; tout le monde lui rendait si bien témoignage qu'il était admis en la présence du roi comme étant le premier lauréat parmi ses condisciples. — 4. Arrivé à l'âge viril et voulant mettre sa vie à l'abri du péché, il confessait toutes ses actions au bienheureux Nizier, évêque de Trèves. — 5. Un jour, une colombe venue d'en haut s'arrêta sur sa tête et l'accompagna dans les rues sans qu'il pût l'éloigner jusqu'à ce qu'il entra dans la chambre de l'évêque. Le soir elle recommença le même manége; puis le lendemain matin, et continua durant trente jours. C'était le Saint-Esprit qui le visitait ainsi. — 6. Ayant appris la mort de son père, Aridius revint à Limoges consoler sa mère. Pélagie prit l'habit religieux et son fils se retira dans une grotte au désert pour y vivre saintement. Mais sur les prières de sa mère il construisit à trois milles de là, dans un lieu agréable, un monastère qui reçut le nom d'Atane où il s'adonnait à la prière tandis que sa mère travaillait dans les champs. Là ils distribuèrent aux pauvres et aux églises

---

(1) Ex vetusto ms. codice sancti Galli a D. J. Mabillonio eruta. (R.)

tous leurs biens en or et en argent et le principal travail d'Aridius après la prière et la lecture était de copier et de répandre autour de lui les livres saints. — 7. Aridius fait sortir de terre une source abondante en y plantant son bâton. Il se rend au tombeau de saint Julien. — 8. Un orage et des torrents de pluie tombent autour d'Aridius sans qu'une seule goutte le mouille non plus que ceux qui l'accompagnent. Une autre fois il arrête la pluie qui menaçait les moissons. — 9. Il ressuscite un enfant et guérit avec le signe de la croix une femme qui avait à la face une plaie d'où il extrait une pierre grosse comme une noix. — 10. Il guérit en les frottant d'huile bénite les yeux d'un enfant qui étaient perdus par suite d'une tumeur. — 11. Dans un voyage à Limoges il apprend qu'il s'y trouve plusieurs prisonniers condamnés à mort ; il se rend à la prison pour les délivrer ; aussitôt leurs chaînes tombent et ils peuvent s'enfuir. — 12. Par un simple signe de croix, il rend la vue à Actefledis fille de Nivard. — 13. Comme il se rendait en Bourgogne vers le roi, chemin faisant, il guérit de même la fille du duc Antestius, une femme nommée Bessa et une troisième qui avait une plaie au cou. — 14. Deux femmes rachitiques, de Périgueux, sont guéries de même par le saint. — 15. Un homme nommé Addo, fils de Proculus, dont les membres étaient également paralysés est aussi rendu à la santé. — 16. Guérison d'un autre paralytique du pays de Béziers. — 17. Guérison d'un fou furieux nommé Leonacter, lequel devint clerc dans la suite. — 18. Ferréol évêque de Limoges, chaque fois qu'il était malade envoyait des messagers vers Aridius pour obtenir son intercession auprès du Seigneur. Guérison d'un aveugle. — 19. Witrimund, surnommé Atton, guéri d'un mal de dents. — 20. Un flacon d'huile à moitié plein que Ricovera, femme du monétaire de Tours présentait au saint pour le faire bénir, se trouve par miracle rempli tout à fait. — 21. Aridius se rendant à Tours pour la fête de saint Martin, l'évêque et le clergé de cette église sont miraculeusement avertis de son arrivée. Une autre année, à la même fête, il guérit un paralytique. — 22. Il voit pendant une nuit un globe de feu descendre sur la cellule de saint Martin et remonter au ciel. — 23. Caractère et vertus d'Aridius. — 24. Suivant une condition que subissaient toutes les cités de la Gaule, c'était jadis le roi qui fixait la quotité des impôts ; Aridius intercéda utilement auprès du roi pour faire dégrever ses concitoyens. En revenant de ce voyage il délivra une jeune fille des démons, au nombre de sept, qui la tourmentaient. — 25. A une autre époque il alla de nouveau trouver le roi au sujet des impôts, passa par la cité de Paris qui était alors ravagée par une épidémie et se dirigea sur Braine où se tenait le roi, en annonçant d'avance que ce prince malade en ce moment de la fièvre serait guéri, mais que ses enfants périraient. Cependant il obtint du roi que le registre du cens fût livré aux flammes et au bout de trois jours il quitta la résidence royale. — 26. Il n'était pas encore de retour à Paris que se répandit le bruit de la mort des fils du roi. Paris était délivré de l'épidémie, mais un des compagnons du saint se trouvait en danger de mort; il l'emmène cependant, le place dans sa voiture et cet homme étant mort pendant la route, Aridius le ressuscite; puis, frappant la terre de son bâton, il fait jaillir l'eau pour étancher la soif du malade. — 27. Comme il approchait de sa demeure, un de ses moines lui ayant demandé à préparer le repas; Cherchez d'abord le royaume de Dieu, répondit Aridius, et le reste vous sera donné par-dessus (Luc, XII, 31) et il ajouta : Quand nous aurons passé la rivière, vous trouverez sur la droite, des mets en abondance; en effet l'on trouva deux poissons d'une grosseur étonnante. — 28. En traversant un lieu noté comme consacré par une antique superstition au culte des démons et dont les habitants étaient sujets à toutes sortes de maux, Aridius s'arrête, à la prière de ces derniers, et les délivre. — 29. Il prédit un orage. — 30. Le pays de Limoges étant menacé par les querelles des rois Francs entre eux et particulièrement par Théodobert fils de Chilpéric, Aridius prédit le résultat de guerre. — 31. Aridius sauve d'une mort prochaine le fils unique de Nectarius, riche citoyen de Limoges, en l'exposant devant les reliques de saint Hilaire. — 32. Telles sont quelques-unes des merveilleuses actions accomplies par ce saint; auxquelles on s'est borné pour ne pas trop grossir ce livre, bien qu'elles ne soient pas la centième partie de ce qu'il a fait. — 33. Mort d'Aridius qu'il annonce à l'avance à ses religieux en leur désignant son successeur. — 34. Au moment de sa mort on vit un globe de feu descendre du ciel sur la cellule du défunt et y remonter aussitôt. L'évêque de Limoges célèbre pompeusement les funérailles. — 35. Des miracles opérés au tombeau d'Aridius. Un de ses voisins, nommé Baudenus, en revenant d'Autun où il avait été envoyé pour faire confirmer par le roi de Bourgogne les legs faits par Aridius à son monastère en ce pays, est atteint d'une folie furieuse, due à ce qu'il portait sur lui, bien qu'il fût en état de péché, le flacon d'huile sainte dont se servait habituellement le saint. Il n'est délivré de l'esprit immonde qu'au tombeau de saint Martial. — 36. Le même flacon sauve d'une mort imminente l'épouse de Nectarius magistrat de Riom. — 37. Guérison, au tombeau d'Aridius, d'un enfant nommé Babolen. — 38. Semblable guérison d'un moine nommé Gaudomeres atteint d'une folie furieuse et qu'on avait dû charger de chaînes de fer. — 39. Guérison de deux muets. — 40. Autres guérisons d'infirmes et de malades par les mérites d'Aridius.

In nomine Domini nostri Jesu Christi, incipit prologus sancti Gregorii Turonici episcopi, de vita beati Aridii Lemovicini abbatis.

1. Quoties sanctorum gesta narramus, et in eorum

actibus et exemplis mentem figimus, vel imitatores esse desideramus, ne in hujus exsilii ærumna laqueo capti teneamur. Tantum igitur a superna gratia illustramur, quantum humiliato corde ad alta Dei contemplatione conscendere valemus. Ideoque libere non audemus cum possimus, sermone vel tenui ædificationis pandere historiam plebi; præsertim cum apostolica admonemur auctoritate de sanctorum vita seu virtutibus nonnulla commemorare, ut scriptum est: *Laudemus viros gloriosos, qui vicerunt regna mundi, ut sit memoria eorum in benedictione, et nomen illorum permaneat in æternum*[1]; et illud: *Memoria sanctorum cum laudibus*[2]. Cum ergo anniversario curriculo sanctorum solemnia celebramus, aliqua ex eorum gestis ad ædificationem, convenientibus christianis in laudibus Christi, recitare debemus. Quomodo igitur omnium pene miracula confessorum, et multiplices martyrum victoriæ jam monumentis litterarum habentur inditæ; nos modo, juxta qualitatem ingenii, vel exiguum aptare tentavimus hunc libellum in quo de ortu, vel vita, seu et de glorioso sancti ac beatissimi Aridii confessoris obitu, adjuvante gratia Christi, explicare curamus, ut cujus est vita cum Christo, memoria ejus cum gloria celebretur in mundo. Sancti scilicet patres nostri studuerunt in sæculo nihil amare ut legaliter ac perfecte proximos diligerent, ut in una charitate conglobati, cohæderes Christi efficerentur et participes. Plerique vero a primæva ætate, nonnulli in adolescentia, vel in juventute, multi in senec-

---

(1) *Eccli.* XLIV, 1.
(2) *Prov.* X, 7.

tute militantes, Domino adhærere conati sunt : ut qui dudum tentamenta mundi toleraverunt, quandoque ad Christum sine macula remearent. Plus namque ædificat exemplum boni operis cum simplicitate vigoris, quam multa prædicatio cum tumore vanæ gloriæ. Prædicator vero egregius, Doctor gentium, perhibet dicens : *Stulta mundi elegit Deus, ut confundat fortia*[1]; et illud : *Sapientia hujus mundi stultitia est apud Deum*[2]. Electi vero in prosperis mundi non elevantur ut apprehendere valeant post triumphum coronam. Quia si consideremus, quæ et quanta nobis promittuntur in cœlis, vilescunt animo quæ cernuntur in terris.

II. Igitur beatissimus[3] Aridius Aquitaniæ provinciæ in ulteriore Gallia, quæ ad plagam respicit occidentalem, parentela nobili generatus, Lemodiæ civitatis oriundus fuit, ut esset lucerna cunctis fidelibus, Domino condonante militibus suis. Pater vero ejus cognomento Jucundus[4], genitrix vero beata Pelagia vocitata est. Quibus vita testatur esse religiosa, ut imitantes exemplum Zachariæ et Elizabeth[5] nisi quod

---

(1) *I Cor.* i, 27.

2) *I Cor.* iii, 19.

(3) Vitam hujus sancti breviorem, quæ istius videtur epitome, habetur inter *Acta sanctorum ord. Benedictini*, sæc. i, p. 349, sed et cap. xxix libri X *Historiæ* nostri Gregorii Turon. omnia fere quæ hic fusius narrantur paucis verbis exhibet. (R.)

(4) Rinoscindus dicitur in vulgatis Editis apud Gregorium, lib. II, c. xxxix *Mirac. S. Martini*, sed mendum illud sustulimus ex Codd. mss. (Vid. præced. tom., p. 158.) Cæsarium Arelat. episc. et Aredium abbatem ex eadem stirpe prodiisse, qua postmodum exortus est S. Geraldus, comes Aureliacensis, scribit S. Odo Cluniaci abbas in ejusdem Geraldi Vita. (R.)

(5) Luc. i, 16.

Joannes in medio non erat, incedentes in mandatis Dei, ut essent sine querela. Natus ergo Aridius atque nutritus est in fide recta, denique a parentibus christianis catholica religione imbutus, jam pueritiæ annos excedens, ævum adolescentiæ cum magna industria gerebat. Cum autem cernerent parentes ejus in adolescentia filium salubrem viam adeptum, studio religionis ornatum, tradunt litteris erudiendum. Qui mox in tantum divina gratia illustratus est, ut multi mirarentur ejus eloquentiam in ejus verbis, cujus sermo dulcis ore mellifluo flagrabat cunctis. Cor senile gerens, nulli animum voluptati dedit, ne captus ærumna sæculi teneretur obnoxius.

III. Interea regi præcellentissimo Theodeberto commendatur, ut eum instrueret eruditione palatina. Invenit ergo Aridius gratiam coram Domino et coram rege, et ferebatur ejus testimonium ab omnibus, in tantum ut cancellarius prior ante conspectum regis assisteret; crescebatque honor cum magno favore de die in diem; omni ex parte probatus vernabat in aula; a quo tanta familiaritate habitus est, ut plurimis felicitas ejus ingens gigneret odium. Oderat quippe superbiam, diligebat veritatem : sed plane illum boni admirabantur. Sectabatur itaque indeficienter charitatem, mansuetudinem et humilitatem. Diligebat enim Dominum ex toto corde et ex tota anima et ex tota mente sua. Erat quoque serenus conspectu, tranquillus moribus : semper opera bona factis amplius quam verbis ostendebat, spem suam semper Christo committens, orationi frequenter incumbens, nihilque amori Christi præponens, semperque mens ejus præcepta cœlestia meditabatur.

IV. His ita gestis, non post multum temporis, cum jam virilem ageret ætatem, cupiens se vas Domino exhibere sanctificatum, ac metuens futura tremendaque judicia, ut ne aliqua suum pectus delicta fuscarent, omnia acta adolescentiæ suæ coram conspectu viri beatissimi Nicetii episcopi confessus est. Denique commonitus interea divinitus per præfatum Nicetium, Trevirorum civitatis episcopum, sæculi pompam fugiens, mundi oblectamenta ac regalis palatii vanas superstitiones et indiciplinatas sociorum fabulas declinando, se sub regulæ censura, ad contemplandam cœlestis patriæ palmam contulit; sicque sibi austeram imponens pœnitentiam cœpit viriliter colluctationi carnis spiritus fervore resistere. Proponebat namque sibi adversus præsentes carnis ardores futuri supplicii ignes : *In laboribus* scilicet, secundum Apostolum, *in vigiliis, in jejuniis, in castitate, in suavitate, in patientia multa, atque in charitate non ficta*[1]. Precabatur igitur Dominum pro donis cœlestibus, orabat Christum diebus ac noctibus : adimebat sibi saturitatem panis, ut posset cœlestem sibi promereri panem. Ora quidem ejus jejuniis pallebant, corpusque ejus valde aridum marcescebat; sed mens ejus æternorum æstuabat desiderio. Semper autem præsentis vitæ terminum intuens, ac futuram Domini sententiam, seu metuenda judicia formidabat, sciens quod scriptum est : *Beatus homo qui est semper pavidus*[2]; nec non et illud, quod a Job dictum est : *Semper enim quasi tumentes super me fluctus timui Do-*

---

(1) *II Cor.* vi, 6.
(2) *Prov.* xxviii, 14.

*minum*¹; et illud apostoli : *Cum timore et tremore vestram salutem operamini*². Ante Dei namque conspectum noctibus jacebat, manibus pectus tundens, genas lacrymis rigans, oculis ad cœlum elevatis, illum semper respiciebat, quem fortasse vel in minimis delinquendo se offendisse timebat, ac cum lacrymis Davidica voce hæc verba enixius deprecabatur : *Tibi soli peccavi, miserere mei, Domine, secundum magnam misericordiam tuam*³. Et semper ad illud tendens, quod apostolus dixit : *Nec oculus vidit, nec auris audivit, nec in cor hominis ascendit, quod præparavit Dominus diligentibus se*⁴.

Hæc igitur meditando, quanto plus proficiebat, tanto amplius humiliabatur, juxta quod veritas in Evangelio dicit : *Qui se humiliat exaltabitur, et qui se exaltat humiliabitur*⁵. Quanto plus humiliatus fuisset, tanto amplius proficeret; et ut etiam quanta fuit ei mœstitia, tanta fieret venia. O profunda benignitas Domini! o simplex pœnitentia! frequentique jejunio misericordiam quam poscebat a Domino impetrarat. De talibus quippe per prophetam Dominus dicit : *Dedi ei timorem et timuit me, et a facie nominis mei pavebat*⁶. Hinc iterum scriptum est : *Qui timet Dominum nihil trepidabit, et non pavebit, quoniam ipse est*⁷. Et rursus : *Timor Domini expellit de-*

---

(1) Job. xxxi, 23.
(2) *Philip.* ii, 12.
(3) *Psal.* l, 6, 7.
(4) *I Cor.* ii, 9.
(5) Luc. xviii, 14.
(6) Malac. ii, 5.
(7) *Eccli.* xxxiv, 16.

lictum[1]. Inter hæc autem Dominum pleno vigore deprecatus est, ut ejus pœnitentia ante Christi conspectum esset accepta. Deinde his initiatus armis, in Christi militia se arctius stringens, ad normam irradiabat ecclesiæ.

V. Quadam die dum cursum tenens purissimæ conscientiæ, veniens columba delapsa de camera, considens super ejus caput, pergebat cum eodem comitata per plateam, quam removere a se vir Dei Aridius non poterat, donec sui pontificis ingrederetur cellulam. Cum vero declinaret dies ad vesperam, redibat ipsa qua venerat. Mane autem facto, revertente jam clero ad ecclesiam, ipsa super caput ejus, sicut prius fecerat, descendebat. Qua per dies triginta, sicut ipse secrete locutus est, non cessante columba, hanc verecundiam vir Dei pertulit, datam supernam gratiam præsagiebat, ut aperte daretur intelligi, jam tunc divina largitione semel super eum Spiritum descensurum. Unde et veritas discipulis testatur, dicens : *Si quis diligit me, sermonem meum servabit, et Pater meus diliget eum; et ad eum veniemus, et mansionem apud eum faciemus*[2]; quia dignum erat ut innocentiam mentis custodisset, et visitatio Spiritus sancti adesset.

VI. Tum deinde audita vir beatissimus morte patris, pro matris suæ consolatione Lemovicum regressus est. Igitur beata Pelagia, mutato sæculari habitu, induitur sanctimoniali vestimento, efficitur in Dei amore religiosa, filium bene conversum Dei hortatur

---

(1) *Eccli.* i, 27.
(2) Joan. xiv, 23.

ad præmium. Qui mox vir beatus eremum petiit, et in concavum saxum se retrudens, ibique diebus ac noctibus sine cessatione Domino supplicabat, et hostem invisibilem orationibus et precibus repellere jugiter contendebat; pugnans ore, non gladio; precibus, non ferro; orationibus, non telo. Cunctis horis cunctisque momentis Dei flagitabat præsidium, ut dignus post mundi laborem posset pervenire ad bravium. Cum per aliquot dies inibi esset cum magna abstinentia, auditis his ejus genitrix, ad pedes filii provolvitur, rogavitque eum exinde egredi, ut monasterii cellulam, ubi prospere aspiceret, in villis amœnis ædificaret.

Tunc et locum amœnum vir Dei Aridius reperit, de eodem saxo, in quo erat reversus, fere trium millium, ibique monasterii cellulam ædificare cum magna industria cœpit, quod cœnobium nuncupatum Atano[1]. Ibique orationi intentus, et incumbens lectioni, quo vacabat, venerabilis mater ejus laborans per agros, alimoniam corpori quærebat : quæ vero post conversionem vita acta sit.... Deinde pollebat vir beatus magis magisque in vigiliis et jejuniis, vel in orationibus, atque in charitate. Cœpitque ejus fama divulgari, confluebantque ad eum undique viri religiosi, advenæ vel monachi. Multitudo etiam pauperum, sicut apes ad alvearium, ita conveniebant ad eum, in tantum ut quanticunque pauperes confluebant ad eum, nullus vacuus ab eo recederet. Quid

---

(1) Usque ad annum 1790 perstitit apud Lemovices, et Aredii nomen oppido dedit quod vulgo *Saint-Irier*, *Yricz* aut *Yrieix* (*Haute-Vienne*) dicitur.

plura? quidquid ex possessione parentum nobilium habuit, totum in pauperibus vel in coenobiis, præcipue ad beati Martini Turonensis vel ad sancti Hilarii Pictaviensis ecclesiam, seu per diversas ecclesias vel etiam monasterio suo omnem possessionem distribuit; auri vero argentique metalla in pauperibus dispersit, sciens Apostoli præceptum : *Habentes autem victum et vestitum his contenti sumus*[1]; et : *Qui volunt divites fieri in hoc mundo, incidunt in tentationem et laqueum diaboli*[2]; et : *Desideria multa inutilia et nociva, quæ mergunt hominem in interitum et perditionem*[3]. Considerans quippe quod scriptum est, *Date eleemosynam, et omnia munda sunt vobis*[4]. Et veritas ait : *Centuplum accipiet et vitam æternam possidebit*[5]. Et alibi scriptum est : *Eleemosyna a morte liberat; et qui eam fecerit, non ibit in tenebras*[6]. Hæc autem quotidie adimplebat; semper ad eleemosynam largus, in vigiliis sedulus, in oratione devotus, in humilitate profusus, in charitate perfectus. Nunquam otio indulsit, quo non aut lectioni vacaret, aut opus Christi perficeret, aut certe manibus opus aliquod ageret, aut denique sacros codices scriberet. Maxime autem decreverat, ut in vicinas diœceses sacros codices, quos ipse manibus suis scripserat, distribueret; memorans illud quod Apostolus dixit, quia *Otiositas inimica est animæ*. Ad ista igitur omni

---

(1) *1 Tim.* vi, 8.
(2) *1 Tim.* vi, 9.
(3) *Ibid.*
(4) Luc. xi, 41.
(5) Matth. xix, 29.
(6) Tobiæ, xii, 9.

tempore non cessabat. Cum autem jam monasterii cellulam ædificasset, quo opus cœptum peregisset, necesse est ut de ipsius miraculis aliquid Christo auxiliante explicare valeamus. Qualiter eleemosynis, vigiliis et orationibus se Dei servus indulserit, prædicanda miracula publicaverimus alacriter : de quibus multis brevissime credimus pauca narrare.

VII. Accidit homini Dei Arvernis iter ut ageret, eo irruente nocte, aquam non inveniret, ut ad manendum se conderet. Cumque quærerent ministri ejus huc et illuc, et non invenissent, tum Aridius defixit in arena baculum; quo retracto, de terræ foramine fons abundans exsilivit, ut fluenta aquæ undantis sufficerent, et in tantum postea irrigarent ut illic pecora biberent. Sic vir iste magnus fuit in miraculis, et Moysi typum gerens qui percutiens petram, aquam populis in solitudine præbuit.

Dedit deinde operam, comitesque sui itineris, quos religio claros reddebat, elegit. Collecto sane cœtu, omnium orationum suffragia postulat, ut venturo itineri solamen largitor pietatis tribuat ; et sic cum eisdem, Christo duce, ad locum ubi sancti Dei martyris Juliani membra sancta fuerant sepulta accedit, agnitis qui secum clementis judicis voluntate adessent. Cumque ad eum locum pervenissent, postulat ut reliquias sancti martyris votiva mente sua ipse mereretur. Sed custos basilicæ beatissimi martyris petenti denegavit. Moratus ibi paululum, et quærens, nec prorsus inveniens, progressus exin, accedit ad locum ubi venerabilis martyr a persecutoribus, transactis jam longævis temporibus, decollatus fuerat, et cum plenissima devotione de eodem loco parvissima saxorum, quod vulgo sabulum dicitur, in chrismarium quod collo suo gestabat læto animo pro sacratis sancti martyris reliquiis condidit. Cumque de eadem provincia remeare cœpisset, tanta horum multitudo, qui a malignis spiritibus vexabantur, ejus vestigia cum magnis clamoribus prosequebantur, ut tantorum vix scribantur tot nomina. Pervenit ergo fama beati viri ad aures pontificis civitatis illius[1], qui illico cum suis sancti viri vestigia prosecutus, et mox ejus pedibus provolutus, cœpit ab eo petere ut tandem ad tumulum sancti martyris remearet, et sacras ejus reliquias deportaret. Tunc ille ait : « Hoc quod mihi omnipotens Deus largitus est munus, cum eodem iturus, ipso comitante pergam. Nam creator omnium Dominus duo virtutum miracula in eodem loco ostendere dignatus est. » Cumque vir Dei suum chrismarium aperuisset, reperit diversos pretiosos lapides de saxis quæ de fonte abstulerat, ut mira virtus sancti martyris per diversa terrarum loca declararetur, et viri Dei fides probaretur, et multis ostenderetur. Cumque ad locum hunc, ubi vir Dei oratorium condiderat, sacrum munus cum magno gaudio condidit, ibi quoque omnipotens Deus multa signa et mirabilia declarare dignatus est.

VIII. Nec non prætermittendum est quod Christi famulo collatum est. Quadam die viator dum iter arreptum incederet, flante ventorum turbine, cum pluvia talis circa Aridium sic fremeret ut rivis imber efflueret, et ipsum agmen ac suos ministros gutta nec

---

(1) Id est ad episcopum Arvernensem, in cujus diœcesi tunc exstabat Brivatensis ecclesia. (R.)

una perfunderet : quo, divisa tempestate, alicubi turbo se verteret et ipsa nubila aerem fugarent, dum pavescunt viatorem. Si igitur conditori omnium mare et venti obedierunt in fluctibus, et facta est tranquillitas magna, imo et fideli suo jussit hanc virtutem cunctis videntibus ostendendam. Quodam tempore cum ad maturitatem segetes aristas armassent, et jam se aggravatæ meti poscerent a cultore; enormitas erupit pluviæ, ne quisquam fruges colligeret, ut in suis spicis grana latentia germinarent. Interea suggeritur ipsi a populo, facit vigilias intercessor. Sequenti igitur die reliquiis sanctorum apprehensis, opportune et venerabiliter coopertis de palliolo serico ; diacones in albis exeunt ad processum : plebs clamat pro nimborum incursu. Quibus vir sanctus respondit : « Qui jussit aquam creari, potens est hunc imbrem sedare. » Tunc mox de templo progressi sunt, subito nubes excisæ sunt, sol in claritate reducitur, serenitas cœli mundo redditur, ad opera cultor trahitur, et ad manipulos colligendos messor frugibus invitatur. Nec illud prætereundum est in simili causa quod gestum est. Dum Noniaco colonica sua in honore beati Juliani martyris oratorium conderet[1], et imber gravis irrueret, ipso vero orationem Dominicam memorante, nimbus impetum detorsit, tempestas repulit turbinem, pluvia abscessit, locum vel sanctum virum Aridium cadens gutta non tetigit.

IX. Addatur hoc in pagina, quo rerum crescunt miracula. Quadam die, eodem sancto viro in oratorio orante, Arctardus quidam, Nivardi filius adole-

---

(1) Confer librum *de Mirac. S. Juliani* cap. XLIX. (R.)

scens, exanimatus deportatur, et ante sacrum altare in oratorio beati Juliani martyris deponitur a parentibus. Rogatur ut vivus reformaretur a Domino. Tunc vir reverentissimus, pietate scilicet motus, lacrymis vim ingerens, aspiciens ad cœlum Dominum deprecatur. Dehinc appellat infantulum, sed corpus jacet exanime. Hora fere transacta, exsuscitatur puerulus, clausos aperit oculos, et loqui posse incœpit redivivus. Sic fidelis miles tantis virtutibus pollens, et gratia divina accinctus, ut sicut creator omnium rerum filium viduæ adolescentem resuscitavit de grabato, et reddidit matri suæ illæsum, ita vir Dei Aridius valuit obtinere orationibus suis apud Dominum adolescentem esse vivificatum.

Quædam mulier grande vulnus habens in facie occurrit sancto Aridio sanari exorans. Tum illa vexillo crucis signata, illico circumstante populo, tumor vulneris aperitur, et in similitudine nucis minoris velut petra de ipso progreditur. Quæ sine dilatione sana domi revertitur.

X. Adjiciatur operi res adjecta mysteriis. Filius Dulcissimi quidam, Ingratius nomine, in grabato jacens, funeri exhibitus a patre, tantum distentus tumore, ut intra se sua lumina ablata fuissent. Tum vir Domini Aridius, oratione pro eo data, de oleo benedicto perungit oculos ejus : quos cum illiniret ex fide, mox quidquid morbi fuerat, tacto fugit ab unguine.

XI. Dum ad profectum sancti viri, atque ad altam Dei contemplationem se sublevant quantum possunt, divinitus eos [agi] credendum est. Quodam tempore affectu pietatis Lemovicum civitatem veniens, audit complures nuper mortis sententia damnatos teneri in carcere vinctos. Aridius ergo memor verbi Domini dicentis : *In carcere eram et venistis ad me*[1]; et *Quandiu fecistis uni ex minimis meis, mihi fecistis*[2], cogitavit si quo modo possit liberare eos. Cumque ad requirendos reos appropinquasset carceri, confestim divino nutu, velut magno ferientis impulsu confractæ seræ, dissipati cardines, ostia carceris patefacta, et omnia vincula compeditorum resoluta sunt. Eadem nocte quasi solis claritas intus apparuit et lux in tenebris emicabat, custodes pressi a somno, et ad tumulum sacratissimum sancti Martialis antistitis[3] cuncti fugerunt de ergastulo. Sicque orationibus beati viri de carcere vel de morte liberati sunt.

XII. Prosit auribus populi Dei quæ profuit lumini. Nivardi præfati filia, nomine Actefledis, lumen oculorum perdiderat, ut nullatenus videre potuisset. Quadam die deducta ad virum Dei Aridium a parentibus suis ut illuminaretur, exoratur. Cumque prosternerent se ad sacerdotis vestigia, tunc vir sanctus, signatis ejus oculis, atque intra se Dominum rogans, mox incolumis reddita, quæ fuerat duce pertracta, ductrix redit ad patriam.

XIII. Exempla quoque justorum avidius instruunt sequaces, quam sermo prædicationis multorum. Cum quadam vice properaret vir Dei Burgundiam ad regem, pietatis pro causa invitatur sedulo a duce Antestio[4], ut diverteret ad ejus domum, cui semiviva

---

(1) Matth xxv, 36.
(2) *Ibid.*, 40.
(3) Vide Gregorium in lib. *de Gloria conf.* cap. xxviii.
(4) Is est fortasse Antestius qui a Guntramno Andegavum directus dicitur in Gregorii *Historia*, lib. VIII, cap. xliii (R.). Adde IX, xxxi.

filia decubabat in lectulo. Quæ cum ad extremum exhalaret spiritum, ingressus vir Dei Aridius domum, data oratione pro ea, lætificata domum adipiscendo remedium puella redit de transitu. Ille etenim qui jussit filiam archisynagogi infra cubiculum resuscitari, mortuam petenti se tribuit, ut hæc de morte reverteretur ad vitam. Quædam mulier, nomine Bessa, pro infirmitate debilitatis membris, digitis attractis, incurvatis articulis, suis gressibus imbecilla, prona precatur se sanari, devota supplex attenuata : mox Aridius cruce a sancta manu facta crurum tendit in pagina, nervi laxantur in organa, et diutius præstolata tandem sese membra recognoscere meruerunt. Sicque orationibus sancti viri sana facta est.

Ascribantur præconia quæ juste referuntur ad palmam. Quædam mulier prope jam morti credita vulnus in collo gestabat : occurrit sancto viro obsecrans ut super hoc sanctæ crucis armaret vexillum, mori timens. Cumque super vulnus Christi signum deprimeret, repente mortui sunt vermes, femina rediit incolumis.

XIV. Dum majora miracula sanctorum conspicimus, et amplius in amore Dei enixius convertimur. Puella namque de urbe Petrocoria ad Dei hominem veniens, taliter contracta ut de suis calcaneis adhæsa sibi tangeret crura, longo jam tempore gressibus condemnata : quam vir sacratissimus non prius dimisit quam languor eam dimitteret, et pedibus incederet, quæ prius manibus ambulabat. Igitur sciscitans studiose an haberet in Christo spem, si se crederet sanandam quandoque; illa autem in omnibus fidem dante, fixit genua Aridius in terra, et prolixe oravit :

deinde oculos pariter et manus ad cœlum tendens, Dominum Jesum Christum fide plenissima promissionis suæ admonuit, quæ dicit : *Quidquid credentes petieritis, fiet vobis*[1]*;* et : *Si habueritis fidem, non solum hæc signa facietis, sed majora horum facietis*[2]. Cumque hæc pleno vigore ac devotione deposceret, conversus ad puellam dixit : « Si fideliter credis, in nomine Domini Jesu Christi surge, et sta super pedes tuos. » Et mox surrexit, et solidati sunt pedes et membra ejus, et sana facta est ex illa hora.

Item de eadem urbe altera ad eum venit femina, simili infirmitate condemnata : cumque sancti viri manu attrectata fuisset, directa rediit ad propria ; et senior cucurrit viam, quam non transcendit juvencula.

XV. Quoties ad alta Dei omnipotentis animum elevamus, vilescunt animo quæ in terris conspicimus, ut accepta gratia divinitus supernam patriam penetremus, ut puta vir iste qui tantis virtutibus adornatur, terreno contagio non offuscatur.

Quidam vir cognomento Addo, filius cujusdam Proculi, ad beatissimi viri venit præsentiam, sic debilis ut de vestigiis calcaneum faceret, nec potuisset separari res infeliciter glutinata, tunc quærens a sancto Aridio remedia. At ille signo crucis superimposito, qui claudus genibus venerat, directus pedibus ambulans, basium suarum reductus est vestigiis.

XVI. Adjiciantur virtutes operum quibus vera esse creduntur. Vir aliquis de territorio Betorico, contractis nervis, vestigio debilitatus occurrit, ad monaste-

---

(1) Marc. xi, 23.
(2) Joan. xiv, 12.

rium concitus venit, et ut sibi vir sanctus succurreret deprecabatur suffragia. Suscepit vir Dei Aridius causam mercedis; oratione pro eo fusa cum benedictione, rediit incolumis sancta manus quod tetigit.

XVII. Acquiratur pagina, quod præstet gratia. Leonacter quidam insania corporis ita demens effectus, ut aliud non esse crederetur quam rabies, cujus furor horribilis nimis non ferebatur, etsi nimis vinctus manibus ac pedibus alligaretur in vinculis, et violentia oppressus adhuc catenis constringeretur, hoc superadditus dolor pœnæ collideret, et sic crudeliter fremens tandem ad sanctum Dei Aridium perductus est. Nec mora aliqua, facto signo crucis fronte armatus, in momento ab hoste antiquo liberatur simul vinculo; qui postea clericus effectus est, et ad meliora opera cum cantico Christo dependit servitium. Sed mira dispositione omnipotentis Dei agitur, ut quos præmia divina ad meliora non invitant, temporalia flagella erudiant.

XVIII. Eodem vero tempore quo miles Christi degebat in terris, Ferreolus pastor [1] ad gubernandam plebem sibi commissam Lemovicum civitate præsul venerandus aderat; sed quoties ipse pontifex febribus urgebatur, aut aliqua ægritudine in gravi dolore atterebatur, ad virum Dei Aridium dirigebat nuntios, ut pro eo plenius ad Dominum intercederet. Qui celebratis pro eo vigiliis, obtinebat pro pastore, venerabilis abba pro antistite, et abjectus et humilis pro sublime. Et quia crescens pagina majora tegit miracula, proferatur in medium de quodam cæco claro myste-

---

(1) Ab anno 575 circiter ad 595, ex J. Marionis indicibus episcoporum.

rium. Vir aliquis lumine deceptus longo jam tempore tenebris pressus, crassa caligine nubilus, ad beati viri cellulam pede tendente deducitur, quem vir sanctus miseratus ut vidit, et visum orando restituit, et remeat ad regionem claro jam lumine illustratus.

XIX. Jucundum est proferre quid gloriosum fuit memoriæ. Quidam vir, nomine Witrimundus[1], cognomento Atto, tam crudeliter dolorem dentium incurrerat, ut nulla intercedente venia dolor eum imminens non relaxaret. Tunc ad sanctum virum, cum beato Martino occursum devote redderet, veniens et interrogatus cur ejus una maxilla videretur inflatior, et ille se torqueri dolore dentium gravissimo responderet; tum vir Dei faciem turgidam palpavit tactu mollissimo, dicens : « Sanaberis a Domino, obtinente Martino famulo Dei fidelissimo. » Itaque mox ut a justo inchoatus sermo compleretur, salus denti refunditur, dolor cum tumore curatur.

XX. Quædam mulier, Ricovera nomine, conjux Turonici monetarii, cum sancto viro mediam ampullam cum oleo benedicendi causa fideliter obtulisset, tunc Aridius, facto crucis signaculo, et alteram ampullam, in qua de oleo beati Martini continebatur[2], proferens de chrismario, superjecta gutta ampullæ mediæ, tanta inundatione olei virtus exsilivit, ut repletæ ampullæ alibi oleum tolleret, nec aliquid de redundanti benedictione periret. Quæ utrisque benedictio æquanimi-

---

(1) *Wistrimundum, cognomento Tattonem*, civem Turonicum appellat Gregorius libro X Hist. cap. xxix; *Guirstremondum* alterius Vitæ auctor. (R.)

(2) Confer cap. xxxix libri II de Mirac. sancti Martini : cap. xxiv libri III; et cap. ix libri de Gloria confessorum. (R.)

ter profecit, et ille qui petenti dedit, et petens quæ meruit.

XXI. Hoc quoque paucis conceditur, ut tantis miraculis miles Christi ametur. Decreverat quippe vir reverentissimus, ut pro lucranda cœlestis patriæ palma, Turonos ad beati antistitis festivitatem occurreret. Denique quodam tempore accidit ut ad præfatam urbem vir sanctus properaret. Igitur cum pontifex civitatis illius cum clero in ecclesia psallendi officium nocturno tempore enixius ageret, diaconus ejus dum in ecclesia caneret, somno gravatus est; cumque eum episcopus cerneret dormientem, ait ad eum : « Quare obdormis, frater? » Qui de somno evigilans, ait : « Videbam te, domne mi, egredientem foras ecclesiam, et in obviam beati viri Aridii properantem. » Cumque diaconus vix sermonem complesset, statim nequam spiritus in quodam homine exclamavit se sancti Aridii præsentiam ferre non posse. Quo audito, episcopus cognovit quod vir Domini Aridius adveniret : moxque in obviam abbatis episcopus cum cereis accensis præ foribus ecclesiæ occurrit, ac cum magno gaudio et exsultatione in ecclesiam ingressi sunt, et pene tota nocte in divinis officiis perdurarunt. Nam multi ægri, vel diversis infirmitatibus astricti, sano vigore, orationibus vel intercessionibus ejus, ad propria regressi sunt. Alio rursus tempore cum ad eamdem festivitatem Turonos occurrisset, et alicujus paralytici[1] crura blanda adhibitione contrectaret vir Dei Aridius, testabatur quod sancti Martini manum vidis-

---

(1) Id ipsum miraculum de paralytico narrat Gregorius lib. IV de Mirac. sancti Martini, cap. VI. (R.)

set, qualiter debilia membra dirigeret, et sic paralyticus sancti dextera tangente se suis vestigiis protinus direxisset. Tanta vero curationum virtus divina gratia illi collata præmicuit, ut quisquis infirmus advenisset, pleno vigore sanatus incolumis recederet. Energumenis vero tam celeris salus est reddita, ut ingentis multitudinis non præscriberentur tot nomina.

XXII. Si per singula recenseantur miracula, valde incongruum non est ut credantur tantæ virtutis alloquia. Quodam tempore vir Dei egressus de basilica, peractis nocturnis vigiliis, vidit globum luminis de cœlo descendisse super ejusdem cellulam, credensque splendorem ipsum ab homine fieri, interrogat vir Dei a suo discipulo, quis est ille qui cum facula per hortum hora tali ambularet. Interea cum admiraretur, protinus globus ipse qui apparuerat desuper cella, revolvitur ad sidera, ipse vero cum metu et tremore expansis manibus divinæ potestati luminis gratiam deferebat. Scilicet interrogatur a monacho, qui hoc cum eodem videbat, quid esset hoc miraculum tantæ claritatis visio, ut taliter revelarentur beatissimi sacerdotis mysteria. Cui respondit vir sanctus : « Sile, sile, insipiens, cognosce quia beatissimus Martinus visitat hanc cellulam dignatione præcipua, et ad cœlos remeat cum lucis fulgidæ gloria. Sed quem divina gratia protegebat, dignum erat ut illustrante spiritu sancto acciperet visitationem : sed amicus Dei cavens jactantiæ vitium, præcepit discipulo ut nulli hanc visionem diceret quousque migraret ad Dominum. Sic fidelis miles regulam magistri mediatoris Dei tenuit, qui transfiguratus in monte discipulis præcepit ut nemini visionem quam viderant dicerent, donec Filius hominis a mortuis resurgeret. Perpende igitur quanto igne amoris Dei et proximi vir iste accensus erat, qui tale revelante Spiritu divinitus meruit accipere donum. Quia : *Deus ignis consumens est*[1], Jacobo attestante, qui ait : *Omne datum optimum et donum perfectum desursum est, descendens a Patre luminum*[2].

XXIII. His ita gestis, vir sanctus jugiter intentus manebat divinis officiis. Non enim poterat in eo invenire humani generis inimicus, nec quod fraude deciperet, nec quod simulatione fuscaret. Erat quippe in eleemosynis largus, in oratione devotus, in vigiliis sedulus, in humilitate profusus, in doctrina præcipuus, in sermone pacatus, in locutione cautus, in conversatione sanctissimus, in duris passionibus fortis, in bonis operibus hilaris, in tentatione tutissimus, in hospitalitate latissimus, inter odia beneficus, in prosperis etiam et adversis semper in cœlum intentus, in charitate, *quod est vinculum perfectionis Christi*[3], perfectus; sinceritatem quidem mentis vultus serenitate monstrabat, et pietatem cordis ostendebat in lenitate sermonis. Nihil ejus risu gravius, nihil prorsus tristitia suavius, nihil quippe ejus animo clementius, nihil erga humiles blandius fuit. Si pauperem vidisset, sustentabat; si divitem, ad bene agendum cohortabatur, Deum invocans testem pro ipsius nomine cuncta hæc agere, illud jugiter memorans, quod veritas in Evangelio dicit : *Beati misericordes, quo-*

---

(1) *Deut.* IV, 24; *Heb.* XII, 29.
(2) Jac. I, 17.
(3) *Col.* III, 14.

niam ipsi misericordiam consequentur[1]; necnon et illud : *Verumtamen date eleemosynam, et ecce omnia munda sunt vobis*[2]; et alibi : *Sicut aqua exstinguit ignem, ita eleemosyna exstinguit peccatum*[3]. Hæc præcepta jugiter memorans enixius adimplebat, eratque pes claudorum, et oculus cæcorum, orphanorum pater, viduarum consolator. Quem autem cæcum non suum vocavit hæredem, aut quem debilem non ejus sustentavit manus? Hoc jugiter comitatus incedebat exercitu, in his etiam Christum conspiciens se amplectere gestiebat, atque his indumenta tribuens, Christi sub inopis veste se tegere membra credebat : et ob hoc cum Domino suo pecuniam dividens, substantiam suam gaudebat cum Christo sociare, ut Christus faceret eum cœlestium sibi regnorum cohæredem, sciens namque scriptum quod illa bona hæreditas, quæ Domino custode servatur. Ejus namque monita apud suos nihil fuerunt aliud quam divina magisteria, et fundamenta sacrarum Scripturarum. Dignum est enim ut eum boni diligant et imitentur, noxii timeant, quem divina virtus illustravit, ut donum a Deo perceptum cum doctrina melliflua, et sancto Spiritu condita, de Christi desiderio salsa, et de æterna beatitudine semper sollicita.

XXIV. Si consideremus quæ et quanta omnipotens Deus per sacerdotem suum operatus est, prolixior pagina styli promulgatur. Solent plerumque pessimi male blandientes consiliis regibus terrenis corda sub-

---

(1) Matth. v, 7.
(2) Luc. xi, 41.
(3) *Eccl.* iii, 33.

vertere, juxta Salomonis vocem : *Colloquia mala corrumpunt bonos mores*[1]. Quodam tempore accidit ut populis tributa vel census a regibus fuissent descripta. Quæ conditio universis urbibus per Gallias constitutis summopere est adhibita. Scilicet pro hac re vir reverentissimus, pietate motus, ad regis præsentiam properavit, ut suggestionem daret pro civibus qui gravi censu publico fuerant edicto ascripti. Sed cum scriptum sit : *Cor regis in manu Domini*[2], quidquid petiit, sanctus vir a rege devotus obtinuit. Accidit igitur ut revertente eo de itinere, quodam vico Catuliaco veniens, eodem scilicet die quo resurrectionis dominicæ celebrarentur sancta mysteria, invitatus a populo cœpit sanctis vacare officiis. Celebrante autem eo divina solemnia, puella quædam, quæ a dæmonibus graviter urgebatur, exclamavit se sancti viri non posse sufferre præsentiam, quæ tamen nomen ipsius incognita invocabat. Qui videlicet juxta morem solitum exercens opera pietatis, peractis divinis mysteriis, ad orationis portum profugiens, ut ne diutius ab antiquo hoste puella vexaretur intercessor assistit. Erant enim in ea septem nequissimi spiritus; qui dum orationi incumberet, statim quinque dæmonia expulit deprecando. Residentibus adhuc duobus, præcepit vir beatissimus parentibus puellæ ut ab ecclesia non discederet, donec quod residuum fuerat maligni adversitatis expelleretur e corpore. Igitur veniens vir sanctus ad ecclesiam ubi eam stare præceperat, adhibitis secum monachis suis, prostratus orationi, a Domino

---

(1) *I Cor.* xv, 33.
(2) *Prov.* xxi, 1.

valuit obtinere ut duo dæmonia quæ residerant expulsa fuissent, qualiter mente sincera sensuque firmato, remearet ad propria.

XXV. Alio quoque tempore cum vir Dei pro hujuscemodi conditione quasi occulto adventu regis expeteret præsentiam, properavit itinere. Cumque Parisiorum civitatis claustra fuisset ingressus, populus urbis hujus gravi febre, dysenteria et morbo pessimo laborabat, ita ut nec numerus corporum præ multitudine morientium diebus singulis, præcipue infantium turba, æstimari potuisset. Quadam vero die dum a pontifice civitatis illius non immerito venerabatur affectu, petiit ut eum secum paucis diebus charitatis officio retineret, ut intercessor pro populo existeret ad Dominum. Igitur dum petitionibus ejus vir Dei Aridius obtemperare voluisset, contigit aliquibus e suis in eodem tædio pessimo graviter incidisse. Scilicet vir beatissimus confidentiæ tenore in Domino securus, solita prece pro plebe civitatis illius exorabat, quos blanda exhortatione suis scilicet sermonibus consolare non desiit, ut nullus de pietatis Dominicæ misericordia desperaret. Qui videlicet jussit sibi oleum benedictum exhiberi, et singulorum cum crucis signaculo manu propria ora naresque perfudit, dicens ad eos: Consolamini in Domino, et vicissim vos adhortamini, fratres, omnes vos incolumes restituit dextera Christi; et ad suos ita locutus, dicens : Nolite quæso vos, fratres mei, nolite contristari, sed potius vos viriliter confortamini, et de misericordia Domini enixius confidite, quia omnes vos divina potentia restituit incolumes regioni propriæ; interea revolvens in animo suo ubi regis sciret esse præsentiam, ut scrutatus deberet expetere. Relictis igitur fratribus in eadem civitate, cum paucis comitantibus properans, tenus [locum] cognomento Brinnaco [1] carpebat iter. Dum procul dubio viator assisteret, sequentibus se dixit : « Regem cognoscite gravi febre perurgeri, et pene vitæ ipsius hactenus finem imminere, sed clementia Domini pro respectu pauperum nobis eum salubriter visitantibus liberabit. Hoc quoque secretius retinete. Post hos vero paucos dies proles ipsius quæ adhuc sospites esse videntur migrant a sæculo. » Per spiritum scilicet prophetiæ cognovit vir Dei Aridius quod postea probavit eventus. Cum vero ad locum memoratum sanctus Dei famulus pervenisset, cognito rex ejus adventu, cubiculum suum eum introduci præcepit, credens se ejus orationibus in Domino adjuvandum. Quapropter cum introgressus fuisset, reddito salutationis officio, cœpit eum manibus suis palpare, qui intra se Dominum precibus postulabat, ut petitionibus suis rex præberet assensum. Qui dum commodius de anxietate suæ infirmitatis inter sacras manus beatissimi viri cœpisset habere, suæ causam conditionis exposuit : sed favente Deo, qui cuncta regit et omnia disponit suaviter, quidquid Dei sacerdos apud regem poposcit, facili obtentu potuit promereri. Adjiciensque rex ut libros ipsos, quibus inscriptus pro gravi censu populus regni ejus tenebatur afflictus, sancti etiam viri pro respectu, vel stabilitate sua, manibus ejus tradidit, ut ipsos sui auctoritate incendio concremaret. Tunc Ari-

---

(1) Vide Gregorium, lib. V Historiæ cap. xxxv, ubi de hac dysenteria, regis ejusque liberorum morbis, censualium librorum combustione etc., agit. Nihil tamen illic habet de sancto Aredio. (R.)

dius, receptis libris, jussit prunas parari. Quo facto apprehensos manibus suis ipsos libros, multis etiam circumstantibus in incendio concremavit. Obtenta ergo petitionis suæ causa, post diem tertium principi valedixit.

XXVI. Quodam vero die priusquam Parisios perveniret, hoc quod suis comitibus non longe ante dixerat, illic comprobavit eventus. Referente proculdubio nuntio cognovit vir Dei regis obiisse filios, quos jam ante ipse prædixerat, et cum magna funeris turba Parisios deportandos. Qui dum aliquatenus ad præfatam urbem rediens pervenisset, reperit populum civitatis illius jam a dysenteriæ morbo divino auxilio liberatum. Invenit etiam quemdam de suis collegis, nomine Constantinum, gravi mortis periculo subjacentem. Nonnullos vero quos mortuos fuisse comperit, orationibus suis incolumes reddidit. Tum deinde hortatur a suis, ut ille qui pessimo succubuerat tædio, in loco aliquo commendaretur tali personæ, ut cum de hac luce transiret, cespitis humi tumulo clauderetur : ita duntaxat jam fuerat vicinæ morti propinquus. Sed vir beatissimus miseratione motus, solita pietate promptus, allevans eum supra vehiculum quod sedere consueverat, regimine ducitur alieno. Qui cum videlicet jam in tertia die itineri insisteret, afflictus tædio, mortis ictu percussus, corruit exanimatus in terram : quod dum cerneret beatissimus vir, cumpuncto corde, cum gemitu et lacrymis enixius orationi vacare cœpit. Qui cum ab oratione surgeret, conversus ad corpus, dum manibus suis eum palparet, cœpit oculos suos aperire ; et non post longum horarum spatium, præda mortis evicta, redditur luci jam pristinæ incolumis ;

qui fuerat desperatus de vita, restituitur sanitate continua : qui igitur lento sermone aquam sibi poposcit expendi, cum vagantes cuncti huc atque illuc anxie quærerent, minime invenirent, quia ille locus aquæ erat proculdubio sterilis; sed sanctus Dei sacerdos paulisper se declinans, percutiensque ictu baculi terram, aqua prosiliit abunde. Qui mox petenti in vasculo detulit. Sic sitis ardor deprimitur, pallor a facie fugatur, vultus in rubore mutatur, erigitur pedibus; et qui fuerat mortis occasu damnatus, sospes patriæ præsentatur. Qui postea multorum annorum duxit curriculum.

XXVII. Annectendum est virtutum miraculis, quod corda audientium illustrentur exemplo. Cum jam e vicino patriæ jungeretur vico quodam Argentomao [1], ibidem Artemius quidam, unus de monachis, opportune suggessit, ut alimonia fratribus parari deberet. Cui ille ait : *Quærite primum regnum Dei, et hæc omnia adjicientur vobis*[2]; et illam psalmistæ vocem : *Inquirentes autem Dominum non deficient omni bono*[3]. Sed hæc a me accipe, frater charissime, cum fluminis hujus alveum pertransieris, leva oculos in partem dexteram, opportunum invenies locum, ubi possumus nos vel vehiculi nostri famis inopiam temperare. Cumque ad locum eumdem sibi præceptum venisset, reperit ibidem duos miræ magnitudinis pisces, adhuc

---

(1) Videtur esse vicus apud Bituriges, hodieque *Argenton* dictus, haud procul a monasterio Salensi (*Saint-Benoît du Sault*) situs (R.)

(2) Luc. XII, 31.

(3) *Ps.* XXXIII, 10.

maxime vivos. Quibus assatis, vir Dei Aridius ex ipsis in refectionem partem accepit, et plerique ex ipsis usque ad satietatem visi sunt comedisse. Sed ille in cujus nomine retia laxaverunt apostoli in fluctibus, et illa trahere non valebant præ multitudine piscium, et his distribuit esurientibus cibum.

XXVIII. Dum iterantur virtutes sanctorum, fidelium mentes velut sitientes profunda Dei mysteriorum satiari desiderant. Quodam tempore, dum positus in itinere carperet viam, appropinquans cuidam vico Argentomao, concionatus est se sequentibus, dicens : « Tacite transeamus, ne nobis inducatur mora itineris. » Scilicet erat hic locus profanus, superstitionis antiquæ dæmonum cultibus consecratus, quo in loco populus christianus inhabitans non potuit ferre miseriam, quia infirmitatibus variis subjacent, vel etiam ab ipsis dæmoniis assidue agitantur. Cumque voluisset vir Dei Aridius latenter fugere a populo, et ille secrete oraret, commota est infirmantium multitudo populi, proprium nomen ipsius invocantes, quia procax dæmonum turba se a sancti viri adventu celare non poterat. Igitur dum eum sequeretur populi multitudo languentium, respiciens post tergum stetit, et protinus ad orationis studium se in terram prostravit, rogans pro illis Dominum, ut juxta fidem illorum essent salvati. Cumque ab oratione fuisset erectus, crucis vexillum illico super singulos impressisset, tum hi qui languoribus variis detinebantur, vel illi qui a spiritibus immundis vexabantur, adjiciens oleum cum benedictione, Domino gratias referentes, sanitati pristinæ ab infirmitatibus vel a dæmonibus liberati sunt.

XXIX. Quos elegit Deus ante constitutionem mundi,

hos despicit sublimitas reproborum. Hic vir sanctus abjectus fuit inter homines, et minimus a sæculi conspectibus, sed maximus inter sanctorum agmina prælatus. Quodam tempore in itinere positus, die quadam declinante ad vesperam, nec procul a vico cui vocabulum est Mœno, jussit ut itineri terminus poneretur, et sarcinas quæ jumenta vehebant loco congruo relaxarent; cumque locum amœnum, aspectuque delectabile manendi spatium vidissent, cognoscens vir beatissimus, per spiritum prophetiæ, quæ essent illi postmodum ventura, hortatur paterno alloquio collegas suos, quibus sciebat maximam injuriam imminere, et allocutus est dicens : « Viri fratres et filii, multam credite nos hac nocte injuriam perpessuros, sed confortamini, et confidite nos cœlesti auxilio liberari. » Nec aliqua mora, cum cœlum sidereo splendore serenissimum cerneretur, subito in tonitruo commovetur terra, quasi a stabilitate sua præ sonitu gravi in tremorem convertitur, denique conturbantur nubes in aere, apparent tetro colore per sidera ; et quæ fuerant candore perlucidæ, vertuntur in pluviam concitæ, crebrius micat coruscus e cœlo quod fuerat offuscatum : videlicet non longe ab ipsis erant tria idola cultu gentili dicata, cum aera fulgoribus urgerentur, in impetu tonitrui ita eversa sunt cœlitus, ut nulla exinde in crastinum fundamenta idolorum reperirent. Eodem ictu fulguris igne micante, silvam, quæ ab ipsis eminus cernebatur, ingens ignis ex parte exustam concremavit, et arbusta eruta ventorum impulsio prostravit. Sed tali timore qui cum Dei homine erant perterriti sunt, ut nullus se posse evadere crediderit, metuentes ut plaga Dei super eos descenderet. Inde frequenter hortabatur suos orationi insistere, et tota nocte in psallendi officio perdurare. Locus enim ille ubi vir Dei Aridius ad manendum diverterat, humiliori loco aliis videbatur, quo cæteri sua tentoria fixerant. Ita enormitate aquæ cuncti sunt madefacti, ut nihil remansisset in vestibus ubi aquæ impetus non percurrisset : sed sanctus Dei sacerdos capsulam quam cum sacris reliquiis collo suo appensam portabat, circumspiciens comites, superposito palliolo et stratorio ubi requiescere debuerat, tanquam si solis ardore attactus, ut nullum sensisset locus ille humorem.

XXX. Neque silendum est illud, quod virtuti congruit. Accidit quodam tempore, orto inter duos principes[1] bello, Lemovicum populus regionis civitatis ipsius formidantes mœnia rumpere, et in desolatione redigere et destruere : quibus directis nuntius a rege missus, quorum ditioni populus subderetur, et jam depopulata urbs esset in obsidione. Igitur quidam ex ipsis, Domaricus nomine, qui cum aliis ad occupandam civitatem venerat, sanctum Dei virum aggreditur, solerti cura sciscitans eum, ut quidquid per revelationis spiritum cognoverat, futura prædiceret. Quibus silentio ita locutus est : « Quanquam sciam vos regem metuere Theodebertum[2], hoc scitote quod regnum ipsius nuper aufertur, sed hactenus citius interimitur. Rex autem vester multarum scilicet gentium

---

(1) Chilpericum et Guntchramnum. Adde et Sigebertum. Vid. Gregorii Hist. IV, cap. XLVIII.

(2) Is est Theodebertus Chilperici filius qui, Gundobaldo duce devicto, Lemovices et vicinas provincias diripuit, ut narrat Gregorius libro IV Hist. cap. XLVIII, et tandem occisus est a Sigiberti exercitu, cap. LI. (R.)

augmenta adversus illum commovebit, super quem victoria ei donabitur : obtenta videlicet pugna victoriæ fraudulenter decipitur, sed a filiis nepotibusque suis, regnum ipsius traditur gubernandum. Cæteri vero reges, quibus stabilitate regnum stare videtur, interveniente articulo mortis pressi in ignobilitate rapiuntur a sæculo, sed præfatus Domaricus ad bellatores regressus est. Nam quod vir Dei Aridius prædixit, ita postea rei probavit eventus. Sed inter hæc cætera bona, sermo quoque ei sapientiæ atque scientiæ affluenter collatus erat, charitatem et humilitatem super omnia possidebat, famulos quoque non ut servos affligebat, sed benigna charitate diligebat. Quid pluribus immorer? In omni conversatione sua quasi lucifer intra astra cœli refulgens instar magni lampadis micabat. Semper enim perfectos æmulabatur ad bonum, semperque aliorum virtutes sibi proponebat exemplum. Tardus erat ad loquendum et velox ad audiendum, eratque eleemosynis dives, charitate longanimis, humilitate sublimis, sermone subtilis, vigil ingenio, promptus eloquio, flagrans studio, utile nempe vas in Christi domo.

XXXI. Plerisque sanctorum convenit esse credendum, ut futura prophetantes per spiritum prophetiæ aperta consideratione divinitus gesta narrentur. Ita et hic vir Dei, illustrante superna gratia, per revelationem sancti Spiritus annuntiabat quæ hominibus essent ventura. Quidam vir ex civibus Lemovicum civitatis, cognomento Nectarius[1], non inops rebus sed locuples

---

(1) Is est, uti videtur, qui beati viri testamento subscripsit. (R.) Quod testamentum Ruinartius ad calcem hujusce Vitæ adnexuit;

divitiis, unicum habens filium, intelligente beato Dei famulo subito illi mortis imminere incursum, quapropter vir reverentissimus nuntium direxit parentibus suis, ut antea quam morti puer occumberet, suo præsentaretur aspectui. Tum audito genitrix nuntio, prorupit in lacrymis pro sobolis internecione. Interea cum paucis sibi famulantibus beati viri obtemperat jussioni : cumque proficisceretur viam, ut prædictionis veritas probaretur, vi febrium ingenti attacta pueri membra solvuntur, et demisso capite clausisque oculis, pene mortuus esse videbatur. Et cum vir sanctus hujus rei exspectaret eventum, cernentes adolescentem esse exanimem, illico erumpentes in fletum vociferantes famuli, qui cum summa festinatione venientes ad Dei hominem properant. Scilicet pietate motus suscipiens puerum exanimem, ad reliquias sacratas beati Hilarii antistitis credidit exponendum. Qui pro eo magnis orationibus et precibus Domino commendavit, ut qui quatriduanum Lazarum reddidit vivum de sepulcro, huic quoque puero subveniret propitius. Consummata igitur oratione, qui exanimis esse cernebatur, statim restituitur matri incolumis : et quem crediderant mortuum tradere sepulturæ, cum eodem magno gaudio exsultantes domum revertuntur alacres.

XXXII. Hæc igitur, sed et alia quamplurima his similia quæ per singula prosequi longum est, plerumque vir Domini Aridius prophetiæ gratia ornatus prænuntiavit. Multa etenim sunt quæ per beatissimum

---

nos non, tale quoniam instrumentum nullo modo ad opera Gregoriana pertineat, idemque facillime alias reperiri et legi queat.

virum omnipotens Deus virtutum opera declaravit, quæ dum sæpius revolvuntur, semper accrescunt quæ miraculis intueantur. Sed hæc, videlicet quæ superius, pauca de pluribus comprehensa sunt. In terris degens ut incola, postquam cœlestem acquisivit palmam, ad Christum remeans a sæculi laqueo eductus, non minimum referendum nobis reliquit exemplum, quam vivens potuisset operari in mundo. Sed nunc longum est per singula virtutum ejus miracula verbis enarrare, præsertim cum liber jam supra modum refertus postulans finem sermonem rejiciat, et ariditas sermonis nostri attenuata, vel longo tramite pene defessa succumbat : non quod omnia quæ de eo narranda erant explicavimus, qui nec ad centesimum quidem ejus virtutum operum attingere potest, quanta in virum beatum operum bonorum ornamenta, quæ sunt maxima et pretiosa supernæ remunerationis contulerit prærogativa. Hoc igitur restat, ut ad finem termini valeamus pervenire. O vere imitabilem virum! o quam præferendum omnibus ejus exemplum! o semen secundum Abraham benedictum! Nempe Abrahæ benedictio meruit filium, Aridius vero benedictus transfertur in cœleste regnum; Abraham tradit hæredem, hic nihilominus hæreditatem; postremo Abraham quod habuit pignus exhibuit, Aridius vero totum quod potuit habere in mundo, Domini scilicet arbitrio jurique commisit. Sufficiat ergo hæc dixisse. Jam vero, ut spero, etsi rustico sensu sermonem prolixum duximus, quanquam ejus meritis digna præconia nullatenus narrare sufficeremus. Nunc vero tam ad audientium ædificationem dignum esse puto quam et legentium, si quomodo ex hac vita ad Dominum migravit, paucis verbis explicare curavero, adjuvante Domino nostro Jesu Christo, qui vivit et regnat in unitate Spiritus sancti per omnia sæcula sæculorum, amen.

Incipit de transitu sancti ac beatissimi Aridii abbatis et confessoris.

XXXIII. Igitur cum jam vir Domini senilem ageret ætatem, cum jam mundi adversa cunctosque labores æquanimiter tolerasset, postquam fidelissimæ dispensationis creditæ sibi undique merita cumulavit, post multiplicia misericordiæ opera, post monachorum cœnobiorumque mancipatum, post dulcia vitæ exempla, post bonorum omnium et virtutum miracula declarata : vergente jam ætate, cum autem esset annorum amplius octoginta, sciens jam dissolutionem sui corporis imminere, dixit ad suos monachos : « Scitote, charissimi fratres, quia me Dominus de laqueo hujus sæculi in proximo liberare dignabitur. » Cum hæc audissent, ex eo sermone cuncti tabefacti atque in angorem conversi, cœperunt mœrentes dicere : « Non contingat, domine, hoc famulis tuis videre, sed magis annis multis ad ornatum Ecclesiæ beatitudinem tuam Christus hic vernare permittat. » At ille cum lacrymis vel longis suspiriis dixit ad eos : « Non nostra, sed potius Domini ex hoc fiat voluntas. » Porro ad hæc verba cunctis mœrentibus ait : « Nolite, quæso, fratres mei, nolite contristari, sed magis gaudete et exsultate, quia olim hoc tempus desiderabam, hanc remissionem percipere cupiebam. » Illis itaque in angorem conversis, atque suspirantibus, nihilominus et rei ambiguitate detentis, a colloquio cessatum est. Igitur nec mora aliqua, post hæc levissima febri infusa corpori tædiari cœpit. Deinde vocato quodam puero præcepit, dicens : « Festina, fili mi, perge cito ad virum illustrem Astidium, dicesque ad eum ut celeri cursu veniat, quia hujus cœnobii regiminis curam post dies obitus mei ipse recipiet. » Et rursus ait : « Quoniam si moram aliquam fecerit, faciem meam in hac vita jam non videbit. » Nuntius quippe jussa complevit, sed præfatus Astidius veniendi causa tarde occurrit. Cum autem adfuisset, virum Dei jam superstitem in hoc sæculo non invenit. Itaque ut vir Dei prædixit, ita postea rei probavit eventus. Interea, ut dicere cœperam, cum vir beatus ultimam decumberet ægritudinem, nec quidem a Dei opere cessabat, bonam hanc consummationem virtutum suarum existimans, si ad finem usque perduceret. Pernox enim in orationibus et vigiliis, membris fatiscentibus, Deo spiritum et mentem servire cogebat, et nimium servire cogebat, et nimium lætus cupitum iter expectabat. Igitur cum jam propinquum diem sentiret, congregratis ix Kalendas Septembris discipulis suis, quos jam corpore non spiritu incipiebat relinquere, dixit ad eos : « Utinam, dilectissimi fratres, parvitatis meæ audire sententiam [velitis]. Si vere mei amatores estis, Christi monita amate, Dei tremenda judicia jugiter formidate. Quales eritis in die judicii præsentandi sollicita consideratione cavete. Ego enim jam gradior viam meam, sed et ego cupio dissolvi, et si Dominus permiserit, esse in requie. » His ita dictis, cum omnes flerent et ejularent, ait ad eos : « Ecce hodie in manus vestras commendo salutem animarum vestrarum : mementote ergo admonitionem meam, et cogitate omnes de vobismet ipsis. Hæc quæ dico assidue agite, hæc sapite et retexite, et memoriam meam semper vobiscum retinete. Jam ultra Aridius non erit in hoc sæculo vobiscum. » Cum hæc audissent omnes qui circumstabant, ingenti gemitu et fletu levatis, consona voce omnes flebant, dicentes : « Cur nos, pater, deseris vel cur tam cito a nobis recedere cupis ? Scimus quidem te desiderare Christum, sed salva tibi sunt tua præmia, nostri quoque miserere quos deseris. Absentiam tuam ferre non possumus, quia similem tui nunquam postea habebimus. Doleat tibi, pater, ne tam cito relinquas nos orphanos. » Talia quippe eis deflentibus, piissimus ille pastor faciem ubertim lacrymis rigabat : et cum esset pius, nec hos deserere, nec a Christo valebat diutius separari, tandem ergo inter amaras lacrymas resumens verbum, dixit : « Nolite ex hoc contristari, et ne quæso, nolite amplius fletu vexari de abscessu meo ; gaudere vos magis oportet quam mœrere, quia etsi corpore absens fuero, spiritu præsens ero. Ego vero si quid agere potui, profectibus vestris militavi ; et quanquam ego infelix sim, Dominus autem semper est. Illi vos commendo, ipsique curam vestram committo. Scio quidem quia inutilis servus non gessi quod debui, Dominus autem scit quomodo volui. » Posthæc quoque verba, vergente jam die, subito procidit in pavimento, et elevatis ad cœlum oculis orabat suppliciter gemens atque suspirans : « Commendo tibi, Domine Jesu, oves quas mihi credidisti. » Commendans igitur Domino cum fenore quod ab ipso acceperat talenti munere, jam vero in extremis positus, vocatis ad se discipulis, amplexusque per singulos, flens, valedicensque omnibus, ait : « Jam ultra non loquar ad vos, faciem meam amplius non videbitis, ideoque valete in pace, etiam me sentite quiescere. » Hi itaque qui circumstabant audientes, nullo quiverant genere temperare a fletu. Vix tamen inter amaras lacrymas hæc verba solummodo resonabant : « Dolemus quidem nostri causa, quod nos solatio abcessus tui destituis; sed tui causa, pater optime, consolamur; quia post mundi hujus laborem ad requiem vadis æternam. » Tunc ille oculis ad cœlum elevatis tacitam precem fudit, deinde cum lacrymis ait : « Memento mei, Domine, qui solus sine peccato es, Redemptor mundi, et educ me corpore mortis, et salvum me fac in tuum regnum cœleste : tu es protector meus, Domine, in manibus tuis commendo spiritum meum. Suscipe ergo me secundum magnam misericordiam tuam, et non confundas me ab exspectatione mea; sed adjuva me, et auxiliare exitum animæ meæ. Aperi mihi, Domine, properanti januam regni tui, et principes tenebrarum non occurrant mihi, sed clementia tua protegat et defendat, ac manus tua perducat me in locum refrigerii et consolationis, et vel in ultimo tabernaculo quod præparasti timentibus nomen sanctum tuum. » Inter hæc etiam addidit, dicens : « Nunc dimitte servum tuum, Domine, secundum verbum tuum, in pace. » Et his dictis inter verba orationis emisit spiritum.

XXXIV. Cum sancta illa anima carnis sarcina fuisset abjecta, statimque cum esset hora secunda noctis, visus est globus nimia claritate resplendens super ejusdem cellulam de cœlo descendisse, et subito ad sidera desuper penetrare. Hoc igitur ordine sancta ejus anima terrenis contagiis liberata, deducentibus angelis sanctis, ad suum auctorem revolavit læta. Vir quidem spiritum emiserat, luctus et fletus ad cœlum resonabat. Compositum quidem ex more corpus, feretroque impositum, ibidem in psalmis et hymnis totam noctem pervigilem ducunt. Cum autem lux diei fuisset exorta, convenit populi multitudo ; etiam cum et ad notitiam pontificis urbis Lemovicinæ pervenisset, quo audito, cum magno fletu celerique cursu occurrens, super corpus sancti viri diutissime flevit, quod eum vivum minime in sæculo invenisset ; et mox cum ad ecelesiam sancti Juliani martyris, quam vir sanctus ædificaverat, ubi corpus sacrum jacebat, deportare voluisset, nullomodo feretrum vel paucum levare potuerunt. Decreverat autem vir Domini Aridius in ecclesia sancti Hilarii antistitis, quam et ipse suo opere ædificaverat, corpus suum sepulturæ tradere. Tunc tristis valde Ferreolus pontifex effectus, indixit jejunium triduanum celebrare cum psallentio. Quod cum ita fieret, ipse cum suis indesinenter per illud triduum celebravit jejunium. Interea cum peractum est jejunium, ait : « Si Domini est voluntas, aut sancti hujus, ut illic eat quo ego vel plebs hæc cupimus, sine ulla dilatione elevetur. » Erat autem locus in secretiori parte. Cumque accessissent ad feretrum, ut eum levare conarentur, tanta mox celeritate levatum est, ut facile a duobus portaretur, quod antea nec a plurimis movebatur. Quod omnes qui aderant cum eodem pontifice cernentes, cum magna exsultatione Christi gloriam magnificabant, dicentes : « Magna et mirabilia sunt opera tua, Domine Deus omnipotens. » Cumque jam deportatum fuisset corpus ad sepulcrum, omnes qui aderant nullo genere temperabant a fletu; patrem se perdere clamabant, et inter fletus et singultus vix hæc verba promebant : « Cur nos, pater, deseris, et cui alumnos tuos tradis regendos? » Igitur corpore ex more tradito sepulturæ, præfatus episcopus reversus est ad propria. Comparetur itaque, si placet, exsequiis hujus sancti viri, non dicam funeris, sed potius triumphi, inanis gloria sæculi : conferatur si potest etiam virorum divitum pompa huic sacerdoti defuncto æquanda. Illos confusis plausibus turbarum honorat insania, Aridium mundi ærumna exutum angeli cum cœlestibus laudibus perferunt ad regna perpetua. Illi post sæculi pompas in tartara truduntur, hic post mundi adversa sinu Abrabæ lætus excipitur. Illi divitiarum opibus oppressi et defuncti præcipitantur in gehennam, Aridius vero eleemosynis sublimatus cum sanctis resurget in gloria. Illi postremum lugent in inferno damnati, Aridius laureatus exsultat Ecclesiæ cum cunctis a sæculo sanctis. Gratias tibi Deus noster, qui reddidisti ei magna pro parvis, et quiescere eum fecisti in gloria sempiterna, et illa evangelica promissione, ubi ait : *Euge, serve bone et fidelis, quia super pauca fidelis fuisti, supra multa te constituam*[1]; hic meruit audire : *Intra in gaudium Domini tui*. Et sicut de talibus per Salomonem scriptum est : *Justus de angustia liberatus est*[2]. Et per Jeremiam scriptum est : *Benedictus vir qui con-*

---

(1) Matth. xxv, 21.
(2) *Prov.* xi, 8.

fidit in Domino, et erit Dominus fiducia ejus[1]. Hinc et David dicit : *In lege Domini voluntas ejus, et erit quasi lignum quod plantatum est secus decursus aquarum*[2]. Hinc etiam per Isaiam prophetam Dominus dicit : *Ego vocavi eum et benedixi ei, et directa est via ejus*[3]. Hinc quoque in libro Ecclesiastico dicitur : *Timenti Dominum bene erit in extremis, in die defunctionis ejus benedicetur*[4]. Hinc et alibi scriptum est : *Bonorum laborum ejus gloriosus erit fructus*[5], *et in perpetuum corona ejus triumphat*[6]. Hæc nos de obitu sancti viri sufficiat narrasse, ut ne legentibus fastidium ingeram. Verum et ejus vita terminetur, noster quoque terminetur et sermo.

Incipit de miraculis sancti Aridii abbatis.

XXXV. Nunc de multis miraculis quæ ad sacratissimum ipsius corpus Dominus assidue ejus meritis operatur, vel pauca de pluribus, quæ in calce ejus obitus ibi Jesus Christus declaravit, pro legentium opportunitate aggrediar, ideoque non valet mens humana in verbis erumpere, quantis mysteriis milites suos superna gratia illustrat. Quidam monachorum de viri sacratissimi cellula, nomine Baudenus, cum instrumentis chartarum quibus monasterii possessio firmabatur, regionem Burgundiæ adire non distulit.

---

(1) Jerem. xvii, 7.
(2) *Ps.* i, 2, 3.
(3) Isai. xlviii, 15.
(4) *Eccl.* i, 13.
(5) *Sap.* iii, 15.
(6) *Sap.* iv, 2.

Qui igitur expetens venerabilem et egregium antistitem, Syagrium Æduæ civitatis episcopum, eumque suis precibus imploravit, eo quod honore dignissimus præ omnibus in regis palatio habebatur, ut ejus patrocinio a diversorum æmulorum insidiis cellula tueretur. Qui scilicet petitionibus præfati monachi annuens, quæ petivit vir reverentissimus non negavit : sed etiam auctoritate regali instrumenta munivit, et ad regionem remeandi tribuit libertatem. Cumque transissent dies plurimi, et obtenta petitione festinaret, oppidum Lemovicæ regionis ingressus est. Quodam die in vico quodam, nomine Ricomago, virum magnificum Nectarium ibidem reperit; et quidquid petitionibus suis eventus præstiterat, omnia patefecit. Qui dum interea percunctaretur ab ipso, cœpit sermonibus suis vacillare, menteque lapsa, ac furibundo vultu, statimque prorumpens in vocem, causam sui operis silere non potuit, quod adulterii vitio fuerat ludibriose inquinatus. Qui dum frenderet dentibus, et se suis morsibus laniaret, chrismarium quod vir beatissimus Aridius gestare consueverat, et reliquias habere sanctorum, a se concitus excutiens, projecit in terram. Et dum furor ingens illius sedari nullatenus poterat, vinctus custodiæ mancipatur. Interea unus e famulis præfati viri, apprehenso chrismario quod a se projecerat, nesciens inter vestimenta reposuit. Qui dum hoc ageretur, constipatis in unum rebus, onerare jumentum cœperunt. Nam cum super ipsum onus elevatum fuisset, sacro pondere constipatus, in terra corruens gressum ultra movere non potuit. Quid plura ? supponitur in alio, qui scilicet suscepto pondere, pari conditione idemque similiter in terra procubuit. Qui dum multis stimulis cruentatus urgeretur, nullatenus reddidit animos erigendi, quousque daretur causa intellecti culpa facinoris patefieri. Igitur dum arctius furoris impetu suæ vesaniæ ageretur, exclamavit quod chrismario, quod se indigne deportasse dicebat, cum suis vestimentis esset astrictus; et ideo vehiculum non movetur nisi hactenus tollatur, ubi potius est negligentiæ culpa. Quod videlicet scrutato marsupio illico repererunt, et pro veneranda devotione ac religione vir sublimis Nectarius puero innocenti cum reverentia honoris superimponit; statim horarum solvuntur spatia. Præfatus namque Baudenus, cum antequam spiritu perturbaretur, utpote nec alio potest æstimari qui suo sensu non regebatur, coram omnibus extensis gressibus fugam iniit. Qui dum in unius spatio horæ pene duodecim millia suis pedibus velociter curréret, fatigato corpore, semianimis corruit in terram : cumque a custodibus assecutus fuisset, apponitur mansioni. Exacta namque nocte diluculo consurgens, ad sacratissimum tumulum sancti Martialis cogente immundo spiritu se obtulit præsentandum ; ibique ut professionem sui operis patefecit, expulso maligno spiritu, medelam meruit recipere sanitatis.

XXXVI. Sunt multa et alia, quæ post transitum sancti viri omnipotens Deus operatus est. Hujuscemodi causa populis expectantibus, unus e familiaribus ad virum magnificum antedictum velocissimo cursu perveniens, nuntiavit conjugem suam gravi mortis periculo detineri, quem vero admonuit ut festinus adesset, si vellet eam reperire vivam. Qui interea confidens de Domini miseratione, puerum qui chrismarium sancti viri secum detulerat jussit concitus inantea properare. Cumque domum fuisset ingressus, omnis familia in luctu et lamentatione vacabant, eo quod tam repentinæ mortis articulo subjaceret. Quæ scilicet oculis clausis judicium morituræ ostentu gutturis apparebat, ubi gravissimus exortus fuerat nodus. Quæ etiam jam vocis officio obserato ac calligantibus oculis, nec virum suum agnoscere poterat. At ubi chrismarium sancti viri collo morientis suspenditur, mors illico fugatur, statim oculi solvuntur in lumine, spiritus halitus saluti pristinæ reformatur. Quæ eructans fortiter, ablato gutturis nodo, quod esu non acceperat revomuit, et restituitur vitæ cui mors imminebat in januis. Ipsum vero chrismarium vocatis sacerdotibus venerabiliter ad monasterium sancti viri deportatum est.

XXXVII. Sed quis singillatim omnia mirabilia quæ ad sanctum ejus sepulcrum Dominus Jesus Christus operatur assidue, verbis valeat enarrare? Quadam die decreverat mulier se sancti viri præsentia esse videndam, ut referret gratias. Nocturnas vigilias celebrantibus monachis, Babolenus quidam habens filium, nomine Babolenum, qui gravi fuerat membrorum vulnere addictus, deportatus a parentibus ad tumulum sancti viri exponitur, qui dum in pavimento jaceret, nocte fere media puer prorumpens in voce, sensit membrorum compages locis quibus fuerant dissolutæ adjungi, qui videlicet se erigens e pavimento, solidatis membris stetit super pedibus suis : et qui fuerat manibus exhibitus ad sepulcrum, gressu proprio cum ipso suo parente, gavisi gratias Christo referentes, revertuntur ad propria.

XXXVIII. Intuendum summopere est quanta omnipotens Deus sanctis suis in hac vita gratiæ suæ contulit dona ut, ad majorem gloriæ cumulum, ad supernam patriam remunerentur post triumphum. Itaque quidam ex monachis, nomine Gaudomeres, de monasterio Ambiacini, quod non longe ab urbe situm est, ipse vero a maligno spiritu detentus, ita ut visu quem cerneret morsu vellet decerpere, et in duabus vinctus catenis deducitur ligaminibus quasi reus ad judicem. Quadam namque die ad tumulum sancti viri deductus est, ibique redditus sanitati pristinæ, ab adversario hoste a quo vexabatur ereptus est, in servitio omnipotentis Dei plerosque convertit. Nam catenæ quibus miser astringebatur, sponte solutæ sunt, ut miraculo duplici patefaceret quod in uno momento catenæ constipatæ confringerentur, atque a dæmonio obsessum divina gratia absolveret, ut liber Deo serviret, cui creatura omnis ingemiscit. Nam si quis exigente causa quamcumque fuerit ob culpam vinctus, vel catenis astrictus, si contigerit ut per agrum publicum, qui basilicæ ipsius proximus est, ducatur ligatus, mox ut contra eamdem ecclesiam ventum fuerit, confestim disruptis omnibus vinculis solvitur reus, nec patitur ulterius teneri astrictus.

XXXIX. Mirandis rebus plus adhuc miranda succedunt. Quadam vero die duo muti venientes ad tumulum sancti viri, licet lingua rogare non valebant, sed fide. Peruncti igitur oleo, mox solvitur imperante Domino lingua mutorum, et loqui cœperunt adorantes, et qui effecti fuerant elingues, protinus sermocinantur ad plebem. Electi quippe hoc in munere acceperunt, ut quanto magis virtutibus polleant, tanto etiam indignos se judicent, ne ad inanem gloriam rapiantur, ut dono non priventur superno. Igitur quatuor viri de diversis provinciis venientes, una cæcitate damnati, tunc prostrati in oratorio exspectabant lumen, eventu quærentes sancti viri remedium. Interea dum preces ad sacratum tumulum offerunt, unanimiter postulantes, illico cæcorum oculos aperit, qui longo jam tempore fuerant clausi, claro lumine adepti, poscentes limina templi.

XL. Multa quidem et alia ibidem, jubente superna gratia, ejus meritis operantur signa atque virtutes: inter quæ etiam et cicindelus exundante ubertim oleo superfunditur. Ex quo etiam sancto liquore multi illic peruncti a diversis sanantur infirmitatibus, et benedicitur ibi jugiter nomen Domini Dei æterni. Sed et ad ejus nihilominus lectum, qui situs est in monasterii sui prædio, multæ virtutes similiter declarantur. Sed et per diversa loca ubicunque sacræ ejus reliquiæ deportantur, vel quo etiam delatæ fuerint plurima signa virtutum, ejus merita revelante gloria Christi, enixius efficiuntur. Quæ omnia ex ordine onerosum duximus verbis prosequi, et idcirco ea his paucissimis syllabis complexi sumus, quia jam cessare a collocutione festinamus. Quæ vero si per singula, ut gesta constant, nunc enodare curaverimus, et modum paucissimi voluminis excedimus, et pro ipsa forsitan prolixitate fastidium legentibus ingerimus. Quæ vero nos minus enarravimus, palam omnibus fidem præstant, conspicientibus illa multimoda vincula compeditorum, quæ ad ejus sepulcrum in argumento rerum cernuntur appensa. Ex quibus etiam nos aut certe pauca, aut pene nulla commemoravimus, per id duntaxat quod in conspectu omnium apposita, velut nos locum, ita et omnes nos ambigimus nosse. Hæc quidem quamplura infra pauco tempore constant acta. Illa scilicet quæ deinceps per prolixa spatia temporum agenda sunt, qualia vel quanta fiant, quis modo æstimatione comprehendere valet, cum nunquam a præsulis tumba hodieque restent fieri miracula. Sed quotidie ægri ad tumulum sancti viri veniunt, et ibi excubantes sani efficiuntur; cæci veniunt et illuminantur; dæmoniaci veniunt et liberantur; perjuri veniunt et aut moriuntur, aut etiam a diabolo vexantur; ferro vincti confugiunt, et solvuntur; claudi carrucis advecti, consolidatis gressibus, ad propria incolumes revertuntur. Multæ quidem sanitates ex eo, qui illic crescit, olei liquore perficiuntur. Quanti rursus a frigoribus vel diversis infirmitatibus detenti liberati sunt post transitum beatissimi viri, qui fuerant ab hoste captivi. Nam libelli pagina singillatim non potest adnecti, ut ne infirmioribus fide fastidium præparet, et dubitantibus sermo prolixior promulgetur. Hæc igitur pauca de pluribus dixisse sufficiat, ut quasi de diversis floribus in sanctæ ecclesiæ sinu redolentes repleta multorum corda credentes, ut carpere perfectos fructus valeant, quos mundialis delectatio non inquinat. Non potest enim et hic gaudere cum sæculo et illic regnare cum Christo; nec duobus dominis servire, Deo scilicet et Mammonæ. Deponentes igitur opera tenebrarum induamus arma lucis, quia creator omnium est lux vera, quæ illuminat omnem hominem venientem in hunc mundum, per Dominum nostrum Jesum Christum Filium suum, qui in Trinitate perfecta vivit et regnat Deus in unitate Spiritus sancti per omnia sæcula sæculorum. Amen.

APPENDICE.

Pour nous tenir jusqu'à la fin sur les traces de dom Ruinart et ne priver la présente édition d'aucun des documents que le savant bénédictin avait fait entrer dans la sienne, nous plaçons ici, en appendice, la *Vie de Grégoire de Tours* par l'abbé Odon et la liste des *Testimonia Virorum illustrium*, c'est-à-dire des mentions faites de Grégoire, d'abord par son ami le poëte Fortunat, puis par les plus notables d'entre les écrivains venus aux temps postérieurs.

Le récit de cet Odon que l'on s'accorde à regarder, sans en avoir toutefois la preuve, comme étant saint Odon[1], abbé de Cluny (né en 879, mort en 943), est composé à peu près en entier d'anecdotes puisées dans les ouvrages mêmes de Grégoire, mais présentées avec un choix et une sobriété qui indiquent un grand progrès accompli dans l'intervalle du sixième au dixième siècle. Malgré les défauts d'un style obscur et recherché, l'auteur s'exprime en paroles graves et sensées pour un moine obligé d'accepter tout le merveilleux contenu dans le sujet qu'il traite. Il savait beaucoup sur Grégoire et sur les souvenirs que Tours avait gardés de cet illustre évêque; malheureusement une fausse dignité littéraire lui a fait dédaigner de nous transmettre ses informa-

---

[1] Mais on sait que saint Odon était né à Tours, où il passa la plus grande partie de sa vie et s'occupa beaucoup de l'histoire de la Touraine et de ses saints. Cette attribution qu'on lui fait de la Vie de Grégoire remonte au premier éditeur de cet ouvrage, en 1511, Josse Clichtowe, lequel dit sans hésiter : *Subjungimus tractatum B. Odonis, abb. Cluniacensis, non minus auribus gratum quam orationis splendore nitentem.*

tions¹. Vers les derniers chapitres de sa narration cependant il introduit divers détails personnels à Grégoire de Tours, qui ne se trouvent pas dans les livres de celui-ci, et auxquels le caractère sérieux du biographe doit faire accorder quelque attention.

Telle est l'intéressante tradition d'après laquelle Grégoire, dans un voyage qu'il aurait fait à Rome sur la fin de ses jours, aurait été accueilli avec tendresse par le pape Grégoire le Grand et gratifié par lui d'un siège d'or (chap. xxiv, ci-après, p. 230); et le narrateur parle de ce présent comme si l'on eût conservé de son temps le précieux meuble dans le trésor de l'église de Tours. Il n'en est toutefois nullement question dans l'inventaire des reliques si malheureusement détruites par les protestants à Tours en 1562².

Il existe un raccourci de cet ouvrage, ordinairement imprimé dans les éditions du seizième siècle, sous le titre de *Gregorii Turonensis vitæ Breviarium*.

Une autre Vie de Grégoire nous a paru pouvoir être mise à la suite de celle-là : c'est une brève compilation qu'on trouve inopinément au milieu de la première édition du texte complet du saint évêque, entre la fin de son *Histoire* et le commencement des *Vitæ Patrum* (édit. de 1512, f° cii v°). Il semble que l'imprimeur l'ait fait rédiger uniquement pour remplir une page blanche qu'il avait en cet endroit. Son auteur, l'inconnu Jean Gilles, de Tours, ne donne point de renseignement nouveau, mais une refonte d'Odon en style curieusement recherché. Nous l'avons admise pour montrer une appréciation de Grégoire écrite par un Tourangeau du seizième siècle.

La liste des *Testimonia* en l'honneur de Grégoire, liste utile quelque suranné que puisse paraître aujourd'hui ce

---

(1) « Quoniam plurimis quæ opinione feruntur omissis, pauca quædam quæ ex libris ejus approbantur, attingimus. » (*Prol.*)

(2) Il est fait mention dans cet inventaire de 1562 (pub. par M. Grandmaison pour la Soc. des bibliophiles de Touraine) du « chef de S. Grégoire » renfermé dans un reliquaire d'argent enrichi de pierres précieuses et de son corps que l'on conservait dans une châsse non moins riche. Ces objets si vénérables n'échappèrent pas à la destruction.

genre de document, aurait pu être considérablement grossie. On s'est contenté de la compléter dans ce qu'il y avait d'essentiel.

Les pièces de vers adressées par Fortunat à l'évêque de Tours sont tellement nombreuses qu'elles pourraient à elles seules faire la matière d'une petite publication spéciale; et cependant tel est le vide de cette poésie latine, devenue creuse et stérile alors, comme un vieil arbuste transplanté, que l'on n'y trouve qu'avec peine çà et là quelques traits ajoutant à ce que nous savons d'ailleurs. Il faut, par exemple, y remarquer les passages où le poëte parle des florissantes études de Grégoire (ci-après p. 248, l. 23), où il le compare un peu à Sophocle (p. 253, l. 38), où c'est à son désir qu'il cède en lui adressant des vers saphiques (p. 254), où il rappelle ses amicales instances pour obtenir que lui, Fortunat, rassemblât ses œuvres en un volume (*Préf.*), où il semble dire enfin que Grégoire lui-même composait parfois des vers (p. 246, l. 37). Le lecteur trouvera d'autres faits encore à glaner dans ces fragments de Fortunat.

Notre Appendice contient aussi la *Note* que nous avons promise en commençant (t. I, p. II) sur les manuscrits vus pour cette édition, et une *Bibliographie* aussi complète que nous l'avons pu dresser des œuvres de Grégoire de Tours et des traductions ou commentaires dont elles ont été expressément l'objet.

Un dernier devoir nous incombe, doux à remplir, celui de remercier notre commissaire responsable, M. Jules Marion, dont l'érudition si précise et si étendue, surtout en ce qui touche aux matières d'histoire ecclésiastique, n'a cessé de nous conseiller et de nous soutenir.

I

VITA

SANCTI GREGORII

EPISCOPI TURONENSIS

PER ODONEM ABBATEM[1].

Omnium quidem sanctorum jure memoria veneratur, sed eos primum fideles honorificant, qui vel doctrina, vel exemplo cæteris clarius effulsere. Porro unum ex his beatum Gregorium Turonicæ sedis archiepiscopum fuisse, eumque hac gemina dote resplenduisse non parva documenta produnt. Cujus nimirum gesta vel partim necessario describuntur, ne fama tanti viri quandoque dubietatis nebula fuscaretur. Et quidem satis est ad ejus gloriam quod Christum, cui placere quæsivit, conscium habet in excelso, sed tamen et hic nefas est illius laudes tacere, qui tot sanctorum studuit laudes propalare. Quæ scilicet relatio quantula erit, nec ejus insignia ut sunt proferet, quoniam plurimis quæ opinione feruntur omissis, pauca quædam quæ ex libris ejus approban-

---

(1) Vitam S. Gregorii recensuimus ad codices manuscriptos tres : S. Germani a Pratis unum; S. Pauli Cormaricensis unum et S. Sergii Andecavensis unum. (R.)

tur attingimus. Quod si quis Judaico more signa requirens sanctum quemlibet signorum quantitate metitur, quid de beata Dei Genitrice, vel de præcursore Joanne censebit? Sanius itaque discernat quod in tremendo die, multis qui signa fecerunt reprobatis, hi qui opera justitiæ sectati sunt ad dexteram superni Judicis colligentur. Non igitur præsulem nostrum a gestu miraculorum commendamus, quamvis et illa non omnimodis deerunt, sed quod mitis et humilis corde Christum imitatus fuerit demonstrare aggrediamur.

I. Gregorius Celtico Galliarum tractu fuit exortus, Arvernicæ regionis indigena, patre Florentio, matre Armentaria procreatus. Et si quid divinæ generositati terrena conducit nobilitas, parentes ejus cum rebus locupletes, tum quoque natalibus fulserunt illustres. Sed quod pluris est, muniis divinæ servitutis quadam peculiari devotione ita videbantur annexi, ut quisquis ex his irreligiosus existeret, jure degener notaretur, ad quod astruendum quiddam de propinquioribus inseramus. Itaque Georgius[1] quondam senator Leocadiam duxit uxorem; hæc de stirpe Vectii Epagati descenderat, quem Eusebius in quinto Historiarum libro Lugduni passum, ac inter reliquos tunc temporis narrat gloriosius agonizatum. Quæ Leocadia peperit sanctum Gallum Arvernicæ sedis episcopum atque Florentium hujus pueri genitorem. De hoc autem Florentio, sed et de Armentaria matre, de Petro quoque fratre ejus, nec non et de uxore Justini sorore ejus, ac duabus neptibus Heustena videlicet, et Justina beatæ Radegundis discipula, libri miraculorum talia referunt, per quæ fides illorum et merita non

---

(1) Sic recte Serg.; ita enim dicebatur Gregorii avus, et est Gregorii lectio. Editi, *Gregorius*. (R.)

exigui momenti fuisse dignoscantur. Hæc autem Arvernis [*Editi codd.* Arvernia], quæ puero genialis humus fuit, vehementer olim caput extulerat, ita ut senatoribus velut urbs Tarpeia [*It.* Roma] præpolleret : ab his Gregorii parentela profluxerat, hæc senatores, hæc judices et quidquid de ordine primariorum dixerim proferebat. Id sane de parentibus dictum sit, ut quia Dominus in generatione justa est, ad laudem Gregorii proficiat, quod ei sua progenies titulo sanctitatis columna videatur. Hujus genus et patriam Fortunatus commemorans (*lib.* VIII, *car.* 17),

> Forte (*inquit*) decus generis, Turonicensis apex
> Alpibus Arvernis veniens mons altior ipsis.

Ad matrem quoque ejus (*lib.* X, *carm.* 21),

> Felix bis meritis sibi Macchabæa vel orbi,
> Quæ septem palmas cœlo transmisit ab alvo :
> Tu quoque prole potens recte Armentaria felix,
> Fœtu clara tuo geniti circumdata fructu :
>   Est tibi Gregorius palma corona novus.

Ita nobili stirpe nobilissima proles emergens, ut rosa quædam suo stipite gratior, decus generositatis auctum in parentes refudit. Et quamvis jam mysterii majestas in nominibus non quæratur, tamen hic, ut rebus assertum est, Gregorius competenti præsagio nominatur. Sic enim Græcus vigilantem appellat, hic denique non solum tertiam vigiliam, sed quod majus est secundam, quodque rarissime videas, observavit et primam : et quia jugum Domini ab adolescentia portavit, sedebat solus, ut ait Hieremias, vel certe prope Martinum. Ut autem ætatulæ robur admisit, litterarum studiis mancipatur, in quibus equidem studiis primitus sub Gallo episcopo, suo videlicet patruo, sensus illius teneritudo coaluit.

II. Cum ergo jam in discendis notarum characteribus ageretur, hunc divina dispositio virtutum auspiciis initiavit, sanctamque ejus infantiam signorum ostensione nobilitavit. Nam pater ejus nimia valetudine comprehensus lectulo decubabat, intimis ossibus ardor furere, podagricus humor foris intumescere, vapor aridus ora perurgere cœpit, cum quidam puero vir per visionem apparens diceret : « Legisti, ait, librum Jesu Nave? » Cui ille : « Nihil, inquit, aliud litterarum præter notas attendo, quarum nunc exercitio constrictus affligor. Nam hic liber si sit penitus ignoro. » Et ille : « Vade, inquit, fac hastulam ex ligno quæ possit hoc recipere nomen, scriptumque ex atramento sub paterni capitis fulcro collocabis : quod si feceris, erit ei præsidium. » Mane facto, matri quod viderat indicavit : senserat nimirum sancti puer ingenii non suo, sed matris judicio, rem esse gerendam. Tunc illa jubet visionem implere. Factum est, et pater de momento convaluit. Quid sane rationabilius quam nomen Jesu vel lignum ad reparandam sospitatem congrueret?

III. Parentes ejus, ut revera nobiles erant, et in Burgundia diffusi latifundii possessores. Sanctus vero Nicetius, vir totius religionis, qui Lugdunensi præerat civitati, cum prædicti parentes eum vicinarent, puerum Gregorium sibi jubet acciri. Quem sanctus vir coram positum aliquantisper contemplatus, et nescio quid divinum in eo commentatus, jussit hunc ad se, jacebat enim in lectulo, levari : ac velut paradisi colonus concivem sibi futurum præsagiens, ulnis astrictum cœpit confovere, cum quidem, quod reticendum non est, ita collobio se totum contexit, ut nec summis digitis puerum in nudo contingeret. Hoc sane castitatis exemplum isdem puer adultus auditoribus suis frequenter ingerebat, ex hac perfecti hominis cautela suadens eos colligere, quantum fragiles quique debeant leporis attactus vitare. Benedixit ergo puerum, et imprecatus illi prospera suis remisit eum.

IV. Biennio vero post miraculum quod diximus ferme exacto, jam memoratus Florentius recidivo languore captatur : accenditur febris, intumescunt pedes, dolor pessimus pedes intorquet; perendinata pestis hominem contriverat, jam pene conclavatus jacebat. Interea puer vidit iterum in somno personam sese utrumne librum Tobiæ cognitum haberet interrogantem. Respondit : Nequaquam. Qui ait : « Noveris hunc fuisse cæcum, atque per filium ex jecore piscis angelo comitante curatum : tu igitur fac similiter, et salvabitur genitor tuus. » Hæc ille matri retulit : quæ confestim pueros ad amnem direxit : piscis capitur, quæ de ejus extis jussa fuerant prunis imponuntur. Non fefellit virtutis eventus, ut enim primo fumus odoris in naribus patris reflavit, protinus omnis ille tumor dolorque discessit. Si magnum est os Zachariæ Joannis merito fuisse reseratum, nec modicum utique est Florentium non semel, sed bis per filium esse curatum. Senserant ex hoc iidem parentes quod dextro pedi potissime foret innixurus; nec ignorare poterant quin illum divina dispositio dexterioribus officiis aptavisset. Quem tamen non continuo totonderunt, ipsius, ut reor, assensum in suscipiendo clericatu præstolantes, litterarum tamen studiis instantius applicabatur.

V. Adhuc itaque laicus, tam sensu quam corpore adoleverat, cum subito vi nimia febrium ac stomachi pituita comprehensus, cœpit graviter ægrotare, languor per dies ingravescere, medicinalis industria nihil proficere. Quem patruus Gallus frequenter visitabat, genitrix vero ut mater cum lamentis assiduabat. Sed cum jam de humano auxilio desperaretur, cœlitus adolescenti suggestum est quod se ad divinum conferret. Rogat igitur ut ad sepulcrum S. Illidii, erat enim juxta, portari deberet. Sed ei parum profuit, quia causa differebatur quæ per illud incommodum quærebatur. Domi reportatus ita cœpit post paululum tormentari, ut putaretur ad exitum urgeri. Vexatio tandem fecit causam intelligi, consolatur eos qui se flebant, dicens : « Ad sepulcrum beati Illidii me semel adhuc deferte; fides mea est, quod et mihi sospitatem et vobis mox præstabit lætitiam. » Tunc vero illic deportatus, voce qua poterat orationem fudit, spondens quia si ab hoc contagio liberaretur, clericatus habitum suscipere nec prorsus moraretur. Dixerat, et sensit protinus discedere febrem, et a naribus ejus copia sanguinis defluente, sic omnis illa valetudo disparuit, ac si legatus quidam, re pro qua venerat obtenta, discedere festinaret : ita comam deposuit, et se divinis obsequiis ex toto mancipavit.

VI. Cum vero sanctus Gallus ad emeritam beatæ vitæ coronam vocaretur, vir Domini Avitus adolescentem suscepit, qui cum ejus ingenium morumque habitudinem exploravisset, magistrorum diligentiam adhibuit, et quanta vel ipsius industria, vel eorum sedulitas velocitate poterat, ad arcem sapientiæ provexit. Hæc in Vita præfati Illidii reperies. Porro autem in discendis litterarum studiis ea se discretione exercuit, ut utraque nimietate careret : nec poetarum nænias ex toto horreret, nec tamen, ut plerisque mos est, iis indecentius hærens, earum lenocinio mente ancillaretur. Fecit enim quod suffecit, aciem cordis veluti ad quamdam cotem exacuit, et ita quasi ab Ægyptiis vasa aurea promutuans, et ad eremum qua manna comederet demigrans, in perscrutandis divinarum Scripturarum potentatibus intravit. Quod ipse de se loquens ostendit dicens : Non ego Saturni fugam, non Junonis iram, non Jovis stupra commemoro, et cætera monstra, quæ illic secutus adnectit usque dum diceret : Hæc omnia tanquam cito ruitura despiciens, ad divina potius et evangelica revertar; non enim vel vinciri cupio meis retibus vel involvi. In quo se ostendit hæc scisse quidem, sed saniori judicio respuisse.

VII. Tempore præstituto diaconus ordinatus est. Ea tempestate erat quidam vir Arvernicus, qui lignum de sacrosancto beati Martini sepulcro detulerat, sed cum ligni reverentiam incautus negligeret, omnis ejus familia graviter ægrotare cœpit. Cum subinde languor ingravesceret, et ille causam percussionis ignorans minus se emendaret, vidit in somnio personam terribilem, cur secum ita ageretur percunctantem. Qui cum se nescire diceret : « Lignum, inquit, quod de lectulo domni Martini tulisti, negligenter hic retines, et ideo hæc incurristi; sed vade nunc, defer illud Gregorio diacono. » Dignus jam, ut reor, idem levita figurabatur, cui domnus iste Martinus pretiosa quæque sui gregis essent commendaturus. Tunc temporis apud Arvernum plerique in habitu religionis viri fulgebant, quos idem juvenis nunc cum beato Avito, nunc semotim invisebat, quatenus ab eis vel exempla pietatis assumeret, vel ipsis quod forte deerat mutua charitate præstaret. Nimirum in iis Christum colebat, et veluti solis jubar in vertice montium refulgentem, in iis interim dum in seipso videri non potest, Christum respiciebat. Ad hoc animum intendens, vel ad laudem Christi proferret quidquid per eos, vel etiam per illos qui jam cœlo præcesserant, operari dignabatur.

VIII. Sane inter cæteros in quibus, ut diximus, Christus velut in montibus resplendebat, domnum et gloriosum Martinum deprehenderat, qui reliquos velut quidam Olympus excedit, et luculentius ut pote ætheri vicinior fulgoribus ipsa astra reverberat, in cujus utique veneratione totus orbis merito jam olim conjurat, in hujus desiderio Gregorius exardens inferbuit[1]. Hunc semper in corde, hunc in ore gerens, laudem ejus ubique spargebat. Dum vero mentis (sic) ad nimium in exercitio virtutum defigeret, caro ejus a propriis viribus lacessebat, ita quippe mos est. Hinc est quod Daniel postquam angelicæ visionis contemplatione levatus est, a carnis virtute deficiens per multos dies ægrotavit. Hic itaque virtutibus proficiens, sed viribus corporis intabescens, aliquando valetudinem cum febre et pustulis incurrerat : qua tandem ita confectus est, ut usu cibi potusque negato, omnem vitæ hujus spem amiserit. Unum tamen supererat quod ejus fiducia Martino innixa nullatenus vacillabat. Quinimmo ferventius flagrans, tanto ejusdem Martini desiderio succensus est, ut cum mors pene caput illi emerserit, ad visendum tamen ejus sepulcrum iter arripere non dubitaverit, nec eum sui dehortari possent, cum obnixe restiterit, quia corporis illa febris febre vincebatur amoris. Et quidem actis duabus vel tribus mansionibus, itineris occasione itidem languor invaluit. Sed nec tunc omnino cogi potuit quin ad propositam Martini fiduciam festinaret, nomine divinæ majestatis dehortatores obtestans, ut vel vivum, vel certe [alias forte] defunctum se ante ejus sepulcrum exponerent. Quid plura ? parvenit utcumque, probata fides speratæ salutis compos effecta est. Et non solum ille, sed et Armentarius quidam ex ejus clericis, qui sensu penitus caruerat, merito prædictæ fidei sanatus est. Agens itaque tam pro se quam pro illo gratias, amore

---

(1) Hic desinit Vita in codice Cormaricensi. (R.)

Martini exsatiatus, vel potius magis succensus, ad patriam rediit.

IX. Aliquando vero cum iter de Burgundia ad Arvernem faceret, magna contra se tempestas exoritur, densus aer in nubibus cogitur, crebris ignibus cœlum micare, validisque tonitruorum cœpit fragoribus resonare, omnes pallescere, imminensque periculum pavitare. Sed Gregorius animæquior, sanctorum reliquias (has enim indesinenter collo ferebat) de sinu protrahit, et minacibus constanter nubibus opponit : quæ protinus divisæ, dextra lævaque prætereuntes, illæsum iter gradientibus præbuerunt. At superbia, quæ plerumque virtutibus nutritur, juvenili animo protinus irrepsit; privatim gaudet, suisque meritis præstitum arrogat. Sed quid tam vicinum superbiæ quam casus : nam equus cui insederat illico lapsus, hunc ad terram graviter elisit, ita ut omni corpore contusus vix assurgere posset : causamque ruinæ intelligens, satis deinceps cavit, ne se vanæ gloriæ stimulis qualibet sub occasione dejiceret : sed quotiens per eum aliquid divina virtus egisset, non suis meritis ascriberet, sed virtuti reliquiarum quas, ut diximus, perinde ferebat. Quod factum si decreveris, mirabilius est superbiam correxisse quam nubem divisisse.

X. Erat autem in orationibus assuetus, præsertim quietis horis. Solemnitas beatæ Mariæ Virginis advenerat, siquidem apud Arvernem in villa Marciacensi ejus reliquiæ continentur. Tunc forte Gregorius intererat, qui cæteris alto sopore depressis, ad secretam orationem suo more processit, conspicatusque eminus videt oratorium ingenti claritate fulgere. Credit igitur aliquos devotorum jam se ad celebrandas vigilias præcessisse, visione tamen luminis attonitus illo pertendit, cuncta silentio data deprehendit. Ad ædituum transmisit, sed interim ostium sponte reseratur; ille ad angelicas excubias reverenter ingressus divinam visitationem illico agnovit : claritas, quam a foris mirabatur, protinus discessit, nihilque præter virtutem gloriosæ Virginis videre potuit.

XI. Anno centesimo septuagesimo secundo post transitum domni Martini, Sigiberto rege anno duodecimo regnante, beatus Eufronius, qui inter virtutes consenescens tanta gratia donatus est, ut ei prophetiæ spiritus inesse visus sit, appositus est ad patres suos; tempusque advenerat, ut Gregorius amore beati Martini dudum flagrans, et ad pastoralis officii ministerium idoneus existens, cathedram ejus vice sua regendam suscipere debuisset. Cum igitur beatus Eufronius obiisset, Turonici de ejus successore tractaturi conveniunt, sed facili discrimine suasum est cunctis Gregorium in electione præferendum. Personam huic loco frequentissimam jam olim sciebant, pluraque ejus gesta viro digna cognoverant. Tunc vero, cunctis in consona voce coeuntibus, cerneres Deo favente causam prosperari. Nam clericorum turma nobilibus viris conserta, plebsque rustica simul et urbana, pari sententia clamant Gregorium decernendum, eum claris meritis, tum quoque nobilitate pollentem, sapientia præcipuum, generositate primum, principibus notum, ac pro sua probitate reverendum, omnibusque officiis habilem. Legatio ad regem dirigitur, cum quidem Domino dispensante Gregorius coram reperitur. De hac igitur causa conventus, quanta humilitate se excusare tentavit, quibus modis se subducere nisus est? Sed qua velle Domini est, huc cætera flectuntur. Hunc rex auctoritate cogit, hunc Brunichildis regina perurget. Sed quoniam discreta humilitas obedientiam non recusat, tandem aliquando assensus est. Quem, ut credo, ne qualibet occasione dilatus profugeret, statim Egidius Remensis archiepiscopus ordinavit, ut Fortunatus poeta scribens, ait (*lib.* V, *carm.* 2) :

> Martino proprium mittit Julianus alumnum,
>   Et fratri præbet quod sibi dulce fuit.
> Quem patris Egidii Domino manus alma sacravit,
>   Ut populum regeret, quem Radegundis amet.
> Huic Sigibertus ovans favet, et Brunichildis honorat.

Sedes itaque Turonica octavo decimo die postquam Eufronium amiserat, Gregorium suscepit. Turonensibus vero novo pastori triumphanter exsilientibus hoc prædictus poeta panegyricum carmen procudit (*ibid.*) :

> Plaudite, felices populi, nova vota tenentes,
>   Præsulis adventu spes gregis ecce venit.
> Hoc puer exortus celebret, hoc curva senectus,
>   Hoc commune bonum prædicet omnis homo.

Et cætera quibus hunc a Turonensibus celebratum, et ad cathedram legaliter ingressum ostendit.

XII. Indeptus ergo præsulatum, qualis vel quantus fuerit, ut compendiose dicatur, et plures ecclesiæ quas noviter construxit, vel quarum sartatecta restauravit, insinuant, et libri in laudem sanctorum vel in expositione sanctarum Scripturarum editi quamprimum demonstrant. Matrem namque ecclesiam, quam domnus Martinus construxerat, hic nimia vetustate confectam arcuato schemate reparavit, atque histriatis parietibus per ejusdem Martini gesta decoravit. Quod metricanorus noster non tacuit, dicens inter cætera (*lib.* X, *carm.* 2) :

> Martini auxiliis operando Gregorius ædem,
>   Reddidit iste novus quod fuit ille vetus.

Et item (*ibid.*):

> Fundamenta igitur reparans hæc prisca sacerdos
> Extulit egregius quam nituere prius.

Sed plures alias, ut diximus, sicut in ipsius chronicis reperitur, ut est ecclesia sanctæ Crucis vel Martiensi[1] villa.

XIII. In construendis vero spiritalibus templis, videlicet in custodia gregis, quam certatim sese impenderit, vel ex hoc animadvertitur, quod nec ab ipsis quidem sanctis viris studium suæ prædicationis continuit. Nam ut de iis taceatur, quorum, ut ait Apostolus, peccata manifesta sunt, de quibus superfluo quidquid diceremus esset, ad ostendendum quantopere circa perfectiores sollicitus exstiterit, duo saltem eorum, quos ob sanctitatis insignia vix præter Gregorium aliquis arguere præsumeret, ad medium deducantur. Haud longe enim post ejus ordinationem sanctus Senoch abbas de cella sua egressus, ad eum salutandum profectus est. Quem sanctus vir magna reverentia susceptum, mutuoque colloquio sensim exploratum, peste superbiæ mox persensit infectum. Sed gratia, quæ in discernendis spiritibus huic suppeditabat, illum ab eadem superbia penitus expurgavit. Nec dissimili virtute circa beatum quoque Leobardum exstitit sollicitus, quem nequam spiritus ita sinistris cogitationibus agitabat, ut propter quamdam verborum contumeliam de cella qua se dudum recluserat migrare decrevisset. Sed nec iste potuit incurrere casum, qui Gregorium meruit habere sublevantem. Nam cum

---

(1) Serg., *Martensi*. Editi codices, *in Artensi*. An Artonensis villa, seu domus Marciacensis? Ecclesiam S. Crucis a Gregorio conditam laudat Fortunatus lib. II, carm. 3, quæ hodieque subsistit, titulo parochiali insignis. (R.)

solito ad Majus Monasterium quasi sacra Martini vestigia deosculaturus adiret, sollicitus pastor qualiter ovis amore Christi vinculata se gereret ad ejus tugurium divertit. Cui mox ille secreta cordis quæ diabolus quasi rationabilia confinxerat eidem reservavit : qui protinus, sagacissimo ut erat ingenio, diaboli commenta deprehendit, et non minimo dolore suspirans, increpare hominem cœpit, ac diabolicam calliditatem verbis competentibus denudavit; domique reversus, libros ad propositum monachorum congruos ei pia sollicitudine transmisit. Quibus relectis, non solum ab illa quam patiebatur incursione curatus est, sed etiam in sensus acumine multum provectus. Nihil ergo nunc magnificentius quæras, nihil in laude Gregoriana præstantius exspectes. Si anima corpore melior est, satius esse quemquam in ea suscitari, nec mendax negare potest. Vox autem ejus quam imperiosa fuerit, vel ea quæ dicebat, quam auctoriosa vita subditis inculcaverit, diligens lector in ipsius libris explorabit.

XIV. Verum, ut supra retulimus, incommodo corporis frequenter ob incuriam carnis fatigabatur, sed cum quotiens corpusculum nimio virtutum exercitio fatigatum languor inclementius pulsavisset, ille ad Martinum suum recurrens, concito sanabatur. Hoc sæpenumero fiebat. Quando autem et qualiter, in descriptione miraculorum ita dirigitur, ut merito lectorem delectet : si quidem ut discretus et humilis corporea medicamenta sibi adhibebat primitus, sed quanto illa humilius expetebat, indignum se judicans cui medela per miraculum dari debuisset, tanto divina largitas hunc ad solam suæ potentiæ medicinam reservabat. Contigit aliquando ut solita beati Martini virtute ab unius temporis dolore sanaretur, cui post paululum cogitatio per insidiatorem subiit injecta, quod pulsus ille venarum sanguinis posset minutione sedari. Dum id apud se volveret, amborum temporum venæ prosiliunt, renovatus dolor ardentius irrumpit, sed ille concitus ad basilicam properat, veniam prius pro cogitatione precatur, dehinc palla sancti sepulcri caput attigit, et illico sanus abscessit.

XV. Multa, fateor, in laudibus diversorum jam digesserat : sed quamvis amore Martini vehementius inferveret, ad ea tamen quæ de ejus miraculis scribenda erant, se nullatenus dignum judicabat, donec bis et ter per soporem admonitus, si taceret crimen incurrere minaretur. Denique oratorium sancti Stephani quod in suburbio est jusserat prolongari, et altare ut erat integrum in antea promoveri; sed quia nihil de pignoribus ibidem reperit, unum ex abbatibus, ut ejusdem martyris reliquias exhiberet, ad episcopium, clavem tamen oblitus direxit, qui capsam obseratam reperiens quid faceret dubitabat : si ad episcopium pro clave rediret, morosum erat ; si capsam exhibuisset, ob multorum pignora sanctorum quæ ibi continebantur, molestum ei esse sciebat. Cum igitur apud se hæsisset, ut divina gratia cooperatricem se Gregorio testaretur, capsam exsilientibus repagulis aspicit reseratam. Tunc gratias agens, reliquias non sine admiratione multorum Gregorio detulit, qui reversus capsam ut reliquerat obseratam invenit.

XVI. Multa quidem Gregorius, quæ insequi longum esset, in salute languentium operabatur, quæ tamen sub obtentu sanctorum, quorum reliquias perinde ferebat, a suis meritis excludere nitebatur. Cum quidem hæc tanto verius per ipsum fiebant, quanto ipse humilius aliis tribuebat, ut est illud : Cum aliquando per viam graderetur et crucem auream cum reliquiis beatæ Mariæ semper Virginis, vel beati Martini collo gestaret, haud procul a via cujusdam pauperis hospitiolum incendio conspicit concremari. Erat autem, ut est in usibus pauperum, foliis atque surculorum cremiis, ignium videlicet fomentis, contectum. Hac illacque miser cum uxore et liberis cursitare et strepere, aquam advehere, sed nequicquam. Jam flammæ prævaluerant, nec poterant mitigari. Tunc vero Gregorius accurrit, et contra flammarum globos crucem elevavit, moxque in aspectu sanctarum reliquiarum ita totus ignis obstupuit, ut nec ea quæ jam apprehenderat ultra nec ad modicum ustulare posset.

XVII. Causa fuerat qua Remense oppidum adire debuerit; cumque ab Egidio pontifice humanitus fuisset exceptus, ibidem noctu quievit, in crastinum vero illucescente Dominica ad ecclesiam episcopo collocuturus venit. Cum ejus adventum in secretario præstolaretur, nolebat enim in ecclesia loqui, Sygo referendarius quondam Sigiberti regis ad eum accessit, quem ille osculatum sedere juxta se fecit. Dum aliquantisper secum sermocinarentur, et ille de ore Gregorii penderet, subito auris ejus, quæ pridem obsurduerat, cum quodam crepitu reserata est. Ille gratias cœpit agere, et quid ei per Gregorium præstitum sit manifestare. Sed vir Domini, consuetæ non immemor humilitatis, hominem ab hac æstimatione subducere nitens : « Noli, ait, dulcissime fili, mihi aliquid gratiæ referre, sed beato Martino per cujus reliquias, licet indignus, quas defero, tibi auditus est redditus et surditas depulsa. »

XVIII. Virtus namque charitatis in illo præeminebat adeo ut ipsis inimicis affectum dilectionis impenderet, ut sequenti patebit exemplo. Quodam enim tempore factum est, ut ad venerabilem matrem suam in Burgundiam properaret. In sylvis vero abiegnis, quæ trans Verberim[1] fluvium sitæ sunt, latrones incurrit,

---

(1) Pap. Masso legit Ararim; sed nostra lectio melior ex ipso Gregorio, qui hunc fluvium Berberim appellat. (R.)—Nunc *La Bébre*.

qui tanto impetu super comitatum ejus irruere nisi sunt, ut non modo eos exspoliare, sed et occidere velle putarentur. Quorum assultu Gregorius terreri non potuit, qui præsidio Martini circumseptus incedebat; cujus mox auxilium flagitans ita sibi adesse expertus est, ut latrones velocius quam emerserant fugam inirent. At Gregorius usus consueta pietate, nec in perturbatione turbatus, fugientes revocat, ad cibum et potum inimicos invitat. Sed crederes eos fustibus agi, et invitos equos contra possibilitatem calcaribus urgeri, ut nec revocantem audire possent. Ita Gregorius supernis auribus ostensus est vicinus et operibus charitatis intentus.

XIX. Fides et devotio populi valde per Gregorium succrescebat; at malignus hostis non modico dolore torquebatur: unde factum est, ut vim suæ malignitatis ferre non sustinens, vel pastoris, vel gregis fiduciam apertis vocibus dementare conaretur. Ipsa namque Natalis Domini die cum Gregorius pontificale festum in principali basilica, sicut mos est, solemniter celebrare procederet, quidam ex energumenis atrocior cæteris cœpit nimium debacchari, et sequentibus vel obviantibus turbis, quæ Gregorium sepserant, se obvium ingerens: « Frustra, inquit, Martini limina petitis, incassum ejus ædem aditis, quia vos propter multa crimina dereliquit: ecce vos abhorrens Romæ mirabilia facit. » Hæc et alia plura cunctis, ut erant constipati, populis verba diabolus insibilabat; ad quam vocem non solum rusticorum corda exturbantur, sed et clerus, quin et ipse Gregorius pavore concutitur. Ingredientes autem cum fletu magno basilicam, omnes pavimento prosternuntur, orantes ut sancti viri præsentiam mererentur. Quidam vero, cui ante tres annos ambæ manus cum uno pede contraxerant, ante sanctum altare cum reliquis prostratus beati Martini auxilium precabatur, qui subito nimia febre circumdatus tanquam in equuleo torquebatur extensus. Inter hæc sancta solemnia gerebantur, cumque sanctus pontifex fletibus insistens beati Martini præstolaretur adventum, divino mysterio palla jam ex more cooperto, languidus ad plenum restituitur sanitati. Quare Gregorius admodum gavisus omnipotenti Deo gratias agit, oculisque lacrymarum imbre suffusis, in hac ad populum voce prorupit : « Timor a cordibus vestris, fratres, abscedat, quia nobiscum beatus confessor inhabitat, nec omnino credite diabolo, qui ab initio mendax est et in veritate non stetit. » Cum hæc et alia verba consolatoria astantibus inferret, omnium luctus laxantur in gaudium, multoque alacriores quam venerant ad sua per Martinum atque Gregorium redierunt.

XX. Quia vero Natalis Domini mentionem fecimus, quid aliquando in hac die pontifici nostro contigerit memoremus. Nam in sacrosancta hujus solemnitatis nocte pridianis vigiliis fatigatus, cum paululum se cubito collocaret, vir quidam ad eum concitus venit, dicens : « Surge, revertere ad ecclesiam. » Ille expergefactus, signum crucis sibimet imponens, iterum obdormivit. Nec destitit vir ille, quin hominem secundo moneret : sed cum excitus gravem se adhuc sentiret; rursus obdormivit. Tum vero ille vir tertio veniens, maxillæ ejus alapam impressit, dicens : « En tu reliquos ad vigilias admonere debes, et tandiu sopore deprimeris ? » qua Gregorius voce perculsus pernici velocitate ad ecclesiam est regressus. Adeo supernis oculis gratus exstitit, ut nec humanitate cogente negligentiam pati permissus sit suæ salutis.

XXI. Visum est hoc inserere lectioni qualiter eum Deus arguere voluerit, ne vel aliorum levitate peccaret. Nam cum hunc a desperato languore beatus Martinus ita sanaret, ut ad ecclesiam in crastino properaret, ne se in solemniis missarum fatigaret, uni presbyterorum hæc celebrare præcepit. Sed cum presbyter nescio quid rustice festiva verba deprometer, nonnulli de circumstantibus eum irridere cœperunt, dicentes melius fuisse tacere, quam sic inculte loqui. Nocte autem insecuta vidit virum dicentem sibi, de mysteriis Dei nequaquam disputandum. Satis dehinc apud eum constitit ne stultos et faciles ante se permitteret de beatis solemniis obtrectare.

XXII. Sæpius autem vir Domini, sicut verus et gregis et suimet consultor, vel subditorum utilitate, vel propriæ salutis causa longius procedebat. Aliquando igitur sepulcrum beati Hilarii supplicaturus adivit, cum ad visendam quoque sanctam Radegundem reginam divertit. Factum est autem cum hi duo, tanquam incolæ paradisi, secum de cœlestibus confabularentur, oleum quod ante pignora sanctæ crucis guttatim illic defluere solebat, sic in adventu pontificis auctum est, ut infra unius horæ spatium ultra unum sextarium exundaret. Porro cum hæc beata regina ad Regem esset accersenda cœlorum, vir Domini Gregorius de ejus transitu nuntium accepit : cumque illa jam eo accurrente migrasset, sancta ejus membra sepulturæ locavit. Quo quidem tempore altare solemniter benedixit, operculum tamen episcopo, qui tunc forte deerat, reservavit.

XXIII. Causa fuerat qua Garumnam fluvium juxta Blaviense castrum transmeare debuerit, sed idem fluvius ita tunc intumuerat, ut intuentibus non parvum horrorem incuteret. Non longe autem sanctus Romanus presbyter requiescit, quem noster, ut vita ejus perhibet, Martinus tumulavit. Cum igitur hinc procella ventorum, illinc montes undarum, ingens periculum navigaturo minarentur, oculos ad cœlum erigens, et ad ecclesiam prædicti Romani subinde respiciens, adeo omne pelagus mox complanavit, ut compressis fragoribus, ripæ alteri sine periculo veheretur.

XXIV. Sexdecim annos hic in episcopatu exegerat, cum æquivocus ejus ille magnus Gregorius in sede apostolica subrogatur. Siquidem opinata res est quod dudum alter alteri peculiari sit amicitia devinctus. Nec immerito, cum hunc Fortunatus Gregorio comparet Nazianzeno, tanquam ille datus sit Orienti, Romensis autem Meridici, ast hic noster Occidenti. Cum igitur iste sacra Apostolorum limina expetisset[1], magna cum reverentia sanctus eum papa excepit, quem ad beati Petri Confessionem introducens, e latere [*Ed.* ad altare] constitit, præstolans quoad surgeret. Interim autem, ut erat ingenio profundissimus, secretam Dei dispensationem admirans, considerabat in hujusmodi hominem, erat enim statura brevis, tantam gratiam cœlitus profluxisse. Quod ille mox divinitus persentiens, et ab oratione surgens, placidoque ut erat vultu ad papam respiciens : « Dominus, inquit, fecit nos, et non ipsi nos; idem in parvis qui et in magnis. » Cumque id suæ cogitationi sanctus papa responderi cognosceret, ipsa sua deprehensione gavisus, gratiam quam hactenus in Gregorio mirabatur, in magna veneratione deinceps habere cœpit, sedemque Turonicam ita nobilitavit ut auream ei cathedram donaret, quæ apud præfatam sedem in posterum servaretur.

XXV. Jam vero beatus Martinus hunc alumnum suum usquequaque magnificans, ei se propitium multis modis demonstraverat, sed ut operibus ejus se quoque cooperatorem ostenderet, aliquando præsentiam suam,

---

(1) Hoc iter anno 594 a Gregorio susceptum fuisse videtur. Nam annos tres præcedentes, quibus Gregorius Magnus jam erat pontifex, in Galliis exegit ex Vitis Pat., etc. (R.)

licet invisibilem, suo quo videri solet splendore, manifestare dignatus est. Nam oratorium ex promptuario prædecessoris sui apud Turonem consecraturus, reliquias sancti Saturnini martyris ac domni Martini a basilica susceptas cum ingenti veneratione deferebat. Erat enim sacerdotum et levitarum in albis vestibus non minimus chorus, et civium honoratorum ordo præclarus, sed et populi secundi[1] ordinis magnus conventus, radiantibus solemniter cereis, crucibus in altum sublatis. Cum ita veniretur ad ostium, terribilis fulgor cellulam subito perfundens omnium oculos nimio splendore perstrinxit, qui diutius durans hac illacque sicut fulgur discurrebat, omnes nimio pavore perculsi solo jacebant. At Gregorius, ut tantæ virtutis conscius, constanter eos exhortans : « Nolite, inquit, timere, rememoramini qualiter globus ignis de capite beati Martini egressus, cœlum visus est conscendisse, et ob id nos cum his sanctis reliquiis ipsum credite visitasse. » Tunc universi magnificaverunt Deum, et senior cum clericis dicebat : « Benedictus qui venit in nomine Domini, Deus Dominus et illuxit nobis. »

XXVI. Pauca hæc de nostro præsule dicta sint : non enim eum miraculorum, quæ etiam reprobis dari solent, copia commendamus, sed nec hanc quidem gratiam illi defuisse demonstramus. Cæterum ad ejus gloriam commendandam illud nobis sufficiat, quod humili corde Christum secutus est, et quod non speravit in pecuniæ thesauris. Hoc utique est mirabilia fecisse : quod ut partim superius monstratur, a peccatorum est laqueo custoditus. Super omnem quippe gloriam est a peccatis protectio. Vigesimo et primo igitur episcopatus sui anno, tanquam septenario anno-

---

(1) *Germ.* sæcularis.

rum numero ter in fide sanctæ Trinitatis completo, appositus est ad patres suos, non tam dierum, quia ferme tricennalis ordinatus est, quam perfectione plenus. Qui tamen non usquequaque videtur clausus in tumulo, cui restat ut vel lingua vivat in mundo. Et quia, sicut credimus, beato Martino in cœlo est sociatus, sancto etiam corpore est illi in sepulcro vicinus. Porro Turonicenses, ne divinis muneribus videantur ingrati, semper necesse est, ut retractent quantopere sint a Deo suffulti. Datus namque est eis patronus non qualiscumque, sed Martinus, de cujus laude quid primum vel speciale dicatur cum, ut scriptum est, ejus minima aliorum maximis majora esse manifestum sit, tamen quanti habendus sit testantur universæ, ut ita dicam, mundi nationes, quæ illum ita privato affectu diligunt, ut etiam in nostro tempore, quando charitas nimium jam refrigescit, multos tam gente quam lingua ignotos ad ejus sanctissimum tumulum confluere videamus, ut merito de eodem Martino dicatur: Cujus vultum desiderat universa terra. Quorum utique studia nostram, qui vicini sumus, inertiam jure vehementer redarguunt : non tamen sine divino moderamine constat, quod ejus amor ita omnium corda penetravit, ut ejus memoria velut alterius Josiæ tam dulcis sit omnibus; et quod per omnes fines terræ ita spatiavit, ut ubi Christus habet nomen, Martinus honorem habeat. Datus est eis et Gregorius vir non solum sanctitate, sed et doctrina clarus, ne urbs Turonica obscurior videretur si scriptorum officio caruisset ; quinetiam sicut urbs Romulea post apostolos illustratur in altero Gregorio, ita et Turonica post Martinum decoretur in isto. Quem videlicet nos vel apud Deum, vel apud beatum Martinum advocatum quemdam atque sequestrem habere confidamus, eique nostras necessitates ad expediendum committamus. Verum ille non erit immemor vel suæ, vel Martini misericordiæ, quam nobis tantopere insinuare curavit ; quippe qui ad hanc insinuandam ejus miracula digessit, ut quique futuri audientes quanta et qualia visibiliter operetur, quam desperatos languores sanet, de potentia ejus nullatenus dubitent ; et si pro dispensatione temporum contigerit corporea miracula cessare, semper tamen credamus illum in nostris animabus suæ virtutis medicinam operari. Gregorius igitur Martini misericordiæ conscius, semper illi de grege suo suggerat, semper illum pro statu sancti loci sui ac pro totius regni salute interpellet. Nec prætereundum quomodo consuetam sibi humilitatem etiam in ipsa sepultura sua servaverit. Nam in tali loco se sepeliri fecit, ubi semper omnium pedibus conculcaretur, et ipsa loci necessitas cogeret ne unquam in aliqua reverentia haberi posset ; sed grex beati Martini talia non ferens, amicum Domini sui de loco levavit, et edito pulchro mausoleo ad lævam sancti sepulcri digna reverentia collocavit. Obiit autem decimo quinto kalendas Decembris[1], videlicet infra Martinianam hebdomadam, ut solemnitatem Martini, quam hic jam ægrotans celebrare cœperat, Martino junctus in cœlo consummaret, præstante Domino Jesu Christo, qui cum Patre et Spiritu sancto vivit et regnat Deus, per omnia sæcula sæculorum. Amen.

---

(1) Festum ejus in vetustioribus kalendariis et martyrologiis hoc ipso die memoratur. Obiit anno 595. (R.)

II

JOANNES EGIDIUS TURONENSIS
IN VITAM BEATI GREGORII
TURONENSIS ARCHIEPISCOPI.

Beatissimus Gregorius Turonensis archiepiscopus ut infit Vincentius Speculo historiali, libro xxi, Alvernie regionis fuit indigena. A teneris ut Græci dicunt unguiculis sanctiori vitæ deditus, quippe apud sanctum Nicetium Lugdunensem præsulem diu versatus, literis divinis egregie, humanis autem ut ipse fatetur modice eruditus.

Qui dum aliquando ex Burgundis ad prelibatam provinciam peragraret, obiter irruerunt terebrantia Jovis fulmina, coruscationes miris radiantes facibus ingruerunt. Quibus graviter perculsi sunt et concussi illius regionis incolæ, ut etiam eorum capillamenta non modicis horripilarent auctibus ac pæne animis deficerent, pronique ad terram nimio pavore labascerent. Verum evestigio pietate illectus beatissimus Gregorius, non ignorans nostram naturam esse fragilem, ope suffultus divina miserorum miseriam ea sublevare molitur. Exlatebravit namque sanctorum reliquias, quas indesinenter collo gestabat, easque sinu expositas ventorum procellis et agitationibus ingenti pacationis confidentia fretus, non dubitavit obducere. Tum extemplo ex tam turbato die serena et tranquilla lux rediit.

Tunc dierum antiquus et perpes christianorum militum venator beatum Gregorium animo et ratione consternavit et ad gloriam inanem invitavit ut ipse sanctus jam superciliosa seductus fronte adlubescens suis meritis arrideret. Sed non patitur summus rerum opifex et moderator sagacissimus longiusculis temporibus sanctos suos diaboli laqueis compediri, irretiri, intorqueri. Quinimo dum sic superciliosa gloriabundaque subductus fronte equo forsitan ad itinerandum insideret, eo statim ad terram decussus est, cujus mole soliditateque recussus continuo beatus Gregorius graviter collisus est ut vix posset exurgere. Causamque ruinæ divino quodam afflatu intelligens satis dein diaboli verricula precavit : semperque dein humilitate depressus est.

Hic igitur beati Martini amore exardescens pastoralique munere satis superque satis idoneus, anno CLXXII post ejusdem Martini obitum, Justini imperatoris septimo, regni Sigilberti duodecimo, cathedram Turonensem moderandam suscepit, beato migrante ad Dominum Eufronio qui ecclesiam illam cominus direxerat. Ipse quoque magnificentiæ virtute expolitus affabre Dei sanctorumque basilicas oppido quam decenter extruxit. Metropolitanum delubrum quod beatus Martinus condiderat nimia vetustate confectum arcuato schemate instauravit.

Cum autem aliquando per viam incederet et crucem auro insignitam cum sacrosanctis reliquiis collo probe adjectis congestaret, cujusdamque pauperculi casulam arborum foliis segetumque calamis contextam aduri videret, ipse hujus miseri hominis, conjugis ac liberorum, qui domum circumferebantur, angoribus correptus et immutatus ad remedia, gradu non testudineo sed præpetibus pennis quam potuit advolavit citissime, et contra effrenes flammarum impetus crucem suam avide sublimavit, moxque decenter educta tanquam ejus objectu totus ignis obstupuisset a rapinis concessavit.

Aliquando sepulchrum gloriosissimi Hilarii Gregorius supplici mente petiit et inde ad visendam sanctam Radegundem, reginam olim sed tunc sanctimonialem, devortitur : cumque secum, quasi duo cives sedis cœlestis, de temporibus lepida colloquia proderet, oleum quod ante pignora sacrate crucis stillatim illic scaturire solebat adventitio pontifice ingens suscipit incrementum, ut unius horæ prolapsu ultra unum sextarium exuperaret afflue. Porro cum hæc beata regina ad perennem gloriam esset accersita et evocata, Gregorius de ejus transitu ad cœlestia numina gratum accepit nuntium. Cumque jam illa eo occurrente intolerabiles hujus mundi miserias superasset enatassetque fortiter, sancta ejus membra sepulturæ decoramento illustravit.

Sextum autem decimum annum in episcopatu iste Gregorius exegerat, cum splendidissimus ille Gregorius inter magnos graphice descriptus in sede apostolica subrogatus est. Creditum quoque magnum inter hos familiaritatis et amicitiæ vinculum infuisse. Cum igitur sacra apostolorum atria hic archiepiscopus subintrasset, magno cum cultu et reverentia serenata fronte, sorbillantibus ocellis, leni quoque affamine eum papa excepit sedemque Turonicam ita illustravit ut etiam ei auream cathedram condonaret, quæ apud prefatam sedem in posterum servaretur.

Libros quoque plurimos in laudem sanctorum vel in expositionem scripturarum edidit, ac uberrimam regum Francorum historiam perpolite compilavit.

Beati quoque Martini ardua miracula dum efflasset animam naribus emunctissimis, stilo luculento gravique descripsit : ut ipse ad finem historiæ protestatur.

Sorte quadam ad oppidum Remense se transtulit, ubi gratanter et latis visceribus ab Egidio pontifice susceptus est. Uno noctis curriculo membra defessa refocillavit. Ut primum tenebris abjectis dies inalbesceret et candidum solis curriculum cuncta collustrabat, quidam nomine Sigo quondam Sigilberti secretarius ad eum accessit : protinusque auris ejus quæ obsurduerat cum quodam strepitu reserata est.

Cum autem mortem oppeteret triviali stratu inhumari se jussit, ubi continuis pedum conculcationibus pressim comprimeretur, nec in ulla reverentia haberetur. Sed grex beati Martini ista diutius non valens perpeti, cinifactum corpus e loco effodit decapulavitque et instructo splendido mausoleo ad lævam sancti sepulcri digna reverentia collocavit. Obiit autem decimo quinto Kalendas decembris.

III

TESTIMONIA
VIRORUM ILLUSTRIUM
DE SANCTO GREGORIO,
EPISCOPO TURONENSI.

I. FORTUNATI TESTIMONIA.

EX LIBRO PRIMO CARMINUM ET EPISTOLARUM EJUS.

Epistola operibus præfixa quæ S. Gregorio Turonensi Fortunatus nuncupavit.

Les grands poëtes vivent toujours par le souvenir, mais ceux qui n'ont point de talent devraient cacher leurs œuvres. Aussi Grégoire, homme évangélique, estimable père, quand tu me demandes impérieusement de produire pour te les envoyer quelques-uns de ces opuscules échappés à mon inexpérience; je m'étonne de te voir séduit par l'amour de mes bagatelles qui une fois publiées ne pourront ni étonner, ni plaire.... Puisque conjurant avec force, au nom du divin mystère et de l'éclat des miracles du bienheureux Martin, mon refus énergique, tu m'exhortes à paraître en public, quelque contraire qu'y soit ma pudeur, je me décide à faire un choix de mes frivolités, et tout en confessant la faiblesse de mon ouvrage, j'obéis; et ce que je n'ai point voulu communiquer à d'autres qui me le demandaient, je le cède à ta vertu, comptant du moins avoir ma récompense en retour de cette docilité, en ce que cet écrit étant plutôt soumis à un protecteur qu'à un juge, tu te contentes d'en relire les parties que tu connais ou ne les confies, avec bienveillance je te prie, qu'à des oreilles tout à fait amies.

Domno sancto, et dote meritorum sacris altaribus adscito pariter et educto, Gregorio papæ, Fortunatus. — Acuminum suorum luculenta veteris ætatis ingenia eorum qui natura fervidi, curatura fulgidi, usu attriti, ansu securi, ore facundi, more festivi, præclaris operibus celebratura ac posteris stupore laudanda reliquere vestigia : certe illi inventione providi, partitione serii, distributione librati, epilogorum calce jucundi, colæ fonte proflui, commate succiso venusti, tropis, paradigmis, periodis, epicherematibus coronati pariter et cothurnati, tale sui canentes dederunt specimen ut adhuc nostro tempore quasi sibi posthumi, vivere credantur, et si non carne vel carmine. Quibus licet sors finem tulerit, tamen cum dicta permanent, vivacis memoriæ de mortuis aliquid mors reliquit, nec totum usquequaque sepelivit in tumulo cui restat liberum ut vel lingua vivat in mundo : hoc nesciens avara mors auferre cum funere quod per ora viventium defunctum videt currere si non pede, poemate. In hoc tamen melius superata mors invida, si sermone senserit et mercede se bis victam. Sed sicut hi quos clara linguæ jactitat lux illustres quorum dicta celari, fuerat aperte damnum pati et qui pomposæ facundiæ florulenta germina nisi misissent in publicum fecerant peculatum, merito famæ radios per quæque traxerunt, ut peragrantes omnia, quæcunque magis carmine loca innotescerent, laus augeretur, ita fit eis consultius si occulantur taciti, qui fastidiri poterunt revelati. Nec tantum exprobrabile est nesciri, quod horreat, quam patere quod urat; minorisque dispendii celata videtur inscitia quam profata, quia illic obstat pudor ne prodatur notitia, hic audacia proditur ut ingerat notam.

Unde, vir apostolice, prædicande papa GREGORI, quia viriliter flagitas ut quædam ex opusculis imperitiæ meæ tibi transferenda proferrem, nugarum mearum admiror te amore seduci. Quæ cum prolatæ fuerint, nec mirari poterunt, nec amari. Præsertim quod ego imperitus de Ravenna progrediens Padum, Athesim, Brintam, Plavem, Liquentiam, Tiliamentumque trauans per Alpem Juliam pendulus montanis anfractibus, Dravum Norico; OEnum Breonis; Liccam Bojoaria; Danubium Alemannia; Rhenum Germania transiens, ac post Musellam Mosam, Axonam et Sequanam, Ligerim et Garomnam, Aquitaniæ maxima fluenta transmittens, Pyrenæis occurrens julio mense nivosis, pene aut equitando aut dormitando conscripserim. Ubi inter barbaros longo tractu gradiens aut via fessus, aut crapula brumali sub frigore, musa hortante, nescio gelida magis an ebria, novus Orpheus lyricus sylvæ voces dabam, sylva reddebat. Quid inter hæc extensa viatica consulte dici potuerit, censor ipse mensura, ubi non urgebat vel metus ex judice, vel probabat usus ex lege, nec invitabat favor ex comite, nec emendabat lector ex arte? ubi mihi tantumdem valebat raucum gemere, quod cantare, apud quos nihil dispar erat aut stridor anseris, aut canor oloris; sola sæpe bombicans barbaros leudos harpa relidebat : ut inter illos egomet non musicus poeta sed muricus, deroso flore carminis, poema non canerem sed garrirem, quo residentes auditores inter acernea pocula salute bibentes insana, Baccho judice, debaccharent. Quod ibi affabre dictum sit, ubi quis sanus vix creditur, nisi secum pariter insanitur? quo gratulari magis est, si vivere licet, post bibere : de quo convivam thyrsicum non fatidicum licet exire sed fatuum, cum quantum ad mei sensus intelligentiam pertinet, quia si pigram non explicat brutæ animæ ipsa jejunia sunt ebria. Hinc est quod latens opusculum et si minus videtur famosum, plus est liberum quia de examinatione non habet quod tam trepidet privatum quam publicum : unde necessarie angusti sensus ingenium se mensuret censore, quod est mittendum sub judice. Sed quoniam humilem impulsum alacriter acrius renitentem, sub testificatione divini mysterii et splendore virtutum beatissimi Martini conjurans, hortaris sedulo ut contra pudorem meum deducar in publicum, me in meis frivolis arbitro scabrosi operis ignorantiam confitente, quod aliis poscentibus patefacere distuli, obediendo cedo virtuti, hanc saltem obtemperandi vicissitudinem repensurus, ut quia hæc favore magis delegantur quam judice, aut tibi tantum innotescentia relegas, aut intimorum auribus amicaliter quæso conlatura committas.

EX LIBRO QUINTO.

CARM. III.

Ad cives Turonicos de Gregorio episcopo Turonensi.

Applaudissez, heureux peuples.... Grégoire, celui qu'a consacré à Dieu la main de l'évêque Egidius[1], celui qu'aime Radegonde, c'est lui que Sigebert favorise et à la consécration duquel assiste, par ordre du roi, Brunehaut la noble reine.

Plaudite, felices populi, nova vota tenentes,
    Præsulis adventu ; reddite vota Deo.
Hoc puer exortus celebret, hoc curva senectus,
    Hoc commune bonum prædicet omnis homo.
Spes gregis ecce venit, plebis pater, urbis amator;
    Munere pastoris lætificentur oves,
Sollicitis oculis quem prospera vota petebant

---

(1) Evêque de Reims.

DE S. GREGORIO, EPISCOPO TURONENSI.

Venisse aspiciant, gaudia festa colant.
Jura sacerdotii merito reverenter adeptus
    Nomine Gregorius, pastor in urbe gregis,
Martino proprium mittit Julianus alumnum
    Et fratri præbet quod sibi dulce fuit.
Quem patris Ægidii Domino manus alma sacravit
    Ut populum recreet, quem Radegundes amet,
Huic Sigebertus ovans favet et Brunechildis honori,
    Judicio regis, nobile culmen adest.
Quo pascente greges per pascua sancta regantur
    Et paradisiaco germine dona metant.
Immaculata pii qui servet ovilia Christi,
    Ne pateant rapidis dilaceranda lupis.
Pervigili cura, stabulum sine labe gubernet
    Commissumque gregem nulla rapina gravet.
Muniat inclusos preciosi velleris agnos,
    Et quos servatos protegat ipse vigil.
Florea divino pinguescat vinea cultu,
    Et matura suo sit speciosa botro.
Fructibus æternis ut compleat horrea cœli,
    Unde animæ vivo fonte fluenta bibant.
Ne sitis excruciet, digito quam Lazarus udo,
    Ignem ut leniret, tunc petebatur opem.
Sed magis in gremio Abrahæ vernante locandas,
    Pastor oves placido ducat ad astra sinu :
Ut bene commisso sese duplicante talento
    Introeant domini gaudia vera sui.
Lætus agat sub clave Petri, per dogmata Pauli,
    Inter sydereos luce micante choros.
Fortis Athanasius, qua clarus Hilarius adstant,
    Dives Martinus suavis et Ambrosius.
Gregorius radiat, sacer Augustinus inundat,
    Basilius rutilat, Cæsariusque micat.
Quorum gesta sequens et dicta fideliter implens,
    Perpetuæ vitæ participatus ovet,
Atque coronatus digna mercede laborum,
    Obtineat miles regis in arce locum.

carm. IV.

In natalitio Gregorii episcopi, cum antiphona dicere rogaretur.
(In missa dictum.)

Puissent les mérites de saint Martin valoir au troupeau de Tours que tu sois pendant de longues années son pasteur, ô Grégoire....

Martini meritis per tempora longa, Gregori,
    Toronicum foveas pastor in urbe gregem.

Conciliis sacris sis norma et vita piorum,
Exemploque tuo crescat adeptus honor.
Lumen apostolicum populis tua lingua ministret
Et cœli donum, te radiante, micet.

CARM. V.

Ad cumdem de Judæis conversis per Avitum episcopum Arvernum.

Avec une importunité réelle et pourtant une sincère aménité, père excellent, tu pousses un homme sans voix à parler en poëte, un lourdaud à prendre la course en vers prosaïques et à effleurer, avec bienveillance sinon avec talent, quelque chose des louanges dues au louable et apostolique personnage l'évêque Avitus, à l'occasion de l'évènement récemment arrivé[1].... Tu ne trouveras pas en moi ce que tu y voudrais admirer, surtout quand ton insistant messager[2], recueillant un à un les mots qui tombent de ma bouche, est là comme un odieux précepteur, moins propre à faire effectuer de force le payement du tribut qu'à le retarder.... Mais puisque nous sommes voués à la servitude d'une douce complaisance, chantons avec respect les louanges que vous prescrivez en l'honneur d'Avitus.

Domno sancto et meritis apostolicis præconiando domno, et in Christo patri GREGORIO papæ, Fortunatus.

Instigas, pater optime, seria curiositate, syncera tamen dulcedine, carmine elinguem proloqui et currere pigrum versu pedestri, atque de laude laudabilis et apostolici viri domni Aviti pontificis, ex eventu occasionis illatæ, et si non aliqua compte, saltem comiter prælibare : cum in me inveneris quod dictionis luculentia (non) diligeres, sed deleres et ut ipse mei sum conscius, habeas apud nos non tam quod probes, quam quod reprobes : præsertim cum instans portitor per verba sigillatim hianti fauce cadentia quasi gravis exactor non in me tam fœnera solvere cogeret, quam pensaret. Sub quo, licet illum præceps iter impingeret, mihi inter anhelanti vix licuerit respirare, tamen præceptis vestris licet impliciter expeditis paremus, devoti potius, quam placemus ; vobis reputaturi nescio magis an tempori, quod illi hoc injungitur, qui non habebat apud se nec modum, nec spacium. Sed obsequii illa morigeri servitute devoti, quod a vobis in laude prædicti pontificis amore præcipitur, honore cantetur.

In venerabilibus famulis operator opime,
  Condecet, ut semper laus tua, Christe, sonet.
Inspirans animum, votum effectumque ministrans
  Et sine quo nullum prævalet esse bonum.
Lumine perspicuo fæcundans pectora vatum,
  Ut populis generent viscera sancta fidem

---

[1] Une conversion forcée des Juifs de Clermont que Grégoire raconte (*Hist.* V, XI) avec plus de détails et de bonne foi que ne le fait ici le poëte.

[2] Ce messager dit-il à la fin de la pièce, ne lui avait laissé que deux jours pour la faire.

Supra candelabrum positi, quorum ore corusco,
  Dogmatis igne micans, luceat alma domus.
Et velut est oculus, capitis qui dirigit artus,
  Sic pia pastoris cura gubernet oves.
Pectora pontificum ditans virtute superna,
  Tu Deus omnipotens, summe, perennis apex.
Spiritus alme, sacri labiis infusus Aviti,
  Per famulum loqueris crescat ut ordo gregi,
Qui non contentus numero quem accepit ab illo,
  Villicus hic domini dupla talenta refert.
Plebs Arverna etenim bifido discissa tumultu,
  Urbe manens una, non erat una fide :
Christicolis Judæus odor resilibat amarus,
  Obstabatque piis impia turba sacris.
Extollens cervix Domini juga ferre recusans
  Sic tumidis animis turget inane cutis,
Quos in amore Dei monitabat sæpe sacerdos
  Ut de conversis iret ad astra seges.
Sed caligosi recubans velaminis umbra,
  Pectora tetra premens, cernere clara vetat.
Venerat ergo dies, dominus qua est redditus astris,
  Ac homo sydereum pendulus ivit iter.
Plebs animante fide Judaicâ templa revellit,
  Et campus patuit quo synagoga fuit.
Tempore quo Christi repedavit ad alta potestas,
  Ille quod ascendit gens inimica ruit.
Hic tamen antistes Moysei lege rebelles
  Alloquitur blande, quos dabat ira truces.
« Quid facis, o Judæa cohors, nec docta vetustas ?
  Ut vitam renoves, credere disce senex.
Lactea canities sapiat majora juventæ,
  Sensum pone gravem quo puerile fuit.
Non pudeat meliora sequi vel tarda, veternus
  Corpore deficiens, crescat honore senex.
Est Deus alta fides, unus trinus et trinus unus,
  Personis propriis stat tribus unus apex.
Nam pater et genitus, quoque sanctus spiritus idem
  Sic tribus est unum jus, opus, ordo, thronus.
Legifer hoc reboat, patriarcha hoc reddit Abraham,
  Hinc pater est nobis, est quia nostra fides
Tres videt æquales, unum veneratus adorat,
  Unum voce rogat, tres quoque pelve lavat.
Sic patruo similis Loth suscipit hospes euntes,
  Quos cibat in Sodomis, hi rapuere Segor.
Cum a domino dominus pluit igni triste Gomorræ;
  Filius et pater est a domino dominus.

Qui tuus, ipse meus, stat conditor atque creator;
　　Hujus plasma sumus qui est trinitate Deus.
Unius estis oves, heu cur non uniter itis?
　　Sit, rogo, grex unus, pastor et unus adest.
Rennuis? an recolis quod canna Davidica pangit
　　Quodque prophetali virgine fœtus agit?
In cruce transfixus palmis pedibusque, pependit
　　Sed corrupta caro non fuit ex tumulo.
Post triduum remeans, sanat nos vulnere longo,
　　Quod rediit cœlis, testis et ista dies.
Crede meis aut crede tuis convicta senectus,
　　Si fugis ac trepides, negligis ista legens.
Protrahimus verbum brevitatis tempore longum,
　　Aut admitte preces aut, rogo, cede loco.
Vis hic nulla premit quovis te collige liber,
　　Aut meus esto sequax, aut tuus esto fugax.
Redde, colone, locum; tua duc contagia tecum,
　　Aut ea sit sedes si tenet una fides. »
Haec pia verba viris miti dedit ore sacerdos
　　Ut sibi quo libeat semita cordis eat.
Ast Judæa manus, stimulante furore rebellis,
　　Colligitur, rapitur, conditur inde domo.
Christicolæ ut cernunt tunc agmina Manzara jungi
　　Protinus insiliunt qua latet ille dolus.
Si fremerent gladiis sentirent justa cadentes
　　Vivere quo possint aut daret alma fides.
Legati occurrunt vati mandata ferentes :
　　« Nos, Judæa manus, jam tua caula sumus
Ne pereant, acquire Deo, qui vivere possunt.
　　Si mora fit morimur et tua lucra cadunt,
Tende celer gressum, properes nisi præpete cursu.
　　Funera natorum sunt tibi flenda, pater. »
Fletibus hic victus, rapitur miserande sacerdos,
　　Ut ferat afflictis rite salutis opem.
Perveniunt quo clausa loco sera turba latebat;
　　Quæ occurrens lachrymis ingerit ore preces.
Mens est tarda bono Judaica jura tenenti,
　　Lucem sero videt prætereunte die.
Sic oculis cordis velum est ab origine tensum
　　Cæcus ut ignoret quo via recta vocet.
Sed tandem sequimur, pastor, quo sæpe monebas
　　Qui sale tam dulci currere cogis oves.
Credentes jam crede tuos, nec fallere falsis
　　Nos lavacrum petimus, sit tibi præsto lacus.
Sensimus effectu quod agebas rite precando,
　　Quod per te hominem nos Deus ipse monet,

Hic trahit ad lucem quos texerat umbra negantes
    Militiæque novæ rex aperibat iter.
Agmina conveniunt, quondam diversa, sub uno
    Partibus et geminis fit Deus unus amor.
Hinc oleari ovium perfunditur unguine vellus
    Aspersuque sacro fit gregis alter odor.
Ecce dies aderat qua spiritu almus ab alto
    Missus, apostolicis fluxit in ora viris.
Res sacra ruricolas, urbanos excitat omnes,
    Certatimque aditus ad pia festa ferunt.
Abluitur Judæus odor baptismate divo
    Et nova progenies reddita surgit aquis
Vincens ambrosios suavi spiramine rores,
    Vertice perfuso chrismatis efflat odor.
Ingenti numero celebratur pascha novellum,
    Ac de stirpe lupi progenerantur oves.
Excepit populus populum; plebs altera plebem;
    Germine qui non est, sit tibi fonte parens.
Undique rapta manu lux cerea provocat astra
    Credas ut stellas ire trahendo comas.
Lacteus hinc vesti color est, hinc lampade fulgor.
    Ducitur et vario lumine picta dies.
Nec festiva minus, quam tunc fuit illa coruscans,
    Diversis linguis quæ dedit una loqui.
Quis rogo pontificis fuit illic sensus Aviti?
    Quam validus fervor, cum daret ista Deo?
Inter candelabros radiabat et ipse sacerdos,
    Diffuso interius spiritus igne micans.
Dum sibi qualis erat, tam vera holocausta ferendo.
    Cum libat vivo hostia viva Deo.
Si patriarcha placet, quoniam natum obtulit unum,
    Qui tantos offert quam placiturus erit?
Mose non valuit fidei quos subdere nostræ,
    Qui Christo acquirit, quod sibi munus erit?
Fudit aromaticum domini libamen ad aram,
    Incensumque novum misit ad astra Deo.
Obtinuit votum, quia junxit ovile sub uno,
    Et grege de niveo gaudia pastor habet.
Hæc inculta tibi reputa, pater alme GREGORI,
    Qui Fortunato non valitura jubes.
Adde quod exiguum me portitor impulit instans
    Et datur in spaciis vix geminata dies.
Novimus affectu potius quod diligis illum,
    Hunc, quem corde vides, semper et ore tenes.
Hoc tibi nec satis est, hujus quod et ipse relator,
    Compellis reliquos plaudere voce sibi.

Non fuit in vacuum, quod te provexit alumnum,
    Si cui mente, fide, reddis amore vicem.
Annuat omnipotens, longo memoraliter ævo,
    Ut tu laus illi, laus sit et ille tibi.
Me quoque vos humilem pariter memoretis utrinque
    Et pro spe veniæ voce feratis opem.

CARM. IX.

Ad Gregorium episcopum Turonensem pro itinere.

Félicitations à Grégoire d'être rentré à Tours ; recommandation
pour le serviteur porteur de ces vers.

Culmen honoratum, decus almum, lumen opimum,
    Pastor apostolicæ sedis amore placens,
Amplectende mihi semper, sacer arce, GREGORI,
    Nec divulse animo, vir venerande, meo :
Gaudeo quod rediit Turonis antistes honore,
    Lætificorque mihi te remeasse patrem.
Plaudimus instanter communia vota tenere,
    Civibus et patriæ te revocasse diem.
Præsentem famulum mecum commendo, sacerdos,
    Optando longe vos moderare gregem.

CARM. X.

Ad eundem.

Félicitations à Grégoire sur sa saine doctrine. Ces vers sont brefs,
mais non l'ardente amitié qui les a dictés.

Officiis generose piis, pater alme GREGORI,
    Mente salutifera qui petit astra palam
Et quicunque tuis monitis animatur inermis,
    Militiæ sacræ victor habebit opem.
Commendans humilem famulum me salve salutem,
    Semper amore pio, vir benedicte, Deo.
Pagina si brevis est, non est brevis ardor amantis,
    Nam plus corda colunt quam mea verba canunt.

CARM. XI.

Ad eundem pro libro præstito.

Fortunat remercie Grégoire de vers que celui-ci avait faits, à ce qu'il semble, et lui
avait prêtés. Le porteur de cette pièce est un solliciteur qu'il lui recommande.

Carmina diva legens proprioque e pectore condens,
    Participans aliis, fit tibi palma parens.
Hæc quoque, quæ pridem tribuisti pastor ovili
    Grates persolvens debita laudo libens.
Vos tamen hinc maneant donaria celsa Tonantis,

Qui sacras inopi distribuistis opes
Quæ cum percunctare queam, pro munere tanto,
Tunc magis ore meo gratia vestra sonet.
Præsentem famulum pro munere, summe sacerdos,
Commendo supplex, dulcis amore pater;
Cui sua concedas justæ moderamina libræ.
Crescat honore Dei palma futura tibi.

CARM. XII.

Ad eundem pro invitatione mulierum.

Fortunat s'excuse de ne pouvoir se rendre à l'invitation que lui avait adressée Grégoire de Tours. Il en est empêché par un autre évêque, évidemment celui de Poitiers dont il dépendait. Les filles de Grégoire, c'est-à-dire la reine Radegonde et l'abbesse Agnès, le saluent.

Invitans pietate patris sacer ire GREGORI,
Qua domini Turonis pascis honore greges,
Quo sacer antistes meritis Martinus opimis,
Quas prius obtinuit, has tibi credit oves;
Nunc quoque per caulas et florida pascua Christi
Rite gubernantes ducitis ambo greges.
Sed mihi vim faciens vester modo frater honore,
Ad vos ne properem nempe retorsit iter.
Sæpe rogans voto, mandato, et missile verbo
Et conjuratus sum tibi pollicitus.
Vir bonitate placens et pastor pacis amator,
Fœderis ob studium, sit veniale precor.
Vos quoque sed genitæ propriæ venerando salutant;
Ast ego commender, quæso, beate pater.

CARM. XIII.

Ad eundem pro commendatione mulieris.

Il recommande une femme qui retourne à Tours et qu'il avait accueillie à Poitiers sur la recommandation de Grégoire.

Summe pater patriæ, specimen pietatis opime,
Dulce caput Turonis, relligionis apex,
Jugiter alta sequens clementi corde GREGORI
Unde animæ decus est, huc ratione petens
Quam commendasti venientem, celse sacerdos,
Hanc redeuntem ad te suscipe more patris.
Sis quoque longævus cunctorum care recursus,
Et mihi vel reliquis sit tua vita seges.

CARM. XIV.

Ad eundem de itinere suo.

Salut à Grégoire, qu'il voudrait voir toujours et qu'il a récemment quitté pour revenir à Poitiers auprès d'Agnès et Radegonde, après un voyage difficile à travers les chemins glacés par l'hiver.

Jugiter opto libens, sacer amplectende GREGORI,
    Cernere vos oculis, quærere litterulis.
Dulce videre mihi ac si dedit copia cerni,
    Spes erit oranti vel dare verba patri.
Nuper ab aspectu decedens concite vestro,
    Per glaciem vitreas me loquor esse vias.
Sed crucis auxilio, Martino operante patrono,
    Perveni ad matres salvus, opime pater.
Quo vos multiplici veneranter honore salutant.
    Ast ego pro reditu vota salutis ago.

CARM. XV.

Ad eundem salutatoria.

Compliments d'amitié adressés à Grégoire.

Summe sacerdotum, bonitatis opima facultas,
    Culmen honore tuo, lumen amore meo,
Officiis venerande sacris, pietatis alumne,
    Pignore amicitiæ corde tenende meæ,
Florens in studiis et sacra in lege fidelis,
    Semper agens animæ dona futura tuæ.
Te pater ergo precans, terram, freta, sydera testor,
    Ut velis ore sacro me meminisse tuum.

CARM. XVI.

Ad eundem pro pomis et graffiolis.

Remerciment pour un présent de fruits envoyés par Grégoire. « Dieu veuille t'accorder, à toi rempli d'une abondante moisson de vertus, de cueillir avidement les fruits que le paradis renferme. »

Officiis generose piis, sacer arce GREGORI
    Absens sis præsens munere, summe pater,
Qui mihi transmittis propria cum prole parentes,
    Insita cum fructu surcula, poma simul.
Det Deus omnipotens, meritorum fruge repletus
    Mala legas avide quæ paradisus habet.

CARM. XVII.

Ad eundem pro commendatione puellæ.

Prière d'agir pour faire rendre une jeune fille enlevée à ses parents.

Cum graderer festinus iter, pater alme GREGORI,
    Quo præcessoris sunt pia signa tui,

Quo fertur convulsa jacens radicitus arbor,
    Martini ante preces exiluisse comis,
Quo fidei merito nunc stat spargendo medelas,
    Corpora multa medens, cortice nuda manens;
Fletibus affuit hic genitor genitrixque puellæ
    Voce implendo auras et lacrymando genas.
Figo pedem suspendo aurem, mihi panditur ore
    Vix per singultus vendita nata suos.
Quæro adhuc, questus perhibet, nullo indice furto
    Furti ex objectu hanc pater ire jugo.
Se voluisse dare et jurantes ordine testes
    Nomine quemque tenens, nec potuisset egens.
Non aderat judex, erat accusator adurgens,
    Hic ego quid facerem, posse vetante sacro?
Si pius hic, dixi, præsens Martinus adesset
    Non permisisset perdere pastor ovem.
Sed tamen invalui recolens te, summe sacerdos,
    Spem præcessoris qui pietate refers.
Discute, distringe ac si sit secus eripe dulcis
    Et pater adde gregi, hanc quoque redde patri.
Me simul officio famulum tibi, chare, subactum
    Protege perfugio, pastor opime, pio.

CARM. XVIII.

Ad eundem pro commendatione peregrini.

Louange des vertus de Grégoire, accompagnée d'une recommandation
en faveur d'un étranger.

Vir bone, pro meritis adipiscens culmen honoris,
    Nobile præsidium, pontificale caput,
Quam gradus et genium, fructu pietatis opimo,
    Dignius attollunt, amplificante Deo,
Ut tibi sit famulans memoratus amore benigno,
    Fortunati humilis te, pater, orat apex.
Hic peregrinus item lætetur, summe sacerdos,
    Pastorem et patriam te meruisse suam.

CARM. XIX.

Ad eundem salutatorium.

Fortunat se recommande aux prières de Grégoire.

Pastor honoris apex, venerabilis arce sacerdos,
    Et decus alme patrum, religionis amor,
Gloria pontificum, meriti pia palma Gregori,
    Assurgente gradu nobile jure caput.
Fortunatus opem tribui qui poscit Olympi,
    Per te, chare pater, quo mercatur age.

carm. XX.

Ad eundem salutatorium.

Remerciment pour une lettre par laquelle Grégoire lui donnait
de bonnes nouvelles de sa santé.

Visitat a vobis dignanter epistola currens
    Me, sacer antistes, vir pietate pater.
Hanc avidus capiens oculis animoque recurro
    Sospite te gaudens quod referebat apex.
Longius hinc vestro sub nomine, papa Gregori,
    Pagina me recreet missa, salutis ope.

EX LIBRO OCTAVO.

carm. XV.

Ad Gregorium episcopum pro infirmitate sua.

Couché à la campagne et malade de la fièvre, Fortunat a reçu, par la bouche
du prêtre Léon, l'invitation que lui envoye Grégoire d'assister à la fête
de saint Martin. Il est retenu par la maladie.

Venit ad ægrotum medici vox alma Gregori,
    Urbe ex Toronica, dum cubo rure thoro;
Concite, presbytero recitante Leone sereno,
    Irem ut Martini sunt ubi festa pii.
Tum fateor, morbi grave debilitate laborans,
    Febre calens summo, jam rigor intus eram.
Hinc fragili nimium, forti languore, redacto
    Ilia lassa levans, halitus æger erat;
Ibat anhelanti vapor aridus, ora perurens,
    Ibat ab arcanis flatilis aura coquens;
Fervor eram totus, tristis rogus igne caminus,
    Febris et in fibris stabat aperta, patens,
Donec Christus opem, sudore undante, refudit.
    Fervidus et gelidas ignis abegit aquas;
Redditur ipsa salus. Pater alme, saluto. Salutem,
    Auxilium exili sis, rogo pastor, ovi.

carm. XVI.

Ad eundem pro causa abbatissæ.

Prière à Grégoire d'agir en faveur du monastère (de Sainte-Croix de Poitiers)
où vient d'éclater un malheur; (la rébellion).

Repsit quale nefas intra pia septa synaxis?
    Inconsulte dolor rumpere verba vetas.
Quale nec ante oculos, patulas neque polluit aures
    Nec facerent vitio qui sua fana colunt.

Tu tamen, alme pater, pietatis amore labora,
  Ut sacer antistes culmina cujus habes,
Unde repræsentes Martinum in tempore sacrum,
  Cursibus atque fide dando salutis opem.

cap. XVII.

Epistola pro eadem re ad eundem.

Confiance dans la fermeté de Grégoire pour défendre l'église dans l'affaire dont parle la lettre précédente. Le prêtre (de Poitiers) porteur de ce billet la lui expliquera. Que Grégoire n'oublie pas les prières qui lui ont été adressées par Agnès et Radegonde pour la protection de leur monastère, de leur personne et de la règle. Il aura beaucoup à faire pour défendre (sa nièce) Justine.

Commendans humilitatem meam copiosissimæ vestræ dulcedini et mitissimæ dominationi, suggero ut causa universalis ecclesiæ talem vos habens basidem, ut nullus ventorum turbo succlinans, nulla procellarum propellens congeries possit illic invenire quod quatiat, aut quod labefaciet reperiat : in causa qua conservus meus presbyter, præsentium portitor, ad vos pro singulari præsidio confidens occurrit, sicut ipse singula poterit explicare. Memor sis commendationis beatæ domnæ meæ filiæ, vel jam matris vestræ domnæ Radegundæ pro loci sui vel personæ totiusque regulæ stabilitate quod petiit et verborum vel viscerum supplicatione commisit; ita præcipiatis infatigabiliter laborare qualiter ipse vobis in retributione sempiterna restituat, qui providet auxilium indigentibus. In causa Justinæ vester apostolatus pastoraliter desudet.

carm. XVIII.

Ad eundem ex nomine Justinæ.

Compliments au nom de Justine que recommandent auprès de Grégoire sa piété et sa parenté, comme auprès de l'évêque son rang (de prévôtesse de Sainte-Croix). Elle prie son oncle de remercier (Armentaria, mère de celui-ci et) sa grand'mère à elle, d'être venue la voir.

Antistes Domini, bone pastor et autor honoris,
  Rite decus generis quo est generosa fides
Justinam famulam pietate, memento, beate
  Per te et commender stirpe vel arce patri.
Hinc referens grates aviæ, quia reddita tandem,
  Ad vultus neptis dulcis imago venit.
Ista diu nostris votis dans gaudia, rector
  Inter avam et neptem tu mediator agas.

carm. XIX.

Ad eundem salutatoria.

Remerciment de lettres où Grégoire donnait de bonnes nouvelles de lui.

Alme, beate pater, lumen generale, Gregori,
  Jure sacerdotum culminis arce caput,

Reddo Deo grates, de vobis prospera noscens,
　　Vestris nunc scriptis lætificatus agens.
Me quoque commendans humili prece, voce saluto,
　　Jugiter officio quem mea corda colunt.

CARM. XX.

Ad eundem salutatoria.

Louange à Grégoire sur son mérite pastoral.

Summe pater patriæ, celsum et generale cacumen,
　　Forte decus, generis Toronicensis apex.
Lumen ab Arvernis veniens feliciter arvis :
　　Qui inlustrans populos, spargeris ore pharus,
Alpibus ex illis properans, mens altior ipsis :
　　Vir per plana sedens, qui pia castra tegis
Ne noceant hostes, qui sunt in ovile fideles;
　　Unicus in campis publica turris ades.
Vir date, dulce caput, regioni; chare GREGORI,
　　Martini retinet quem sacra sella patrem,
Me Fortunatum humilem commendo patrono.
　　Sic tua vita diu hoc sit in orbe Deo.

CARM. XXI.

Ad eundem salutatoria

Compliments à Grégoire.

Si qua mihi veniet quotiens occasio dulcis
　　Opto, sacer, calamo solvere vota meo.
Summe pater patriæ, toto venerabilis orbe,
　　Undique chare mihi, fulgida cura Dei.
Commendas humilem tibi me, sacer arce GREGORI
　　Pro famulo proprio, quæso, precare Deum.

CARM. XXII.

Ad eundem.

Compliments à Grégoire.

Si cessent homines velociter ire per Austros
　　Ad te, chare pater, carmina missa velim.
Nunc tamen est quoniam gerulus mihi porrigo verbum.
　　Sed minus eloquio quam quod amore colo.
Dulcis opime, decus nostrum, pie papa GREGORI,
　　Versiculis brevibus solvo salutis opus.
Sed memor ipse mei commenda, quæso, Tonanti;
　　Sic te consocium reddat honore throno.

CARM. XXIII.

Ad eundem.

Sa langue serait un fleuve d'éloquence que Fortunat l'employerait tout entier à chanter l'éloge de Grégoire et que la muse de Virgile elle-même ne l'égalerait pas.

Gurgitis in morem si lingua fluenta rigaret,
 Turbine torrentis vel raperetur aquis,
Ad tua præcipue præconia summa, Gregori,
 Dum non explerem flumine, gutta forem;
Munificumque patrem æquaret nec musa Maronis.
 Fers, bone, quanta mihi quis valet ore loqui?
Ac brevitate, sacer, famulum commendo subactum
 Me Fortunatum. Sit veniale precor.

CARM. XXV.

Ad eundem precatoria pro ipso agro

Remerciments à Grégoire pour un champ dont il avait prêté l'usage à Fortunat.

Munifici reparans Martini gesta, Gregori,
 Texit ut ille habitu, nos alis ipse cibo.
Discipulus placidum sapiens imitando magistrum,
 Ille ubi dux residet, miles habebis opem,
Ut chlamydem ille prius, sic tu partiris agellum;
 Ille tegendo potens, tuque fovendo decens;
Ille ope me antiquum relevans, tu chare, novellum;
 Fit dives merito paupere quisque suo.
Quando reposcetur, vestris redit usibus arvum
 Et Domino proprio restituemus agrum.
Unde amplas refero grates, dulcissime rector,
 Et repeto pandens hæc tua pastor, ovis.
Nec tantum reddo quantum tibi debeo, præsul;
 Pro Fortunato sed rogo flecte Deum.

CARM. XXVI.

Ad eundem pro pellibus sibi transmissis.

Compliments du poète à Grégoire pour une lettre qu'il a reçue de lui et qui était rédigée avec un talent digne de Sophocle. Remerciments pour de blanches peaux qu'il a reçues de lui et qui vont servir à lui faire des chaussures.

Egregio compacta situ, phalerata rotatu
 Atque Sophocleo pagina fulta sopho,
Me arentem vestro madefecit opima rigatu,
 Fecit et eloquio, quod loquor, esse tuo.
Dulcis, chare, decens, facunde, benigne Gregori,

Atque pater patriæ hinc sacer, inde cate,
Muneribus, meritis, animis et moribus æquis,
    Omnibus officiis, unde colaris habens,
Me Fortunatum tibi celso sterno pusillum,
    Commendo et voto supplice rite tuum,
Cui das unde sibi talaria missa ligentur
    Pellibus et niveis sint sola tecta pedis.
Pro quibus a Domino detur stola candida vobis,
    Qui datis hoc minimis unde feratis opes.

EX LIBRO NONO.

CARM. VI.

Ad Gregorium episcopum pro metris sapphicis.

La dernière lettre de Grégoire est arrivée, trop tard à son gré. Voici les vers qu'il a demandés; quant aux vers saphiques qu'il désire, il faut qu'il accorde un peu de temps à Fortunat que presse la nécessité de faire la moisson. Si celle-ci est abondante peut-être saura-t-il mieux chanter.

Pollente eloquio pervenit epistola cursu
    Sed voluit voto tarda venire meo.
Nec tamen offendit quamvis remorata requirit
    Quem tenet adstrictum mente ligante virum.
Cum cupiam talem qualis fuit ille Nazanzo
    Gregorium ut repares dogmate, sede parens.
Quæque injunxisti, pater, ecce poemata misi
    Et mihi proficient si tibi, chare, placent.
Hoc mandas etiam quo sapphica metra remittam ;
    Da veniam, modici dum seges urget agri.
Dum meto, da spatium : tibi mox parere parabo;
    Si saturer fructu, fors meliora cano.
Condere si valeo cum metro mitto libellum
    Quæ cape tu voto quo tibi dictat amor.

CARM. VII.

Ad eundem in ipso metro.

Compliment en vers saphiques ainsi que Grégoire l'avait désiré. Il se termine par un salut au nom d'Agnès, Radegonde et Justine.

Corde jocundo, calamo venusto
Litteras mittis, cupiente voto,
Blanda conscribens seriæ salutis
    Care GREGORI.
Exigens nuper nova me movere
Metra, quæ Sapho cecinit decenter,
Sic Dioneos memorans amores
    Docta puella.

Pindarus Graius, meus inde Flaccus
Sapphico metro modulante plectro
Molliter pangens citharista, blando
　　　Carmine lusit.
Cur mihi injungis Lyricas melodas
Voce qui rauca modo vix susurro?
Eloqui chordis mea dextra nescit
　　　Pollice dulci.
Qui vel hæc olim mihi si fuissent
Nota, prudentum docili camœna
Per tot oblitus fueram benignam
　　　Tempora Musam :
Cum labor doctis sit ut ista pangant
Dogma nec quisquam sapienter intrat :
Et satis constet resonare paucis
　　　Metra poetis.
Non leve est nautæ rate transfretare,
Vincere aut vastum pelagus natatu :
Vix procelloso repetunt sub Austro
　　　Carbasa portum.
Arduum nobis iter et profundum
Quo jubes pergi tamen ibo votis.
Si minus possum pedibus viare,
　　　Ducor amore.
Præstitit, pastor tua mi, voluntas
Codicem farsum tumido cothurno
Quemque paupertas mea vix valebat
　　　Tangere sensu.
Regiis verbis humili repugnat
Devites versus inopi recusans
Et mihi Mopso reserare nolens
　　　Docta sophistis.
Disputans multum variante miltho
Quæque sunt rythmis, vel amica metris,
Sapphicum quantum tua me arva adornent
　　　Dulcis epodus.
Multus autorum numerus habetur,
Plura dicentum modulo canoro,
Quæ volens isto memorare metro
　　　Nomina frango.
Maxime qui nunc resolutus a te
Postque bis denos loquor istud annos,
Clara quod scripsit, citharum terendo,
　　　Lesbia virgo.
Scire qui vult hæc Libycas arenas
Ante per littus numerare tentet

Cuncta quam metris ratione cauta
　　Carmine cingat.
Nam moras feci remoratus ipse
Pluribus causis modo hinc et inde,
Nec vacans legi placida quiete
　　Dulce sophistæ.
Scito nam, pastor, nec adhuc cucurri
Ordinem totum relegem libelli
Sed satis, crede, est, satis est amanti
　　Sola voluntas.
Ergo laxatus celeri volatu
Ad patrem sacrum, comitante voto,
Et sibi nostrum renovans amorem
　　Perge libelle.
Forte non possum piger ire gressu
Quo vocat blandus meus ille vultus
In vicem nostram, rogo te, Libelle
　　Redde salutem.
Si memor fili pater, ore dulci
Hunc precans qui nos, mare et astra fecit
Ac piis votis bene se colentem
　　Pectore servet,
Fœminæ caræ sibi mente nexæ
Quem colunt Agnes, Rhadegundes idem
Sicut exposcunt vice filiarum,
　　Solve salutem.
Adde Justinam pariter precantem
Nempe commendans famulam propinquam
Et refer quantum sibi cara profert
　　Neptis honorem.
Huc tibi promptus prece, voce, mente
Solvo, vix implens ego pauper arte,
Sed tamen largo refluens amore
　　Care GREGORI.

EX LIBRO DECIMO.

CARM. V.

Incipiunt versus de oratorio Artonensi.

Pour l'église de Saint-Gabriel construite à Artone par Grégoire.

Quisquis ad hæc properas venerandi limina templi
　　Dona precaturus quæ dat amore Deus :
Hæc in honore sacri Gabrielis cuncta coruscant
　　Qui pia jussa Dei rite minister agit.
Zachariæ veniens qui nuntia detulit astris,
　　Elizabeth datus est quando propheta potens.

DE S. GREGORIO, EPISCOPO TURONENSI.

Quique redemptorem e cœlo regem omnipotentem
    Post ait ut terris ventre Maria daret.
Qua sacer antistes nova tecta Gregorius effert
    Ut sibi cœlestes restituantur opes.

CARM. VI.

Ad ecclesiam Turonicam quæ per episcopum Gregorium renovata est.

Vers en l'honneur de l'église de Saint-Martin construite par Grégoire à la place de l'ancienne qui tombait en ruines.

Emicat altithroni cultu venerabile templum
    Egregium meritis, nobilis arcis apex,
Quo propria tunica dum operit Martinus egentem
    Gestorum serie fulgida signa dedit.
Namque idem antistes sacra dum mysteria tractat
    Lumina gemmarum est visus habere manu.
Ac de veste fuit quantum sua dextera nuda
    Tantum membra sibi gemma corusca tegit.
Sanctus item Domini almam dum benediceret aram
    De capite est visus flammeus ire globus.
Quæ modo templa sacer renovata Gregorius effert
    Et rediit priscus cultus honorque suus.
Fulgida præcipue nituerunt culmina templi
    Postque usus veteres præmicat aula rudis
In senium veniens melius revirescere discens,
    Diruta post casum firmius acta situ.
Martini auxiliis operando Gregorius ædem
    Reddidit iste novus quod fuit ille vetus.
Clara supercilio domini delubra nitescunt,
    Alma licet merito, sunt quoque celsa jugo.
Invida subrueret quam funditus ipsa vetustas
    Ut paries liquidis forte solutus aquis :
Quam pastor studuit renovare Gregorius ædem
    Nec cecidisse dolet quæ magis aucta favet.
Ambianis tremulum cernens Martinus egenum
    Dimidiæ chlamydis mox ope membra tegit.
Sed coram angelicis turmis se hanc nocte silenti
    Pauperis in specie Christus habere refert.
O sacer antistes, meritis referende sub astris,
    Unde tegis nudum hinc tua palla Deum.
Inter opima Deus, figulus quo vascula fecit
    Martinus meritis vas in honore nitet.
Leprosi maculas preciosa per oscula purgans
    Cui quod ab ore dedit, pax medicina fuit
Ulcera morbosi curans sic fauce beatus
    Quod Jordanis agit tacta saliva facit.

Quam generosa fides Martini in saecula civis,
　Qui quocumque fuit, mors ibi perdit iter!
Denique cum extincto catechumenus ore jaceret
　Se super extendens effugat arma necis :
Sic viduae genito laqueato, deinde reducto,
　Est vir ubi iste Dei non licet ire mori.
Fanaticam pinum sanctus succidere cogens,
　Justum ibi supposuit rustica turba premi.
Caesa secure arbor, cum jam daret alta ruinam,
　Ad crucis imperium est ire coacta retro.
Quis vigor hic fidei? valido dum pondera pini
　Quo natura negat, crux facit ire viam.
Serpentis morsu tumidum, suprema regentem,
　Hic digitum ut posuit pestis iniqua fluit.
Collecto morbo huc et ab ulcere pollice tracto,
　Dumque venena cadunt erigit ille caput :
Unguentumque novum digitis traxisse venenum
　Et tactu artificis sic superasse neces
Dum latro extinctus falso coleretur honore
　Voce hac Martini cogitur umbra loqui.
Publice se referens scelerum pro morte peremptum,
　Se quoque nec justum, sed magis esse reum.
O vox sancta loqui defuncta cadavera cogens,
　Qui post sata jacens, dat sua verba cinis.
Pergerat in fluvium dum vipera lapsa natatu,
　Et prope littorei tangeret ora soli ;
Martini imperio liquidas revocatur ad undas,
　Transactumque viae lassa recurrit iter.
Quantus amor Domini tali sub corde calebat,
　Quando venena potens ipsa retorquet aquis?
Martini meritis, aliis quoque febre crematis,
　Sudores refluos pagina sicca dabat.
Unde salutifero medicamine charta fovebat,
　Atque graves ignes littera tinguet aquis.
Gratia quanta Dei hujus sermone rigabat,
　Febre ubi succensis fons suus ibat apex?
Alme Deus rerum, pie, summe, GREGORIUS arcis
　Tu cui das sedem, dat tibi templa sacer :
Nam veteri fuerant haec funditus eruta lapsu,
　Tecta labore novo quae modo culta cluunt.
Jure potestatis cui tu, bone conditor orbis,
　Haec danti in terris culmina redde polis.
Victa vetustatis per tempora culminis arcta
　Diruit ut melior surgeret aula solo :
Quo sacra Martinus Domini mysteria tractans
　A capite igniferum misit in astra globum.

Ne tamen ipsa ruens miserando fine jaceret
    Pontificem meruit qui sibi ferret opem.
Quæ rediviva, micans instante labore Gregori,
    Decidua senio floret honore novo.
Fundamenta igitur reparans hæc prisca sacerdos
    Extulit egregius quam nituere prius.
Nunc placet aula decens, patulis oculata fenestris
    Quo noctis tenebris clauditur arce dies.
Lucidius fabricam picturæ pompa perornat,
    Ductaque quæ fucis vivere membra putes.

Leprosum purgavit.

Pannoniæ regio misit tibi, Gallia, fructum,
    Gignens cœlestem terra maligna dapem,
Martinum inlustrem meritis qui in munere divo
    Culmen in ætherea sede senator habet.
Qui lepræ maculas medicata per oscula purgat,
    Curat et infectum pura saliva virum.
Ad fluvium domini cui non fuit iste labore
    Quod Jordanis habet sanctus ab ore dedit.
Qui sacer ipse inibi te, pastor, agente Gregori
    Fortunato adimat tot maculosa reo.

Chlamys divisa.

Dum chlamydem Martinus inops divisit egeno,
    Christus ea memorat se bene veste tegi.
Dives paupertas Dominum quæ texit amictu,
    Cui Deus occurrit, qui dedit astra faber.

Tunicam dedit.

Noscere qui mavis Martini gesta beati
    Hic poteris breviter discere mira viri.
Denique cum tunicam sacer ipse dedisset egenti,
    Ac sibi pars tunicæ reddita parva foret:
Quod non texerunt manicæ per brachia curtæ,
    Visa tegi gemmis est manus illa viri.
O nimium fœlix, cui contigit in vice lanæ
    Nobilium lapidum lumine membra tegi:
Ut cum adhuc cinere aspersus foret atque favillis
    Artifice angelico gemmeus iret homo.

Mortuos tres suscitavit.

Quid Deus in famulis operetur opimus amator,
    Martini gestis magna probare potes.
Ducere qui meruit de morte cadavera vitæ
    Rettulit atque diem, reppulit unde necem.

Pinus excisa.

Dum caderet Martinum arbor pressura beatum,
  Mox facit ipse crucem, pinus abacta redit.
Quis non virtuti divinæ commodet aurem?
  Dum trabe conversa dant quoque ligna fugam?

Idola prostrata.

Idola dum cuperet Martinus sternere fulta
  Conterit hæc cœlis magna columna ruens :
Auxilium ad justi dignando militat æther.
  Quanta fides, cujus currit ad arma polus!

Falsus martyr.

Forte colebatur dum quis pro martyre latro.
  Martini adventu se probat esse reum.
Virtutis merito fidei radiante corusco
  Nec tacet extincti, nec latet umbra rei.

CARM. XI.

De oratorio Artonnensi.

Énumération des reliques rassemblées par Grégoire dans l'église d'Artone : un objet touché par l'ange Gabriel, un fragment de la pierre du Saint-Sépulcre, des reliques de S. Georges, SS. Cosme et Damien, S. Julien, S. Martin, S. Victor et S. Nisier.

Magna beatorum retinet hæc terra talenta;
  Divinis opibus dives habetur humus.
Pax! dextra angelico Gabrielis honore coruscat
  Gaudia qui mundo detulit ore sacro
Quando æternalem concepit Virgo salutem,
  Dona redemptoris nuntius iste ferens.
Læva est parte lapis tumuli quem corpore Christus
  Pressit morte brevi victor eundo patri.
Hic quoque relliquiis micat ille Georgius almis
  Qui probus igne redit, nec pice mersus obit.
Sunt etiam Cosmas, Damianus et ipse, salubres
  Non ferro artifices, sed medicante fide.
Est Julianus item gladio jugulatus amico,
  Plebs quem Arverna colens arma salutis habet.
Martinusque sacer, retinet quem Gallicus orbis
  Cujus Christum operit dimidiata chlamys.
Se tunica spolians, nudum qui vestit egenum,
  Unde dato tibi sunt alba, topazus, onyx :
Quæ meruere aliqui hoc in corpore cernere sancti,
  Gemmarumque sonus quod patefecit opus.
Additur hic meritis cum nomine Victor opimis,
  Munere martyrii qui tenet alta poli.

Hic veteris virtute viri nova palma Nicetii.
    Urbem Lugdunum qui fovet ore, sinu.
Horum pastor opem, corde, ore Gregorius orat,
    Vivat ut altithrono vir sine fine Deo.

carm. XII.

Versus facti super mensa in villa S. Martini ante descriptores.

Vers improvisés par Fortunat à la fin d'un dîner donné dans la basilique de S. Martin, par Grégoire, aux commissaires de Childebert et Brunehaut qui venaient de faire l'assiette d'un nouvel impôt en Poitou, et qui avaient épargné, par égard pour saint Martin, le peuple de la Touraine[1].

Cum videam citharæ cantare loquacia ligna,
    Dulcibus et chordis admodulare lyram;
Quo placido cantu resonare videntur et acra,
    Mulceat atque aures fistula blanda tropis:
Quamvis hic stupidus habear conviva, receptus,
    Et mea vult aliquid fistula muta loqui.
Ecce dies in quo Christus surrexit ab imo
    Infernæ legis rumpere vincla potens,
Quando et vinctorum lachrymantia millia solvit,
    Et revomunt multos Tartara fracta viros.
Additur hic aliud, quod Martini aula beati
    Emicat hæc, ubi nunc prandia festa fluunt.
Qui valuit gestis aures pulsare tonantis,
    Obtinet et meritis, quod petit alta fides.
Qui pie restituit defuncta cadavera vitæ,
    Atque Dei prompte præbet amicus opem.
Cui successor ovans modo rite Gregorius extans,
    Ille quod acquirit, hic regit ore, fide.
Qui rogat hic præsens, alibi licet insidet absens,
    Exhibet atque cibos pastor in orbe bonus.
Nunc igitur celebrate diem solemniter omnes,
    Quos Deus omnipotens huc dedit esse pares.
Quos sibi Martinus collegit amore benignus,
    Et facit ecce escas hic epulare suas.
Ergo sub incolumi Childeberto ac Brunichilde
    Quos tribuit celsus regna fovere Deus:
Vos quos miserunt populum moderare fidelem,
    Et relevare inopes si quis et extat egens:
Ac bona de dominis noscendo et agendo benigna
    Sint quoque lætitiæ pabula vestra fide.
Quos invitavit Martini mensa beati,
    Sumite gaudentes quod dat amore dies.

---

(1) Grégoire raconte ce fait (*Hist.* IX, chap. xxx).

Quæ bonus antistes noscendo Gregorius expers,
Plaudat et hæc populis gloria vestra canat.
Cujus et hæc domus est, a Christo exoret amator
Reges ac populos ut tegat arce Deus.

carm. XIII.

Pro puella a judicibus capta, ad Gregorium episcopum.

Prière à Grégoire de faire rendre à un père sa fille, qu'on lui a injustement enlevée et qui gémit captive en temps de paix.

Exemplo Domini mihi vel venerabilis orbi
Qui minimas non vis perdere, pastor, oves;
Sollicitis animis curam per pascua tendens,
Ne desint caulis, circuis ore greges.
Hic igitur gerulus, genitam flens impie demptam,
Captivam sobolem tempore pacis habens.
Martinique pii successor honore, Gregori,
Qui pater es populi, hanc rogo redde patri.
Jugiter ille sacris meritis illuminat orbos;
Orbatam hanc patri redde videndo diem.

carm. XVIII.

De Platone episcopo.

Éloge de Platon consacré évêque de Poitiers en présence de Grégoire.

Provida disponunt reges solatia plebi
Pontificem dantes, quem probat alma fides,
Ut colat Hilarium quem dat Martinus alumnum,
Et confessoris protegat ala potens.
Dirigat hic populum successor honore beato
Et clerum ecclesiæ qui moderetur ope.
Floreat arce decens rex Childebertus in orbe
Cum genitis, populo, matre, sorore, jugo;
Gaudia læta paret præsentia sancta Gregorii,
Et geminas urbes adjuvet una fides.
Qui modo, discipulo Platone antistite summo,
Sollemnem ecclesiæ hic dedit esse diem.

carm. XIX.

Ad Armentariam matrem domni Gregorii episcopi.

Compliment pour Armentaria, qui a mieux mérité de ce monde en donnant le jour à Grégoire, que Maccabæa mère de sept martyrs.

Felix bis meritis sibi, Macchabæa, vel orbi
Nobilitas generis, nobilior genitis,
Quæ septem cœlo palmas transmisit ab alvo,

Martyriique decus protulit ille uterus.
Tu quoque prole potens, recte Armentaria fœlix,
 Nec minor ex partu, quam prior illa sinu.
Illa vetus numero major, tu maxima cœlo :
 Quod poterant plures, unicus hoc tuus est.
Fœtu clara tuo, geniti circumdata fructu,
 Est tibi Gregorius palma, corona novus ;
Me Fortunatum humilem commendo verenter,
 Ac mihi cœlestem, quæso, preceris opem.

In versificatam vitam S. Martini.

PROLOGUS FORTUNATI.

Lettre à Grégoire dans laquelle l'auteur s'excuse de son insuffisance à traiter en vers ce sujet. Il allègue aussi les soins de la moisson qui le retiennent. Mais il obéit à Grégoire qui lui avait demandé de mettre en langage poétique ce que lui-même avait écrit en prose.

Domno sancto atque apostolico piissimo in Christo et peculiari patri Gregorio papæ, Fortunatus.

Apud pietatis animum quod opere minus inscribitur dilectionis intuitu dilatatur. Nam ἐπιχειρήματα, λέξις, διαίρεσις, παραίνεσις et reliqua oratoribus et dialecticis permittantur, apud quos cæteræ artes perplexis florent artibus : ista satagent suis affectare sirmatibus quæ soliti sunt adsuere vel proferre.... Vos date pietatis et charitatis animo veniam, postposita pro parte metrica periti censura. Quia quicquid in his vel stropha veterum vel præsentium sophisma plerumque dissertat, totum nobis tu præstabis quod minus novimus ; quod in opere messium, id est in ipsa messe, ut præsens explicare portitor poterit, nec expedire licuit nec tentare singula. Quapropter sanctæ coronæ ac dulcedini vestræ me peculiariter et instanter commendans et pro humili tuo jugiter orare digneris expectans suggero. Cum jusseritis autem ut opus illud, Christo præstante, intercessionibus domni Martini quod de suis virtutibus explicuisti versibus debeat digeri, id agite ut ipsum mihi relatum jubeatis transmitti. Nam pietate Domini concedente quod de vita ejus vir disertus domnus Sulpitius sub uno libello prosa descripsit et reliquum quod dialogi more subnectit, primum quidem opus a me duobus libellis et dialogus subsequens aliis duobus libellis complexus est ; ita ut brevissime, et juxta modulum paupertatis nostræ, in quatuor libellis totum illud opus versu, inter hoc bimestre spacium, audax magis quam loquax nec efficax cursim et impolite inter frivolas occupationes sulcarim. Quos libellos domno meo, et pio domno Martino si ipse commeatum obtinet, in quaternionibus quos direxistis ipsi per vos oblaturus conjunctim et confestim transcribendos curabo; illud certe postulans ut ejus a vobis pietas reparata pro nobis humilibus et suis peculiaribus intercedere non desistat. Date, pater dulcis, veniam quia lituram tantam in messe scribenti pluria super lapsa suffudit. Ora pro me, domne sancte et mihi dulcis pater.

II. TESTIMONIA RECENTIORA.

Baudonivia sanctimonialis in Vita sanctæ Radegundis, reginæ, num. 27.

Ambulavit nuntius ad virum apostolicum domnum Gregorium Turonicæ civitatis episcopum, et advenit. Sed quantum præsens vidit oculis, antequam eam sepeliret, de ejus virtutibus, in libro Miraculorum quem composuit, inseruit. Cum autem venit ad locum ubi sanctum corpus jacebat, quod ipse postea cum sacramento lacrymans dicebat, quod in specie hominis angelicum vultum viderat; facies illius velut rosa et lilium fulgebat, ita tremefactus est ac metu concussus, tanquam si ante præsentiam beatæ Genitricis Domini astaret devotus vir Deo plenus.

Paulus Warnefridi libro III de Gestis Langobardorum, capite 1, ubi de sancto Hospitio recluso Nemausensi.

Per hunc Dominus magnas virtutes operari dignatus est, quæ scriptæ habentur in libris venerabilis viri Gregorii Turonensis episcopi.

Agobardus archiepiscopus Lugdunensis in libro de Judaicis superstitionibus, cap. IV.

Sanctus Gregorius Lingonicæ Ecclesiæ episcopus quantæ sanctitatis et veritatis fuerit, Vita ejus scripta (inter Vitas Patrum Gregorii Turonensis, capite VII) et finis vitæ, atque honor ei ab Ecclesia delatus usque hodie testes sunt.

Florus Lugdunensis in Martyrologio, die 4 Novembris.

II Nonas. Bituricas depositio sancti Lusoris pueri, qui filius cujusdam senatoris, etc., scriptum in libro Miraculorum Gregorii Turonensis episcopi. *Ado et cæteri etiam Martyrologiorum scriptores ejusdem Gregorii verba adhibuerunt.*

Ex kalendario sacramentarii S. Gatiani cathedralis ecclesiæ Turonensis annorum 800, et altero Majoris Monasterii ab annis circ. 600 scripto.

XV Kal. Decembris sancti Gregorii Turonensis *Eodem die lau-*

datur in variis Martyrologiis antiquis, potissimum Turonensium Ecclesiarum, sicut et in Romano, in Gallicano, etc.

Ex veteri Legendario Ecclesiæ Cabillonensis, de sanctis Silvestro et Agricola episcopis ac Desiderato presbytero, apud Perardum et Bolland., 17 Mart.

De quibus licet compendiose, splendide tamen magnificus vir Gregorius Turonensis episcopus in libris Miraculorum ita scribit : Beatissimus vero Silvester, etc., *ex libro de Gloria Confess.*, capp. LXXXV, LXXXVI.

Hericus monachus libro I De Miraculis sancti Germani Autissiodorensis episcopi, cap. XXIX.

Gregorius Turonorum antistes, miraculorum curiosus indagator ac studiosissimus editor, nonnulla ab hujus et per hujus beatissimi Patris memoriam patrata commemorat, quæ suis quam nostris verbis intimanda maluimus, ne rei absque pretio operæ permutatæ quiddam fidei detrahamus. Germanus, etc., *ut habet Gregorius in libro de Gloria Confess., cap.* XLI.

Ex Vita secunda sancti Medardi sæculo IX *scripta Spicilegii tomo VIII.*

Per idem tempus inter Gallicanos præsules Gregorius historicus sermone et actu Turonis habebatur insignis, etc.... Hic nostra intermittentes, quid Gregorius historicus de hujus sanctissimi pontificis virtute referat huic opusculo innectendum ratum duximus : Medardus, inquiens, gloriosus confessor, etc. *De Gloria Conf.* cap. XCV.

Ex Testamento Ecchardi comitis fundatoris monasterii Patriciacensis (Percy) sæc. IX, *ap. Perardum Hist. Burgund., p. 26.*

Donate Enschise archiepiscopo tapete uno meliore, Gesta Langobardorum libro uno, et Chronica quem Gregorius Turonensis facit libro duo (*sic*).

Ex ms. codice Parisiensi Lat. num. 528 sæculi noni.

Murus Babillonie, ut Gregorius episcopus in cronica sua, habet cubitos I atitudinis, altitudinis CC, etc. (*Gregorii Hist.* l. I, cap. VI.)

Ex sancto Odone in sermone quo beatus Martinus par dicitur apostolis.

Non dissimiliter Gregorio Turonensi ejus (sancti Martini) reliquias in novam basilicam inferenti apparuit, etc., *quæ ex capp.* XX, LIX *et* CIV *libri de Gloria Confessorum accepit. Ejus verba item passim laudat.*

Letaldus monachus in prologo in Vitam sancti Juliani episcopi Cenomanensis.

De tempore quo magnus ille floruerit ex libro Gregorii Turonensis per conjecturam sumpsi, qui in Historiarum suarum lib. I, sub Decio et Grato consulibus a Xisto, etc..., cum beatus Dionysius a sancto Gregorio ex eorum numero fuisse dicatur, etc.

Frodoardus lib. II Historiæ Remensis, capite II.

Gregorius in Historia gentis Francorum de hoc præsule (Ægidio) narrat, etc.

Lib. IV ejusdem Historiæ, cap. LIX.

Aliis etiam nonnullis beati Patris hujus (S. Martini) urbs nostra fertur insignita miraculis; ex quibus ea quæ sanctus Gregorius Turonensis in suis Miraculorum libris enarrat hic indere placuit, etc. *Idem auctor passim laudat eadem et alia Gregorii opera.*

Aimoinus lib. III Historiæ Francorum, cap. XLI.

Quod cum Gregorio Turonensi, qui tunc cæteros episcopos sanctitate præibat, etc. *Ibidem,* cap. LXVI. Pro his itaque causis calumnias sancto antistiti inferebat Gregorio. *Eumdem passim beatum Gregorium appellat.*

Hugo archidiaconus Turonensis in Dialogo ad Fulbertum. Ex tomo I Analect. Mabillon.

Martinus habet virtutum suarum egregios interpretes.... Habet Gregorium Turonensem episcopum, qui mira de Martino post obitum narrat miracula.

Fulbertus episcopus Carnotensis epistola XCVII, quæ est ad Robertum Francorum regem.

Sacra vestra monitus sum inquirere festinanter et scribere vobis, si qua historia sanguinem pluisse referat, et si factum fuit quid factum portenderit. Livium, Valerium, Orosium et plures alios hujus rei relatores inveni, de quibus ad præsens solum Gregorium Turonensem episcopum testem esse productum sufficiat, propter auctoritatem religionis suæ. Ait ergo Gregorius idem in sexto libro Historiarum, cap. xiv : Anno sexto, etc.

Adhemarus in Chronico parte I, cap. xxx.

Eo tempore sanctus Gregorius archiepiscopus Turonensis magnis virtutibus fulgebat. Per idem tempus sanctus Germanus Parisiorum episcopus missus a rege Chariberto Egolismam consecravit basilicam sancti Eparchii, ubi ipse nuper sepultus fuerat : adfuit cum eo venerabilis Gregorius episcopus Turonensis, et in ipsa basilica multa pignora reliquiarum beati Martini episcopi collocantes dedicaverunt eam in ejusdem beati Martini honore. Denique in altare ipsius ab eodem sancto Germano atque Gregorio consecrato, sanctæ crucis hactenus apparent impressa signacula. Item in honore sancti Petri consecraverunt ecclesiam sedis episcopalis quam Chlodoveus, etc.

Idem in libello de virtutibus S. Eparchii abbatis Encolismensis, ex ms. cod. S. Cypriani Pictav. et Labbeo.

Gregorius Turonicæ civitatis episcopus, dum describendis sanctorum virtutibus ab aliis prætermissis scriptoribus operam dat, inter cæteros et hujus patroni nostri meminit dicens : Obiit Eparchius Engolismensis reclusus, etc., *ex Gregorii Historia,* lib. VI, cap. viii.

Ex Vita Caroli Magni; Chesn., tomo II, pag. 68.

Quo tempore (Childeberti) claruerunt sanctus Gregorius papa primus, et Gregorius episcopus Turonensis, etc.

Ex Vita metrica S. Melanii episcopi Redonensis, ex cod. ms.

Nempe Redonensis Melanius, ut Turonensis
Gregorius scribit, qui talia plurima scribit,
Innumeris signis perfecto præsule dignis
Enituit mundo, etc.

Laudat cap. lv de Gloria Conf.

Glaber Rodulfus in Vita sancti Guillelmi abbatis Divionensis.

Erat enim, ut beatus multorum sanctorum descriptor miraculorum Gregorius Turonorum pontifex refert, prægrandis arca, etc., ex cap. XI *de Gloria Mart.*, pro cujus incredulitate narrat idem sanctus alterum sancti nominis Gregorium Lingonensem episcopum, acrius quondam fuisse increpatum.

Anonymus auctor, qui sæculo XI *Acta Rhotomagensium archiepiscoporum scripsit, tomo II Analect. Mabillon.*

Rex concilium episcopos suos convocare cœpit, cui vir magnæ auctoritatis et probitatis Gregorius archiepiscopus Turonensis interfuit. Hic vero nec callidæ machinationi, qua episcopus (Prætextatus) deceptus est, nec injustæ destitutioni assensum præbuit.... Ita ut sicut beatus Gregorius Turonensis in scriptis suis narrat, nocte sancta Paschæ, in loco pontificali ubi stare consueverat gladiis eum percuterent, et ita interficerent.

Ex Vita metrica S. Cassiani episc. Eduensis, ex cod. ms. S. Germani a Pratis.

Idola cassavit, populum baptismate sanxit,
Hæc quoque Gregorius Turonorum dux luculentus.

Ex Chronico S. Benigni Divionensis. Spicilegii tomo I.

Inventum est atque translatum corpus almifici martyris Benigni a beato Gregorio Lingonicæ urbis episcopo, divina revelante providentia, ut refert Gregorius in libro Miraculorum, qui fuit antistes Turonorum.... Præfatus Gregorius Turonorum in libro de illustribus viris hujus Hilarii quis et qualiter fuerit, meminit, etc.... Successit Tranquillus, qui quantæ sanctitatis fuerit crebræ sanitates infirmis ex ejus tumulo præstitæ testantur, ut refert Gregorius Turonensis in se ipso expertus.

Baldericus episcopus Noviomensis et Tornacensis in Chronico Cameracensi et Attrebatensi, lib. I, cap. VIII.

In ea namque urbe (Vienna), ut beatus Gregorius Turonensis urbis episcopus scribit in gestis Francorum, tunc temporis inaudita cives prodigia terruerant, etc.; *plura laudat, cap.* III *et seqq. sub titulo* Historiæ Francorum.

Auctor Vitæ et Miraculorum sancti Solemnis episcopi Carnotensis, ex ms. cod. Regio.

Beatus Gregorius tunc temporis Turonorum episcopus de beato Solemni pontifice Carnotensi locutus est ita : Licet de Turonica urbe, etc. Hæc sanctus de sancto in testimonium.

Ex Vita S. Maximi Cainonensis confessoris, ex cod. ms. Majoris Monasterii.

Ut autem ad beati Gregorii aures, qui tunc Turonicam regebat Ecclesiam, horum miraculorum notitia perlata est, puerum tonsoratum, etc.; *narrat miracula ex capite* xxii *libri de Gloria Confessorum.*

Sigibertus Gemblacensis in Chronico.

Anno septimo Justini Junioris, 35 Chlotarii, Gregorius Turonensium ordinatus episcopus clarus habetur in omnibus.

Idem in libro de Scriptoribus ecclesiasticis, cap. xlix.

Gregorius Turonensis episcopus, vir magnæ nobilitatis et simplicitatis, scripsit multa simplici sermone. Scripsit duos libros de vita vel memoria quorumdam Confessorum, scripsit librum de Miraculis sanctorum, de miraculis Juliani martyris Brivatensis librum unum, de miraculis sancti Martini suo tempore ostensis libros quatuor. Historiam Francorum parvo libello breviavit, eamque postmodum diffusius novem libris digessit. Scripsit et Chronicam ecclesiasticæ historiæ.

Honorius Augustodunensis de Scriptoribus ecclesiasticis, cap. xxxiii.

Gregorius episcopus Turonensis scripsit librum Historiæ.

Chronicon Leodiense scriptum anno 1132. *Lab., t. I Bib., p.* 335.

Anno 572 obiit Eufronius Turonensis episcopus, succedit Gregorius historiographus.

Chronographus Saxo a v. cl. G. G. Leibnizio editus.

An. 572 Gregorius Turonensis episcopus in Gallia claret. *Idem habent alii passim chronographi, quos singillatim recensere superfluum esset.*

Hugo, seu Anonymus S. Mariani Autissiodorensis.

Anno Justini septimo Gregorius Turonensium ordinatur episcopus, vir clarus in omnibus, a quo inter cætera quæ scripsit, sancti Martini virtutes et miracula multa descripta sunt, quæ in diebus ipsius abundantissime provenerunt.

Gesta pontificum et comitum Encolismensium, auctore canonico Encolismensi, circa annum 1150, *cap.* IV.

Gregorius archiepiscopus Turonensis et Germanus.... consecraverunt cathedralem ecclesiam, etc., consecraveruntque assensu regis episcopum Mererium, qui capellanus ipsius regis erat, etc.

Petrus venerabilis abbas Cluniacensis adversus calumniatores.

> Gregorium laudas Arverno germine clarum,
> Cui dat Martini celsa cathedra locum.

Petrus Pictaviensis monachus in Panegyrico Petri venerabilis abbatis Cluniacensis.

> Prodiit hinc etiam Juliani dulcis alumnus,
> Qui bene Turonicæ præfuit Ecclesiæ.

De Arvernis loquitur. Item in epistola ad Calumniatorem.

Fortunatus etiam Gregorium Turonicum plurimosque alios episcoporum, etc., quam plausibili panegyrico extulerit non ignoramus.

Ex Anonymo qui Gesta episcoporum Turonensium et abbatum Majoris Monasterii scripsit apud Bochelium.

Eustochius hic fuit tempore beati Gregorii Turonensis. *Passim complura descripsit ex ipso Gregorio.*

Ex Vita domni Garnerii præpositi S. Stephani Divionensis apud Perard, et Fiotum in Historia ejusdem loci.

De hac videlicet Ecclesia in Vita sancti Gregorii Lingonensis episcopi legitur, quod gestatores corporis ejus a Lingonis eum deferentes etc., *De Vitis Patrum, cap.* VII. *Et infra:* Est alia basilica, de qua in prædicta Gregorii Vita scriptum est, quod domus ejus batisterio adhærebat, etc.

Rigordus in Vita Philippi Augusti ad an. 1184.

Sollicitus prout potuimus colligere ex Historia Gregorii Turonensis, etc., in hac nostra Historia satis lucide determinavimus. *Et ad an.* 1185 : Probantes hoc per Chronicas Ydatii et Gregorii Turonensis, *id est Fredegarii.*

Albericus monachus Trium Fontium in Chronico.

Natus est Martinus in Pannonia, cujus genealogiam Gregorius Turonensis episcopus breviter ita comprehendit : Quidam rex, etc., *ex libro de septem Dormientibus.* Anno 593. Huc usque Gregorius Turonensis.

Vincentius Bellovacensis in Speculo historiali, libro XXI, cap. cxxiv.

De sancto Gregorio Turonensi archiepiscopo.... Clarus habetur in omnibus. Hic Arvernicæ regionis indigena, etc. *Idem habet sanctus Antoninus,* etc.

Matthæus Westmonasteriensis in Floribus historiarum.

Anno gratiæ 572 Gregorius Turonensis episcopus ordinatus sanctitate refulsit insignis.

Anno gratiæ 588 floruit in Galliis Gregorius Turonicæ civitatis episcopus, qui ex Arvernico territorio attulit, etc.

Bernardus Guido episc. Lodovensis de sanctis Lemovicibus. Labb., t. I, p. 629.

S. Pelagia.... quam sanctus Gregorius Turonensis in libro suo de Miraculis sanctorum collocat inter sanctos, etc. *Eumdem passim laudat, sicut et Petrus Equilinus de Natalibus, et alii qui Vitas Sanctorum collegerunt.*

Robertus Gaguinus libro ii *Historiæ Francicæ.*

Gregorius homo in primis sanctitate spectatus, etc. *Ejus opera passim laudat.*

Ex Trithemii libro de Scriptoribus ecclesiasticis.

Gregorius episcopus Turonensis ex monacho discipulus quondam sancti Aviti præsulis Arvernorum, vir doctus et nobilis, mitis quoque et humilis. Tantæ sanctitatis et puritatis exstitit, ut etiam in vita miraculis coruscaverit, etc.

Idem libro III de viris illustribus Ordinis S. Benedicti, cap. li.

Gregorius.... cujus pater Florentius Georgii senatoris filius, vir et ipse laudabilis et sanctæ conversationis effulsit. Unde bonus pater filium suum Gregorium in timore Domini instruens, sanctorum illi gesta ad memoriam commendavit, quibus semper ad meliora enituit.... Fuit autem homo charitate et humilitate maximus, ita ut suo tempore in terris similem vix habuerit.... multis et in vita et post mortem claruit miraculis, cujus festum colitur xv kalendas Decembris. Ejus Vita conscripta habetur.

Idem libro II, cap. x. Gregorius.... vir sanctus Deo et hominibus dilectus, in sacris Scripturis optime peritus; in perscrutandis gestis sanctorum studiosissimus fuit.... qui cum esset vir doctus et eruditus scripsit aperto sermone plura opuscula, etc. *Catalogum contexuit Gregorii operum, quod et fecere subsequentes auctores, Possevinus, Bellarminus, Vossius, Breviarii ejus Vitæ auctor, Labbeus, Cavius,* etc.

Hieronymus Clictoveus Neoportuensis in editionem variorum opusculorum.

Humanæ eloquentiæ, etc., locum novissimum tanquam cæteris eminentiorem Gregorio Turonensi reservavimus, nihil hæsitantes illi præ cæteris palmam esse concedendam, nec fini præripiendam.

Præfatio editionis Jodici Badii.

Cum beati Gregorii Turonensis et Adonis Viennensis episcoporum commentarios, etc., auctoritate valent maxima : sunt etenim sanctitate vitæ conspicui et episcopali Christianæ pietatis apice præfulgidi, et res plurimas a se visas et compertas, non exquisita quidem elegantia, sed sincera veritate tradunt; quarum pietate, præcipue Turonensis, vel sola lectorem demereri possent.

Mathias Flaccus Illyricus in epistola præmissa ad suam editionem.

Dignus est Turonensis qui legatur.... nullus vetustus historicus exstat, qui illorum temporum negotia tam certo pernoverit, aut etiam plene complexus sit. *Eum passim laudat in Centuriis Magdeb.*

Ex Patriarchio Bituricensi, cap. xxvii, *tom. II Biblioth. Novæ Labb., p.* 32.

Quod ex scriptis divi Gregorii Turonensis, viri certe in rerum gestarum cognitione eruditissimi, perspicuum fiet. *Laudatur passim in eodem libro.*

Præfatio in Vitas Sanctorum ex Aloisii Lipomani voluminibus extractas.

Gregorius cognomento Florentinus, vir scientia et nobilitate clarus, Turonensem Ecclesiam sanctissime rexit; cujus scriptis ea adhibetur fides, quæ et viro sanctissimo et de Christiana fide optime merito adhiberi solet, etc.

Joannes Mariana, libro V Rerum Hispan., cap. x.

Majus argumentum accedit, Gregorii Turonensis silentium. An id gratiæ datum putabis a Gallico scriptore magnæque auctoritatis viro?

Papirius Masso in Notitia Galliæ.

Condito autem regno (Francorum) quanta mutatio acciderit, malo ex libris Gregorii Turonensis intelligi, quam ex oratione mea.

Josephus Scaliger, lib. vi de Emendatione temporum.

Magna Gregorio gratia, qui in tanto neglectu Historiæ animum ad hæc scribenda appulit, quare absque eo foret metuendum ne fabulosus Hunnibaldus pedem in possessionem illius Historiæ poneret, etc. Nos neque meliorem neque vetustiorem in Historia Francorum habemus.

Nicolaus Faber Ludovici XIII Francorum regis præceptor in Scediasmate, etc.

Gregorius Turonensis episcopus diligentissimus Historiæ nostræ scriptor et antiquissimus.

Hieronymus Bignonius in Præfatione ad Marculfi Formulas.

Ipse etiam Gregorius Turonensis, quo digniorem historicum non habemus, multis locis a Marculfo lucem accipit et omnino illustratur.

Jacobus Joannes Chiffletius in Disquisitione, etc.

Sanctus Gregorius antiquissimus et fidelissimus Francorum historicus.

Sammarthani in Gallia Christiana.

S. Gregorius Ecclesiæ Gallicanæ lumen, virtutis, sapientiæ, eximiæque sanctitatis gloria illustris, de historia ecclesiastica rebusque Francicis bene meritus.

Joannes Launoius doctor Parisiensis in Discussione, etc.

Gregorius Turonensis Christianæ apud Gallos religionis exordia, resque memoratu dignas summo studio prosecutus est. *Eum ejusque opera passim laudat.*

*Hadrianus Valesius in Præfatione ad tomum II
Rerum Francicarum.*

Gregorium, quem virum pium et sapientem, ac historicorum nostrorum principem agnosco, et laude dignissimum judico.

Joannes Bona S. R. E. cardinalis in Notitia auctorum.

Gregorius Turonensis, fidelis historicus, sed simplicioris eloquii.

Carolus Cointius Annalium Ecclesiastic. Francorum ad an. 544.

Omittere non debuimus ortum illustris viri, quem Historiæ Francicæ parentem merito nuncupaveris. *Idem passim habet.*

Antonius Dadinus de Alteserra J. U. professor et decanus Universitatis Tolosanæ in epistola ad notas, etc., *in Gregorii libros.*

Operam dedi ut consuleretur memoriæ maximi antistitis, ut exploderetur error et calumnia malignorum, quibus peritissimus rerum nostrarum scriptor, et ex parte testis, habetur pro inepto fabellarum et somniorum auctore. Non inanis erit opera, si a me vindicetur fama episcopi cathedræ et meritorum divi Martini successoris.

Bollandiani ad diem 17 Martii et passim.

Sanctus Gregorius Turonensis, cui uni tantum debet Historia Francica, quantum aliis scriptoribus ante ipsum simul omnibus.

Joannes Balesdens in suam editionem.

Non immerito dixerim, etiamsi in Gregorii scriptis columbæ simplicitas videatur, serpentis tamen prudentiam non deesse, cum in iis rebus eligendis dispiciendisque maxime et utilitate conducerent et fide valerent. Nec dubitem asseverare posterioribus scriptoribus hac in re palmam præripuisse, etc.

Aug. Thierry, préf. des Récits mérovingiens.

Par une coïncidence fortuite, mais singulièrement heureuse, cette période (vi^e siècle) si complexe et de couleur si mélangée est celle-là même dont les documents originaux offrent le plus de détails caractéristiques. Elle a rencontré un historien merveilleusement approprié à sa nature dans un contemporain, témoin intelligent, et témoin attristé, de cette confusion d'hommes et de choses, de ces crimes et de ces catastrophes au milieu desquels se poursuit la chute irrésistible de la vieille civilisation. Il faut descendre jusqu'au siècle de Froissart pour trouver un narrateur qui égale Grégoire de Tours dans l'art de mettre en scène les personnages et de peindre par le dialogue. Tout ce que la conquête de la Gaule avait mis en regard ou en opposition sur le même sol, les races, les classes, les conditions diverses, figure pêle-mêle dans ses récits quelquefois plaisants, souvent tragiques, toujours vrais et animés. C'est comme une galerie mal arrangée de tableaux et de figures en relief : ce sont de vieux chants nationaux, écourtés, semés sans liaison, mais capables de s'ordonner ensemble et de former un poëme.

IV

NOTE SUR LES MANUSCRITS

EMPLOYÉS POUR LA PRÉSENTE ÉDITION.

Nous avons très-peu de chose à dire sur ce qui concerne les manuscrits, ayant, dès l'origine, averti le lecteur (t. I, p. IV) que les textes des œuvres secondaires de Grégoire de Tours parvenus jusqu'à nous offrent peu d'intérêt. Tandis que nous possédons plusieurs copies de l'Histoire ecclésiastique des Francks presque contemporaine de l'auteur, la plupart des manuscrits contenant ses traités purement hagiologiques appartiennent à l'intervalle du xe au xive siècle; un seul (*Paris, Lat.* 2204) peut être reculé jusque dans la première moitié du neuvième.

Dom Ruinart, en utilisant avec sa sûreté habituelle les manuscrits dont il eut connaissance pour cette partie de son travail, n'en a pas donné une bien longue description. Il décrit sommairement (aux §§ 88-90 et 122-127 de sa préface) une vingtaine de volumes sur lesquels il avait principalement établi son texte; quant aux autres, il ne les cite que d'une façon extrêmement brève; et très-rarement fournit-il, chemin faisant, des détails sur quelqu'un d'eux.

La note qu'il leur consacre en tête de son édition est ainsi conçue :

Libros octo Miraculorum (contulimus) ad manuscriptos codices : Laudunensem unum (quem vocavimus *Laud.*), Bellovacensem unum, Colbertinum unum (*Colb. a.*); Pithœi (*Pith.*), Sanhovii (*S. B.*), Regios : Colbertinum Tutela advectum (*Colb. Tut.*), Colbertinum alium (*Colb. c*), item alium; Claromontanos duos (*Clar. a*, *Clar. b*), Reginæ Sueciæ nunc cardinalis Ottoboni (*Rom.*), Vindocinensem unum S. Martini Turonensis (*Mart.*), Majoris monasterii duos (*Majm. a*, *Majm. b*), S. Germani a Pratis quinque, Gemeticensem unum (*Gem.*), S. Victoris Parisiensis (*Vict.*), Vaticanæ bibliothecæ (*Vat.*), S. Cornelii Compendiensis (*Comp.*), S. Vincentii Cenomanensis, Floriacensem, S. Gatiani Turonensis (*Gat.*), Beccensem et alios plures qui suis locis notantur [1]. — Historiam septem Dormientium recensuimus ad manuscriptum Victorinum unum et Claromontanum unum cum editis. — Testamentum S. Aridii nunc primum datur integrum ex duobus exemplaribus manuscriptis S. Martini Turonensis et schedis dom. Mosnerii.

Vainement chercherait-on aujourd'hui, à Laon, à Beauvais ou dans la plupart des autres endroits marqués sur cette liste, les volumes dont elle se compose, et la sobriété des renseignements donnés sur eux par l'éditeur rendrait fort difficile pour beaucoup d'entre eux la constatation de leur identité.

Voici la liste de ceux dont nous nous sommes servi à notre tour et où nous nous sommes attaché, comme on a pu le voir, à relever, non pas les variantes de langage, mais celles seulement qui se rapportaient aux noms propres de personnes et de lieux, les seules qui eussent de l'intérêt.

Paris, mss. lat., n° 1805, xi° siècle. — Au f° 39 v°, le chap. 51 *de Glor. M.*

1864, xiv° s. — Fragments des *Mir. S. Mart.* et des *Mir. S. Andreæ.*

1933, xiii° s. — *Mir. S. Mart.*

2204, ix° s. — 206 feuill. à deux colonnes, mêlés de quelques notes tironiennes. Manuscrit entré à la bibliothèque du Roi en 1701, deux ans après la publication des Œuvres de Grégoire par dom Ruinart. Contient *Gl. Conf.*, *S. Jul.*, *Mir. Mart.*, *Gl. Mart.*, *Vitæ Pat.*

2205, x° s. — Manuscrit provenant de Colbert et plus anciennement de P. Pithou. C'est celui que dom Ruinart appelle *Colb. a*. Il contient les mêmes ouvrages que le précédent.

---

(1) Voici en effet quelques renseignements additionnels insérés dans les notes : col. 803 : « In codice Floriacensi ab annis circiter 600 scripto. » — Col. 992 ad finem libri *de Glor. Conf.* : « In codice membraneo qui olim fuit monasterii Dionysiani prope Parisios, nunc autem est Antuerpiæ penes RR. PP. Bollandianos, in fine libri Gregorii Turonensis *de Glor. Conf.* clausula habetur de Pippini cujus temporibus codex scriptus est, » etc. — Col. 1007 : « In codice ms. S. Victoris Parisiensis qui Gregorii libros de Miraculis S. Martini complectitur et aliquot capitula libri *de Glor. Conf.*, » etc. — Col. 1156 : « Quæ sequuntur habentur in solo codice Molsheimensi, apud Bollandianos, die 5 junii, qui codex ab annis supra nongentis in monasterio S. Dionysii prope Parisios scriptus fuit. »

2266. — Vie de *S. Maurile d'Angers*.

2791, xiie s. — Contient *Gl. M.*, *Gl. C.* et *Mir. Mart.* C'est le manuscrit que dom Ruinart appelle *Colb. Tut.*

2854, ixe s. — Faibles fragments sur S. Martin.

3788, xiie s. — Fragments des *Mir. Mart.* et du *de Gl. Mart.*

3801, xiie s. — Fragments des *Mir. Mart.*

5283, xiie s. — *S. Jul.*

5292, xiie s. — Fragments du *de Gl. C.* et du *de Gl. M.*

5308. — Vie de *S. Maurile*.

5318, xie s. — fo 45, *de Gl. M.*, c. 104.

5319, xiiie s. — fo 82, *de Gl. M.*, c. idem.

5322. — Vie de *S. Nisier*.

5326, xie s. — *Mir. Mart.* et fragments du *de Gl. C.*

5329, xiie s. — *Mir. Mart.* et fragments du *de Gl. C.*

5334, xive s. — fo 137, *VII Dorm.* et fo 156-261 *Mir. Mart.*

5335, xive s. — fo 37-76, *Mir. Mart.*, et fo 80, fragments du *de Gl. C.*

5336, xiie s. — *Mir. Mart.* jusqu'au ch. 25 du l. II. Le texte de Grégoire, dans ce ms., est remanié et arrangé.

5339, xe s. — *Mir. Mart.*, *Mir. And.*, *S. Maurile*.

5341, xiie s. — fo 44, *de Gl. M.*, c. 104.

5343, xie s. — *De SS. Paulo et Petro*.

5359, xie s. — fo 72 *Mir. Mart.*, jusqu'au ch. 25 du l. II.

9732, xve s. — fo 48-101 *Mir. Mart.* et fo 176 *VII Dorm.*

9733, ixe s. — Le même probablement que dom Ruinart appelle *Gat.* et désigne comme provenant de S. Gatien de Tours. Fragments du *de Gl. M.* et du *Mir. Mart.*

10 045, xve s. — fo 37, fragment arrangé des *VII Dorm*.

10 848, xiio s. — Fragments du *de Mir. Mart.*

10 849, xiiie s. — *Mir. Mart.*

Notre-Dame 97, xe s. — *S. Jul.*
    Id.   127, xiio s. — *Vitæ Pat.*

Sorbonne 1282, xiie s. — *De Gl. Mart.*
    Id.   1283, xiie s. — *S. Jul.*

S. Germ. lat. 488, xie s. — *Miracula S. Andreæ*.
    Id.   1044, xe s. — *Vita B. Maurilii*.
    Id.   1049, xie s. — *Vita B. Maurilii, de Petro et Paulo, de mirac. S. Crucis*.

Cl.-F. (Biblioth. de la ville de Clermont-Ferrand, ms. n° 11), x° s. — Très-beau manuscrit à peintures. Contient : *Glor. M.*, *Mir. Mart.*, *Vitæ P.*, *Glor. Conf.*

Angers (Biblioth. de la ville), n° 280. — *Explanatio de titulis psalmorum.*

Orléans (Biblioth. de la ville), n° 292, xi° s. — *Mir. Mart.*

Rouen (Biblioth. de la ville), n° 5467, xii° s. — *De Glor. M.* et *Vitæ P.*

Tours (Biblioth. de M. Victor Luzarche), manuscrit provenant de l'abbaye de Saint-Martin de Séez, xii° et xiii° s. — *Miracul. Mart.*

Londres, British Mus., Cotton., Append. XVIII. Manuscrit du xii° s. contenant les *Mir. Mart.*

Dom Ruinart dit quelques mots (*Préf.* § 76) d'un manuscrit conservé en Angleterre, intitulé (d'après un catalogue anglais qu'avait signalé Marcq. Freher) : *Libellus de passione Domini*, et attribué à Grégoire de Tours. Il est probable que c'est le manuscrit de Cambridge (Pembroke college, n° 1937), lequel porte pour titre : *Gregorius Turonensis de passione Jesu Christi*. C'est une fausse attribution. Il en est de même d'un autre manuscrit de Cambridge (Benneton Corpus Christi college, n° 1399), intitulé : *Gregorii Turonensis de vitiis et virtutibus*, et de deux manuscrits du British Museum, l'un contenant quelques lignes qui commencent par ces mots : *Gregori Tur. in gestis Francorum in passione et resurrectione sanctorum* (Arundel, n° 52), l'autre (de 265 feuill.) portant pour titre : *Gregorius Turonensis de gestis Salvatoris* (Biblioth. regia 7 BVII, n° 6). C'est par l'obligeance de M. le Dr Sachs que nous avons pu obtenir des renseignements certains sur ces deux derniers volumes.

V

BIBLIOGRAPHIE

DES

OEUVRES DE GRÉGOIRE DE TOURS.

1511.

1. IN HOC VOLUMINE CONTINENTUR Sulpicii Severi de vita divi Martini, Turonensis archipresulis, liber primus; ejusdem de eodem S. Martino dialogi duo; ejusdem Severi de vita divi Martini liber secundus. Tractatus beati Odonis abbatis Cluniac. de reversione B. Martini Turonensis ex Burgundia; alter tractatus ejusd. quo Martinum apostolis parem esse demonstrat; B. Martini de individue deitatis personarum trinitate religiosa confessio; P. Fortunati presbyteri carmen S. Martini vitam iv libris complectens.

Vita S. Gregorii Turonensis archiepiscopi.

Ejusdem Gregorii Tur. de miraculis S. Martini libri quattuor certis capitibus distincti cum tabula.

Ejusdem opus in gloriam plurimor. mart.; ejusdem in gloriam Juliani martyris Turonensium patroni cum capitum indice.

Ejusdem epistola ad beatum Sulpitium Bituricensem archiepiscopum in vitam sanctorum septem dormientium [1].

Marque de Jean Petit (une fleur de lis accostée des lettres I et P) sur le frontispice. In-4° de 166 feuillets, imprimé en lettres rondes, sauf

---

(1) La *Vie* elle-même *des Sept Dormants* est à la suite de la lettre.

les titres qui sont en gothique. Il se termine par ces mots: *Exaratum opera Joannis Marchant et impensis Joannis Parvi, bibliopole in vico divi Jacobi ad intersignum lilii aurei commorantis, apud Parrhisios; Anno Salutis* 1511, 6 *idus julii.*

Cette première édition des écrits de Grégoire de Tours, comprenant la plupart de ses œuvres hagiographiques, est due aux soins d'un érudit flamand, Jérôme Clichtowe, chanoine de la cathédrale de Chartres et à la libéralité de Guillaume Petit, confesseur du roi et professeur en théologie, à qui le volume est dédié[1]. La lettre préliminaire de l'éditeur ne contient guère qu'un éloge des hommes assez énergiques pour suivre les grands exemples donnés par S. Martin et un banal hommage rendu à Guillaume Petit. Elle se termine par la péroraison que voici en l'honneur de Grégoire: « Locum autem novissimum tanquam cæteris eminentiorem Gregorio Turonensi reservavimus, nihil hesitantes illi pre cæteris palmam esse concedendam nec fini præripiendam. »

Jérôme (ou Josse) Clichtowe, né à Nieuport en Flandre, enseigna d'abord la grammaire et les arts à Paris, fut associé au collége de Sorbonne en 1499 ou 1500, bibliothécaire de la maison en 1505, docteur en 1506, précepteur des neveux du célèbre cardinal d'Amboise, puis précepteur d'un jeune évêque, Louis Guillart d'Espichellière, qui obtint le siége de Tournay en 1513 et celui de Chartres en 1524. Clichtowe suivit son élève à Chartres où il fut fait chanoine et théologal, dignités qu'il conserva jusqu'à sa mort arrivée en 1543. Ce docteur de Sorbonne était lui-même un disciple de Lefèvre d'Étaples, le principal semeur des premiers germes de la réformation religieuse en France, et il commença par goûter fort les leçons d'indépendance qu'il avait puisées auprès de ce trop savant maître. Il avait publié un commentaire sur l'Introduction de Lefèvre aux Éthiques d'Aristote; il avait mis une préface en tête de sa critique de la tradition des trois sœurs Marie, et avait ouvertement fait en 1519 l'apologie de ce livre qui faillit envoyer son auteur sur le bûcher[2]. En 1516, Clichtowe s'était fait une mauvaise affaire pour son propre compte, en blâmant dans un de ses ouvrages (*Elucidatorium ecclesiasticum ad off. ecclesiæ*)

---

(1) « Honorando patri Guilhelmo Parvo regio confessori et sacrarum litterarum professori sapientissimo, Hieronymus Clichtoveus Neoportunensis, Salutem. » (f° 1, v.)

(2) Voy., ci-après, page 285, note 2.

un passage de la liturgie (les termes de la bénédiction du cierge pascal), et dès 1512, il avait collaboré au commentaire de Lefèvre sur S. Jean Damascène. Il y a lieu de croire, bien que son épitre dédicatoire n'en dise rien, que sa prédilection pour Grégoire de Tours en l'année 1511 tient au même ordre d'idées, et qu'il y entrevit les arguments que devaient bientôt faire valoir sans ménagement les Huguenots décidés. (Voy. ci-après n° 4.) Mais après s'être ainsi avancé, il prit peur et se fit d'autant plus violent ensuite contre les nouvelles doctrines qu'il avait été plus près d'être compromis avec elles. « Il a l'honneur d'avoir été le premier des « théologiens de Paris qui a écrit contre Luther, et il l'a fait, ajoute « son biographe [1], autant bien qu'on le pouvait en ce temps-là. » En effet, cet honneur lui est acquis par la publication de l'*Anti-Luther* qu'il fit imprimer à Paris en 1524, et il le confirma en 1526, 1528, 1529, 1533, par un grand nombre d'autres écrits passionnés pour la défense de la foi catholique.

1512.

2. Beati Gregorii Turonensis episcopi Historiarum præcipue Gallicarum libri X.

In Vitas Patrum fere sui temporis lib. I.

De Gloria confessorum præcipue Gallorum lib. I.

Adonis Viennensis episcopi sex ætatum mundi Breves seu commentarii : usque ad Carolum simplicem Francorum regem.

Marque de Jean Petit et au-dessous : *Venundantur ab impressore Jodoco Badio et Joanne Parvo*. D'autres exemplaires ajoutent *et Joanne Confluentino* et portent, au lieu de la marque de Petit, celle du libraire Jean de Couvlange (aux armes de Louis XII et Anne de Bretagne). Volume petit in-f° comprenant six feuillets prélim. non numérotés et clxxxii ff. de texte en lettres rondes, sauf les titres qui sont en gothique. A la fin, au bas du f. clxxxii r° : *Finis.... auspicio et jussu honorandi patris Magistri Guilielmi Parvi ordinis predicatorum et theologie professoris clarissimi. In ædibus Ascensianis. Anno salutis nostre* m. d. xxii [2] *ad idus novemb*. — La

---

(1) Dom Liron, *Bibliothèque chartraine*.
(2) *Sic*, par erreur, pour MDXII; comme on le voit au verso où les dates sont en toutes lettres. Dom Rivet, Fabricius, Brunet et tous les autres bibliographes s'y sont trompés et comptent cette prétendue édition de 1522.

dernière page (182 v°) est occupée par le privilége du roi accordé pour trois ans, à partir du 3 novembre 1512, à « Jean Petit, libraire juré de l'université de Paris et à maistre Josse Badio, emprimeur. » Le dit privilége délivré à Blois le 12 mars 1511. — Au f° 101 v° se trouve la *Vie de Grégoire* par Jean Gilles de Tours et aux f°s 147, 148 la *Vie de S. Paul premier ermite* par S. Jérôme, opuscules qui, ni l'un ni l'autre, ne sont annoncés dans le titre.

Cet ouvrage est, comme le précédent, dédié à Guillaume Petit[1], religieux dominicain et confesseur du roi[2]. Ce religieux était un grand personnage, justement vénéré par les gens de lettres de son temps. Né à Montivilliers au pays de Caux, il fut admis au couvent des Frères prêcheurs de Rouen en 1480, et envoyé par eux à Paris où il fit de brillantes études. En 1491, simple écolier de l'Université, il était déjà pourvu d'un prieuré[3]; il devint en 1502 docteur en théologie de la faculté de Paris, prieur du couvent des Dominicains d'Évreux en 1506, et deux ans après, prieur de celui de Blois, séjour ordinaire de la cour. A peine se trouvait-il à Blois depuis un an que le confesseur du roi, Antoine Dufour, évêque de Marseille, vint à mourir (juin 1509). Ce fut Guillaume Petit, sans qu'il eût recherché cet honneur[4], que le roi désigna pour remplacer le défunt. Depuis lors sa fortune, appuyée sur un vaste savoir, sur une éloquence qui charmait ses contemporains et sur les plus solides mérites ne cessa de grandir. Il assista la reine Anne de Bretagne à ses derniers moments et prononça trois fois son oraison funèbre : à Blois d'abord, puis à Notre-Dame de Paris, puis à l'abbaye de Saint-Denis au moment de l'inhumation. C'est encore lui qui fut l'orateur aux funérailles du roi Louis XII et de

---

(1) Il ne paraît pas que le libraire son homonyme eût de parenté avec lui, car on n'en dit rien, même lorsqu'on s'applique à l'éloge de ce libraire. « Nempe cum hunc (S. Martinum) omnibus imitandum fore censuisses (dit Clichtowe à Guill. Petit, dans sa préface de 1511), ejus vitam vario a diversis scriptoribus sanctis stilo compactam, ut in vulgum prodiret, ad nostra tempestatis expertissimum litterarum excussorem JOANNEM PARVUM divexisti. »

(2) « Jodocus Badius Ascensius magistro Guillelmo Parvo, Theologo, prædicatorii ordinis et regiæ confessionis auditori sapientissimo, Salutem. » Dédicace placée au verso du frontispice et datée du 20 novembre 1512.

(3) « Le prévôt de Paris.... veue la requête à nous présentée par frère Guillaume « Petit, prebstre, prieur de Marrolles en Brye, escollier estudiant en l'Université « de Paris.... mandons, etc. 22 déc. 1491. (Biblioth. imp. Cabinet des titres.) »

(4) « .... Ob quas ingenii, Dei et studii tui dotes Christianissimus Francorum rex Ludovicus XII te sibi ad confessionem audiendam id minime ambientem, imo ne cogitantem quidem delegit.... » Lettre finale de l'édition d'Origène, adressée par Badius à Guill. Petit qui en fut encore le généreux ordonnateur ; 4 vol. 1512.

Louise de Savoie[1]. François Ier le garda pour confesseur et le nomma à l'évêché de Troyes en 1518, de Senlis en 1527.

En 1518, G. Petit fut aussi appelé aux fonctions d'inquisiteur de la foi. Il paraît les avoir remplies avec modération, car il se servit de son autorité pour sauver Lefèvre d'Étaples, condamné en 1521 par le parlement de Paris comme hérétique, à la suite de la discussion qu'il avait entamée sur les sœurs de Marie [2]. Ce fut encore pendant la même année 1518 que Guill. Petit rédigea l'inventaire raisonné de la bibliothèque de François Ier [3].

Guillaume Petit avait la passion des lettres et celle des livres. En même temps qu'il publiait, en 1511 et 1512, Sulpice Sévère, Grégoire de Tours et Adon de Vienne, il faisait imprimer un Origène en quatre volumes qui parut la même année 1512. Il fut aussi le Mécène sous les auspices de qui parurent pour la première fois Sigebert de Gemblours en 1513, Aimoin en 1514, puis Paul Diacre et Luitprand. Il se fit lui-même l'éditeur en 1508, de Durand de S. Portien, évêque de Meaux, et composa divers ouvrages de piété.

Enfin voici un fragment de lettre du savant Budé à Érasme en date du 3 février 1516, qui le fait bien connaître :

« J'ai rencontré hier dans les boutiques de librairie Guillaume
« Petit, homme considérable et excellent théologien, l'honneur de
« l'ordre des Frères prêcheurs et le confesseur du roi. La cour et
« les familiers du roi n'ont pas d'autre orateur que lui dans les
« grandes solennités, et il en était déjà ainsi du temps du roi
« Louis XII. C'est l'homme du monde le mieux formé par la na-
« ture pour les panégyriques. Je suis très-lié avec lui et mes amis
« sont les siens ; mais je l'aime et le choye surtout comme cher-
« cheur plein de sagacité, comme dénicheur d'écrits cachés et
« collecteur de livres ; il est vrai qu'on ne saurait dire s'il l'emporte
« en avidité pour se procurer toutes sortes de livres, ou en géné-
« rosité pour les prêter gracieusement à ses amis. »

---

(1) Et dans diverses autres circonstances que relate le *Journal d'un bourgeois de Paris sous François Ier*, pub. par Lud. Lalanne pour la Soc. de l'Hist. de France.

(2) « Déjà le parlement se disposait à donner raison à l'ignorance monacale en « faisant brûler Le Fèvre, lorsque François Ier, écoutant l'avis raisonnable de son « confesseur G. Petit, défendit de passer outre. » (*France protestante*, VI, 506.)

(3) Inventaire raisonné existant à la Biblioth. imp. de Vienne, et pub. dans la *Revue des Soc. savantes* (1863), par M. H. Michelant. Le rédacteur de ce travail l'a signé *Guill. Parvy*. En effet, ses contemporains, latinisant pour un lettré, l'appelaient *Parvi* plutôt que Petit. — Nunquam vocatus est *Petit* cum viveret; in regiis diplomat. et epistol. appellatur G. *Parvy* seu *Parvi*. (Cointii *Annal.* 1, 55.)

On peut trouver encore quelques détails sur Guill. Petit dans d'autres lettres de Budée, dans la *Vie de Louis XII* par Cl. de Seyssel, les lettres de Richard Simon, l'excellent recueil des *Scriptores ordin. prædicatorum*, 1636 (t. II, p. 100), et les historiographes des diocèses de Troyes et de Senlis.

1561.

3. GREGORII TURONICI HISTORIÆ FRANCORUM libri decem. In quibus non solum Francorum res gestæ sed etiam Martyrum cum infidelibus bella, et Ecclesiæ cum hæreticis concertationes exponuntur. — ADONIS Viennensis chronica. Parisiis M.D.LXI. Apud Guil. Morelium typographum regium et Gulielmum Guillard ac Almaricum Warancore sub D. Barbaræ signo in via Jacobæa. Privilegio regis.

640 pages in-8, plus en titres, dédicaces, notes et tables. 32 pages au commencement et 30 à la fin. Au bas de la dernière page on lit : *Excudebat Guil. Morelius typographus regius, Lutetiæ Parisiorum*, MDLXI. Sur une partie des exemplaires, le frontispice porte la marque au θ de G. Morel; sur d'autres la marque est un épi mûrissant au soleil, avec la devise : *Ne declines de via veritatis*.

Guillaume Morel n'est pas seulement l'imprimeur de ce volume; il en est aussi l'éditeur, et l'a enrichi d'une table analytique des matières, d'un abrégé de la *Vie de Grégoire* par l'abbé Odon, souvent réimprimé depuis[1], d'une épître dédicatoire adressée à Simon de Maillé, archevêque de Tours, et d'une liste de variantes empruntées tant à l'édition de 1512 qu'à un manuscrit. Ce dernier est, dit-il, un très-vieux manuscrit de l'abbaye de Saint-Martin de Tours, que l'archevêque lui avait confié avec d'autres livres pour les emporter à Paris et les soustraire à la dévastation dont les huguenots menaçaient en 1561 toutes les églises de France[2].

Cette édition ne contient encore ni la préface de Grégoire ni le chap. XL du livre IV, qui manquaient de même à la première;

---

(1) Et dont voici les premiers mots : *Gregorii Turonensis vita Breviarium* : « Gregorius Celtico Galliarum tractu fuit exortus, Arverniæ regionis indigena, patre Florentio, matre Armentaria procreatus, quod et Fortunatus scribit his versibus, etc. »

(2) La lettre de Morel à l'archevêque est en substance ainsi conçue : « De magna illa librorum copia quos tui favore tuaque auctoritate Turonis huc advexi, hu-

mais Guill. Morel y a joint, en six pages et demie placées à la fin, une liste de variantes prises soit de l'édition antérieure, soit de divers manuscrits, et qui sont exclusivement philologiques.

L'exemplaire de Grégoire de Tours de 1512, conservé à la Bibliothèque impériale dans la réserve, porte sur les marges un grand nombre de notes écrites par un Morel qui pourrait bien être l'auteur de l'édition de 1561. Cet annotateur a signé en ces mots sur le titre : *Morelius annotationes in Gregorii Turonensis historiam fecit. Gloria mea testimonium conscientiæ.* Cependant l'une de ces notes (au f° 3 r°) prouve qu'elles sont postérieures au travail de Guill. Morel, car il y est fait mention de l'édition Bâloise de 1568 (voy. ci-après n° 5).

1563.

4. GEORGII FLORENTIS EPISCOPI TURONICI de Gloria martyrum libri duo. Ejusdem Gregorii de Gloria confessorum. Opus Christianum et antiquis fidelium historiis plenum. Ex vetustis et manuscriptis codicibus. Parisiis, M. D. LXIII. Apud Guil. Morellium, typographum regium.

In-12, point de préface; 263 p. L'histoire de la Passion de saint Julien, au livre II des Miracles et de la Gloire des martyrs, est joint au livre I, quoiqu'il ne figure pas dans le titre. A la fin (p. 263) on lit : *Excudebat Guil. Morelius, Parisiis, MDLXIII. Kal. decemb.*

1568.

5. GREGORII TURONICI HISTORIÆ FRANCORUM libri decem, quorum quarto duo capita præcipua ex manuscripto exemplari hac nostra editione accesserunt. Appendix item, sive liber XI, centum et decem annorum historiam continens alio

---

manissime præsul, hic promptus est Gregorius Turonensis, quem hoc tempore sub tuo nomine publicandum censui, quod et res eas tractet, quæ ad hanc nostram calamitosissimam ætatem pertinere maxime videantur.... Ad hanc editionem codicibus duobus usi sumus : uno antea impresso valde depravato, quod fortassis typographus, alioqui doctus et diligens, vel vetusto exemplari usus esset non bene correcto, vel a quodam imperito et negligenti amanuensi male descriptum exemplum accepisset; altero vetustissimo manuscripto e bibliotheca B. Martini Turonensis, unde et alios non paucos antiquos libros beneficio liberalitateque DD. canonicorum selegimus, in communem omnium utilitatem in lucem venturos.... Vale. XII Cal. julias M.D.LXI. »

quodam autore quorum gratia totum opus recudimus. In quibus omnibus non solum Francorum res gestæ, sed etiam martyrum cum infidelibus bella et Ecclesiæ cum hæreticis concertationes exponuntur. Basileæ, per Petrum Pernam, 1568. — Cum gratia et privilegio Cesareæ majestatis, ad annos sex.

Vol. in-8 de 24 feuill. prél. et 601 p. pour Grégoire de Tours; 106 p. pour Frédégaire.

L'auteur de cette édition est Mathias Flach Francowitz, luthérien célèbre, né en 1521 à Albona en Istrie, et qui latinisait son nom en signant Flaccus Illyricus. Il dédia l'ouvrage aux comtes de Hanau et Lichtenberg[1] par une épître servant de préface, datée de Strasbourg le 23 mars 1568. La préface, aussi bien que l'édition elle-même, ne sont qu'une arme de guerre entre ses mains. Grégoire de Tours est pour lui un écrivain d'une admirable bonne foi d'abord[2], puis un témoin irrécusable par lequel il prouve que, suivant l'ancienne discipline de l'Église, les synodes doivent châtier l'évêque indigne de son titre ; que les simples clercs et le peuple lui-même doivent participer aux élections épiscopales; qu'il n'y a aucun besoin de la confirmation du pape pour la nomination aux bénéfices ecclésiastiques, mais seulement d'une décision de l'autorité civile; que les évêques n'ont à s'occuper que de théologie et de prédication; que les ecclésiastiques peuvent se marier; que le pape est sans aucun droit sur tous les diocèses autres que celui de Rome; que les évêques indignes peuvent être déposés par leurs diocésains; qu'on ne connaissait au vi[e] siècle ni le Purgatoire ni les Indulgences ni, quoique le merveilleux y abonde, une foule de miracles célèbres depuis, tels que ceux des onze mille Vierges et de saint Denys l'Aréopagite.

L'édition de Francowitz est d'ailleurs faite d'une main ferme et savante. Elle est principalement fondée sur un manuscrit de

---

(1) « Nobilibus ac generosis dominis, DD. Philippo patri ac filio, comitibus in Hanau et dominis in Lichtenberg, etc., suis dominis clementissimis, Optat ex animo Matth. Fl. Illyricus veram filii Dei ejusque evangelii agnitionem. »

(2) « Audiamus igitur eos testes veritatis qui, præterquam quod sunt optimæ et sacrosanctæ fidei, ea tantum narrant quæ compertissima habent, quæque propriis oculis sunt summa diligentia contemplati; quod proprie esse ἱστορεῖν supra diximus. »

S. Nazaire de Lorch[1], et contient pour la première fois le texte de Frédégaire, qu'on a presque toujours ajouté depuis à celui de Grégoire. Enfin elle conclut par une note pleine de dédain à l'adresse de l'édition de Guillaume Morel, dont le goût philologique n'était pas compris de ce théologien.

« Typographus lectori,
« Morelii annotationes in Gregorii T. historiam prætermisimus
« quod nihil esset dignum notatu : De verbis enim tantum est dis-
« ceptatio, uti loco, quot, alibi, quanti scriptum invenit ; et hujus
« modi sunt fere omnia, ut instituta pro constituto, etc. Ita ut vehe-
« menter mirem virum alioqui doctum in hujus modi Barbaro au-
« thore tantum otii frustra consumpsisse. Si quis enim vellet bar-
« baras phrases, tum etiam vocabula annotare, majorem multo
« conderet librum quam ipsi decem libri historiarum Gregorii
« sint. In quibus tamen multa sunt his temporibus maxime utilia
« notatuque dignissima, ut quis legendo facile deprehendet : quæ
« magis attendenda erant in hujus modi historia quam Engolis-
« mensem pro Encolismensem et hujus modi multa frivola ; quæ
« omnia si in unum fascem colligas, ut ille fecit, ne pili quidem fa-
« cienda judicabis, nisi a superstitiosis. Quare noluimus te, lector,
« his futilibus in hac nostra editione remorari. Vale. »

1681.

6. DE PROBATIS SANCTORUM HISTORIIS.... collectis per F. Laurentium Surium carthusianum domus Coloniensis et nunc recens recognitis atque aliquot vitarum acceptione auctis per fr. Jacob. Mosandrum. Coloniæ Agrippinæ apud Gervinum Colenium. MDLXXXI.

6 vol. in-fol. Au tome VI, p. 419-427, Surius a inséré la vie de Grégoire par Odon, à laquelle il a donné pour titre : *Vita B. Gregorii Turon. archiepiscopi per clericos Turonenses descripta.* Elle se trouve déjà dans l'édition précédente du même ouvrage donnée par Lipoman et Surius; Cologne, 1570-1575, 6 vol. in-fol.

(1) « Inter hosce ultimos scriptores numeretur sane etiam hic Gregorius Tur. quem ego ideo recudi curavi, quod ejus bene longam Appendicem una cum aliquot ipsius authoris ante deficientibus capitibus in pervetusto codice reliqui operi adjunctam in bibliotheca S. Nazarii, reperi : unde ille postea in illustrissimi electoris Othonis Henrici bibliothecam translatus est. »

1583.

7. HISTORIA CHRISTIANA VETERUM PATRUM.... Laurentii de la Barre labore et industria castigata atque per ordinem digesta. Parisiis, apud Michaelem Sonnium, MDLXXXIII.

In-fol. de 640 ff. dont les 8 premiers et les 40 derniers non numérotés. Aux f°s 231 v° à 350 se trouvent successivement le *Gregorii Tur. Vitæ Breviarium*, l'*Historia Franc.*, Fredegaire, les deux livres *de Gloria mart.* et le *de Gloria confessor.* — Cette collection presque complète des œuvres de Grégoire a passé de là dans la *Bibliotheca veter. patrum* (t. VII), pub. en 1589 (Paris) par le P. Marguerin de la Bigne; puis dans toutes les *Bibl. des Pères* qui ont suivi : 1618, 1624, 1677. Cette dernière (Lyon, 27 vol. in-fol.) contient de plus l'*Hist. des Sept Dormants de Marmoutier*.

Il serait superflu de noter toutes les *Vies des Saints* où saint Grégoire de Tours a dû naturellement trouver sa place au 17 novembre, anniversaire de sa mort.

Nous n'indiquons pas non plus les éditions en nombre infini de Vies de Saints empruntées à Grégoire et disséminées dans ces mêmes recueils de Lipoman, Surius, Baillet, Bolland, Ribadineira, Godescard, etc.

8. DIVI GREGORII ARCHIEPISCOPI TURONENSIS, de Gloria martyrum libri duo. Ejusdem de Gloria confessorum liber unus. De virtutibus et miraculis S. Martini, libri IIII. Opus christianum et antiquis fidelium historiis plenum. Ex vetustis et manuscriptis codicibus. Coloniæ, apud Maternum Cholinum. Anno M.D.LXXXIII. Cum gratia et privileg. Cæs. majest.

Vol. in-12 de 7 f. prél. (pour la dédicace et la table des chapitres) et 476 p. Pas une seule note.

La préface, *Epistola dedicatoria*, adressée à Jean de Hamerstein abbé de S. Corneille[1] contient de longues plaintes de son auteur, Maternus Cholinus, contre la perversité du siècle et le manque de bons livres de piété pour former les jeunes gens. C'est à ce titre que les livres des Miracles de Grégoire lui ont paru excellents à réimprimer[2], et qu'il s'est hâté de les mettre sous presse dès qu'il a été informé que la dernière édition française était épuisée.

---

(1) « Reverendo in Christo patri eidemque nobilitate, pietate atque doctrina præstanti domino, D. Joanni ab Hamerstein, imperialis monasterii S. Cornelii ad Indam abbati, etc. » — Il s'agit de l'abbaye de Cornelimunster près Aix-la-Chapelle.

(2) « Præterquam enim quod is auctor avitæ fidei contra hujus sæculi καινοτόμους

1610.

9. GREGORII TURONENSIS EPISCOPI Historiæ Francorum libri decem. Quibus non ita pridem adjectus est liber XI, centum et decem annorum historiam continens, alio quodam auctore. His appendicem ad Gregorium, ante quingentos circiter annos concinnatam, aliaque nonnulla ejusdem seculi et argumenti opuscula, quæ pagella sequens docebit, hactenus non edita, adtexuimus. Ex bibliotheca Laur. Bochelli. Parisiis, e typographia Petri Chevalerii, in monte D. Hilarii, M.DC.X.

In-8, 8 ff. prel. et 250 pages pour l'*Histoire* avec 6 ff. de table; 210 pages d'appendice avec 20 ft. de tables et de variantes.

L'épître dédicatoire adressée à Nicolas Choart, correcteur des comptes, se ressent de la date que porte le volume. Il n'y est question que de l'affliction publique causée par la mort d'Henri IV. Vient ensuite le *Breviarium* de la Vie de Grégoire composée par l'abbé Odon. Les pièces contenues dans l'Appendice sont, outre la Chronique de Frédégaire, les suivantes :

« De commendatione Turonicæ provinciæ et de nominibus et actibus episcoporum civitatis Turonicæ. Similiter de nominibus et operibus abbatum Majoris monasterii. — De dedicatione Majoris monasterii et libertate ejusdem ecclesiæ. — De tribulationibus et angustiis et persecutionibus Majoris monasterii monachis injuste illatis ab archiepiscopis et clericis S. Mauritii Turonensis. — De restructione Majoris monasterii per Odonem comitem Campaniensem. — Albini seu Alcuini sermo de miraculis S. Martini. — Variæ aliquot lectiones ad Gregorium Turonensem. »

Le volume se termine en effet par dix-sept pages de variantes, qui se rapportent aux livres II, III, IV et V de l'Histoire, et que Laur. Bouchel a tirées de fragments qui lui appartenaient et d'un manuscrit d'Antoine Loisel.

10. L'HISTOIRE FRANÇOISE de S. Grégoire de Tours, conte-

---

locupletissimus testis existit, jucundissimo etiam variorum miraculorum suppellectile ita lectores detinet ut qui voluptatis in studendo rationem habent, facta ipsis Gregorii legendi copia, ad libros bonis moribus inimicos divertere non cogantur. »

nue en dix livres, ausquels sont décrits les conquestes des Gaules, les vies et gestes des premiers Rois, leurs affaires d'Estat et guerres tant estrangères que civiles. Ensemble les victoires des Martyrs sur les Infidèles et de l'Église sur les Hérétiques. Où est reconnue la pureté de la doctrine et des mœurs ès six premiers siècles et de la succession de nos Évêques, avec les choses les plus notables et miraculeuses de son temps. Augmentée d'un unzième Livre. Le tout trad. de latin en françois, par C. B. D. [1]. — Paris, Claude de la Tour, au mont S. Hilaire, à l'enseigne de S. Hilaire, M.D.C.X.

Un vol. in-8 de 80 pages non numérotées et 564 ff. Les 80 pages non numérotées sont occupées par les tables des chapitres, par le privilége, par un *Sommaire de la Vie de S. Grég. de T.* qui est une traduction du *Breviarium Vitæ* et surtout par un : AVANT-DISCOURS sur *l'histoire sacrée de saint Grégoire de Tours, à très-illustre et vertueuse dame, Madame Henriette de Balsac, marquise de Verneuil, par le seigneur d'Hemery d'Amboise, maistre des Requêtes* (52 p.). — L'onzième livre ajouté au volume est la traduction de Frédégaire.

On ne s'attendait pas à voir la plus impudente et la plus malfaisante des maîtresses de Henri IV, la marquise de Verneuil, prendre rang parmi les protecteurs de l'œuvre du saint évêque de Tours. Telle fut la fantaisie (ou l'intérêt) de l'auteur qui lui dédia cette préface, et la justice oblige à dire qu'en 1610, année de l'impression de ce volume, Henriette d'Entragues était dans cette période de sa vie où, une disgrâce complète l'ayant atteinte, elle vivait dans une tranquille et décente obscurité qui dura jusqu'à sa mort. Le flatteur affirme qu'elle était alors toute aux œuvres de bienfaisance, aux pieuses méditations, et qu'elle s'était interrompue dans l'étude de S. Augustin pour lire Grégoire. « Quant aux règles morales.... vous en peut-il être caché quelque chose, à vous qui avez employé la vivacité de votre divin esprit à la lecture de ces sacrez cahiers et qui avez toujours entre les mains S. Au-

---

(1) *Claude Bonnet Dauphinois.* — « Claude Gairin dit la Tour, libraire en l'Université de Paris, nous a fait remonstrer qu'il a fait traduire les OEuvres de Gr. de Tours.... par Claude Bonnet, gentilhomme Daufinois, docteur en droict civil et canon. » (Privilége du roi, en tête du volume, daté du 11 septembre 1609.) — On n'en sait pas davantage sur ce traducteur.

gustin et semblables auteurs en ce qu'ils sont tournez en quelques langues vulgaires.... »

Ce Seigneur d'Hémery d'Amboise, qui nous est inconnu d'ailleurs[1], avait la plume spirituelle, et après avoir suffisamment loué la belle marquise, il loue les Francs en bons termes[2], il loue surtout les rois de France, et de là passe à l'éloge des héros préférés de Grégoire, saint Martin « ce grand Hongrois, » saint Pierre « ce grand portier des voûtes éthérées, » et la foule des autres saints. Il s'applique principalement à défendre les dogmes catholiques, les miracles, le purgatoire, les indulgences, et à écarter des livres de Grégoire les mains hérétiques toujours prêtes à y puiser des arguments. Il se donne carrière contre l'Esclavon Mathias, « ce fin serpent qui, après avoir recommandé ce livre comme très-digne d'estre lu, vient à vomir là dessus sa poison mortelle. » D'Hémery d'Amboise termine son discours en disant qu' « En ces sacrez Commentaires (les dix livres de l'Hist. des Francs) les lecteurs peuvent moissonner à pleine faucille Honneur, Plaisir et Profit. »

1613

11. CORPUS FRANCICÆ HISTORIÆ VETERIS ET SINCERAE, in quo prisci ejus scriptores hactenus miris modis in omnibus editionibus depravati et confusi, nunc tandem serio emendati et pro ordine temporum dispositi; Pseudepigrapha veris auctoribus suis restituta, omnia denique notis marginalibus perpetuis illustrata, sic ut singula nova videri possint, uno volumine exhibentur. Hanoviæ, typis Wechelianis M.DC.XIII.

In-fol. en deux parties de 559 et 504 pages, plus les tables. L'*Hist.*

---

(1) Quoiqu'il ait trouvé moyen d'introduire dans sa préface cinq vers latins et l'annonce d'une édition qu'il préparoit des Lettres d'Héloïse et Abailard.

(2) « Ce sont ces François Salieus qui, ayant passé le Rhin, se sont establis en nos Gaules et y ont jetté les fondemens de cette grande et longue monarchie depuis environ 1200 ans. C'est de là qu'il faut chercher nos origines, non des cendres fabuleuses de Troye la Grand', ny des Palus Méotides.... Des quels Rois et mesmement de Clovis, premier lavé de l'eau du batême, la mémoire quoyque digne d'éternité, seroit éteinte et ensevelie sous les cendres, si ce fidèle Secrétaire ne nous l'eût conservée, et ne sçaurions sans luy par quels eschelons et degrez, France s'est peu guinder au solstice de ceste grandeur. »

des Francks précédée du *Gregorii Vitæ Breviarium*, occupe les 244 premières pages de la 1re partie. — Viennent ensuite Aimoin, Eginhard et autres Carolingiens, Raoul Glaber, Helgaud, Suger, Rigord, Guillaume le Breton, Guill. de Nangis et trois ou quatre chroniqueurs du xiiie siècle.

Cette édition, qui s'annonce par son titre comme si hardiment critique, paraît avoir été établie plutôt sur la comparaison des éditions antérieures, qu'avec l'aide des manuscrits. Elle contient une innovation heureuse, qui cependant n'a pas été imitée depuis, à savoir qu'on a répété en tête de chaque chapitre le sommaire de ce qu'il contient, tel qu'il est dans l'*Index* de l'ouvrage.

L'éditeur, qui ne s'est nommé que par les initiales placées au bas de la dédicace de son œuvre au roi Louis XIII[1], est le savant Marcuard Freher.

1623

12. Vita S. Galli auctore Gregorio Turonensi episcopo ejus nepote. Francofurti, 1623, in-8°.

Volume indiqué par le P. Lelong (*Biblioth. histor. de la France*, n° 8439), mais que l'on a vainement cherché depuis lors.

1626.

13. J. Ludovici de La Cerda. Adversaria sacra, opus varium ac veluti fax lucem.... Lugduni, sumpt. L. Prost heredis Roville; 1626, in-fol.

Dans cet ouvrage, consacré par le savant jésuite espagnol, L. de la Cerda, à l'examen philologique d'une longue série de livres de l'antiquité et du moyen âge, un chapitre (chap. clxx, p. 426) contient la revue des expressions inusitées (au nombre de cinquante) que l'auteur avait remarquées dans les œuvres secondaires de Grégoire de Tours. Ce ne sont d'ailleurs que des remarques de latiniste; elles n'ont rien d'historique. Le glossaire de Du Cange est le lieu où se trouvent les *voces abstrusæ* de Grégoire.

---

(1) « Conditores Franciæ Historiæ Francigenas collectos, correctos, digestos, illustratos, Francorum Navarræque regi christianiss. Ludovico XIII, ipsos quidem origine proprios ex jure domino restituit, suam in eis opellam magni cultus monimentum qualecumque Germani in Francos affectus pignus idoneum, lubens merito dono dedit, dicavit M. F. »

1636.

14. Georgii Florentii Gregorii Turonensis episcopi, Historiæ Francorum libri decem, nunc tandem post editiones omnes, ope quinque vetustiss. Codd. Mss. diligenter ac serio emendati. — Apud : Historiæ Francorum Scriptores coætanei.... opera ac studio Andreæ Du Chesne geographi regii ; Lutetiæ Parisiorum, 1636.

In fol. 4 vol. (t. I, p. 251-459).

Cette édition, précédée du *Breviarium vitæ Gregorii*, contient un texte très-soigneusement établi et en marge quelques variantes ou quelques renvois ; du reste pas une note et seulement une petite préface de douze lignes, dans laquelle Du Chesne annonce que les cinq manuscrits dont il s'est servi proviennent : deux de la bibliothèque de De Thou, et les trois autres de celle d'Alexandre Petau, sans plus de détails. Il a vu aussi, dit-il, chez Gui Loisel, fils d'Antoine, un sixième manuscrit, le plus ancien de tous, écrit en lettres onciales, mais qui ne contient que les deux premiers livres. Cependant ce dernier est le seul où l'on trouve la préface qui manquait jusqu'alors dans toutes les éditions imprimées et le titre exact : « Georgii Florentii Gregorii episc. Tur. Historia ecclesiastica. »

1640.

15. Publicæ utilitati. — Divi Georgii Florentis Gregorii episcopi Turonici operum piorum pars I. MDCXL.

Frontispice encadré dans un portique à fronton triangulaire, et après lequel vient le titre :

Divi Georgii Florentis Gregorii episcopi Turonici, De gloria martyrum et confessorum libri III, diligenti opera et fide veterum codicum exscripti, emendati et aucti, labore et industria I. B. in senatu paris. et Regia advocati. Parisiis ex typographia Jacobi Dugast, via S. Joannis Bellovacensis ad olivam Rob. Stephani ; et in ejus officina, via veteris Fibulationis prope pontem S. Michaelis. Cum privilegio regis christ. in decennium.

Vol. in-12, de 10 ff. prélim. contenant une dédicace et une préface, plus

568 pages. — Second volume (pars secunda), même frontispice et même date qu'au premier. Titre : « D. Georg. Fl. Gregorii ep. Tur., de miraculis S. Martini archiep. Tur. libri IV ; De vitis Patrum liber unus ; De septem dormientibus in majori monasterio prope Turonum liber unus ; Diligenti, etc., » *ut supra.* Dans ce second volume, la pagination continue en reprenant de la p. 569 jusqu'à 1108; il commence par la Vie de Grégoire due à Jean Gilles de Tours. — Les initiales I. B., qui désignent l'éditeur, sont expliquées dans le privilège ainsi conçu : « Louis, etc.... Notre cher et bien aimé Jean Balesdens, advocat en nostre conseil privé et en notre cour de parlement, nous a fait très-humblement remonstrer que pour continuer d'obliger les personnes de lettres il désire faire imprimer en latin et en françois un livre intitulé *Divi Gregorii*, etc., revu, corrigé et augmenté d'autres pièces qui ont pour tiltre : *Vitæ Patrum*, item *Vitæ septem Dormientium*, ensemble *Vita ejusdem Gregorii*, le tout exactement conféré sur d'excellents originaux;... à ces causes, pour ne point priver le public d'un ouvrage tant utile, nous luy avons permis, etc. »

Ce privilège nous apprend donc que l'avocat Jean Balesdens est l'auteur de cette édition, et qu'il ignorait que ni les Vies des Pères ni l'Histoire des Sept Dormants n'étaient inédites, ayant été comprises, l'une dans l'édition primitive de 1511, l'autre dans celle de 1512. La traduction dont il parle nous est inconnue.

Sa dédicace, adressée à Dominique Séguier[1], aumônier du roi Louis XIII et évêque de Meaux, paraît n'être inspirée que par des sentiments de cordialité et de piété; elle ne contient rien davantage. Quant à la préface, qui vient ensuite et qui s'adresse « au pieux et chrétien lecteur[2], » elle est empreinte d'une grande vénération pour l'évêque de Tours, sentiment qui s'étend et se fortifie visiblement à mesure que les générations se succèdent[3].

---

[1] Illustrissimo piissimoque in Christo patri D.D. Dominico Seguiero utriusque regii consistorii assessori, Regis archi-eleemoni, nec non Meldarum præsuli vigilantissimo, etc.

[2] Pio et christiano lectori brevis præfatio.

[3] « Hujus viri vita rosque ab eo gestæ tanto sunt merito ut omnis christianorum cœtus, et Gallia præcipue nostra, plurimum ipsi debeant et operam plenam et justam seorsim exigant, non paucis verbis circumscriptam. Ejus igitur vitam omnibus suis numeris absolutam et magis fide quam verbis ornatam ex antiquo codice pulverulento deceptam tibi offero, cum tamen elogii mihi imposita necessitas videretur.... In manus igitur tuas veniat eadem mente qua effigies patris ad filium defertur, imperita artificis manu delineata. Non diffitear te ab ejus lectione fastidio quodam posse averti, quod stylo agrestiori et ad veterum scriptorum duritiem propius accedenti sit conscripta ; sed tecum cogites velim eam in ejus hominis rebus versari, qui ab hinc mille et plurimis annis in vivis erat et qui tandem inde quæ-

1666

16. ANNALES ECCLESIASTICI FRANCORUM, auctore Carolo Le Cointe Trecensi, congregationis oratorii D. N. J. C. presbytero. Parisiis e typographia regia.

8 vol. in-fol. parus le premier en 1665, le septième en 1679 et le dernier en 1683. L'auteur mourut en 1681.

Quoique ce grand et savant ouvrage, dans lequel le P. Charles Le Cointe raconte en détail l'histoire des Gaules depuis le commencement du ve siècle jusqu'au milieu du ixe, n'ait dû admettre l'étude des œuvres de l'évêque de Tours que comme un épisode, il est indispensable de le mentionner ici à cause des critiques qu'il contient contre le texte de Grégoire, et à cause de l'importance que ces critiques, bien que mal fondées, ont emprunté à l'autorité de celui qui les formulait. Le second volume des *Annales* (1666) est consacré en partie à l'exposé des vues de ce commentateur sur Grégoire. Le P. Le Cointe, homme prodigieusement instruit, mais qui n'était peut-être pas versé comme un bénédictin dans le maniement des documents originaux, avait été très-frappé des nombreuses lacunes offertes par les manuscrits de l'Histoire des Francks qu'il avait entre les mains comparés aux éditions imprimées. Ces manuscrits, au nombre de cinq[1], étaient, en effet, des plus anciens et des plus respectables; mais de ce qu'ils avaient des lacunes, la conséquence la plus simple à en tirer c'est qu'en les transcrivant, les copistes avaient pris ce qui leur convenait et négligé le reste comme ils ont toujours fait. Au lieu de cela, le P. Le Cointe s'était imaginé que tous les chapitres qu'il ne trouvait pas dans ses cinq manuscrits avaient été fabriqués pos-

---

rebat si simplices illas et scribendi et vivendi artes servare videretur quibus prima illa Ecclesiæ tempora ipsi proxima commendabantur.... Satis esse duxi lacunas ex fide antiquorum et mss. codicum implere et innumeras typographorum, vel aliud agentium vel imperitorum, mendas expungere, non sine benigna et liberali amicorum ope. Accedunt ad ea permulta ejusdem authoris quæ vel desiderabantur vel locupletiora nunc primum prodeunt : iis utere, fruere, lector, et Deum in sanctis suis lauda. Vale. »

(1) « Mss. Codd. Bellovacensis, Corbeiensis, S. Michaelis et Metensis (ambo Thuani), et Regius. » — Voyez la description de ces volumes dans les *Annal. eccles. Francor.* ann. 447, n°s 9 à 30, t. I, p. 47 et suiv.

térieurement[1]. Il n'était pas éloigné de mettre l'ensemble de ces prétendues falsifications à la charge de l'honnête et dévoué Guillaume Petit. Dom Ruinart fit son affaire de réfuter cette grosse et bizarre erreur ; il s'en acquitta avec une force et une raison parfaites dans sa préface (§§ 86 à 120) de l'édition de 1699, où il commence par indiquer huit manuscrits, dont un du x° siècle, inconnus au P. Le Cointe, qui tous contenaient le texte complet de l'*Histoire des Francks*. Aucune objection de son adversaire n'est restée debout. — Le Cointe avait préparé une édition de Grégoire, mais qui n'a pas vu le jour [2].

1668.

17. L'Histoire des François de S. Grégoire, évesque de Tours; qui vivoit il y a près d'onze cents ans. Avec le supplément de Frédégaire, écrit par les ordres de Childebrand, frère de Charles Martel. De la traduction de M. de Marolles, abbé de Villeloin, avec des remarques. A Paris, chez Frédéric Léonard, imprimeur ordinaire du Roy, rue S. Jacques, à l'écu de Venise, M.DC.LXVIII.

876 pages précédées du titre et d'une dédicace au roi (8 p.), d'un avis « Au lecteur » (8 p.) et suivies d'une table des noms, lieux, matières, etc. (38 p.); du « Privilége du roy » (2 p.); d'une lettre « aux saints évesques de France.... pour le livre de la Gloire des Confesseurs » (8 p.); d'un résumé des « Choses contenues dans les deux volumes de la Traduction » (6 p.) et d'un « Avertissement final » (2 p.).

Deuxième volume. La seconde partie des Histoires de S. Grégoire, évesque de Tours, contenant ses livres de la Gloire des Martyres et des Confesseurs, avec les quatre livres de la Vie de S. Martin et celui de la Vie des Pères. De la traduction de M. de Marolles, abbé de Villeloin, avec des remarques et la Vie de S. Grégoire. — Paris. Fréd. Léonard, M.DC.LXVIII.

---

(1) Voyez dans ses *Annales*, à l'année 595, n°⁸ 46 à 49, l'énumération de la foule des chapitres où le P. Le Cointe croyait voir des interpolations et des additions de faussaires. C'est presque la moitié de l'Histoire des Francks, disait dom Ruinart.

(2) In bibliotheca Jesuitica memoratur Gregorius T. amplissimis notis illustratus ab Ægidio Bucherio. Sed illæ notæ in bibl. Jesuitarum Tornacensi needum editæ sunt quod sciam; sicut nec historiæ Gregorianæ editio quam Car. Cointius parare se est testatus (*Fabricius*).

In-8. 724 pages précédées d'un « Discours au sujet de quelques belles actions du roy pour servir d'épistre liminaire » (8 p.); de « la vie de saint Grégoire » (6 p.), et suivies de la table (18 p.); d'une lettre « A Mgr Victor le Bouteiller, archevesque de Tours pour les livres de la vie de saint Martin son prédécesseur » (13 p.); d'un « Eloge de la ville de Tours, tiré du 3e livre de la Philippide de Guil. Le Breton, » tourné en vers François (3 p.); d'une lettre « Au rév. père dom Bernard Audebert, général de la congrégation de saint Maur, pour le livre de saint Grégoire de Tours de la vie des Pères » (8 p.); et d'une « Considération importante sur quelques points qui ont été touchez dans la lettre précédente au sujet de l'esprit des Pères bénédictins de la Congrég. de saint Maur » (8 p.).

Cette accumulation d'épîtres, d'avertissements et de pièces annexes, nous peint l'abbé de Marolles, infatigable éditeur, traducteur, versificateur et collecteur qui ne se lassa jamais d'écrire et qui ne comprenait pas le dégoût qu'inspire une plume médiocre et trop féconde. « J'ose croire, dit-il avec une entière bonne foi à la fin de son premier volume, que cet ouvrage seroit mis en quelque considération s'il estoit honoré du nom de quelque célèbre écrivain. Ce qui m'a fait longtemps délibérer si j'y mettrois le mien, parce qu'à le dire franchement, je ne me suis pas apperceu qu'il ait esté trop heureux en beaucoup de livres et de matières très-importantes où je l'ay employé, puisque d'autres qui ont travaillé après moy sur de pareils sujets ne les ont pas plus considérez que s'ils n'eussent jamais vu le jour.... » — Cependant sa traduction de Grégoire est très-loin de n'avoir aucun mérite; elle est intéressante par l'abondance des notes explicatives qu'on y trouve au bas des pages, par l'autorité de celles qui se rapportent à la géographie de la Touraine, et par la liberté singulière avec laquelle cet honnête ecclésiastique traite les miracles absurdes contés avec amour par Grégoire.

1679

18. ANTONII DADINI ALTESERRÆ, utriusque juris professoris et decani universitatis Tolosanæ, Notæ et observationes in X libros Historiæ Francorum Beati Gregorii Turonensis episcopi et supplementum Fredegarii. Tolosæ, typis Joannis Pekii typographi ordinum Fuxensium. MDCLXXIX.

Vol. in-4 ; 3 ff. prél. et 414 pages.

Dédicace datée de Toulouse, 4 octobre 1678, et adressée à Colbert. L'auteur rappelle au ministre que c'est lui-même, Colbert, qui l'a engagé à publier, pour seconder les grands desseins du roi, les travaux qu'il pouvait avoir préparés et qui seraient capables de servir utilement à l'histoire de la Gaule. Il commence donc par Grégoire de Tours et fera en sorte de le venger des doutes que l'on a élevés sur l'autorité due à cet écrivain. « Demum operam « dedi ut consuleretur memoriæ maximi antistitis, ut exploderetur « error et calumnia malignorum quibus peritissimus rerum nos- « trarum scriptor et ex parte testis, habetur pro inepto fabellarum « et somniorum auctore.... »

Les notes de Dadin de Hauteserre, auteur d'autres travaux fort estimés, sont très-bonnes, très-savantes et ont beaucoup servi à dom Ruinart. Elles peuvent encore être lues très-utilement.

Jean Savaron, savant magistrat d'Auvergne (1550-1624), avait aussi beaucoup travaillé sur Grégoire de Tours ; mais le recueil spécial qu'il avait fait de ses notes est perdu.

1688.

19. SCRIPTORUM ecclesiasticorum Historia litteraria a Christo nato usque ad sæc. XIV.... autore Guilielmo Cave, SS. Theologiæ professor, canonico Windesoriensi. Londin., 1688, 2 vol. in-fol.

C'est dans cet excellent recueil anglais qu'on trouve le premier bon article critique sur la vie et les écrits de Grégoire.

1690.

20. NOUVELLE BIBLIOTHÈQUE des auteurs ecclésiastiques, par M. L. Ellies Du Pin, Paris, MDCXC, in-8°.

T. IV. p. 210-212. Article insignifiant.

1699.

21. SANCTI GEORGII FLORENTII GREGORII EPISCOPI TURO-NENSIS, OPERA OMNIA, necnon Fredegarii scholastici epitome et chronicum, cum suis continuatoribus et aliis antiquis monumentis, ad codices manuscriptos et veteres editiones col-

lata, emendata et aucta, atque notis et observationibus illustrata ; opera et studio domni Theoderici Ruinart, presbyteri et monachi benedictini e congregatione sancti Mauri. Lutetiæ Parisior., F. Muguet, 1699, in-fol.

La dédicace adressée au premier président du parlement de Paris, Achille de Harlay, est une dissertation préliminaire sur l'importance des œuvres de Grégoire de Tours et la grande autorité qui leur est due, accompagnée des louanges[1] du patron sous les auspices duquel le volume est placé. Les auteurs de l'*Histoire littéraire* (Voy. n° 24) ont résumé d'une manière parfaite le travail de leur docte confrère en ces termes (p. 396) :

« Après l'épître dédicatoire à M. de Harlay on trouve une longue et sçavante préface, divisée en cinq parties, où l'éditeur entre dans la discussion d'autant de points capitaux. Il y fait connaître d'abord quelle est l'utilité et la nécessité même d'une nouvelle édition de S. Grégoire. Il donne ensuite le dénombrement des écrits qu'il a laissés à la postérité, dont il recherche soigneusement les dates pour en fixer la chronologie. Il montre en troisième lieu contre le P. Le Cointe, qui prétend le contraire, qu'il n'y a aucun chapitre de l'Histoire de son auteur qu'on en doive retrancher. Après quoi il passe aux moïens qu'il a mis en œuvre pour exécuter le projet de sa nouvelle édition. Enfin il emploie la dernière partie de sa préface à traiter de la personne de Frédég. et de ses écrits.

« Cette préface est suivie de la Vie de S. Grégoire par S. Odon abbé de Cluni et des témoignages que les anciens et les modernes ont rendus à sa mémoire. Viennent ensuite de courtes annales de France tirées des anciens historiens et de S. Grégoire même jusqu'à l'an 768.

« Les dix livres de l'Histoire tiennent le premier rang entre les ouvrages de l'auteur. Suivent après, l'abrégé des premiers livres par Frédégaire et la chronique de celui-ci, avec ses continuateurs. Les autres écrits de S. Grégoire tiennent entre eux l'ordre suivant : le livre de la Gloire des martyrs, celui des Miracles de S. Julien, le Traité de la Gloire des Confesseurs, les quatre livres des Mira-

---

(1) Parmi lesquelles voici ce qu'il a de plus précis : Nihil vero nobis opportunius aut felicius contingere poterat quam Gregorio interprete publicum hoc dare observantiæ in te nostræ simulque grati animi testimonium, ob singularem istum amorem quo litteras litteratosque omnes prosequeris.

cles de S. Martin, les Vies des Pères et quelques fragments qui nous restent de son commentaire sur les Psaumes. Ces fragments n'avaient point encore paru dans aucune édition de S. Grégoire, non plus que la préface et quelques chapitres du traité sur les Miracles de S. André, avec les actes de S. Julien martyr. Dom Ruinart a fait entrer ces deux dernières pièces dans son édition, parce que l'une appartient à S. Grégoire et que l'autre porte son nom dans les manuscrits. Il y en a encore ajouté deux autres qu'on lui attribue · l'Hist. des Sept Dormants et la plus ample Vie de S. Yrier.

« Un appendice où l'on a inséré beaucoup de monuments choisis et curieux[1], mais tous propres à répandre de la lumière sur le texte de l'auteur, et une excellente table des matières finissent la nouvelle édition. Il ne faut pas oublier de dire que l'éditeur a eu soin de mettre au bas des pages quantité de notes : les unes pour marquer les variantes des divers manuscrits, les autres pleines d'érudition pour éclaircir ou concilier les endroits difficiles du texte original. De sorte que c'est à juste titre que cette édition de S. Grégoire passe pour la plus belle, la plus exacte, la plus parfaite qui ait paru jusqu'ici. »

Rappelons au lecteur que nous avons donné dans notre premier volume la traduction d'une grande partie de la préface de dom Ruinart et le texte des lettres d'envoi qu'il adressa, en leur faisant présent de son livre, à Jean Schilter, au cardinal d'Aguirre, au cardinal Colloredo et au saint père, Innocent XII.

Il y a une bonne critique de cette édition de dom Ruinart, par un de ses contemporains, dans la collection de dom Housseau (Mss. Bibl. imp.) t. XIX, p. 235, sous le titre de : *Extraits des Remarques critiques et historiques de M. de Camps abbé de Signy*.

1722.

22. CASIMIRI OUDINI Commentarius de Scriptoribus ecclesiæ antiquis etc.; Lipsiæ, 1722.

3 vol. in-folio. *Sanctus Gregorius Tur. episc.*, au t. 1, col. 1454-1462. Très-bon article.

---

(1) Le testament de S. Perpet, évêque de Tours, et une trentaine d'autres documents mérovingiens, réimprimés d'après les publications précédemment faites par Mabillon, d'Achery, Sirmond, Baluze, Bignon, Duchesne, etc.; plus une intéressante dissertation de l'éditeur sur les sépultures de l'église Saint-Germain des Prés.

1733.

23. Que S. Grégoire de Tours n'est pas auteur de la Vie de Saint-Yrier.

Mémoires de l'Acad. des Inscript. et Belles-Lettres, VII, 278-280 (année 1733).

Note de M. de Foncemagne, dans laquelle on démontre que cette Vie de saint contenant, au chap. 30, une prédiction de la mort de Thierry, fils de Childebert et petit-fils de Sigebert, est nécessairement postérieure à cet événement, c'est-à-dire à l'an 613.

1735.

24. Histoire Littéraire de la France.... par des religieux bénédictins de la congrégation de S. Maur (dom Rivet, etc.). Paris. in-4°.

Au tome III (1735), p. 372-397 : Saint Grégoire, évêque de Tours. 1. Histoire de sa vie. — 2. Écrits qui nous restent de lui. — 3. Ses écrits perdus. — 4. Ses écrits supposés. — 5. Sa manière d'écrire, son érudition et sa doctrine. — 6. Éditions de ses œuvres.

1739.

25. Rerum Gallicarum et Francicarum Scriptores. — Recueil des historiens des Gaules et de la France.... par dom Martin Bouquet, prêtre et religieux bénédictin, t. II, Paris, 1739, in-fol.

Reproduction pure et simple de l'édition donnée par dom Ruinart (y compris la préface et les notes, avec un très-petit nombre de notes nouvelles) 1° de l'Histoire des Francs; 2° de l'*Historia epitomata* de Grégoire; 3° de la Chronique de Frédégaire; le tout occupant dans D. Bouquet, au t. II, les pages 74 à 464. Suivent quelques courts lambeaux des œuvres hagiologiques de Grégoire (pag. 465 à 470).

26. Histoire des auteurs sacrés et ecclésiastiques, qui contient leur vie, le catalogue, la critique, le jugement, la chronologie, l'analyse et le dénombrement des différentes éditions de leurs ouvrages, etc…, par le R. P. dom Remi Ceillier, bénédictin, etc. A Paris, au palais, chez Paulus du Mesnil, in-4°, 1750.

Au tome XVII (p. 1-65) : Saint Grégoire de Tours ; — histoire de sa vie ; — ses écrits ; sa doctrine ; — Jugements de ses écrits et éditions qu'on en a faites; — Article de l'*Hist. littéraire* arrangé.

1751.

27. NOUVELLE VIE DE S. GRÉGOIRE, évêque de Tours, premier historien des François, par M. Levesque de la Ravalière.

Biographie insérée dans les Mémoires de l'Acad. des Inscript. et Belles-Lettres, tome XXVI, p. 598-637. Paris, in-4, 1759. Lu à l'Académie, le 23 mars 1751.

Vie détaillée et critique de Grégoire, étudiée surtout dans ses ouvrages.

28. BAUMGARTEN. Nachrichten von einer Hallischen bibliothek, darin Recensionen alter und neuer seltener Bücher enthalten, 8 vol. in-8°, Halle, 1748-51.

Article sur Grégoire au t. III, p. 543.

1754.

29. NOTE sur un passage de Grégoire de Tours dont on avait prétendu la leçon fautive dans une séance de l'Académie des Inscriptions.
Mém. de l'Acad. des Insc. et Belles-Lettres, t. XXI, p. 96-100 (ann. 1754).
Ce passage est celui de l'Hist. des Francs : *Hinc lingua Syrorum* (t. VIII, c. I), qu'un des académiciens voulait corriger en *lingua suorum*. M. Bonamy, auteur de la note, démontre l'inadmissibilité de la correction en donnant des détails sur la fréquente présence des Syriens et autres Orientaux dans les Gaules.

30. GEORGIUS FLORENTIUS GREGORIUS, S. Gregorii episcopi Lingonensis abnepos.

Au t. II (p. 101-106) du : *Jo. Alb. Fabricii Lipsiensis Bibliotheca latina mediæ et infimæ latinit.*; 3 vol. in-4º, Patav., 1754. — Le meilleur et le plus complet des articles insérés sur Grégoire en tant de recueils[1].

1761.

31. Examen d'un passage de Grégoire de Tours sur le temps où l'on a commencé d'enterrer les morts dans les cités.

Article inséré par l'abbé Lebeuf au t. XXVII, p. 176-179 (année 1761) des *Mémoires de l'Acad. des Inscriptions*. Le passage en question est au liv. X, ch. 31 de l'Histoire des Francks.

1763.

32. Schüz, commentarius criticus de scriptis et scriptoribus historicis. Vlmæ, 1763, p. 219-222[2].

1765.

33. Problème historique. Comment concilier saint Sulpice Sévère avec lui-même et avec saint Grégoire de Tours, sur diverses époques de la vie saint Martin?

Article anonyme inséré dans le *Journal de Trévoux* du mois de mai 1765, p. 1238.

1785.

34. Essais historiques sur les mœurs des François, ou Traduction abrégée de toutes les chroniques et autres ouvrages contemporains relatifs à l'histoire de la première dynastie, avec les monuments, costumes, médailles et monnoies, gravés. Par Edme-Louis Billardon-Sauvigny, officier

---

(1) Se distinguent aussi ceux de Casimir Oudin (nº 22), de dom Rivet (nº 24) et de Lévêque de la Ravalière (nº 27).

(2) Nous n'avons pas vu cet ouvrage et ne le citons que d'après Aug. Potthast (*Bibliotheca medii ævi*, in-8º, Berlin, 1862). Il en est de même du nº 28 et des opuscules suivants :

Schmidt's *Zeitschrift für Geschichte* (1844-48), t. II, p. 44.

L. Haüsser, *Ueber die deutschen Geschichtschreiber von Anfang des Franckreichs bis auf die Hohenstaufen.*

Junghans, *die Geschichte der Franckischen Könige Childerich und Chlodovech*, Kritisch Untersucht, Göttingen, 1857, in-8º.

décoré. A Paris, et se trouve chez Maillard d'Orivelle, libraire, quai des Augustins, n° 43, au Contrat social, 1792, l'an quatrième de la liberté.

Cinq volumes in-8 avec une soixantaine de gravures. L'ouvrage avait été commencé par livraisons, en 1785; mais interrompu peu après, il ne fut achevé et réellement publié qu'en 1792. L'auteur lui-même en fait ainsi l'analyse :

« Le premier volume contient la vie de S. Grégoire le plus ancien de nos historiens. Cette vie extraite de son histoire et surtout de ses autres ouvrages, renferme des détails curieux sur la vie privée des Francs, sur les intrigues de la cour des rois et sur l'état ecclésiastique.

« A la suite se trouve un examen de la vie de S. Grégoire publiée par l'évêque (sic) de la Ravalière ; une division des Gaules, tirée de diverses notices ; — cinq généalogies des rois des Francs, très-anciennes ; — Epitomes de l'histoire des Francs par un auteur inconnu et très-ancien ; — Lacunes des Epitomes remplies par la traduction de beaucoup de passages d'auteurs grecs et romains.

« Le second et le troisième volume contiennent l'histoire des Francs par Grégoire de Tours et la continuation par Frédégaire.

«Le quatrième et le cinquième contiennent les gestes des rois des Francs, les gestes de Dagobert, l'extrait d'Aimoin, » etc., etc.

On voit par ce seul exposé combien le zèle de l'auteur l'emportait sur son aptitude. Non-seulement il fait un amalgame de toutes les œuvres de Grégoire, mais il introduit dans ce mélange tous les autres documents qu'il juge propres à lui servir, et métamorphose les écrits qu'il publie en une autobiographie où l'évêque de Tours est censé prendre la parole et commencer en disant : « Florentius mon père, était fils de Georges le sénateur, etc. »

Billardon de Sauvigny complète dans ses préfaces l'exposé de ses principes : « J'avoue que le ton superstitieux qui règne dans « l'Histoire des Francs, dit-il, en rend la lecture fatigante. Il a donc « fallu élaguer ce qui blesse la dignité de l'histoire. — « Dans l'His- « toire des Francs je suis plus littéral que dans sa Vie privée, parce « que l'importance de la matière le commande ; mais je me suis « promis en même temps d'être fidèle à la vérité et non pas au mau- « vais goût. — « Grégoire de Tours a négligé l'ordre et les dates « et j'y ai suppléé. — « J'ai su rendre *fidèlement*, ajoute-t-il et il « souligne, la Préface de S. Grégoire en me pénétrant du sens de « l'auteur. »

Nous reproduisons par curiosité cette préface comme exemple

de la force des illusions et de l'énergie avec laquelle nous pénètre la couleur du siècle où nous vivons :

« L'amour des lettres s'est éteint dans le cœur des Gaulois; il n'a pu survivre à la licence, à la férocité des nations conquérantes et à la fureur des rois, plus redoutable encore. Quoi! nos églises luttant sans cesse contre les hérétiques; quelques-unes, par un zèle particulier des fidèles, sont devenues riches et florissantes; les autres, dépouillées sans pudeur, auront été les victimes de l'avarice et de la perfidie; et nous ne trouverons personne assez instruit dans l'art d'écrire pour peindre en vers ou en prose tant d'événements mémorables! Ils ne cessent d'en gémir ceux qui nous disent: « Malheur à notre siècle, où l'ignorance est si générale que nul de nous ne saurait même tracer par écrit les faits qui se passent sous nos yeux! »

« Eh bien! j'oserai l'entreprendre; je ferai connaître les générations qui ne sont plus, pour l'utilité des générations à venir; mon esprit est sans culture, je l'avoue, mais je ne souffrirai point que nos guerres sanglantes et les crimes des méchants et la vie des gens de bien aillent s'ensevelir dans l'oubli. On convient assez, et j'en ai honte pour nous, que l'écrivain philosophe est entendu de peu de personnes; au moins le style familier est à la portée du plus grand nombre, et voilà ce qui soutient mon courage dans l'entreprise que je tente. »

Les gravures de l'ouvrage représentent de prétendues scènes historiques, de prétendues portraits de saint Grégoire et de son père, de Caribert, de Galswinthe, de Frédégonde et Brunehaut, voire même du comte Leudaste. Disons cependant que l'auteur a eu l'idée louable d'y joindre des monnaies gauloises et des ornements tirés du tombeau de Childéric.

1817.

35. Saint Grégoire, évêque de Tours.

Article de M. de Barante dans la *Biographie Universelle* des frères Michaud (1817); t. XVIII, p. 417-420.

1823.

36. HISTOIRE DES FRANCS, par Grégoire de Tours. Tome Ier de la Collection des Mémoires relatifs à l'Histoire

de France, depuis la fondation de la monarchie française jusqu'au treizième siècle : avec une introduction, des suppléments, des notices et des notes, par M. Guizot, professeur d'histoire moderne à l'Académie de Paris. A Paris, chez J. L. B. Brière, libraire, rue Saint-André-des-Arts, n° 68, 1823.

Ce tome Ier de la collection contient les huit premiers livres de l'Histoire (480 p.), précédés d'une *Notice sur Grégoire de Tours*, signée de M. Guizot. Les livres IX et X occupent les 152 premières pages du tome second (1823).

Notes rares mais excellentes, ainsi que la Notice préliminaire.

1824.

37. Archiv der Gesellschaft für ältere deutsche Geschichte zur Beförderung einer Gesammtausgabe der Quellenschriften deutscher Geschichten des Mittelalters; herausgeg. von G. H. Pertz. Hannover in -8°.

Deux articles de M. Pertz, au t. V, p. 50-60 (année 1824) de ce recueil et au t. VII, p. 246-249 (1839), sur les manuscrits et le texte de l'Histoire des Francks.

Le savant éditeur des *Monumenta Germaniæ*, commence par dire qu'on pourrait croire superflu, après les travaux d'hommes tels que dom Ruinart et dom Bouquet, d'entreprendre une édition de ce texte, et que cependant l'examen des manuscrits qui se trouvent en Italie l'a convaincu du contraire. Les manuscrits de France, sont les seuls, dit-il, qu'ils aient bien étudié; et il ajoute : « On ne peut se dissimuler qu'ils aient été dirigés dans l'établissement de leur texte, plus par les manuscrits qu'ils avaient entre les mains que par une vue claire des rapports intimes existant entre tous les manuscrits. » Il indique particulièrement et décrit en détail les volumes n° 275 de l'abbaye du Mont-Cassin et n° 556 de la reine Christine au Vatican, tous deux de la fin du xie siècle seulement, comme devant être les fondements d'une nouvelle édition. M. Pertz conclut en ces termes : « La collation de ces Mss est d'un profit considérable pour la restauration du texte de Grégoire. Nous utiliserons ensuite les éditions de dom Ruinart et de dom Bouquet, comme d'excellents secours et des collections de variantes, mais ils ne peuvent en aucune façon nous servir de base. »

On peut ajouter, qu'en effet, l'idée du « bon latin » et des concessions dues, en ce point, aux lecteurs de son temps, a dominé le travail de dom Ruinart; qu'il nous présente son auteur dépouillé en grande partie des fautes de langage et complétement de de l'orthographe barbare qu'on lui trouve dans les plus anciens manuscrits; que par là il lui donne une physionomie un peu fausse et qui n'est pas d'accord avec les inscriptions et les diplômes que l'on a conservés de l'époque mérovingienne[1].

M. Pertz a donc raison dans sa critique, plus encore qu'il ne le dit. Malheureusement l'édition nouvelle qu'il annonçait il y a quarante ans, n'a pas encore paru, et cette annonce suffit pour arrêter toute autre entreprise ayant le même but.

1836.

38. DIE CHRISTLICH-RÖMISCHE LITERATUR. Erste Abtheilung : Die Christlichen Dichter und Geschichtschreiber, von Bähr, in-8°; Carlsruhe, 1836.

39. SANCTI GEORGII FLORENTII GREGORII Turonensis Historiæ ecclesiasticæ Francorum libri decem, ex duobus codicibus manuscriptis nunc primum cura Leglay et Teulet collatis, emendaverunt et animadversionibus Theoderici Ruinart, d. Bouquet aliorumque doctorum virorum et suis illustraverunt J. Guadet et N. R. Taranne. Tomus primus, Parisiis apud Jules Renouard, via dicta de Tournon n° 6 ; 1836. — Tomus secundus; 1838 (in-8°).

40. Histoire ecclésiastique des Francs, par Georges-Florent-Grégoire, évêque de Tours, en dix livres, revue et collationnée sur de nouveaux manuscrits et traduite par MM. Guadet

---

(1) Le P. Le Cointe avait vivement exprimé ses plaintes à ce sujet :
« Cum editione Duchesniana contulimus quinque mtos codices, factaque diligenti collatione deprehendimus multas phrases quæ variis solœcismis scatebant, in vulgata editione purgatas esse vitiis hujusce modi contra mentem ipsiusmet authoris qui semet ipsum in præf. libri de Glor. conf., in Epilogo ad calcem operum suorum (et alias multoties), quasi rusticum et idiotam increpitavit. »

et Taranne. A Paris, chez Jules Renouard, libraire de la Société de l'histoire de France, 1836. — Tome second; 1838 (in-8°).

Ces quatre volumes publiés sous les auspices de la Société de l'Histoire de France, et sous la surveillance de M. Benj. Guérard, commissaire responsable, contiennent le texte de dom Ruinart, amélioré déjà par dom Bouquet, et amélioré cette fois encore par la collation de deux manuscrits nouveaux, l'un de la bibliothèque de Cambray, l'autre de la grande biblioth. de Paris. Voici la recension exacte de leur contenu :

T. I : *Præfatio*, renfermant un récit sommaire de la vie de Grégoire, une courte appréciation de son œuvre et deux pages sur le texte établi par les auteurs de la présente édition (p. I-XIV). — Liste des manuscrits sur lesquels ce texte est fondé (p. XV). — Texte des livres I à VI incl. de l'Histoire des Francs (p. 1-464). — Notes trop étendues pour avoir pris place au bas des pages, réunies à la fin sous le titre d'*Animadversiones ad Historiam Greg. Tur.* (p. 465-512). — T. II. Livres VII à X de l'Hist. des Francs, p. 1-284. — *Appendix ad Gregorii Turonensis Historiam*; appendice contenant des extraits 1° de la chronique de Frédégaire; 2° de celle d'Aimoin; 3° des livres des miracles et autres œuvres secondaires de Grégoire (p. 285-456). — *Animadversiones ad Historiam* (p. 457-467). — Index analytique latin des noms et matières (p. 468-484).

T. III. Avant-Propos contenant les mêmes observations que le texte latin sur la vie et les ouvrages de Grégoire et se terminant par une appréciation des traductions précédentes, de celle surtout de M. Guizot. (p. I-XXIV). — Traduction des six premiers livres (p. 1-414). — Éclaircissements et observations (p. 415-456). — *Éclaircissements sur la restitution de l'église mérovingienne de S. Martin de Tours*, par Ch. Lenormant, avec une planche gravée sur les dessins d'Alb. Lenoir (p. 457-460). — T. IV. Livres VI à X (p. 1-264). — Éclaircissements et observations (p. 265-274.) — Table française des noms et matières, (p. 275-330).

Ces quatre volumes se trouvent tantôt deux à deux, le latin d'une part et le français de l'autre, tantôt formant une seule suite dans laquelle les deux textes sont en regard.

1837.

41. Essai sur les sources de l'Histoire de France. Grégoire de Tours ; Paris, Jules Renouard, libraire, 1837.

In-18 de 152 pages, compris dans le recueil intitulé : *La Science populaire de* Claudius; *simples discours de toutes sortes.*

Cette étude familière et très-incomplète, mais solide et intelligente[1] est due à M. Charles de Ruelle. Elle est ainsi divisée :

« Le livre de Grégoire de Tours (*Histoire des F.*), peut porter le nom de Mémoires. — Qui est-ce qui peut écrire une Histoire et des Mémoires, à la fin du vi^e siècle? L'Église. A quelle fin? — *Credo* de Grégoire. Proclamation de la Trinité indivisible. Règne des Saints. Croyances diverses, signes, prodiges. — Relations de l'Église avec l'ancienne population et avec les Barbares. — Le roi Clovis (ou Chlodovech) à soixante ou quatre-vingts ans de distance. — Portraits contemporains. — Le bon propriétaire au vi^e siècle. — Confusion que présente l'ouvrage de Grégoire. Sa division en trois parties pour notre usage : 1° Résumé d'histoire universelle; 2° Traditions sur l'Église et les Francs; 3° Mémoires, annuaire, journal sur les trente années entre 561 et 591. — Précaution à prendre avant d'ouvrir le livre pour s'y reconnaître (d'avoir sous les yeux un tableau généalogique de la famille mérovingienne). — Synchronismes de l'histoire ancienne (très-fautifs) donnés par Grégoire. »

1838.

42. Chronique de Grégoire de Tours. Traduction nouvelle, par J. J. E. Roy, revue par une société d'ecclésiastiques. Tours, A Mame et Cie, éditeurs, 1838.

Vol. in-12 de 284 pages.

Cet ouvrage, qui fait partie de la *Bibliothèque de la jeunesse chrétienne*, approuvée par *Mgr l'archevêque de Tours*, a été réim-

---

(1) En voici un exemple (p. 34 et suiv.) : « Il y a profit pour le clergé et pour le peuple à ce que les Barbares croyent plutôt plus que moins. Ses saints peuvent-ils avoir trop de puissance! Le peuple et l'église des protecteurs trop redoutés!... L'horreur des chrétiens-catholiques pour les chrétiens-ariens, horreur du peuple comme du clergé, s'explique aisément. Les ariens suivent une marche inverse à celle du peuple et de l'église : *Croire le moins possible*. Dès lors à moins d'organiser un service de sûreté publique, chose beaucoup plus difficile, au vi^e siècle, que de croire et de faire croire au Dieu qui tonne à la voix des saints offensés, l'Arianisme défiant et raisonneur livrait le peuple pieds et poings liés aux Barbares. Les Ariens, les Goths par exemple, par cela seul qu'ils n'attendent pas grand'chose de Jésus et des Saints, se pressent de revenir à des institutions purement politiques et civiles, et trouvant sous leur main quelques restes d'administration romaine, les restaurent pour leur propre usage. Mais le peuple, qui est catholique, n'hésite pas entre le gouvernement froid et sec des préfets et le gouvernement paternel des évêques. »

primé plusieurs fois (1840, 42, 49, 52). Il ne contient que des extraits de l'Histoire des Francs. C'est, comme le dit l'auteur, dans sa « Notice » préliminaire « une espèce de Selectæ e Gregorio historiæ. » Il est terminé (p. 271-278) par une dissertation *sur l'orthographe des noms propres employée par Grégoire de Tours*, dans laquelle on combat le système proposé par Augustin Thierry sur cette matière.

1839.

43. DE GREGORII TURONENSIS VITA ET SCRIPTIS. Scripsit, Dr C. G. Kries. Vratislaviæ, *E. Hirt;* 1839 (4 et 106 pages in-8°).

De Gregorii Turonensis vita ac moribus. — De vita. — De Gregorii eruditione. — De ejus notionibus ac moribus. — De Gregorii scriptorum ordine et argumento. — De horum tempore. — De Gregorii Turonensis fide historica. — De Gregorii Historia Francorum epitomata per Fredegarium Scholasticum. — De libri decimi Historiæ eccles. epilogo et de tempore quo Gregorius Historiam scripserit.

L'auteur de cet ouvrage a eu surtout pour but de reprendre la thèse du P. Le Cointe au profit des Germains, et de soutenir que Grégoire, qui nous a laissé un si triste tableau de la férocité des Francks, est un écrivain peu digne de confiance. Dom Ruinart avait répondu à ces critiques. — Voy. de la dissertation de M. Kries une autre réfutation insérée par H. Waitz, dans deux articles des *Göttingische gelehrte Anzeigen*, 1839, in-8°, p. 769-793.

44. GREGOR VON TOURS UND SEINE ZEIT, vornehmlich aus seinen Werken geschildert. Ein Beitrag zur Geschichte der Entstehung und ersten Entwickelung romanisch-germanischer Verhältnisse, von Johann Wilhelm Loebell, Doctor der Philosophie, ordentlicher Professor der Geschichte an der Universität zu Bonn. Leipzig, F. A. Brockhaus; 1839.

In-8. X et 568 pages avec un tableau généalogique de la famille royale mérovingienne du vi[e] siècle.

Étude très-complète sur l'époque mérovingienne, à propos de Grégoire. Elle se termine par une revue des opinions des Français modernes, sur le même sujet : Boulainvilliers, Dubos, Montesquieu, Mably, Thierry et Guizot.

1847.

45. Grégoire de Tours au concile de Braine, par Stanislas Prioux. Paris 1847, in-8°.

1849.

46. S. Georgii Florentini Gregorii, Turonensis episcopi, opera omnia nec non Fredegarii Scholastici epitome et chronicum, cum suis continuatoribus et aliis antiquis monumentis; ad codices manuscriptos et veteres editiones collata, emendata et aucta atque notis et observationibus illustrata, opera et studio domni Theodorici Ruinart presbyteri et monachi Benedictini e congregatione sancti Mauri. Cujus editionem novissime recensentes meliori ordine digessimus : notis fusioribus quæ, sub Addendorum nomine, multas paginas ad Ruinartianæ editionis calcem, quasi latenter occupabant, inter cæteras doctissimi viri notas ita revocatis, ut singulas singulis, quos illustrant, locis subjacentes cuique legere sit obvium. Accurante J. P. Migne, *Bibliothecæ cleri universæ*, sive Cursuum completorum in singulos scientiæ ecclesiasticæ ramos, editore. Tomus unicus. Venit 7 francis gallicis. Excudebatur et venit apud editorem, in via dicta d'Amboise, prope portam Lutetiæ Parisiorum vulgo d'Enfer nominatam, seu Petit-Montrouge.

Gr. in-8° à 2 colonn. contenant 1304 colonnes.

Après ce titre, qui peut à bon droit tenir lieu de préface, l'édition de M. l'abbé Migne ne contient rien qu'une reproduction exacte et page par page de celle de dom Ruinart dont elle reproduit jusqu'à la pagination. Cette réimpression, utile par son bas prix, est en même temps d'une correction satisfaisante.

1851.

47. Die Geschichtschreiber der deutschen Vorzeit in deutscher Bearbeitung; herausgegeben von. G. H. Pertz, J. Grimm, K. Lochmann, L. Ranke, K. Ritter. Lieferungen

12 u. 16 : Zehn Bücher Frankischer Geschichte vom Bischof Gregorius von Tours, übersetzt von Wilhelm Giesebrecht. Berlin, W. Besser's Verlagsbuchhandlung. 1851.

Tome Ier, introduction XLVIII pages ; livres I à VI, 368 pages ; une feuille de tableaux généalogiques. — Tome II, livre VII à X, 254 pages ; appendice, note sur l'authenticité du chapitre final de l'Histoire, p. 254-262 ; faits extraits de Frédégaire et du *Gesta regum Francorum*, p. 263-302 ; table analytique et corrections, p. 303-362.

Bonnes et nombreuses notes. Voir sur cet ouvrage un article de R. Köpke dans le *Kieler allgemeine Monatschrift*, 1852, p. 775-800.

1853.

48. S. Georgii Florentii Gregorii Turonensis episcopi liber ineditus De Cursu Stellarum, ratio qualiter ad officium implendum debeat observari, sive De cursibus ecclesiasticis, nunc primum edidit, recensuit, vindicavit Fred. Haase philosophiæ doctor, antiquarum litterarum et eloquentiæ professor ordinarius. Adjectæ sunt stellarum figuræ et scripturæ specimen e codice Bambergensi. Vratislaviæ, venumdant Jos. Max et socii, MDCCCLIII.

In-4 de 52 pages, dont les 7 premières de prolégomènes, et les 24 dernières d'annotations, avec un fac-simile du manuscrit.

Publication excellente à tous égards. Depuis l'année 1512, c'est la première fois que la science ait fait présent au public d'un morceau nouveau et bien authentique de Grégoire de Tours.

1854.

49. Vie de S. Grégoire, évêque de Tours, premier historien des Francs, par M. l'abbé Achille Dupuy, ancien professeur au séminaire de Tours, curé d'Azay-sur-Indre. Paris, Louis Vivès, libraire-éditeur, 1854.

Cet ouvrage (in-8° xxxiv et 576 p.) n'est qu'une traduction de tout ce qu'on trouve de relatif à Grégoire lui-même dans ses œuvres et dans celles de Fortunat : chaque fait, découpé et paraphrasé, est seulement tiré de la place où Grégoire l'avait mis pour en prendre une dans le tableau chronologique qui sert de canevas à M. l'abbé Dupuy, dont le travail, inspiré par la piété et dépourvu de toute critique, se termine en ces termes :

« O bon, ô pieux, ô doux et humble Grégoire, protége toujours cette nation dont tu as été l'historien. Veille sur cette église de Tours que tu as gouvernée avec un amour si respectueux; sois notre intercesseur auprès du glorieux Martin que tu as tant honoré par tes écrits et tes vertus, et qui lui-même intercédera pour nous auprès de Dieu. Jette aussi un regard d'ami et de père sur celui qui écrit ces lignes ; sauve de l'indifférence oublieuse le livre qu'il t'a consacré et reçois un jour l'auteur et le lecteur entre tes bras. Amen. »

1856.

50. S. Gregorius. — Gallia christiana a monachis congr. S. Mauri ad XIII tomum opere perducto, tomum XIV ubi de provincia Turonensi agitur condidit Bartholomæus Hauréau. Parisiis, Firm. Didot, fratres, 1856, in-fol.

Dans ce t. XIV, col. 23 à 26.

1857.

51. Grégoire de Tours (Georgius-Florentius).

Article de M. Barth. Hauréau dans la *Nouvelle Biographie* générale, pub. par MM. Firmin Didot, frères (1857); t. XXI, col. 856-863.

1858.

52. Géographie de Grégoire de Tours. Le pagus et l'administration en Gaule, par Alfred Jacobs, archiviste-paléographe, docteur ès-lettres. Paris, Furne, 1858.

Thèse pour le doctorat ès lettres. In-8 de 158 pages avec une carte. L'auteur a publié une seconde édition de ce travail à la suite de la réimpression faite par ses soins de la traduction de Grégoire par M. Guizot; ci-après n° 54.

1859.

53. Histoire ecclésiastique des Francs, par saint Grégoire, évêque de Tours (depuis 573 jusqu'en 594), suivie

d'un sommaire de ses autres ouvrages et précédé de sa vie écrite au dixième siècle, par Odon, abbé de Cluni. Traduction nouvelle par Henri Bordier; Paris, librairie de Firmin Didot frères.

Deux vol. in-12. — Tome Ier (1859) : Avertissement, pages I-XII; vie de Grégoire XIII-XXXIX. Livres I à V de l'*Hist*. (292 pages). — Tome II, (1861) livres VI à X, 308 pages. Résumé des OEuvres secondaires de Grégoire, p. 309-404 ; *De l'autorité de Grégoire de Tours*, 405-424 ; additions et corrections 425-436 ; Table analytique, 437-482.

1861.

54. Histoire des Francs. — Grégoire de Tours et Frédégaire, traduction de M. Guizot. Nouvelle édition entièrement revue et augmentée de la Géographie de Grégoire de Tours et de Frédégaire, par Alfred Jacobs. Paris, librairie académique, Didier et Cie libraires éditeurs; 1861.

Deux volumes in-8, le premier de XVI et 532 pages, le second de 520 pages avec une carte.

A cette édition nouvelle de sa traduction, M. Guizot n'a contribué que par une lettre préliminaire en faveur de M. Jacobs et pour autoriser sa révision. Celle-ci est faite avec beaucoup de soin, et le nombre des notes de M. Guizot augmenté mais très-sobrement. Le travail géographique de M. Jacobs contient dans cette seconde édition 234 pages. — Voy. sur ce travail ou plutôt contre lui, un article très-amer et très-extravagant fait au nom du catholicisme, par M. Barbey d'Aurevilly, dans le journal *le Pays*, 1er octob. 1861.

55. De l'autorité de Grégoire de Tours; étude critique sur le texte de l'histoire des Francs, par A. Lecoy de La Marche, archiviste-paléographe. Paris, Durand libraire, rue des Grès-Sorbonne 7, 1861 (132 pag. in-8°).

Cet ouvrage, court mais substantiel, qui fut d'abord une thèse présentée à l'école des Chartes, porte pour épigraphe les mots : *Magis amica veritas*, qui annoncent une pensée défavorable à Grégoire de Tours. En effet, M. A. Lecoy prétend que pour la partie empruntée soit aux documents écrits, soit aux traditions antérieures au temps où vivait l'auteur, l'œuvre de Grégoire est remplie d'inexactitudes, de contradictions, d'invraisemblances, d'obscurités et de désordre; quant aux faits qu'il avait vus lui-même ou qui s'étaient passés de son temps, Grégoire les aurait mal jugés, parce qu'il se laisse dominer par ses affections ou ses antipathies personnelles, et son récit est encore entaché de contradictions et d'erreurs. M. Lecoy de La Marche, reprenant les arguments du P. Le Cointe et du docteur Kries, ajoute que nous n'avons point d'ailleurs l'œuvre même de Grégoire de Tours, mais des manuscrits interpolés, et il conclut en affirmant que son autorité a été surfaite.

Cette critique de Grégoire, dédiée à M. l'abbé Vervorst, directeur de l'école catholique d'Auteuil, et dans laquelle on s'indigne à la vue des armes fournies aux ennemis de l'Église par les aveux naïfs de l'évêque de Tours, est évidemment inspirée par l'esprit clérical, mais rédigée de bonne main.

56. DE L'AUTORITÉ de Grégoire de Tours, par Henri Bordier.

Deux articles publiés dans la Revue mensuelle intitulée *Correspondance littéraire* de Ludovic Lalanne, les 10 et 25 octobre 1861, puis réimprimés dans le second volume de l'ouvrage placé ci-dessus, au n° 53.

Cet écrit est une réfutation de la thèse de M. Lecoy de La Marche.

1862.

57. DE L'AUTORITÉ de Grégoire de Tours. Réponse à M. Bordier, par A. Lecoy de La Marche.

Article de la *Correspondance littéraire* du 25 mars 1862, que M. Lecoy a fait paraître à part (broch. de 19 pages) chez A. Durand libraire. — Seulement l'auteur n'y a pas joint la réplique insérée par son contradicteur dans le même numéro de la *Corresp. littér.* du 25 mars.

58. ÉTUDES sur Grégoire de Tours ou De la civilisation en France au vi[e] siècle, par L. B. Des Francs, professeur au lycée de Chambéry (Savoie). Chambéry, imprimerie de Puthod fils, au Verney, 1862.

In-8 de 108 pages. Cette estimable et médiocre étude est ainsi divisée : Grégoire avant son épiscopat. — Importance de ses œuvres historiques. — État de la Gaule du IIIe au VIe siècle. — Du clergé au VIe siècle. — La royauté franque au VIe siècle. — L'aristocratie franque. — Le clergé régulier ou les monastères.

1863.

59. MÉTÉOROLOGIE de Grégoire de Tours (21 pag. in-8).

Article publié dans le t. IV des *Mémoires de la Société archéologique d'Eure-et-Loir* et signé : de Boisvillette.

C'est seulement une série de passages, extraits de Grégoire et d'autres auteurs anciens, sur les phénomènes atmosphériques du moyen âge, sans conclusion. On peut y joindre et pour le sujet et pour la manière superficielle dont il est traité : *Du climat de la Touraine au* VIe *siècle*, par C. Chevalier, extrait des *Mém. de la Soc. archéolog. de Touraine*, 1859, p. 55 à 68.

1864.

60. ESSAI SUR LA NUMISMATIQUE mérovingienne comparée à la Géographie de Grégoire de Tours, par le vicomte de Ponton d'Amécourt. Lettre à M. Alfred Jacobs.

Grand in-8 de VIII et 220 pages. Second titre (à la p. 31) : Géographie de Grégoire de Tours, de Frédégaire et de ses continuateurs comparée à la numismatique. — Paris Rollin, Feuardent et Durand 1864.

Très-utile travail qui servira beaucoup à l'établissement d'un texte de la géographie de l'*Histoire des Francs*, plus exact et plus sûr que l'on n'a pu l'obtenir jusqu'à présent.

TABLE DES MATIÈRES

CONTENUES DANS CE VOLUME.

Du cours des étoiles, par Grégoire de Tours. 1
OEuvres éditées par Grégoire de Tours ou à lui attribuées. . 29
Liber de miraculis beati Andreæ apostoli. 32
Liber de passione sancti Juliani martyris. 97
Historia septem dormientium Majoris monasterii. 104
Vita sancti Maurilii. 125
Vita sancti Aridii. 160
Appendice. 209
I. Vie de Grégoire par l'abbé Odon 212
II. Vie de Grégoire par Jean Gilles. 234
III. 1. Mentions de Grégoire par Fortunat. 238
    2. Mentions diverses de Grégoire 265
IV. Notes sur les manuscrits des œuvres secondaires . . 277
V. Bibliographie de Grégoire de Tours 281

EXPLICATION DES RENVOIS.

Le chiffre romain indique le livre, le chiffre arabe le chapitre;

GM   GLOIRE DES MARTYRS, 107 chapitres (t. I, p. 1-30).

J   VIE DE S JULIEN, 50 chapitres (t. I, p. 301-393).

MM   MIRACLES DE S. MARTIN, quatre livres, comprenant 40, 60, 60 et 47 chapitres (t. II, p. 1-335).

GC   GLOIRE DES CONFESSEURS, 112 chapitres (t. II, p. 336-441, et t. III, p. 1-130).

VP   VIES DES PÈRES, 20 chapitres (t. III, p. 131-400).

P   FRAGMENT SUR LES PSAUMES (t. III, p. 404-410).

S   COURS DES ÉTOILES, 73 paragraphes (t. IV, p. 1-27).

A   *Miracles de S. André*, 38 chapitres (t. IV, p. 28-96).

JJ   *Passion de S. Julien* (t. IV, p. 97-103).

D   *Histoire des sept Dormants de Marmoutier* (t. IV, p. 104-124).

M   *Vie de S. Maurille*, 30 chapitres (t. IV, p. 125-159).

AR   *Vie d'Aredius ou S. Yriez* (t. IV, p. 160).

L'absence de lettre précédant les chiffres de renvoi indique l'HISTOIRE DES FRANCS.

Les noms imprimés dans la table en petits caractères renvoient aux ouvrages qui ne sont qu'attribués à Grégoire ou aux pièces et notes ajoutées par l'éditeur.

TABLE GÉNÉRALE

DES

OEUVRES DE GRÉGOIRE DE TOURS.

On a repris dans cette table l'Histoire des Francs de Grégoire de Tours afin de rattacher plus étroitement, à l'édition de cet ouvrage publiée en 1836 par la Société de l'Histoire de France, les OEuvres secondaires qui en sont le complément.

A

Abia, fils de Roboam, 1, 14.
Abiud, fils de Zorobabel, 1, 15.
Abraham, 1, 7, 12; ses descendants, 1, 7; rois qui régnaient de son temps, 1, 16, etc., passim.
Abraham, abbé, 11, 21 fin; VP 3.
Achaz, fils de Joatham, 1, 14.
Achim, fils de Sadoc, 1, 15.
Acqs ou Dax (évêques de). Voyez Faustianus, Nicétius.
Actefledis Nivardi filia, AR 12.
Adam, 1, 1, 4, 8; viii, 20.
Addo filius Proculi, AR 15.
Adimathe, fils de Carpianus de Thessalonique, A 13.
Æmilia (deux), martyres à Lyon, GM 49.
Æmilianus. Voy. Émil.
Æterna, guérie miracul., J 49.
Ætherius, évêque de Lyon, VP 8.
Ætherius, père de saint Patrocle, VP 9.
Aëtius, général romain, 11, 7; sa naissance, ses qualités, ses guerres, 11, 8; sa mort, ibid.
Aëtius, archidiacre de Paris, v, 19.
Afrique, soumise aux Vandales, 11, 2 fin; ses ports, x, 2; ses martyrs, 11, 3.
Agasastus, roi des Athéniens, 1, 16.
Agatadis, roi des Assyriens, 1, 16.
Agaune, monast. Voyez Maurice (saint).
Agde, ix, 24; vi, 2; GM 78.
Agen, soumis à Chilpéric, vi, 12. — (pays d'), vii, 35; — ses habitants, ix, 31.
Agéric, évêque de Verdun, iii, 35; vii, 44; ix, 10, 12; parrain de Childebert, ix, 10, 12; sa mort, ix, 23.
Agila, roi d'Espagne, iii, 30; iv, 8.
Agila, ambassadeur des Goths, arien, v, 44.
Agilan, duc des Goths, viii, 30.

Aginus, duc, x, 8 *fin*; MM, iv, 41.
Agiulp, diacre, VP 8.
Agnès, abbesse de Poitiers, ix, 41, 42; MM iv, 29.
Agrécius, évêque de Troyes, viii, 31.
Agrécius, chef des secrétaires de Jovinus, ii, 9.
Agricola, martyr à Bologne, GM 41.
Agricola, évêque de Chalon, v, 46; viii, 5; GC 86.
Agricola, évêque de Nevers, ix, 44.
Agricola, patrice, iv, 24.
Agrippina (Colonia). *Voyez* Cologne.
Aicard, abbé, D 6.
Ainay, à Lyon, GM 49.
Aire ou vicus Juliensis, GC 52
Aisne, fleuve, vi, 37.
Aix, en Provence, viii, 43, GC 71.
Alains, ii, 9; réunis aux Vandales, *ibid.*; vaincus par les Goths, ii, 7 *fin*.
Alaric, roi des Goths, ii, 8.
Alaric, roi des Visigoths, ii, 27, 33; sa conférence avec Clovis, ii, 35; établi à Poitiers, ii, 37; Clovis marche contre lui, le combat et le tue, *ibid.* — GM 92; VP 18.
Alaric, ermite, VP 20.
Albi, ii, 3, 37 *fin*; vii, 1; ix, 20; épidémie, vi, 33; est rendue à Childebert, viii, 45. — GM 57, 58; MM iii, 30.
Albina, martyr à Lyon, GM 49.
Albinus, évêque d'Angers, GC 96.
Albinus, évêque d'Uzès, vi, 7.
Albinus, gouverneur de la Provence, iv, 44.
Alboflède, sœur de Clovis, ii, 31 *fin*.
Alboin, roi des Lombards, iv, 3 *fin*, 41; envahit l'Italie, v, 15.
Alchima, sœur d'Apollinaire, iii, 2; tante d'Arcadius, iii, 12; GM 65.
Alcibiade, martyr à Lyon, GM 49.
Alcmana, esclave grec, A 34.

Alemans, ii, 9, 37; vaincus par Clovis, ii, 30; dévastent les Gaules, i, 30, 32; désignés sous le nom de Suèves, ii, 2; envahissent l'Italie, ii, 19.
Alemans (rois des). *Voy.* Chrocus, Respendial.
Alexander. *Voyez* Sulpicius.
Alexander, martyr à Lyon, GM 49, 50.
Alexander (saint), GC 36.
Alexandrie (phare d'), S 15.
Alithius, évêque de Cahors, ii, 13.
Allemagne, VP 1.
Allier, rivière, v, 34.
Allomer, perclus, MM ii, 33.
Alluye, bourg, iv, 50.
Allyre. *Voyez* Hillidius, évêque de Clermont.
Alpes, GC 63.
Alpinus, comte de Tours, MM i, 24.
Alumna, martyre à Lyon, GM 49.
Amabilis, prêtre de Riom, GC, 33.
Amalaberge, reine des Thuringiens, iii, 4.
Amalaric, roi des Goths, ii, 37 *fin*; épouse la sœur des rois des Francs, iii, 1; la maltraite et est tué, iii, 10.
Amalo duc, ix, 27.
Amandus, évêque de Bordeaux, ii, 13; GC 45.
Amans (Les Deux-), i, 42; GC 32.
Amarandus, martyr à Albi, GM 57.
Amatus, patrice, iv, 42.
Ambassade de Chilpéric à Tibère, iv, 2; en Espagne, vi, 18; d'Espagne, vi, 34; viii, 35, 38; ix, 16; de Gontran à Childebert, viii, 13; de l'empereur au même, viii, 18; ambassades confiées à des abbés, x, 31.
Ambassadeurs, leurs insignes chez les Francs et chez les Grecs, vii, 32; ambassadeurs francs, tués à Carthage, x, 2, 4; autres maltraités, vii, 14 *fin*.
Ambezac (Ambiacinummo), AR 38.
Amboise, ii, 35; x, 31. — MM ii, 17; iv, 42.

DES OEUVRES DE GRÉGOIRE DE TOURS. 323

AMBROSIUS, évêque de Milan, MM I, 5; M 1.
AMBROSIUS, citoyen de Tours, VI, 13; VII, 3.
Amelia, M 12.
AMÉLIUS, évêque, VIII, 28; de Tarbes, IX, 6 *fin.*
AMIENS, MM I, 17.
AMINADAB, fils d'Aram, I, 12.
AMMONIUS, MM II, 20.
Amnar, roi des Huns, D 1.
AMON, fils de Manassès, I, 14.
AMON, roi de Juda, I, 14, 16.
AMON, duc des Lombards, IV, 45.
AMPSUARIENS, peuple, II, 9.
ANAGILDE, infirme, J 12.
ANASTASE, empereur, fait Clovis consul, I, 38.
ANASTASE, abbé de Saint-Victor de Marseille, VI, 11.
ANASTASE, prêtre arverne, IV, 12.
ANATOLE, reclus à Bordeaux, VIII, 34.
ANCHISE, GM *pr.*
ANDARCHIUS, trompe Ursus, qui le fait périr, IV, 47.
ANDELOT (Congrès et traité d'), IX, 20.
ANDÉOL (lac de SAINT), GC 2.
ANDRÉ, apôtre, GM 31, 79.
André (saint), apôtre, sa vie et ses miracles, A 1 à 38.
ANGERS, II, 18; IV, 48; V, 30, 41; VI, 21; VIII, 43; X, 9 *fin*, 14.— (monastère d'), fondé par Licinius, X, 31. — (territoire d'), V, 13; IX, 18 *fin.* — M 1, 30.
ANGEVINS, VI, 31; conduits contre les Bretons, V, 27; en proie à la famine, X, 25. — (Ducs et comtes des). *Voyez* BEPPOLEN, THEODULF.
ANGOULÊME, VI, 8; prise par Clovis, III, 37 *fin;* soumise à Gontran, VIII, 30; y est enterré Théodebert, IV, 51; reçoit Gondovald, VII, 26. — (Comtes d'). *Voyez* NANTINUS, MARACHAIRE.
ANIANUS, évêque d'Orléans, II, 7; son église, IV, 18 *fin.*
ANIMIUS, tribun, MM II, 11.
ANIMODUS, vicaire, X, 5.

ANINSULA, monastère, V, 14.
ANJOU, VII, 11.
ANSOALD, V, 3 *fin.*
ANSOVALD, V, 48; VI, 45 *fin;* VIII, 31; envoyé de Chilpéric, VI, 18; l'un des premiers du royaume, VII, 7; sa fuite, VIII, 11.
ANTESTIUS, VIII, 27, 43; IX, 31; AR 13.
ANTHÉMIUS, évêque de Sens, VIII, 31 *fin.*
Anthimus, A 21.
ANTIDIUS, évêque d'Agen, VIII, 2 *fin.*
ANTIOCHE, sa ruine, X, 24; ses évêques, *voyez* IGNATIUS, BABYLAS.
ANTIOCHE d'Égypte, prise par les Perses, IV, 39; GC 26.
Antiphane de Mégare, A 29.
ANTOINE LE GRAND, moine, I, 35.
ANTOLIANUS, martyr à Clermont, GM 65.
ANTONIA, martyre à Lyon, GM 49.
ANTONIN, empereur, I, 26.
ANTONINUS, de Toulouse, GM 89.
ANTONIUS, frère de S. Patrocle, VP 9.
Aoust, fleuve, X, 9.
APAMÉE, ville de Syrie, IV, 39.
APOLLINARIS, citoyen arverne, fils de Sidoine, combat à Voulon, II, 37; sa mort, III, 2. — GM 45.
APOLLINARIS, martyr à Reims, GM 55.
APRA, paralytique, MM II, 31.
APRUNCULUS, évêque de Langres, II, 23; — de Clermont, II, 23; III, 2; de Trèves, VP 6.
APTACHAIRE, roi des Lombards, IX, 25; son ambassade aux rois Gontran et Childebert, X, 3 *fin;* sa mort, *ibid.*
AQUILÉE, II, 9; sa ruine, II, 7 *fin.*
AQUILINUS, fou, MM I, 26.
AQUITAINE (ducs d'). *Voyez* WILIACHAIRE.
ARAM, duc du roi Théodoric à Arles, GM 78.
ARAM, fils d'Esrom, I, 12.
ARAVATIUS ou SERVATIUS, évêque de Tongres ou d'Utrecht, II, 5; GC 72.

ARBOASTE, prêtre à Trèves, GC 93.
ARBOGASTE, comte, II, 9.
ARCADIUS, empereur, I, 43; x, 31.
ARCADIUS, évêque de Bourges, VP 9.
ARCADIUS, sénateur arverne, trahit sa cité, III, 9, 12; se réfugie à Bourges, III, 12; trempe dans le meurtre des fils de Clodomir, III, 18.
Arctardus Nivardi filius, AR 9.
ARDENNES (forêt des), VIII, 21; culte de Diane, VIII, 15.
ARÉDIUS, sauve Gondebaud, II, 32.
ARÉDIUS (S. Yriez), abbé, VIII, 15, 27; résumé de sa vie, x, 29. — GM 37, 42; J 28, 40, 44; MM II, 39; III, 23; IV, 6; GC 9, 104; VP 17. — AR 1, à 40.
ARÉGISIL, sa mort, III, 14.
ARÉGONDE, femme de Clotaire Ier, IV, 3.
ARESCUS, martyr à Lyon, GM 49.
ARGÉE, roi des Macédoniens, I, 16.
Argentomaus vicus, AR 27, 28.
ARGENTORAT. *Voyez* STRASBOURG.
ARGIENS, leur roi Tropas, I, 16.
ARIAMIR. *Voyez* CHARARIC.
ARIENS, I, *Prol.*; II, 2; v, 39; rebaptisent les catholiques, II, 2, 3; réfutation de leurs croyances, v, 44; méconnaissent le Saint-Esprit, *ibid.*; leur tolérance, *ibid.*; leur châtiment, III, *Prol.*; conférence avec leurs évêques devant Gondebaud, II, 34; n'opèrent pas de miracles, IX, 15; leur manière de communier, III, 31; leurs évêques, *voyez* CYROLA, ATHALOCUS.
ARIUS, sa mort, II, 23; III, *Prol.*; v, 44; 9, 15 *fin*.
ARLES, I, 32; II, 7; IX, 40; prise par les Goths, III, 23; par l'armée de Sigebert, et ensuite par celle de Gontran, IV, 30. — (Monastère d'), IV, 25 *fin*. — (Province d'), IV, 5, 45; VIII, 30 *fin*; x, 25; dévastée par les Goths, IX, 7. — *Voyez encore* GM 78.

ARMANTIUS, évêque de Tours, II, 1 *fin*; x, 31.
ARMÉNIE, ruinée par les Perses, x, 24; Arménie majeure ou Persarménie, IV, 39. — GM 96.
ARMENTARIA, femme de Grégoire, évêque de Langres, VP 7.
ARMENTARIA, mère de Grégoire de Tours, v, 5; GM 51, 86; MM I, *Prol.*; III, 10, 60; GC 3, 40, 85; VP 7.
ARMENTARIUS, comte de Lyon, VP 8.
ARMENTARIUS, clerc de Grégoire, MM I, 33.
ARMENTARIUS, médecin de Grégoire, MM II, 1.
ARMENTARIUS, juif, VII, 23.
ARNULF, ensevelit Théodebert, IV, 51.
ARTEMIA, mère de saint Nizier de Lyon, VP 8.
Artemius monachus, AR 27.
ARTÉMIUS, évêque de Clermont, I, 41; II, 13.
ARTONNE, bourg arverne, GC 5; VP 5.
ASA, fils d'Abia, I, 14.
ASCAGNE, GM *pr*.
ASCHILA, mère de Théodemer, II, 9.
ASCLÉPIUS, VI, 19.
ASCOVINDE, arverne, IV, 16.
ASIE (persécution d'), I, 26.
ASSYRIENS, leurs rois NINUS, AGATADIS, EUTROPES, I, 16.
ASTÉRIOLUS, ami de Théodebert Ier, III, 33.
ASTÉRIUS, patrice, II, 9.
Astidius vir illustris, AR 33.
ATHALOCUS, évêque arien, IX, 15 *fin*.
ATHANAGILD, roi d'Espagne, IV, 38; v, 39; bat l'armée de l'empereur, IV, 8; sa mort et son successeur Leuva, IX, 24; père de Brunehaut, IV, 27.
ATHANARIC, roi des Goths, II, 28; persécuteur, II, 4.
ATTALUS, neveu de S. Grégoire de Langres, sa captivité et sa délivrance, III, 15.

Atticus, consul, I, 43; MM I, 3.
Attila, roi des Huns, II, 7.
Aubin (saint), M 1 à 30.
Auch, x, 22; ses évêques, *voyez* Faustus, Fabius.
Audica, roi de Galice, VI, 43.
Aidinus, citoyen de Tours, VII, 47; IX, 30 *fin*.
Audon, juge, VII, 15.
Audovaire, chef de l'armée de Sigebert, IV, 30.
Audovald, chef d'une expédition en Italie, x, 3.
Audovère, femme de Chilpéric, IV, 28 *fin*; V, 2, 40.
Audovéus, évêque d'Angers, x, 14.
Auguste, empereur romain, I, 17, 18.
Augustus de Bourges, GC 80.
Augustus de Tours, MM III, 36.
Aunacharius, évêque d'Auxerre, IX, 41; MM IV, 13.
Aunon, VII, 47.
Aurélianus, patrice, GM 77.
Aurélius, évêque du Puy, x, 25.
Ausanius, tué injustement, III, 36.
Austadius, évêque de Nicée, VI, 6.
Austrapius, duc, IV, 18.
Austrasiens, 5, 14 *fin*.
Austrechilde, femme du roi Gontran, IV, 25; V, 17, 21, 36.
Austregisil, VII, 47.
Austremoine ou Stremonius, premier évêque de Clermont, I, 28, 39.
Austrinus, évêque d'Orléans, IX, 18 *fin*.
Austrovald, comte, puis duc, VIII, 45; IX, 7, 31.
Autharis. *Voyez* Aptachaire.
Autun, assiégé, III, 2; monastère, IX, 40; archidiacre Pappol, V, 5; diacre Didier, IX, 41; Eustache, x, 26. — GM 52; GC 73-77.
Auvergnats ou Arvernes, II, 37, *fin*; V, 50; VI, 26; ruinés par le roi Théodoric, III, 12; sauvés de la peste par saint Gall, IV, 5; maltraités par Chramn, IV, 16; trompés par les Saxons, IV, 43; s'emparent d'Arles, IV, 30; effrayés par des prodiges, IV, 31; captifs délivrés par miracle, x, 6. — (ducs des), *Voyez* Victorius, Nicétius.
Auvergne, IV, 5, 9 *fin*, 20; V, 13, 34; VI, 26; VIII, 21 *fin*; x, 8, 31; GM 51, 66, 84; J, 13, 14, 34, 45; ses comtes, *voy.* Firminus, Salustius, Nicétius, Eulalius. —(Limagne d'), sa beauté, III, 9, etc. — S, 59.
Auxerre, IV, 42; V, 14; GC 41. — (comtes d'), *voy.* Peonius, Eunius-Mummolus.
Avenches, VP 1.
Aventinus (saint), de Champagne, GC 68.
Avignon, II, 32; VI, 1, 24, 26; VII, 10, 38, 40; VIII, 3; assiégé, VI, 26; pris par Gontran, IV, 30; rendu à Sigebert, *ibid.*; séjour de philosophes, VI, 9; — (territoire d'), IV, 43, 45.
Avitus, abbé de Micy, III, 6; V, 19.
Avitus, confesseur, sa basilique à Orléans, VIII, 2.
Avitus, archidiacre, est fait évêque de Clermont, IV, 35; baptise des juifs, V, 11; — GM 65, 67; J, 48; MM III, 60; GC 41; VP 2, 11, 12.
Avitus, évêque de Vienne, II, 34.
Avitus, sénateur arverne, est fait empereur, II, 11; sa luxure, *ibid.*; devient évêque de Plaisance et meurt, *ibid.*; sa fille épouse Sidoine, II, 21 *fin*.
Avitus, abbé dans le Perche, GC 99.
Avoine, bourg de Touraine, x, 31; VP 19.
Avranches, IX, 20; MM II, 36; III, 19.
Azay en Touraine, MM IV, 15.
Azor, fils d'Eliachim, I, 15.

B

Babel, I, 6.
Babolenus le père et Babolenus le fils, AR 37.
Babyllas, évêque et martyr, I, 28.

BABYLONE, I, 6, 14, 16; S, 3.
BABYLONE d'Égypte, I, 10.
BADDON, envoyé de Frédégonde, VIII, 44 fin.
BADÉRIC, roi des Thuringiens, III, 4.
BALBIACENSIS pagus, MM 11, 16.
BALLAN, bourg de Touraine, X, 31.
BALLOMER ou GONDOVALD, VII, 14, 36, 38; IX, 28.
BARBARES, nom donné aux Francs par Grégoire de Tours, III, 15; VII, 29; VIII, 31, etc.
BARBE (sainte), de Lyon, GC 22.
BARCELONE, III, 10.
BARROU, bourg de Touraine, X, 31.
BARTHÉLEMI, apôtre, GM 33.
BASILE (saint); sa règle, X, 29.
BASILÉUS, prêtre, GM 23.
BASILIUS, évêque, II, 25.
BASILIUS, prêtre de Lyon, VP 8.
BASILIUS, citoyen de Poitiers, IV, 46.
BASIN ou BIZIN, roi des Thuringiens, II, 12.
BASINE, reine des Thuringiens, II, 12.
BASINE, fille de Chilpéric et d'Audovère, V, 40; VI, 34; excite des troubles dans le monastère de Poitiers, IX, 39, 43; X, 15, 16.
BAUDÉGIL, diacre, V, 14.
BAUDÉGISIL ou BADÉGISIL, évêque du Mans, VI, 9; VII, 15; VIII, 39; sa femme et sa fille, VIII, 39; X, 5; MM III, 35.
BAUDÉGISILE, serviteur de l'évêque de Nantes, MM IV, 27.
BAUDÉGISILE, fils de Bandulf, MM IV, 14. — Voy. BODÉGISIL.
BAUDELEIF, Angevin, MM IV, 17.
Baudenus monachus, AR 35.
BAUDILLIUS, martyr (Nîmes), GM 78.
BAUDIMUND, VP 16.
BAUDINUS, référendaire du roi, devient évêque de Tours, IV, 3 fin; X, 31; sa mort, IV, 4 fin; X, 31. — MM I, 9.
BAUDULF, parent de l'évêque Eufronius, MM I, 30.

BAYEUX (habitants de), conduits contre les Bretons, V, 27. — (Saxons de), voyez SAXONS. Voy. encore MM IV, 22.
BAYONNE, IX, 20.
BAZAS, GM 12, 13.
BEAUCAIRE, VIII, 30 fin; pris par Goths, IX, 7 fin.
BÈBRE (La), rivière, affluent de la Loire MM I, 36; VP 13.
BECCO, comte, J 16.
BÉELPHÉGOR, II, 10.
BÉELSÉPHON, I, 10 fin.
BELENUS mons, près Riom, GC 5.
Belgicus quidam, M 18.
BÉLISAIRE, vaincu par Buccelin, III, 32.
BELLA, aveugle, MM I, 19.
BELLINZONA, château d'Italie, X, 3.
BENAIA, aveugle, VP 15.
BÉNIGNUS, martyr à Dijon, X, 31; GM 51; GC 43.
BENIGNUS, autre évêque, GC 17.
BEPPOLEN, duc, V, 30; VIII, 31, 42, 43; est tué, X, 9, 11.
BERBERIS, voy. BÈBRE.
BERECYNTHIA, déesse d'Autun, GC 77.
BÉRÉGÉSIL, parent d'Eufrasius, IV, 35.
BÉRÉTRUDE, femme du duc de Launebod, IX, 35.
BERRI, V, 40 fin, 50; VI, 31; X, 25. Voy. BOURGES. — (habitants du), I, 29; VI, 12, 31; VII, 24; dépendants de Gontran, VIII, 30. — AR 16.
BERSABÉE, mère de Salomon, I, 12.
BERTEFRED, VI, 4; conspire contre Childebert, IX, 9; X, 19; est assiégé et tué, IX, 12, 23.
BERTHAIRE, roi des Thuringiens, III, 4, 7.
BERTHEFLÈDE, fille de Charibert, IX, 33.
BERTHEGONDE, fille d'Ingeltrude, parente de Gontran, IX, 33; X, 12.
BERTRAMN, évêque de Bordeaux, V, 19, 48; VIII, 2, 7, 20; IX, 33; ami de Gondovald, VII, 31;

VIII, 2; métropolitain, VII, 31 *fin*; fils d'Ingeltrude, IX, 33; parent de Gontran par sa mère, VIII, 2 *fin*; accusé d'adultère, V, 50; IX, 33; sa mort, VIII, 22; IX, 33. — GM 34.
BERTRAM, évêque du Mans, VIII, 39; IX, 18, 41.
BERTRAMN ou WALDON, diacre, VIII, 22.
BERTUNENSE oppidum, *Xanten*, GM 63.
BÉRULF, duc, VI, 12, 31; de Tours, V, 50; de Poitiers, VIII, 26.
BESSAI en HERBAUGE, GM 90.
BÉZIERS, III, 22.
BIBLIS, martyre à Lyon, GM 49.
BIÈRE (cervoise), GC 1.
BIGORRE, GC 49.
BISCAYE, MM IV, 40.
BITURIGES. *V.* BERRI et BOURGES.
BLADASTES, VI, 31; duc, VI, 12; VII, 28; favorise Gondovald, VII, 28, 34; l'abandonne, VII, 37; se réconcilie avec Gontran, VIII, 6.
BLANDINE, martyre à Lyon, GM 49.
BLAYE (château de), GC 46.
BLÉSOIS (les) VII, 21; dévastent les champs des Dunois, VII, 2; qui se vengent à leur tour, *ibid*.
Blichilde, princesse saxonne, D 1.
BLIDÉRIC, chartrain, MM IV, 11.
BOANTE, est tué, VIII, 11.
BOBILA, femme de Gontran, IV, 25.
BOBOLEN, référendaire de Frédégonde, VIII, 32. *Voy.* BEPPOLEN.
BOBON, duc, V, 40; fils de Mummolen, VI, 45.
BODÉGISIL, duc, VIII, 22 *fin*; envoyé vers l'empereur Maurice, X, 2.
BODIC, comte de Bretagne, V, 16.
BODILLON, scribe de Grégoire, MM IV, 10.
BOLOGNE, ville d'Italie, II, 16.
BONULF, possédé, MM II, 25.
Booz, fils de Salomon, I, 12.
BORDEAUX, IV, 48; V, 34; VI, 10, 21, 35 *fin*; IX, 20, 33; séjour de Clovis, II, 37 *fin*; de Gondo-

vald, VII, 31. — (comtes de), *voy.* GARACHAIRE. — (pays de), V, 34; IX, 5, 31. —(Saint-Pierre de), GM 34. — *Voy.* encore MM IV, 40, 47.
BOSON, IX, 31.
Boson, chef d'armée, VII, 38; tue Gondovald, *ibid*. *Voyez* GONTRAN-BOSON.
Boson, diacre, VP 19.
BOUGHAT, *villa Bulgiatensis*, III, 16.
BOULIAC, *vicus Vodollacencis*, GC 47.
BOURGES, I, 29; II, 18; V, 34 *fin*; IX, 24; est assiégé, VI, 31; dépend de Childebert, III, 12; est brûlé, VI, 39; dévasté, X, 19; en proie à une épidémie, IV, 31 *fin*; GM 34. — (comtes de), VII, 42; OLLON, VII, 38. — (évêque de), appelé patriarche, V, 21. — (territoire de), VIII, 43; IX, 19. — *Voyez* encore GC 80; VP 9.
BOURGOGNE, III, 6, 11, 17; IV, 16; V, 13; X, 31; en proie à la famine, II, 24; soumise par les Francs, III, 11; sous les rois Bourguignons, V, 19. — (royaume de), II, 33. — VP 1; AR 13, 35.
BOURGUIGNONS, II, 9, 37 *fin*; VIII, 30; s'établissent en Gaule, II, 9 *fin*; leurs combats contre Clodomir, III, 6; contre les Lombards, IV, 42; ariens, II, 9 *fin*, 32; ont pour suspects les évêques catholiques, II, 23; reçoivent des lois de Gondebaud, II, 33; leurs rois: GODÉGISÈLE, GODOMAR, GONDEUCH, GONDEBAUD, CHILPÉRIC, SIGISMOND; appelés patrices, IV, 24.
BOURGUIGNON, neveu de saint Félix, VI, 15.
BRACHION, abbé, GC 39; VP 12.
BRAINE, V, 26, 40; domaine royal, IV, 22; V, 35 *fin*; V, 50; maison royale, IV, 47; V, 51. — (concile de), V, 50. — AR 25.
BRETAGNE, IV, 20; V, 22, 49; X,

11; saccagée, v, 30; Clotaire Ier y poursuit Chramn, iv, 20; Chilpéric y envoie des forces, v, 27; soumise à des comtes, iv, 4; v, 16. — (duc de), Waroch, x, 9. — (comtes de), *voy*. Chanaon, Macliau, Chonomor, Chonobre, Bodic, Théodoric, Jacob, Waroch, etc.
Bretagne (petite), M 16.
Bretons, se révoltent, v, 30, 32; chassés du Berri, ii, 18; combattent avec Chramn, iv, 20; soumis aux fils de Chlotaire, ix, 18; font irruption chez leurs voisins, ix, 18, 24; x, 9; ont les cheveux rasés, x, 9. — *Voy.* encore GM 85.
Bricca (ou La-Fau-de-Reignac), son église, x, 31.
Bricius, évêque de Tours, ii, 1 et x, 31; accusé, va trouver le pape, est absous, ii, 1; x, 31.
Bridoré, son église, x, 31.
Brion, bourg, MM iv, 23.
Brioude, bourg d'Auvergne, ii, 11; iv, 5; son patron, x, 29. — (diocèse de), iv, 13. — (Oratoire de Saint-Saturnin à), GM 48. — *Voy.* encore J 1, 7, 13 et suiv.; JJ p. 100, 102.
Brisay, bourg de Touraine, son église, x, 31.
Britta, sainte de Touraine, GC 18.
Brittianus, comte, iv, 40.
Brives-la-Corrèse, vii, 10.
Brives (orat. de Saint-Martin à), GM 80.
Bructères, peuple, ii, 9.
Brunehaut, femme de Sigebert, v, 14, 19, 41; vi, 37, 38; ix, 16, 19, 20; fille de Goisvinthe, iv, 38; v, 39; ix, 1; épouse de Sigebert, iv, 27; Frédégonde cherche à la faire mourir, vii, 20; viii, 20; est exilée, v, 1; épouse Mérovech, v, 2; mère de Childebert et de Clodosuinde, ix, 20; sœur de Galsuinthe, ix, 20; administre le royaume de son fils, viii, 22; parle en fa-

veur de sa fille Ingonde, viii, 21; favorise Bertefred, ix, 6 *fin*; intervient dans le traité d'Andelot, ix, 29; fait des présents au roi d'Espagne, ix, 28; opposée à Gontran, vii, 34; lui est suspecte, ix, 32; le menace de mort, viii, 4 *fin*; se justifie par serment, ix, 32; conjuration contre elle, ix, 9; dans laquelle trempe Egidius, évêque de Reims, x, 19; son grand caractère, vi, 4.
Buccelin, duc de Théodebert, iii, 32; ses hauts faits en Italie, et sa mort, iv, 9.
Buchaw (forêt de), ii, 40.
Buciovald, abbé de Verdun, ne peut obtenir l'épiscopat, ix, 23.
Bulson, domaine, viii, 21.
Burgolen, mari de Domnola, viii, 32; père de Constantine, ix, 40.
Bursolen, fils de Sévère, v, 26 *fin*.
Butrio, *voy*. Pleiades.

C

Cabarède, château, viii, 30.
Cabrière, *Capraria*, iii, 21.
Cahors, iii, 12; ix, 20; est ravagé, iv, 48, — VP 18.
Caliopa, femme grecque, A 25.
Calixte, évêque de Nicée, A 6.
Calumniosus, surnommé Agilan, duc, viii, 30 *fin*.
Caluppa, reclus, v, 9; VP 11.
Cambrai, ii, 9 *fin*; vi, 41; résidence royale de Ragnacaire, ii, 42. — (Église de), MM 1, 10.
Canaon, fils de Waroch, x, 9.
Candes, bourg de Touraine, i, 43; viii, 40 *fin*; x, 31. — MM 1, 22; ii, 19, 20, 26, 48; iii, 22, 23.
Canini (champs), x, 3.
Capitole de Toulouse, i, 28.
Caprasius; sa basilique à Agen, vi, 12.
Carbonière (Forêt), ii, 9.
Carcassonne, viii, 30, 45; soumis à Gontran, ix, 31.

DES OEUVRES DE GRÉGOIRE DE TOURS. 329

CARDÉGISILE, surnommé Gyson, de Saintes, MM III, 51.
CARIETTON, maître de la milice, II, 9.
Carpianus, *voyez* ADIMATHE.
CARPILION, comte des domestiques, II, 8.
CARPITANIE (Castille), VI, 33, 44.
CARTHAGE-LA-GRANDE, X, 2; périt par la discorde, V, *Prol.*; sous les Vandales, II, 3; envoyés de Childebert y sont tués, X, 2, 4, —(évêques de), *voyez* CYPRIANUS, EUGENIUS.
CASSIANUS; sa règle, X, 29.
CASSIANUS, martyr italien, GM 43.
CASSIANUS, évêque d'Autun, GC, 74.
CASSIUS, martyr, I, 31; IV, 12; son église à Clermont, IV, 12.
Casta Petra, *voy.* LUCUS.
CASTINUS, comte des domestiques, II, 9.
CATON, prêtre de Clermont, IV, 5 *fin*, 6; vaniteux, exclu de l'épiscopat, IV, 7; demandé pour évêque par la ville de Tours, IV, 11; refuse, *ibid.* et 15; ami de Chramn, IV, 11; sa mort, IV, 31 *fin*.
CATTES, peuple, II, 9.
Catuliacus Vicus, AR 24.
CAUTINUS, évêque de Clermont, X, 8; d'abord archidiacre, IV, 7; rival de Caton, *ibid.*; cherche à lui procurer l'évêché de Tours, IV, 11; ses vices, IV, 12; est confondu devant Clotaire, IV, 12 *fin*; fut cher aux juifs, *ibid.*; tourmenté par Chramn, IV, 13, 16; sa mort, IV, 31 *fin*, 35. — *Voy.* encore J, 45; GC 30.
CAVAILLON, MM III, 60.
CÉCROPS, roi de l'Attique, I, 16.
CEDINUS, X, 3.
CELESTUS, habitant d'Azay, MM IV, 15.
CELSUS, IV, 42; prend possession d'Arles, IV, 30; est fait patrice, IV, 24; ses mœurs, *ibid.*
CELSUS, martyr, GM 47.
CENCHRIS ou PHARAON, noyé dans la mer, I, 16.

CÉNOMANS, assiégent Tours, MM II, 27.
CERBÈRE, GM *pr.*
CÉRÉ, X, 31; GM 90.
CERESIUS *lacus*, lac de Lugano, X, 3.
CÉSAR TIBÈRE, IV, 39.
CÉSARIE, femme d'un comte de Bretagne, IV, 40.
CÉSARIE, belle-mère du comte Firminus, IV, 13.
CÉSARIE (Sainte), sa règle, IX, 40, 42.
CÉSARIUS, évêque d'Arles; sa règle, IX, 39, 40, 42.
CÉSARIUS, consul, I, 43; MM I, 3.
CHAIDULF, rachitique, VP 15.
CHAINEMUNDA, aveugle, MM I, 8.
CHAÎNES, supplice volontaire, GC 87.
CHALON-SUR-SAÔNE, IV, 31 *fin*; IX, 3, 13, 27; X, 10, 11; en proie à une épidémie, IV, 31 *fin*; pris par Chramn, IV, 16; résidence de Gontran, VII, 21. — (Concile de), V, 28. —(Vins de), III, 19. —(Comte de). *Voy.* GALLUS. — *Voy.* encore GM 53; GC 85.
Chalonne, M 2, 7, 9, etc.
CHAMAVES, peuple, II, 9.
CHAMBELLANS. *Voy.* CHARÉGISIL, FARAULF, EBERULF, EBERON, CHUNDON.
CHAMEAU, VII, 35.
CHAMP-DE-MARS, II, 27; chez les Romains, II, 8 *fin*.
CHAMPAGNE, III, 15; V, 3; IX, 9; X, 27 *fin*. — (rémoise), IV, 17; V, 19. — (duc de), IX, 14. — (peuple de), X, 3, 27 *fin*. — J, 32.
CHANAON, comte de Bretagne, IV, 4.
CHANTOIN, montagne, II, 21, crypte, I, 39 *fin*; monastère, II, 21.
CHARARIC, roi franc, est tonsuré, II, 41.
CHARARIC, ou Ariamir, roi de Galice, MM I, 11.
CHARÉGISIL, chambellan de Sigebert, IV, 52.
CHARIBERT, roi, IV, 3, 16, 18, 26, 46; V, 49; réside à Paris, I, 22; reçoit Gondovald, VI, 24;

épouse une religieuse, et est excommunié par saint Germain, IV, 26; exempte de tribut les habitants de Tours, IX, 30; sa femme et ses enfants, IV, 26; IX, 26, 33, 39; sa mort, IV, 26; son royaume, VII, 6, 12; est partagé, IX, 20. — Charibert hait les prêtres, MM I, 29; sa mort, GC 19.

CHARIGISIL, référendaire de Clotaire Ier, MM I, 25.

CHARIMER, évêque de Verdun, IX, 23; référendaire de Childebert, GC 97.

CHARIMUND, impotent, MM IV, 23.

CHARIOT (le), constellation, S 56.

CHARIULF, favorise Gondovald, VII, 37; l'abandonne, VII, 38; se réfugie dans la basilique de Saint-Martin, VII, 43.

CHARIVALD, sa mort, X, 27 *fin*. — *Voy.* MM I, 27.

Charles, V, 5; des rois, X, 16 *fin*; de la reine Clotilde, IV, 12; de donation faite par les religieuses en entrant au monastère, IX, 42; charte fausse, X, 19.

CHARTIER, évêque de Périgueux, VI, 22; VII, 26.

CHARTRES (diocèse de) VII, 17. — (territoire de). V, 35; IX, 5, 20. — (habitants de), V, 5, 2.

CHATEAUDUN, IX, 20. — (comte de), VII, 29. — (habitants de), IV, 51; sont battus, VII, 2; dévastent les cantons voisins, *ibid*.

CHÉLIDONIUS, martyr à Calahorra, GM 93.

CHELLES, domaine du territoire de Paris, V, 40; VII, 4; X, 19.

CHER, rivière, V, 42.

CHEVEUX, longue chevelure, attribut des rois et des familles royales, II, 41; III, 18; VIII, 10; coupés en signe d'ignominie, V, 40.

CHILDEBERT Ier, roi, IV, 22; VI, 9; met à mort ses neveux, III, 18; son expédition en Espagne, III, 10; en Bourgogne, III, 11; autre en Espagne, III, 29; menace Théodat, roi d'Italie, III, 31 *fin*; possède Bourges, III, 12; son traité avec Théodoric, III, 15; envahit l'Auvergne, III, 9; tente d'exclure Théodebert du trône, III, 23; prend les armes contre Clotaire, III, 23; se réunit à Chramn contre lui, IV, 16; soulève les Saxons et dévaste la Champagne rémoise, IV, 17; accueille Gondovald, VI, 24; inhume sainte Clotilde, IV, 1; meurt, IV, 20; son éloge, VIII, 4; son royaume acquis par Sigebert, IV, 52. — *Voy.* encore GC 82; VP 6, 8, 9.

CHILDEBERT II, roi d'Austrasie et de Bourgogne, V, 19, 47 *fin*; VI, 4 *fin*; 25, 26, 45; IX, 7, 20, 27 *fin*; succède à son père, IV, 52; est enlevé et fait roi, V, 1, 6; heureux présages à sa naissance, VIII, 4; à lui se joint Gontran-Boson, V, 25; et autres, V, 3 *fin*; son ambassade à Chilpéric, VI, 3, 45, auquel il se réunit, VI, 1; par traité, VI, 3; paix entre eux, VI, 11, 31; reçoit une partie de Marseille, VI, 11, 33; Albi, VIII, 45; les trésors de Sigebert, VIII, 26; une partie de ceux de Mummol, VII, 40; est proclamé majeur, VII, 33 *fin*; possède les trésors de Chilpéric, X, 19; se joint à Gontran, VI, 41; qui l'appelle son fils, VIII, 13; en est tendrement aimé, IX, 20 *fin*; est mis par lui en possession du trône, VII, 33; est adopté par lui, V, 18; VIII, 3; vient à Paris, VII, 5; expédie des envoyés à Gontran, VII, 6, 7, 14; IX, 20; texte du traité fait entre eux, IX, 20; reçoit des envoyés de Gontran, VIII, 13; la paix est rompue entre eux, VI, 11 *fin*; les grands de son royaume appellent Gondovald, VII, 32, 33, 34, 35, 36; conspirent contre lui, IX, 9; X, 19; conférence avec Gontran, IX, 10, 11; poursuit les conspirateurs, IX, 12; est à tort soupçonné par Gontran, IX, 32; sa domination au delà de la Garonne, VIII, 18; habite Meaux, VII, 4; Metz, VIII, 36; Strasbourg, IX, 36; le domaine de Bulson, VIII, 21; où se tiennent deux plaids, VII, 23 *fin;* VIII, 21; arme contre les Lombards, IX, 29; expédition en Italie, VI, 42; VIII, 18; X, 3; paix avec les Lombards, VI, 42; trompe ces peuples, IX, 25; on reçoit une ambassade avec des paroles de soumission, X, 3; expédition en Espagne, VI, 42; redoutable à Leuvigild, VI, 40; reçoit ses envoyés, VI, 18 *fin;* VIII, 38; en reçoit de Reccared, IX, 1, 16; confirme l'immunité de Tours, IX, 30 *fin;* exempte de tribut les ecclésiastiques de Clermont, X, 7; cherche à consoler Agéric, IX, 12 *fin;* pardonne à Égidius, évêque de Reims, IX, 14; sa rigueur envers Théodore, évêque de Marseille, VIII, 12; commet des évêques pour prendre connaissance des troubles du monastère de Poitiers, IX, 43; convoque un synode à ce sujet, X, 15; soumet le monastère à l'évêque du lieu, IX, 40; réclame Frédégonde, VII, 7; qui conspire contre lui, VIII, 29; X, 18; sa mère et sa grand'mère, IX, 1; ses fils Théodebert et Théodoric, IX, 20; Théodebert, VIII, 37; Théodoric, IX, 4; les grands de son royaume, VI, 24; son gouverneur Wandelin, VIII, 22 *fin;* son référendaire Otfon, X, 19; sa sœur épouse Herménégild, VI, 40. — MM IV, 5, 26, 37.

CHILDÉRIC, roi des Francs, II, 9 *fin* jusqu'à 27; rejeté par eux, II, 12; rétabli, II, 12; ses combats, II, 18; sa mort, II, 27.

CHILDÉRIC, roi des Vandales, II, 3 *fin.*

CHILDÉRIC, fils de Clotaire Ier, IV, 3.

CHILDÉRIC, Saxon, VII, 3; VIII, 18; sa mort, X, 22.

CHILDÉRIC, officier du roi Sigebert, GC 71.

CHILLON, chef franc, se fait chrétien, GM 60.

CHILPÉRIC, fils (ou frère) du roi Gondeuch, II, 28; VP 1.

CHILPÉRIC, roi des Francs, envahit le royaume de Paris et en est chassé, IV, 22; est fait roi à Soissons, *ibid.;* envahit Tours, etc., IV, 46; V, 49; perd ces villes, IV, 46; envahit Reims, IV, 23; se prépare à combattre Sigebert, IV, 50, 51; lui fait la guerre, IV, 48; renouvelle la guerre, IV, 51; s'enfuit à Cambrai, VI, 41; il lui naît un fils, VI, 41; est assiégé à Tournai, IV, 51; V, 23; abandonné par les Francs, IV, 52; enterre son frère, IV, 52; réside à Paris, VI, 5 *fin;* arme contre Gontran, V, 13; VI, 12; complote contre lui, VII, 6; envahit ses villes, VI, 22; s'empare de Poitiers, V, 25, 42; son armée repoussée, VI, 31; fait la paix avec Gontran, VI, 31; se lie avec Childebert II, VI, 1, 11; expédie des envoyés à l'empereur Tibère, VI, 2; en Espagne, VI, 18, 33; d'où il reçoit aussi des envoyés, V, 44; VI, 18 *fin,* 40, 45; sa fille, demandée en mariage par le fils du roi d'Espagne, VI, 34; lui est fiancée, IV, 38; vient à Paris, V, 1; VI, 27; rompt le mariage de Mérovech, V, 2; qu'il poursuit sans relâche, V, 14, 19; envoie des forces en Bretagne, V, 27; tombe malade, V, 35; se repent et fait du bien aux églises, V, 35 *fin;* ses femmes, IV, 28; en ayant déjà plusieurs, épouse Galsuinthe, IV, 28; la fait mourir, *ibid.;* ses fils, *ibid. fin;* poursuit son fils Clovis, V, 40; Samson, autre fils, VI, 23; il lui naît un autre fils, VI, 23; qui meurt, VI, 34; deux de ses fils meurent en même temps, V, 35; 51 *fin;* ses fils meurent, VII, 36;

son fils Clotaire, VIII, 31, 42, 43; qui reste seul, VIII, 9; est fait roi, VII, 7; Basine sa fille, IX, 39; X, 20, etc.; Rigonthe, VII, 9; dont il célèbre le mariage, VI, 45; révoque Leudaste, V, 48; qui accusait Grégoire, *ibid.*, et V, 50; l'accueille, VI, 32; le fait tuer, *ibid. fin*; son royaume est déserté, V, 3 *fin*; lié avec Égidius, évêque de Reims, X, 19; assemble le concile de Braine, V, 50; Grégoire vient le trouver, VI, 2; menacé d'excommunication par les évêques pour accusation téméraire, V, 59; accuse Prétextat, V, 19; construit des cirques, V, 18 *fin*; dogmatise, V, 45; est combattu par Grégoire, *ibid.*; invente des lettres nouvelles, *ibid. fin*; écrit à saint Martin, V, 14; viole les immunités des clercs et des églises, VI, 11; vexe les peuples par des tributs, V, 29; force les juifs au baptême, VI, 17; sa bienveillance envers les évêques, VI, 36 *fin*; sa modération envers un archidiacre, etc., V, 50; sa mort, VI, 46; VII, 2, 9; dont est accusé Sunnégisil, X, 19; ses trésors passent à Childebert, VII, 4; X, 19; ses vices exagérés par Grégoire, VI, 46; fait des vers, *ibid.*; sa prudence, V, 50; sa bonté, VI, 22; ses mauvaises actions réparées par Gontran, VII, 7 *fin*, 19; Gontran veut venger sa mort, VIII, 5; son comte des étables, Cuppa, X, 5; son médecin, Marileif, VIII, 25. — GM 5; MM III, 8; GC 90.

CHINON, bourg de Touraine, V, 18; son église, X, 31; GC 22, 23.

CHISSEAU, son église, X, 31.

CHONOBRE, comte des Bretons, IV, 20.

CHONOMOR, comte des Bretons, IV, 4.

CHRAMN, fils de Clotaire Ier, IV, 3; appelé roi, IV, 13; ses mœurs dépravées, IV, 13, 16; envoyé en Auvergne par son père, IV, 9 *fin*; 11, 13, 16; GM 66; conspire contre son père et trompe ses frères, IV, 16; épouse la fille de Viliachaire, IV, 17; cherche l'avenir dans la Bible, IV, 16 *fin*; se révolte contre son père et meurt, IV, 20. — MM 1, 23.

CHRAMNISINDE, citoyen de Tours, VII, 47; IX, 19.

CHRÉTIENS, s'introduisent à Rome, I, 24; schismes, hérésies, dont ils sont atteints, I, 26; ne célèbrent pas la pâque le même jour que les juifs, X, 23; le mot *chrétiens* ne comprend pas les hérétiques, III, 10; V, 14; pourquoi ils sont odieux au sénat de Rome, I, 23. — (bourg des), I, 31.

CHRIST; sa naissance, I, 15, 18; adoration des mages, I, 18; baptême, transfiguration, VI, 40; prédiction, miracles, résurrection, ascension, I, 19, 20, 21, 22. — *Voyez* aussi GM 1 à 3 21, 22, 23.

CHRIST (signe du) constellation, S 49, 69.

CHRISTOPHORE, marchand, VII, 26.

CHROCUS, roi des Alemans, dévaste les Gaules, I, 30; sa mort, I, 32.

CHRODEGILDE, aveugle, GM 5.

CHRODIELDE, X, 22; fait régir les biens de son monastère, IX, 41; excite des troubles, IX, 39; va trouver le roi, IX, 40; son obstination, IX, 39 *fin*; est excommuniée, X, 16, 20; calomnie son abbesse, X, 15 *fin*, 16; refuse de comparaître, IX, 43; X, 16; ses méfaits, X, 15; s'empare de la croix pour s'en défendre, *ibid.*; admise à la communion, habite hors du monastère, X, 20.

CHRODIN, sa piété, sa mort, VI, 20.

CHRONA, fille du roi Gondeuch, sœur de Clotilde, II, 28.

CHRONIQUES d'Eusèbe, I, *prol.*; II, *prol.*; de saint Jérôme, *ibid.*;

d'Eusèbe, de saint Jérôme et de Sévère, I, 7; II, *prol.;* d'Eusèbe, continuée par saint Jérôme, I, 34; par Orose, I, 37.

CHROTECHILDE, *Voy.* CLOTILDE.

CHRYSANTHÈS, martyr, GM, 38, 83.

CHUNDON, chambellan de Gontran, X, 10.

CHUNSÉNE, femme de Clotaire Ier, IV, 3.

CHUS, inventeur de la magie et de l'idolâtrie, I, 5; appelé Zoroastre et adoré par les Perses, *ibid.*

Chut, roi Saxon, D 1.

CICÉRON, GM pr.

CIRAN-DU-SAMBOT (saint), MM I, 18. *Voy.* l'*Errata.*

CIRAN-LA-LATE, monastère, IV, 49.

CIRCONCISION, I, *prol.;* I, 7.

CIRGUES (Saint-), monastère à Clermont, II, 21 *fin;* VP 3.

CIRQUE à Constantinople, V, 31; VI, 30 *fin;* cirques en Gaule, construits par Chilpéric, V, 18 *fin.*

CLAIN (le), rivière, IX, 41.

CLARA, femme de Francilion, évêque de Tours, X, 31.

CLAUDIUS, empereur, I, 24.

CLAUDIUS, parjure, VII, 29.

CLAUDIUS, chancelier de Childebert II, MM IV, 28.

CLÉMENS, évêque de Rome, martyr, I, 25; son église à Rome, X, 1. — GM 35, 36.

Clémens, un des sept dormants, D, 1, 6.

Clémens monachus, M 8.

CLERMONT, VP 4, 17; JJ p. 97 etc. *Voy.* AUVERGNE.

CLOCHILAÏCH, roi des Danois, dévaste les Gaules, est tué, III, 3.

CLODÉRIC, fils de Sigebert le boiteux, I. 37, 40.

CLODIELDE, fille de Gontran, IX, 20.

CLODION, roi des Francs, II, 9.

CLODOALD, fils de Clodomir, III, 6.

CLODOBERT, fils de Chilpéric, V, 35.

CLODOMIR, roi des Francs, sa naissance, II, 29 *fin;* son royaume, IV, 22; sa capitale Orléans, *ibid.;* par son ordre Omatius fait évêque de Tours, III, 17; excité par sa mère à marcher contre les Bourguignons, III, 6; sont vaincus par lui, III, 6; est tué avec sa femme et ses fils, *ibid.;* ses trésors envahis par Clotaire, III, 31 *fin;* ses fils élevés par Clotilde, III, 18; partage de son royaume, *ibid.* — GM 31, 75.

CLODOMIR, fils du roi Gontran, IV, 25.

CLODOSINDE, reine des Lombards, IV, 41; fille de Clotaire Ier, IV, 3; mariée au roi Alboin, *ibid. fin.*

CLODOSUINDE ou Clotsinde, fille de Sigebert, IX, 20; demandée en mariage par Reccared, IX, 20, 25.

CLOTAIRE Ier, roi, ses frères arment contre lui, III, 28; est délivré miraculeusement, *ibid.;* son expédition en Espagne, III, 29; menace le roi d'Italie, III, 31 *fin;* son expédition en Thuringe, III, 7; découvre les embûches de Théodoric, *ibid. fin;* tente d'exclure Théodebert du trône, III, 23 *fin;* succède à Théodebald, IV, 9 *fin;* expédition en Bourgogne, III, 11; épouse la femme de son frère, III, 6 *fin;* expédition contre les Saxons, IV, 14, 16 *fin;* qui taillent en pièces son armée, IV, 14 *fin;* réprime leur rébellion, IV, 10; revient dans son royaume, IV, 18; accorde des terres aux Suèves, V, 15; vient à Paris, III, 18; tue les fils de Clodomir et partage leur royaume, *ibid.;* s'empare de leurs trésors, III, 31 *fin;* ensevelit sainte Clotilde, IV, 1; envoie son fils Gontaire contre les Goths, III, 21; impose un tribut aux églises, IV, 2; se retire, réprimandé par Injuriosus, *ibid.;* devient roi de tout l'empire des Francs, IV, 20; VII, 13; envoie des forces contre Chramn, IV, 16 ; le poursuit en Bretagne, IV, 20 ; commande l'ordination d'un évêque sans le consentement du métropolitain, IV, 26 ; condamne l'évêque Cautinus, IV, 12 *fin;* ensevelit saint Médard et lui bâtit une église, IV, 19 ; répare l'église de Saint-Martin et la couvre d'étain, IV, 20 ; X, 31 ; dispense du cens les habitants de Tours, IX, 30 ; visite le tombeau de saint Martin, IV, 21 ; VI, 9 ; meurt à Compiègne plein de repentir, IV, 21 ; sa mort précédée de prodiges, IV, 52 ; enterré à Soissons, IV, 52 ; après sa mort les Huns se jettent sur les Gaules, IV, 23 ; ses fils répriment les Bretons, IX, 18 ; eut pour femme Radégonde, III, 7 ; ses femmes et ses enfants, IV, 3 ; sa fille Chlodosinde, IV, 41 ; son référendaire Baudin, X, 31. — GM 48 ; VP 10, 17.

CLOTAIRE II, roi, fils de Chilpéric, VIII, 43 ; IX, 9 ; son royaume administré par Gontran, VIII, 18 *fin;* son origine, VI, 41 *fin;* mis en doute par Gontran, VIII, 9 ; IX, 20 *fin;* est prouvée, VIII, 9 *fin;* son baptême retardé, VIII, 9 ; accompli, X, 28 *fin;* est déclaré roi, VII, 7 ; ses villes, VIII, 42 ; tombe malade, X, 11.

CLOTAIRE, fils du roi Gontran, IV, 25.

CLOTILDE, demandée et obtenue en mariage par Clovis, II, 28 ; travaille à le convertir, II, 29, 30 ; excite ses fils à venger ses parents assassinés, III, 6 ; élève les fils de Clodomir, *ibid. fin,* 18 ; ses vertus, III, 18 *fin;* par ses prières éloigne la guerre civile, III, 28 ; fait donner à Théodore et à Proculus l'évêché de Tours, III, 17 ; bâtit à Paris la basilique des apôtres, IV, 1 ; chartes émanées d'elle, IV, 12 ; sa mort, IV, 1, X, 31. — MM 1, 77.

CLOTILDE, fille de Clovis, maltraitée par Amalric, sa constance dans la foi, III, 10.

CLOVIS, roi, sa naissance, II, 21 *fin;* met en fuite et tue Syagrius, II, 27 ; règne dans la Gaule, X, 31 ; punit l'insolence d'un soldat, II, 27 *fin;* soumet les Thuringiens, *ibid.;* prend Clotilde en mariage, II, 28 ; invoque le Christ et bat les Alemans, II, 30 ; instruit par saint Remi, II, 31 ; exhorte les Francs à la foi, *ibid.;* est baptisé, *ibid.;* se joint à Godégisile contre Gondebaud, II, 32 ; assiège ce dernier dans Avignon, *ibid. fin;* le rend tributaire, *ibid.;* entrevue avec Alaric, II, 35 ; expédition contre ce roi, II, 37 ; respect pour la basilique de saint Martin, *ibid.;* pour la basilique de saint Hilaire, *ibid.;* vainqueur des Goths, tue Alaric, *ibid.,* X, 31 ; s'empare de ses trésors, II, 37 *fin;* prend Angoulême miraculeusement, *ibid.;* passe l'hiver à Bordeaux, *ibid.;* revient à Tours, *ibid.;* subjugue les Bretons, IV, 4 ; fait tuer Sigebert et Clodéric et acquiert leur royaume, II, 40 ; fait de même au roi Chararic, II, 41 ; à Ragnacaire, II, 42 ; à Rignomer et autres rois ses parents, et subjugue toutes les Gaules, *ibid. fin;* reçoit le titre de consul et d'auguste, II, 38 ; fixe à Paris le siège de son empire, *ibid.* et 40 ; modèle des rois, V, *Prol.;* sa mort, II, 43 ; III, 37, etc.; sa sépulture à Paris, II, 43 ; à côté de celle de Clotilde, IV, 1 ; Clotilde leur fille, III, 10 ; après sa mort le royaume est divisé, III, 1 ; les Goths reprennent ce qu'ils ont perdu, III, 21 ; sa sœur mariée à Théodoric le Grand, III, 31.

CLOVIS, fils de Chilpéric, IV, 28 *fin,* 46, 48 ; V, 3, 13, 40, etc.; sa mort, V, 40 ; son corps retrouvé et enseveli à Paris, VIII, 10.

CLYSMA, ville d'Égypte, 1, 10.
COBLENTZ, VIII, 13.
COLOGNE, séjour du roi Sigebert le boiteux, II, 37, 49; appelée Colonie-Agrippine, II, 9; VI, 24; surprise par les Francs, II, 9. GM 62; VP 6.
COLOMBIER, monast. VP 9.
COMBRONDE, monast. VP 4.
CÔME et DAMIEN, martyrs, leur église à Rome, X, 1; leurs reliques à Tours, X, 31. — GM 98.
COMÈTES, IV, 31; VI, 14; S 58.
COMMINGES, sa position, VII, 34; assiégée, VII, 35. — GM 105, VP 8.
COMMINIUS, martyr à Lyon, GM 49.
Commonius (PAGUS), M 20.
COMPIÈGNE, VI, 35; Clotaire y meurt, IV, 21.
COMPOSITION pour meurtre, VII, 3, 47 *fin;* pour dommage, VII, 2; IX, 18.
COMTE, était juge, VI, 8; administrait une seule ville, IX, 7; inférieur au duc, *ibid.* et VIII, 18; dans la maison royale, IX, 36; portait au fisc les tributs du comté, X, 21. — (des domestiques) II, 8, 9; *Voy.* CASTINUS. — (du palais) V, 19 *fin;* IX, 12. *Voy.* GUCILION, TRUDULF, ROMULF. — (de la milice) dans les Gaules, II, 11. — (des Romains), PAULUS, II, 18. — (de l'étable), V, 49; IX, 38. *Voy.* CUPPA, SUNNÉGISIL.
CONDÉ, abbaye (Saint-Claude), VP 1.
CONSENTEMENT pour une élection, IV, 15; du pape, X, 1; d'un évêque, IV, 26, 35; VI, 15.
CONSERANS (auj. Saint-Lizier), IX, 20.
CONSTANCE le jeune, empereur romain, I, 35.
CONSTANT, fils du tyran Constantin, II, 9.
CONSTANTIN, tyran, II, 9.
CONSTANTIN LE GRAND, empereur, I, 34; II, 31; GM 9; D 2.

CONSTANTINE, religieuse, IX, 40.
CONSTANTINOPLE, I, 38; IV, 39; V, 31; X, 15 *fin;* hérésies d'Eutychès, etc., II, 34; ses évêques portent le titre de papes, V, 31.
— (empereurs de). *Voyez* ANASTASE, JUSTIN, JUSTINIEN, TIBÈRE.
— *Voy.* encore GM 103; A 8; D 2, 3.
CONSULS. *Voyez* DÉCIUS, GRATUS, ATTICUS, CÉSARIUS, CLOVIS. — (de Constantinople), V, 31.
Corinthe, A 26.
CORINTHIENS, leur roi Oxion, I, 16.
CORNÉLIUS, martyr à Lyon, GM 49.
CORNÉLIUS, pape, I, 30.
CORNUTZ, bourg, V, 30.
COULMIER, bourg, III, 6.
COURNON, monastère, IV, 40; VP 6.
COUTANCES, V, 19.
CRAON, bourg, MM II, 48; III, 7; IV, 17; GC 96.
CRACINA, île, V, 49.
CRAU (La). *Voyez* PIERRES (Champ des).
CRÉPINUS et CRÉPINIANUS, leur basilique, V, 35 *fin;* IX, 9.
CRESCENTIA, sainte parisienne, GC 105.
Crispinus, proconsul, JJ page 98, 100.
CRISPUS, fils de Constantin, I, 34.
CROIX du Seigneur, sur le mont Calvaire, I, 7; son invention, I, 34; fait trouver un trésor à Tibère, V, 20; portée au-devant d'un duc, X, 9.
CROIX (la grande et la petite), constellation, S 45, 46.
CROIX (SAINTE-), monastère de Poitiers, IX, 40; soumis à l'évêque et ensuite au roi, *ibid.;* troubles, X, 15.
Cucusa, ville de Cappadoce, D 2.
CUISE (forêt de), IV, 21; V, 40.
CUPIDON, GM *pr.*
CUPPA, comte de l'étable, V, 40 *fin;* ses crimes, X, 5; ramène Rigonthe, VII, 39 *fin.*
CYCLE de Victorius, I, *prol., fin;* X, 23.

CYPRIANUS, évêque de Carthage, I, 30; GM 94.
CYPRIANUS, abbé à Périgueux, GC 100.
CYROLA, évêque arien chez les Vandales, essaye en vain de faire des miracles, II, 3; IX, 15.

D

DACCON, officier de Childebert, V, 26.
DADON, soldat, VP 8.
DAGARIC, père de Daccon, V, 26.
DAGOBALD, clerc de Grégoire, MM IV, 9.
DAGOBERT, fils de Chilpéric, V, 35.
DAGULF, abbé, ses crimes, VIII, 19.
DALMATIUS, évêque de Rodez, V, 5, 47.
DAMIEN et CÔME, martyrs, leurs reliques, X, 31; leur église à Rome, X, 1. — *Voy.* CÔME.
DANIEL, prophète, I, 14.
DANOIS. Ils se jettent sur la Gaule et sont mis en fuite, III, 3.
DARIA, martyre, GM 38, 83.
DAVID, fils de Jessé, I, 12, etc.
DEAS castrum, Die ou Diou, III, 21.
DÉCIMUS ou DÉCIMIUS RUSTICUS, II, 9.
DÉCIUS, empereur romain, I, 28; X, 31; GM 95.
DÉLUGE, I, 4; X, 31 *fin*; en Auvergne, V, 34.
Démétrius d'Amasieh, A 3.
DÉMON, ses embûches, II, 21; V, 14; VP 2 et *passim*.—(du midi), VIII, 33; MM IV, 36.
DENYS, évêque de Paris, martyr, I, 28; patron des Parisiens, X, 29; sa basilique à Paris, V, 35 *fin*; son tombeau, V, 33; GM 72.
DÉODATUS, VP 13.
DÉOLS en Berri, II, 18; son église, X, 31; GC 92.
DÉSERT d'Égypte, I, 10, 11.
DÉSIDÉRATUS, évêque de Bourges, GC 80.

DÉSIDÉRATUS, évêque de Verdun, III, 34.
DÉSIDÉRATUS, prêtre, GC 86.
DÉSIDÉRIUS, diacre d'Autun, IX, 41.
DÉSIDÉRIUS, duc, V, 40; VI, 12, 31; VII, 27; VIII, 45; de Chilpéric, VIII, 45; battu par Mummol, V, 13; enlève Tétradie, femme d'Eulalius, X, 8; se lie avec Gondovald, VII, 28; l'abandonne, VII, 34; se met en sûreté, VII, 43; reçu en grâce, VIII, 27; enlève les trésors de Rigonthe, VII, 9; [est tué, VIII, 45 *fin*.
DESIDERIUS, évêque d'Eause, VIII, 22.
DÉSIDÉRIUS, possédé, MM II, 20.
DÉSIDÉRIUS, imposteur, IX, 6.
DEUTÉRIA, femme de Théodebert Ier, III, 22, 23, 27; tue sa propre fille, III, 26; abandonnée par Théodebert, III, 27.
DEUTHÉRIUS, évêque de Vence, IX, 24.
DIADÈME, ceint par Clovis Ier, II, 38.
DIALECTIQUE, X, 31.
DIANE, sa statue, VIII, 15. — *Voy.* A 25.
DIDIME, X, 16.
DIDON, GM *pr*.
DIE, IV, 45.
DIJON, II, 23 *fin*, 32; IV, 16; V, 5; description, III, 19; basilique, IV, 16 *fin*. — GM 51; GC 42; VP 7.
DIMANCHE, jour du Seigneur, I, 22; appelé jour du soleil, III, 15; on ne pouvait, ce jour, manger avant la messe, III, 15; on faisait les consécrations d'évêques, IV, 35.
DIMANCHE, jour de la résurrection du Seigneur, VIII, 31.
DÎMES, VI, 6.
DIPINIUS, évêque de Tours, III, 2; X, 31; sa mort, III, 17.
DIOCÈSE, coutume de le visiter, V, 5.
DIOCLÉTIEN, empereur, I, 33; persécution, IV, 48 *fin*; D 1.

Diogénianus, évêque d'Albi, II, 13.
Diou ou Die, III, 21.
Disciola, sa mort, VI, 29.
Dispargum, II, 9.
Divitia, Deutz, IV, 16.
Dodon ou Gondégisil, comte, est fait évêque de Bordeaux, VIII, 22.
Dodon, fils de Sévère, V, 26 *fin*.
Domaricus, guerrier franc, AR 30.
Domégisil, VI, 45; VIII, 18 *fin*, 42; envoyé en Espagne, VI, 18.
Domestiques, leur office, IV, 3 *fin*; VI, 11; dans la maison royale, IX, 36; X, 28. *Voyez* Gondulf, Flavianus. — (Comtes des), II, 8. *Voy.* Castinus.
Dominicus, aveugle guéri, VI, 6.
Domitianus, martyr à Nantes, GM 60.
Domitien, persécute les chrétiens, I, 24 *fin*.
Domitius, martyr en Syrie, GM 100.
Domnola, veuve de Burgolen, VIII, 32; femme de Nectarius, *ibid.*; VIII, 43.
Domnolus, évêque du Mans, VI, 9; refuse l'évêché d'Avignon, *ibid.*
Dordogne, fleuve, VII, 28 *fin*, 32.
Dracolen, V, 26.
Dragon vu à Rome, X, 1.
Droctigisil, évêque de Soissons, IX, 37.
Droctulf, IX, 38.
Ducs, gouvernaient plusieurs cités, IX, 7; supérieurs aux comtes, VIII, 18; IX, 7.
Duel ou jugement de Dieu, VII, 14; X, 10.
Dulcissimus quidam, AR 10.
Dynamius, évêque d'Angoulême, II, 13.
Dynamius d'Arles, X, 2; recteur de la Provence, VI, 7; dresse des embûches à l'évêque Théodore, VI, 11; est rendu à Childebert, IX, 11.

E

Eause (ses évêques), *voyez* Laban, Désidérius.
Éberon, chambellan de Childebert, VII, 13.
Éberulf, VII, 47.
Éberulf, chambellan, VII, 21, 29; est puni, VII, 22, 29.
Éborinus, comte de Tours, MM III, 34.
Ébrachaire, duc, IX, 28; traite avec les Bretons, X, 9.
Ebrégisil, évêque de Cologne, X, 15; GM 62.
Ebrégisil, envoyé de Brunehaut, IX, 28.
Ebron ou Enachim, I, 4.
Ecdicius, sénateur et patrice, ses aumônes en temps de famine, II, 24.
Éclipse de lune, VI, 21; de soleil, II, 3 *fin*; X, 23.
Édatius, prêtre à Artonne, GC 5.
Édesse, GM 32.
Edobécus, II, 9.
Egémonius, évêque d'Autun, GC 75, 76.
Égée, proconsul, A 30, 36.
Ephidama, chrétienne, A 30.
Égidius, maître de la milice, II, 11; est fait roi des Francs, II, 12; règne simultanément avec Childéric, *ibid.*; sa mort; II, 18. — GC 22.
Égidius, évêque de Reims, V, 19 *fin*; VI, 3; ami de Chilpéric, X, 19; envoyé de Childebert, VI, 31; VII, 14; maltraité par Gontran, *ibid.*; VII, 33; prend la fuite, VI, 31 *fin;* accusé de conjuration contre le roi, X, 19; condamné, *ibid.*, *fin;* obtient son pardon, IX, 14. — MM III, 17.
Égypte, I, 9, 10; IV, 39; VI, 5, 6; ses rois, *voy.* Cenchres, Thephei, Vaphès.
Egyptius, esclave grec, A 3.

ÉLAFIUS, évêque de Châlons, v, 41.
ELÉAZAR, fils d'Eliud, 1, 15.
ELÉPHANTS pris sur les Perses, v, 31 *fin*.
ELIACHIM, fils d'Abiud, 1, 15.
ÉLIE, prophète, II, *prol.*; VI, 40.
ELIUD, fils d'Achim, 1, 15.
ÉLYSÉE, ressuscite des morts, II, *prol.*; x, 13.
ELPENIPSA, martyre à Lyon, GM 49.
EMBRUN, IV, 42 *fin*; 43, 45; GM 47.
ÉMÉRIUS, évêque de Saintes, I, 26.
ÉMÉRIUS, diacre de Nantes, MM IV, 20.
ÉMÉRIUS, tué par Eulalius, x, 8.
EMILIANUS, abbé, VP 12.
EMPEREUR, reprend l'Italie, IV, 9; partie de l'Espagne, IV, 8; se joint à Herménégild, v, 39; reçoit une ambassade de Childebert, IX, 25; lui en envoie une, VIII, 18; x, 3.
EMPIRE, son commencement, 1, 17; la Gaule ne lui est point soumise, VI, 24.
ÉNÉE, GM *pr.*
ÉNÉIDE, GM *pr.*; S 29.
ENNODIUS, duc de Tours et de Poitiers, VIII, 26; et d'Aire, IX, 7.
ENNODIUS, sénateur arverne, IV, 35.
ÉOLE, GM *pr.*
ÉPACHIUS, prêtre de Riom, GM 87.
ÉPARCHIUS, évêque de Clermont, II, 21.
ÉPARCHIUS, reclus à Angoulême, VI, 8, GC 101.
ÉPHÈSE, 1, 26, 27; GM 95.
ÉPIDÉMIES, II, 18; IV, 5; v, 18, 35, 40, 42; VI, 14 *fin*; VII, 1; IX, 21, 22; x, 30; en Espagne, VI, 33; en Provence, VIII, 39 *fin*; x, 23 *fin*; en Auvergne, IV, 31; à Rome, x, 1.
ÉPIPHANIUS, abbé de Saint-Remi de Reims, x, 19.
ÉPIPODIUS, saint lyonnais, GM 50; GC 64.
ÉPIRÉCHIUS, curé de Tournus, GM 54.
ÉPOLONIUS, martyr, 1, 28.
ERMÉNEFRID, ERMÉNECHILD, etc. *Voyez* ces mots à la lettre H.
ERMÉNEGUNDE, aveugle, MM IV, 23.
ERPON, duc de Gontran, v, 14 *fin*.
ERYCUS (le mont), S 30.
ESCAUT, II, 40.
ESCLAVES chez les Francs, v, 29 et *passim*; leurs mariages, v, 3.
ESDRAS, prophète, 1, 14.
ESPAGNE, 1, 41; II, 25, etc.; dévastée par les Vandales et les Suèves, II 2; ébranlée par un tremblement de terre, v, 34 *fin*; tourmentée par les sauterelles, VI, 33; troublée par les démêlés de Leuvigild et de son fils, VI, 29; l'empereur y envoie des troupes, v, 39 et l'envahit en partie, IV, 8; pierres précieuses, x, 21.
Expédition de Childebert Ier, III, 10; de Childebert et de Clotaire, III, 29; de Gontran, VIII, 28, 30; de Childebert II, VI, 42; qui en rapporte du butin, III, 10 *fin*; ambassades envoyées par elle, VI, 18 *fin*, 34; VIII, 35, 38; à Gontran, VIII, 45; IX, 1; à Childebert II, *ib.*; envoyé du nom d'Oppila, VI, 40; reçoit des ambassadeurs de Frédégonde, VIII, 43. — (Église d') agitée par les Priscillianistes, x, 31; fonts baptismaux remplis miraculeusement, v, 17; x, 23; persécution, v, 39; état de la religion sous Leuvigild, VI, 18; ne célèbre pas la Pâque le même jour que les églises des Gaules, v, 17. — M 9.
ESROM, fils de Pharès, 1, 12.
ESTOUBLON, village, IV, 43.
ÉTAIN, couverture des églises, IV, 20; x, 31.
ÉTAMPES, saccagé, x, 19, 20.
ÉTHELBERT, épouse la fille de Charibert, IV, 26; IX, 26.
ÉTHÉRIUS, évêque de Lyon, IX, 41; x, 28.

Éthérius, évêque de Lisieux, vi, 36.
Étienne, martyr, i, 24; GM 34; son église à Rome, x, 1; à Clermont, ii, 17; ses reliques, à Bourges, i, 29; GM 34.
Etna (le mont), S 18, 29, 30.
Euchérius, évêque de Lyon, VP 8.
Euchérius, sénateur arverne, ii, 20.
Eufrasius, évêque de Clermont, iii, 2; VP 4.
Eufrasius, prêtre de Clermont, iv, 35.
Eufronius, évêque de Tours, iv, 26; v, 50; ix, 39; x, 31; neveu de saint Grégoire, iv, 14; chargé de porter des reliques dans le monastère de Poitiers, ix, 40; réclame l'exemption de tributs pour les habitants de Tours, ix, 30; sa mort, x, 31. — MM i, 29, 30, 32; GC 19; VP 15.
Eufronius, Syrien, marchand, vii, 31.
Eufronius, prêtre, puis évêque d'Autun, ii, 15.
Eugénius, évêque de Carthage, ii, 3.
Eugénius, tyran, ii, 9.
Eugénius, martyr à Albi, GM 58.
Eulalia, martyre à Mérida, GM 91.
Eulalius, comte de Clermont, x, 6, 8; épouse Tétradie, x, 8; qui l'abandonne, viii, 27, 45; x, 8; épouse une autre femme, ibid.
Eulalius, ennemi de Nicetius, viii, 18.
Eulalius, archiprêtre d'Artonne, GC 5.
Eulogies, iv, 35; v, 14; vi, 32; viii, 20; de saint Martin, viii, 2; des évêques, iv, 35; données dans les monastères, x, 16.
Euménides (les). GM, pr.
Eunius, évêque de Vannes, v, 27, 30, 41.
Eunius Mummol. Voyez Mummolus.
Eunomius, comte de Tours, v, 48, 50; ancien comte, vii, 23.

Eunomius, prêtre arverne, GM 53.
Eunuques, x, 15.
Euphémie (sainte); son église à Rome, x, 1.
Euphrate, fleuve, VP 3.
Euric, roi de Galice, vi, 43.
Euric, roi des Goths, ii, 20; persécute les catholiques, ii, 25. — VP 3.
Europs, roi des Sicyoniens, i, 16.
Eusèbe, évêque de Césarée, sa Chronique, i, prol., 34; ii, prol.; son Histoire, ix, 14 fin. — VP 6.
Eusèbe, évêque de Verceil, v, 45; GC 3.
Eusèbe, marchand syrien, est fait évêque de Paris, x, 26.
Eusitius, ermite, GC 82.
Eustache ou Eustase, diacre d'Autun, puis évêque de Bourges, x, 26.
Eustache, abbé de Marmoutier, VP 20.
Eustenia, nièce de Grégoire, MM iv, 36. Voy. Justine, Nicetius.
Eustochius, évêque de Tours, ii, 1 fin; x, 31; sa mort, ii, 14.
Eustochius, citoyen de Poitiers, MM i, 30.
Euthymus, prêtre, MM iv, 43.
Eutychès, hérésiarque, ii, 34.
Eutrope (saint), ii, 17; GM 56.
Eutropes, roi des Assyriens, i, 16.
Evantius, évêque de Vienne, viii, 39 fin.
Evantius, ambassadeur, x, 2.
Evaux, bourg, GC 81.
Évêques, leur élection, iv, 6, 7, 15; par consentement du peuple et par ordre du roi, ix, 23; iv, 35 fin; deux simultanément, iii, 17; x, 31; transféré d'un lieu à un autre, etc., ix, 24; x, 31; provinciaux et comprovinciaux, ix, 20, 43; pères de leur église, ix, 42 fin; portaient, surtout celui de Rome, les titres d'apostoliques et de papes, iv, 26; ix, 42 fin; habitude de baiser leurs mains, ii, 1; mollissent dans la défense de Prétex-

tat, v, 19; médiateurs entre les rois, ix, 20; envoyés en ambassade, ix, 38 *fin*, etc.; invités à la table du roi, viii, 1, 3; juges, viii, 30; réunis en concile par les rois, v, 5, 19; visitent leur diocèse, v, 5; vivaient-ils séparés de leur femme? 1, 39; ont près de leurs lits les lits de leurs clercs, vi, 36, afin qu'ils aient sans cesse des témoins de leur vie; se séquestrent pour prier pendant le carême, viii, 43; reclus, ii, 21; leur vêtement, vii, 39 *fin;* leur bien propre distinct du bien de l'Eglise, vii, 27 *fin;* leur propriété, iii, 34; témoins inférieurs ne peuvent être produits contre eux, v, 50; les enchaîner est contre la loi de Dieu, vi, 11 *fin;* Dieu venge leurs injures, iii, 13; iv, 40; viii, 12.

Évodius, père du comte Salustius, iv, 13.

Évodius, prêtre à Clermont, VP 6.

Exoos de Thessalonique, A 12.

Exorcisme par des frictions avec de l'huile, vii, 44.

Exupérius, évêque de Toulouse, ii, 13.

Exupérius, ambassadeur espagnol, MM, iii, 8.

Ezéchias, fils d'Achaz, i, 14.

Ezéchiel, 1, 14.

F

Fabius, évêque d'Auch, viii, 22 *fin.*

Faileuba, femme de Childebert II, ix, 20, 38.

Famine d'Égypte, i, 9; de Bourgogne, ii, 24; dans les Gaules, vii, 45; x, 25.

Faramond, prêtre, x, 26.

Faraulf, chambellan du roi, vii, 18.

Farétrus, VP 16.

Farron, conseiller du roi Ragnacaire, ii, 42.

Fastes consulaires, ii, 9.

Faustinus, évêque d'Aqs, vii, 31 *fin;* viii, 2, 20.

Faustine, femme de Constantin le Grand, i, 34.

Faustus, évêque d'Auch, viii, 22 *fin.*

Faustus, évêque africain, oncle de saint Quintien, VP 4.

Faux (la), constellation, S 53, 62, 64.

Fedamia, perclue, J 9.

Fedamius, fils d'un prêtre, GM 53.

Félix, évêque de Belley, ix, 41.

Félix, évêque de Châlons, ix, 41.

Félix, évêque de Nantes, iv, 4, 37; v, 5, 27, 32, 50; vi, 15, 16; ix, 38; GC 78; VP 9.

Félix, évêque de Bourges, GM 34; GC 102.

Félix, envoyé de Gontran, viii, 13.

Félix, envoyé de Childebert, ix, 20.

Félix, martyr à Girone, ix, 6; GM 92.

Félix, martyr à Nola, GM 104.

Félix, sénateur, iv, 47; vi, 7.

Félix, ami de Fortunat, MM 1, 15.

Ferréol, évêque de Limoges, v, 29; vii, 10 *fin;* AR 18.

Ferréol, martyr en Auvergne, J 1, 2, 40; JJ page 98.

Ferréol, évêque d'Uzès, vi, 7.

Ferréol, martyr à Besançon, GM 71.

Ferrucio (Ferjeux), martyr à Besançon, GM 71.

Festinus lictor, JJ p. 100.

Festus, roi des Lacédémoniens, i, 16.

Firminus, comte de Clermont, iv, 13, 30 *fin*, 35, 40; envoyé à Constantinople par Childebert, iv, 39.

Fisc, ses champs, ix, 20; x, 19; ses bestiaux, viii, 40; ses maisons, vi, 45; ses domaines, vi, 32 *fin;* ses serfs, vi, 45.

Flavianus, domestique, ix, 19 *fin;* x, 5, 15.

DES ŒUVRES DE GRÉGOIRE DE TOURS. 341

Flavius, référendaire de Gontran, fait évêque de Chalon, v, 46 ; x, 28.

Fleurey-sur-Ouche, près Dijon, III, 35.

Florentianus, maire du palais de Childebert, IX, 30; MM IV, 6, 7.

Florentius, père de Grégoire, VP 14.

Florentius, père de saint Nisier de Lyon, VP 8.

Florentius, ambassadeur espagnol, MM III, 8.

Florida (sainte), GC 43.

Floridus, paralytique, MM II, 48.

Floridus, perclus, MM III, 27.

Florus, roi des Huns, D 1.

Florus, père de saint Martin, D 1.

Focas, martyr en Syrie, GM 99.

Fonts baptismaux, remplis miraculeusement en Espagne, VI, 43 ; x, 23.

Fortunat, le poëte, GC, 96 ; MM I, 13.

Fortunat, hagiographe, M *pr.*, 6, 16.

Fotin. *Voyez* Photin.

France, au delà du Rhin, II, 9 ; IV, 16 *fin;* royaume d'Austrasie, IV, 14.

Franco, évêque d'Aix, GC 71.

Francs, appelés Barbares par Grégoire, III, 15; VIII, 31, etc.; sortis de Pannonie, viennent en Thuringe, II, 9 ; les Francs libres exempts de tributs, VII, 15 *fin;* entrent dans la milice romaine, II, 9 ; battus par Stilicon, II, 9; Castinus envoyé contre eux, *ibid.;* battent les Romains, II, 9 ; pillent et brûlent Trèves, II, 9 ; battent les Vandales, II, 9 ; mettent en fuite Attila, II, 7 ; pillent les Germanies, II, 9 ; répandent la terreur dans les Gaules, II, 23 *fin;* sont désirés par les peuples, *ibid.* et 36; tiraient au sort le butin, II, 27.

Occupent la Gaule, x, 31 ; idolâtres, II, 10 ; convertis par saint Remi, II, 31; baptisés, *ibid.;* mettent en fuite les Thuringiens, III, 7; les Bourguignons, III, 6; captifs à Vienne, II, 33 ; combattent les Goths, II, 18 ; les mettent en fuite, II, 37 ; tuent Amalaric, III, 10; acquièrent une partie de l'Espagne, III, 29 *fin;* battus par les Goths, IX, 31; appréhendent la domination impériale, VI, 24; leurs guerres en Italie, IV, 9 ; x, 3 ; craignent l'air de l'Italie, x, 3 ; subjuguent ce pays, III, 32, et la Sicile, *ibid.;* partie de l'Italie leur est soumise, x, 3 *fin;* battus par les Lombards, IX, 25 ; les rendent tributaires, x, 3 *fin;* s'emparent des îles des Saxons, II, 19; mettent ces peuples en fuite, *ibid.;* les battent et sont battus par eux, IV, 10, 14, 16 *fin;* leur refusent la paix, IV, 14; leur peu de respect pour leurs rois, IV, 14 *fin;* abandonnent Chilpéric, IV, 51; leurs ambassadeurs tués à Carthage, x, 3.

Gouvernés par les ducs, II, 9 ; Génebaude, Marcomer, Sunnon, II, 9; sous des chefs royaux, II, 9 ; sous des rois, *ibid.;* aux longs cheveux, *ibid.;* quel fut leur premier roi, II, 9; leur roi Théodomer, II, 9.

Francs (mœurs des), mariages, dot, fiançailles, VI, 18 ; VP XVI, 1, et XX, 1; insignes des ambassadeurs, VII, 32; boisson composée d'absinthe mêlée de vin et de miel, VIII, 31; champ de Mars, II, 27; vigueur à poursuivre l'ennemi, VII, 33 ; d'abord pieux, ensuite dépravés, VIII, 30.

Francillon, évêque de Tours, III, 17; x, 31.

Frédégonde, v, 3, 50 *fin;* VII, 39 *fin;* VIII, 9 *fin,* 44 ; IX, 13; x, 27 ; mariée à Chilpéric, IV, 28 *fin;* fait tuer Sigebert, IV, 52; tombe malade, v, 23; son repentir, v, 25 ; ses fils meurent, *ibid.* et v, 40; brûle leurs effets, vi, 35 *fin*; poursuit Mérovech, v, 14; poursuit Clovis, v, 40; ennemie de Prétextat, v, 19; viii, 31; sa fureur, v, 3, 19; cherche à tenter Grégoire, v, 19; s'oppose en vain au retour de Prétextat, vii, 16; le fait tuer, viii, 31, 41; est accusée de ce crime, viii, 31; ennemie de Beppolen, x, 9; le tourmente, viii, 42; le fait tuer, x, 11; ennemie de Leudaste, vi, 32; le fait tuer, *ibid. fin*; ennemie d'Ébérulf, vii, 29; du préfet Mummolus, qu'elle fait tuer, vi, 35; ses rixes avec Rigonthe, sa fille, ix, 34; est elle-même poursuivie et menacée de mort, x, 27 *fin*; est-elle coupable de la mort de son mari, Chilpéric? vi, 46; se réfugie dans une église, vi, 46 *fin*; vii, 4; implore le secours de Gontran, vii, 5, qu'elle tente de faire tuer, viii, 44; est reléguée à Rueil, vii, 19, 20; dresse des embûches à Brunehaut, *ibid.*, 20; rejette sur Ébérulf la mort de Chilpéric, vii, 21; machine la mort de Childebert et de Brunehaut, viii, 28, 29; est reçue par Childebert, défendue par Gontran, vii, 7; ennemie de Childebert, x, 17; veut le faire tuer, x, 18; envoie des ambassadeurs en Espagne, viii, 43; ses richesses, vi, 45; sa méchanceté, viii, 41; fait tuer Chariwald, Léodowald et Waldin, x, 27; ennemie de Dieu et des hommes, ix, 20; son référendaire Bobolen, viii, 32.

FREDUM, MM iv, 26.
FRIARD, VP 10; sa mort, iv, 37.
FRÉJUS, son évêque Éphiphanius, vi, 24 *fin*.
FRIGERIDUS, son Histoire, ii, 8, 9.
FRONIMIUS, évêque d'Agde, ensuite de Vence, ix, 24.
FRONTONIUS, évêque d'Angoulême, v, 37.
FRONTONIUS, diacre, vi, 22.

G

GABALES. *Voyez* GÉVAUDAN.
GAGAN, roi des Huns Avares, iv, 29.
GAILEN, v, 14; familier de Mérovech, v, 19.
GAISON, comte, ix, 30.
GALATES, c'est-à-dire Gaulois, i, 30.
GALICE, viii, 35; occupée par les Suèves, ii, 2. — (royaume de), vi, 43 *fin*. — (évêque de). *Voyez* MARTIN.—(rois de). *Voyez* MIR, EURIC, AUDICA, CHARARIC. — *Voy.* encore MM iv, 7.
GALLIEN, empereur romain, i, 30.
GALLIANUS, ami de Grégoire, v, 50.
GALLOMAGNUS, évêque de Troyes, VP 8.
GALLOMAGNUS, référendaire, ix, 38.
GALL (saint), évêque de Clermont, iv, 5, 6; GM 51; VP 2, 6.
GALLA (sainte), GC 36.
GALLUS, comte de Châlon, GM 54.
GALSUINTHE, sœur de Brunehaut, iv, 28; ix, 20; femme de Chilpéric, iv, 28; vii, 7.
GAMNITE, martyre à Lyon, GM 49.
GAP, son évêque Sagittarius, v, 21.
GARACHAIRE, comte de Bordeaux, viii, 6.
GARARIC, duc, vii, 13, 25.
GARIVALD, iv, 9 *fin*.
GARONNE (la), vii, 35; GM 105; GC 46.
GASCONS, vi, 12; ix, 7.
GATIANUS, évêque de Tours, i, 28, 43 *fin*; x, 31; GC 4, 30.
Gaudens, un des sept Dormants, D 1-6.
GAUDENTIUS, père d'Aëtius, ii, 8.
Gaudomeres monachus, AR 38.
GAULE, habitée par les Romains, ii, 9 *fin*; Égidius, maître de la milice en Gaule, ii, 11; sénateurs, ii, 21 *fin*; vi, 39, etc.;

troublée, II, 9; frappée par diverses calamités, VI, 44; dévastée par Chrocus, I, 30; par les Vandales, II, 2; par les Huns, II, 5, 6, 7, GC 72; par les Danois, III, 3; par les Lombards, IV, 42, 45; VI, 6; par les Lombards et les Saxons, IV, 43; par Reccared, VIII, 38; partie soumise aux Goths, II, 9 *fin;* VIII, 30; aux Bourguignons, II, 9 *fin;* à Clovis Ier, X, 31; qui soumet tout le pays, II, 42 *fin;* souffre de la famine, VII, 45; de famine et de maladie épidémique, X, 25; de la dyssenterie, V, 35.

GAULES, éclairées des lumières de l'Évangile, I, 28; premiers progrès de la foi, IX, 39; ses martyrs, I, 26, 27; reçoivent saint Martin, X, 31; qui y prêche et y fait des miracles, etc., I, 36; les lettres s'y éteignent *Préf.*

GAULE-ULTÉRIEURE, II, 9.
GAUSÉRIC, roi des Huns, GM 13.
GAZA (vins de), VII, 29; GC 65.
GÉANT (un), VII, 41.
GENENSIS *vicus*, MM IV, 14.
GELISIMER, roi des Vandales, II, 3.
GEMINUS, martyr à Lyon, GM 49.
GÉNÉBAUDE, duc des Francs, II, 9.
GENEVIÈVE (sainte), IV, 1; sa basilique, II, 43, GC 91.
GENESIUS, saint arverne, GM 67.
GENESIUS (saint), d'Arles, GM 67, 68, 69.
GENESIUS, martyr en Bigorre, GM 74.
GENÈVE, IV, 31; VP I, 5. *Voyez* LÉMAN (lac).
GENITOR, citoyen de Tours, MM III, 53.
GEORGE (saint), martyr en Limousin, CM 101.
GEORGE (sainte), bienheureuse de Riom, GC 34.
GEORGIUS, comte de Clermont, GC 35.
GEORGIUS, père de saint Gall, VP 6, 14.
Geriacus, villa, M 23.

GERMAIN (saint); son église à Tours, X, 31; à Lignac (Saint-Germain de Lambron), II, 20.
GERMAIN, évêque d'Auxerre, sa basilique, V, 14 *fin.* — J, 29; GC 41.
GERMAIN, évêque de Paris, V, 14; IX, 39; excommunie Charibert, IV, 26; sa mort, V, 8; enterré dans la basilique de Saint-Vincent (Saint-Germain des Prés), VIII, 33; V, 8. — MM II, 12; GC 80, 90, 92; M *pr.*
GERMANUS, préfet de Rome, X, 1.
GERMANIES (provinces de la Gaule), II, 9; II, 25; GC 79.
GÉRONTIUS, gouverne l'Espagne, II, 9.
GERVAIS et PROTAIS, leur église à Rome, X, 1; leurs reliques, X, 31. — GM 47.
GÉVAUDAN, X, 8, 25; GC 2. *Voyez* JAVOLS, MENDE. — (Comtes du), *voy.* PALLADIUS, INNOCENTIUS.
GIVALD, fils de Sigivald, III, 23, 24.
GOARE, chef alain, II, 9.
GODÉGISÈLE, roi des Bourguignons, II, 28, 32, 33.
GODÉGISIL, duc de Sigebert, IV, 51.
GODÉGISIL, gendre du duc Lupus, IX, 12.
GODÉGISILE, roi des Vandales, II, 9.
GODIN, V, 3.
GODOMAR, roi des Bourguignons, II, 28; III, 2, 6.
GOGON, nourricier du roi, V, 47; sa mort, VI, 1.
GOMACHAIRE (comte), GM 79.
GONDEBAUD (duc), V, 1; enlève Childebert II et le fait roi, *ibid.*
GONDEBAUD, roi des Bourguignons, II, 28; fils de Gondeuch, *ibid.;* trahi par son frère, est mis en fuite, II, 32; assiégé dans Avignon, *ibid.;* est délivré et assiège son frère dans Vienne, II, 33; le tue, *ibid.;* rédige des lois, II, 33 *fin;* consent à abjurer secrètement l'arianisme, II, 34; engage saint Avit à écrire

344   TABLE GÉNÉRALE

contre les hérésies, *ibid.*; est vacillant dans sa foi, *ibid.*; sa mort, III, 5; a pour successeur Sigismond, *ibid.* — *Voy.* encore J 8.

GONDEBAUD, fils de Gontran, IV, 25.

GONDEUCH, roi des Bourguignons, II, 28.

GONDOVALD, comte de Meaux, VIII, 18 *fin*.

GONDOVALD, IX, 28; appelé Ballomer, VII, 14, 36; IX, 28; ses différentes fortunes, VI, 24 *fin*; se dit fils de Clotaire, VI, 24; VII, 27, 32, 36; haï de ses frères, se joint à Narsès, VII, 36; se marie, a deux fils, VI, 24; VII, 36; IX, 28, 32; va à Constantinople avec ses fils, VII, 36; appelé dans les Gaules par Gontran-Boson, VII, 32 *fin*, 36, 38; par les grands de Childebert, VII, 32, 36; et reconnu, VII, 34, 36; enlève les trésors de Rigonthe, VII, 35; vient à Marseille, VI, 24; est accueilli par l'évêque, VII, 36 *fin*; abandonné par le duc Gontran, *ibid.*; Mummol se joint à lui, VI, 24; VII, 10, 28, 34; est fait roi, VII, 10, 14; présages de sa mort, VII, 11 *fin*; parcourt les villes, VII, 26; s'introduit dans Toulouse, VII, 27; se vante d'être roi, VII, 36 *fin*; ses envoyés, VII, 30, 32; a pour ami l'évêque Bertram, VII, 31; nomme des évêques, *ibid. fin*; VIII, 2; est d'accord avec Brunehaut, VII, 33 *fin*; se renferme dans Comminges, VII, 34, 35, GM 105; trompe les citoyens, VII, 34; est assiégé, VII, 35, 36; abandonné des siens, VII, 38; tué, *ibid.*; ses biens pillés, VII, 24 *fin*; et ses trésors, VII, 35; dont Waddon s'empare, X, 21 *fin*; que le roi Gontran distribue aux pauvres, VII, 40; ses adhérents, VII, 28, 34, 37, 38; évêques, ses complices, punis par le concile de Mâcon, VIII, 20.

GONDULF, VI, 26 *fin*; de domestique est fait duc, VI, 11; oncle de Grégoire, *ibid.*; prend possession de Marseille, VI, 11.

GONDULF, serviteur de Gonthaire, fils de Clotaire, MM III, 15.

GONTHAIRE, d'abbé, fait évêque de Tours, IV, 4 *fin*; X, 31; sa mort, IV, 11. — GC 8.

GONTHAIRE, fils de Clodomir, III, 6 *fin*.

GONTHAIRE, fils de Clotaire I er, IV, 3; fils aîné, III, 21; MM III, 15.

GONTHEUQUE, femme de Clodomir, ensuite de Clotaire, son frère, III, 6 *fin*.

GUNTHEDRUDE, aveugle, MM II, 9.

GONTRAN, fils de Clotaire I er, IV, 3, 16; son royaume, VI, 17 *fin*; Orléans, capitale, IV, 22; y est reçu solennellement, VIII, 1; IX, 33; ses femmes et ses fils, IV, 25; perd ses fils, V, 17; fait la paix avec ses frères, IV, 50; abandonne Chilpéric et se lie avec Sigebert, IV, 50, 51; fait un traité avec lui, IX, 20; fait la paix avec Chilpéric après l'avoir vaincu, VI, 31; perd plusieurs villes, VI, 12; envahit le royaume de Charibert, VII, 12; sa perte tramée par Chilpéric et Childebert, VI, 3; Chilpéric lui enlève des villes, VI, 22; après la mort de Chilpéric il vient à Paris, VII, 5; reçoit les envoyés de Childebert, VII, 6; défend Frédégonde, VII, 7; s'unit à Childebert, VI, 41; VII, 4; qu'il adopte, V, 18, et chérit tendrement, IX, 20 *fin*; se dit son père, VIII, 13; lui transfère son royaume, VII, 33; le conseille, lui rend les villes de Sigebert, *ibid. fin*; Albi, VIII, 45; découvre une conjuration, IX, 9; conférence, IX, 10; traité, IX, 20; reçoit de Sigebert une ambassade, VII, 14; lui en envoie une, VIII, 13; une nouvelle à la naissance d'un fils, VIII, 37;

Childebert s'éloigne de lui, VI, 1; il rompt la paix, VI, 11 *fin;* il se défie de Brunehaut, IX, 28; et de Childebert, IX, 32; les Poitevins se donnent à lui, VII, 24; il retient Marseille, VI, VII, la rend, VI, 33; réprime les Bretons, IX, 18; X, 9, qui lui donnent satisfaction, IX, 18; il craint pour sa vie, VII, 8, 18; répare les injustices de Chilpéric, VII, 19; se met en route pour Paris et s'en retourne, X, 11; se dispose à aller à Paris, X, 28; y arrive, VIII, 9; X, 28; se plaint du retard apporté au baptême de Clotaire, VIII, 9; a des doutes sur sa naissance, *ibid.*, et IX, 20 *fin;* le tient sur les fonts et retourne à Chalon, X, 28; veut gouverner son royaume, VIII, 18 *fin;* père adoptif des rois, VII, 13; crée Celsus patrice, IV, 24; et Mummol, IV, 42; qu'il met à la tête de son armée, IV, 43, 46.

Il envoie une ambassade en Espagne, VII, 10; en reçoit une de ce pays, VIII, 35; repousse les ambassadeurs d'Espagne, VIII, 45; du roi Reccared, IX, 1, 16; veut venger la mort d'Ingonde, IX, 16, 20; s'oppose à ce que Clodosuinde soit donnée à Reccared, IX, 20; expédition de Septimanie, IX, 31; mauvais succès, *ibid.;* en prépare une contre l'Espagne pour venger la mort d'Herménegild, VIII, 28, 30; son armée se livre au pillage, VIII, 30; et périt presque entièrement, *ibid.;* il punit les chefs, *ibid.;* prise d'Arles, IV, 30; refuse d'envoyer des forces contre les Lombards, IX, 20, 29; reçoit une ambassade du roi Aptachaire, X, 3; expédition contre Gondovald, VII, 28, 34, 35, 36; son armée dévaste la Septimanie, IX, 7; il poursuit Gondovald, VI, 26; punit ses envoyés, VII, 30, 32, 33; et poursuit ses amis, VIII, 2; pardonne à Baddon, IX, 13; accueille le duc Beppolen, VIII, 42; reçoit le duc Lupus, qui se réfugie vers lui, VI, 4; craint d'être tué, VII, 8; découvre les menées de Frédégonde, VIII, 44; conjuration contre lui, X, 19; veut venger la mort de Chilpéric, VIII, 5; fait enterrer ses neveux, VIII, 10; revient à Chalon, VIII, 11; remplit un serment impie, V, 36; fait enfermer Teudechilde, IV, 26 *fin;* bannit l'évêque Mondéric, V, 5; poursuit Théodore, évêque de Marseille, VI, 11; VIII, 12; le fait enchainer, VI, 11; Gontran-Boson soumis à son jugement par Childebert, IX, 8; il le condamne avec Magnéric, IX, 10; fait périr les fils de Magnachaire, V, 17; sa passion pour la chasse, X, 10; GC 88; son ressentiment contre Égidius, évêque de Reims, IX, 14; contre Childéric le Saxon, VIII, 18.

Il convoque des synodes, IX, 41; à Paris, IV, 48; à Lyon, V, 21; à Chalon, V, 28; à Mâcon, VIII, 20; recherche les meurtriers des rois, VII, 21; ses œuvres pieuses, VII, 7; sa bonté, VI, 19; VIII, 1, 2; IX, 21; visite les églises, VIII, 2; où il court risque d'être tué, IX, 3; ne vendait pas l'épiscopat, VI, 39; ordonne des prières publiques, IX, 21; guérit un fiévreux, *ibid.;* sa bonté envers les évêques, VI, 36 *fin;* accueille l'évêque Prétextat, VII, 16; ordonne une enquête sur sa mort, VIII, 31 *fin;* veut que ce point soit soumis à un synode, IX, 20; respecte le droit d'asile des églises, VII, 29; reçoit des injures de l'évêque Sagittarius, V, 21; donne aux pauvres les trésors de Gondovald, VII, 40; est gravement malade, VIII, 20 *fin.* — *Voyez* encore GM 76; MM IV, 37; GC 61, 88; VP 8.

346   TABLE GÉNÉRALE

GONTRAN, duc de Sigebert, IV, 51.
GONTRAN-BOSON, duc, V, 14; se réfugie dans l'église de Saint-Martin, *ibid.* et V, 4; trompé par une pythonisse, V, 14; favorisé par Frédégonde, *ibid.*; fuit avec Mérovech, V, 14 *fin;* envoyé à Constantinople, VII, 14; se joint à Childebert, V, 25; ses filles, *ibid.* et 26 *fin;* tend des embûches à Mérovech, V, 19 *fin;* accusé, prend la fuite, VIII, 21; avait appelé Gondovald, VI, 26; VII, 32; pille ses trésors, VII, 36 *fin*, 38; haï de Brunehaut, IX, 8; condamné à mort, IX, 10; est tué, *ibid.* et 23; ses vices, IX, 10 *fin*. — MM II, 17.

GOSWINDE ou Gontsuinde, reine d'Espagne, mère de Brunehaut, IV, 38; V, 39; IX, 1.

GOTHIE, IV, 52.

GOTHS, VII, 9; IX, 31; leur royaume, VI, 2; battent les Romains, I, 37; prennent Rome, II, 9; leurs possessions dans la Gaule, II, 9 *fin;* VIII, 30; mettent en fuite les Bretons, II, 18; se défient des évêques catholiques, II, 36; X, 31; de saint Quintilien, II, 36; de Volusien, II, 26; perdent des provinces, II, 37 *fin;* vaincus par Clovis, II, 37; X, 31; après sa mort reprennent ce qu'ils avaient perdu, III, 21; et Arles, III, 23; battus par Ecdicius, II, 24; par Didier, VIII, 45; font irruption dans la Provence, IX, 7; ambassades, VI, 15; ont l'habitude de tuer leurs rois, III, 30; habitués à fuir, II, 37; sont peureux, II, 27. — GC 48; VP 4.

GOURDON (monast. de), GC 86.

Gouverneurs des fils de rois, III, 18; parmi les serviteurs, IX, 36. *Voyez* GOGON, WANDELIN.

GRATA, martyre à Lyon, GM 49.

Gratianus de Sinope, A 5.

GRATIEN, empereur, I, 38.

GRATUS, consul, I, 28.

GRECS, trompent Herménegild, V, 39 *fin;* retiennent sa femme Ingonde, VI, 43 *fin;*

GRÉGOIRE (le Grand), pape, X, 1, 31 *fin*.

GRÉGOIRE, comte d'Autun, puis évêque de Langres, III, 15, 19; IV, 15; V, 5; GM 51; VP 7.

GRÉGOIRE, évêque de Tours, son époque, X, 31 *fin;* son frère Pierre, V, 5; l'évêque Nizier, oncle de sa mère, V, 5; ainsi que le duc Gondulf, VI, 11; les évêques de Tours furent presque tous ses parents, V, 50; est fait évêque de Tours, X, 31; vient à Paris, IX, 6; est désigné par le roi pour examiner l'affaire du monastère de Poitiers, IX, 33 *fin;* pour réprimer les troubles survenus dans ce monastère, X, 15; se rend à Reims, IX, 13; est invité à la table de Childebert, VIII, 14; à la cour de Gontran, VIII, 1, 2; est visité par ce roi et invité à sa table, *ibid. et suiv.;* envoyé en ambassade auprès de Gontran, IX, 20; se rend vers Chilpéric, VI, 2, 5; près duquel il est accusé, V, 48, 50; se justifie à trois autels, V, 50; refuse la communion à Leudaste, VI, 32; ses différends avec Félix, évêque de Nantes, V, 5; exhorte à la paix les habitants de Tours, VII, 47.

Sa profession de foi, I, *prol.;* III, *prol.;* réfute les ariens, III, *prol.*, V, 44, VI, 40; prouve la résurrection contre un prêtre, X, 13; blâme Chilpéric dogmatisant, V, 45; dispute contre des juifs, VI, 5; observateur des canons, VI, 15; à son courage à défendre Prétextat, V, 19; repousse avec mépris l'argent qui lui est offert, *ibid.;* défend les habitants de Tours, que le roi veut soumettre aux tributs, IX, 30; dit ses prières dans l'église au milieu de la nuit, VII, 22; IX, 6; relève des basiliques, construit un baptistère, X, 31;

DES OEUVRES DE GRÉGOIRE DE TOURS. 347

bâtit une église et visite les reliques des saints, *ibid*.

S'avoue illettré, *Préf.*; récapitule ses ouvrages, x, 31 ; supplie qu'on n'y change rien, *ibid. et suiv*. — Sa vie par Odon de Cluni et autres. — Bibliographie de ses œuvres, etc. (*Voyez* la table du présent volume.)

GRENOBLE, IV, 45; S 18, 31.
GRÈZES-LE-CHATEAU, I, 32.
GRINDION, attaché à une roue, v, 19 *fin*.
GRIPPON, envoyé à l'empereur Maurice, x, 2, 4.
Gualbert, abbé, D 5.
GUCILION, comte du palais, v, 19 *fin*.
GUERPIN, comte de Meaux, VIII, 18 *fin*.
GUNDÉGISIL, évêque de Bordeaux, IX, 43; x, 15, 16; métropolitain, IX, 41; d'abord comte de Saintes, VIII, 22 ; appelé GUNDÉGISIL-DODON, *ibid*.
GUNDÉRIC, roi des Vandales, II, 2.
GUNTCHRAMN. *Voyez* GONTRAN.
GYGÈS, roi des Lydiens, I, 16.

H

HADRIEN, empereur, I, 26.
HÉCATE, GM 41.
HELANUS *mons*, en Gévaudan, GC 2.
HÉLÈNE, mère de Constantin, I, 34.
HÉLIE, évêque de Lyon, GC 62.
HÉMÉTÉRIUS, martyr à Calahorra, GM 93.
HÉRACLÉE (marbre d'), GC 102; son théâtre, S 14.
HÉRACLIUS, évêque d'Angoulême, V, 37.
HÉRACLIUS, appelé à l'épiscopat de Saintes, IV, 26.
HÉRACLIUS, tribun des Joviniens, II, 9.
HERCULE, GM, *pr.* et 41.
HÉRÉSIES, leur origine dans l'Église, I, 26; qu'elles troublent, II, 4; de Marcion et Valentinien, I, 26; d'Arius, II, 2, etc.; de Pélage, IV, 39; de Sabellius, II, 34; des Saducéens, x, 13; des Priscillianistes, x, 31.
HÉRÉTIQUES, leur malheur, III, *prol.*; ne doivent pas être punis par le glaive, x, 31; respectent les immunités des églises, v, 14.
HERMÉNÉGILD, VI, 18; sa femme, IV, 38; VI, 40; VIII, 28; appelé Jean, v, 39; uni à l'empereur, *ibid*.; en guerre avec son père, VI, 33, 43; est pris, VI, 43; incarcéré, VI, 40; tué, VIII, 28; IX, 16.
HERMENFROI, roi des Thuringiens, III, 4, 8.
HÉRODES, roi, I, 8; sa cruauté, v, 36; sa mort, I, 23.
HÉSYCHIUS, évêque de Grenoble, IX, 41.
HEUGNE, *Onia*, monastère, VP 18.
HILAIRE, évêque de Poitiers, v, 45; confesseur, VII, 6; défenseur de la sainte Trinité, III, *prol.*; son exil, ses livres, sa mort, I, 35; défenseur du monastère de sainte Radegonde, IX, 42; protecteur de Clovis, II, 37. — (Basilique de Saint-), v, 25, 50 *fin*; x, 15, 16; GC 53; respect de Clovis pour elle, II, 37; sert de retraite à des religieuses rebelles, IX, 40 *fin*, 41, qui maltraitent des prêtres, IX, 41; x, 22; ses abbés, *voyez* PASCENTIUS, PORCAIRE. — *Voy*. GC 2, 60; D 4.
HILARIUS, sénateur de Dijon, GC 42.
HILARIUS, poëte, S 31.
Hilgrin, oncle de saint Martin, D, 1.
HILLIDIUS (saint Allyre), évêque de Clermont, I, 40; GC 20, 35; VP 2.
HILLIDIUS, J 7, 8.
HILPING, duc de Thierry Ier, VP 4.
HIPPOLYTE, martyr, I, 28.

348 TABLE GÉNÉRALE

Honoratus, parent de saint Quintien, VP 4.
Honorés, titre, IV, 47. — *Voyez* Magnifiques.
Honorius, empereur, I, 43; II, 8; X, 31.
Hortensius, comte de Clermont, IV, 35; VP 4.
Hospitius, reclus à Nice, VI, 6; GC 97.
Hunéric, roi des Vandales, II, 3; GM 58.
Huns, sortis de Pannonie, II, 6; se jettent sur les Gaules, II, 5; IV, 23, 29; GC 72; mettent en fuite les Francs au moyen de la magie, IV, 29; D 1.

I

Ignace, évêque d'Antioche, martyr, I, 25.
Iles: Jersey, V, 19; autre près Vannes, VIII, 25; autres près Amboise, II, 35; des Saxons, sur la Loire, II, 19; îles brûlées par le feu du ciel, VIII, 24. *Voy.* Lérins, Lipari, Pathmos, etc.
Imnachaire, seigneur franc, IV, 13.
Impetratus, oncle de saint Gall, VP 6.
Impies, ressuscitent-ils? X, 13.
Incarnation (mystère de l'), V, 45; VI, 5.
Indes, I, 10; GM 32.
Indre, rivière, VP 18.
Ingeltrude, V, 22; VII, 36 *fin;* fonde un monastère, etc., IX, 33; en fait sa nièce abbesse, meurt, X, 12.
Ingenuus, prêtre de Brioude, J 15.
Ingenuus, ermite à Autun, GC 98.
Ingoberge, femme de Charibert, IV, 26; sa mort pieuse, IX, 26.
Ingomer, fils de Clovis, II, 29 *fin.*
Ingonde, femme de Clotaire, IV, 3.
Ingonde, femme d'Herménégild, IV, 38 *fin;* VIII, 28; IX, 24; qu'elle convertit, etc., V, 39; sa fuite, VI, 43 *fin;* souffre pour la foi, V, 39; transférée à Constantinople, VIII, 18; retenue en Afrique, VIII, 21; sa mort et sa sépulture, VIII, 28; le roi Gontran veut venger sa mort, IX, 16, 20.
Injuriosus, évêque de Tours, III, 17; X, 31; résiste à Clotaire, IV, 2; sa mort, IV, 3 *fin.*
Injuriosus, l'un de Deux-Amans, I, 42.
Injuriosus, vicaire, VII, 23.
Ingratius filius Dulcissimi, AR 10.
Innocentius, comte de Gévaudan, VI, 37; est fait évêque de Rodez, VI, 38; X, 8.
Innocentius, évêque du Mans, VI, 9 *fin.*
Innocentius, un des sept Dormants, D 1-6.
Interdit mis sur les églises, V, 33 *fin;* VIII, 31.
Interprète, VI, 6.
Irénée, évêque de Lyon, GM 50.
Isaac, fils d'Abraham, I, 12, etc.
Isaïe prouve la résurrection, X, 13.
Isère, fleuve, IV, 45.
Iseure, près Tours, VI, 12; X, 31; son église, *ibid.*
Isidore, martyr à Scio, GM 102.
Israël, Israélites, I, 9; au passage de la mer Rouge, I, 10; dans le désert, I, 11; leur punition, II, 10; séparés de Juda, par le roi Hiéroboam, I, 14.
Issac, monastère, GM 66.
Issoire, *Iciodorus,* bourg d'Auvergne, GC 30.
Italie majeure et mineure, III, 32; dévastée par Attila, II, 7 *fin;* soumise par les Saxons, IV, 43; pernicieuse aux Francs, III, 32; X, 3; prise par eux, *ibid.* et VI, 42; perdue, IV, 9; une partie obéit à Sigebert, puis à Childebert, X, 3; expéditions de Childebert, VIII, 18; IX, 25; X, 3; reconquise par l'empereur, IV,

DES OEUVRES DE GRÉGOIRE DE TOURS. 349

9; Narsès, duc d'Italie, v, 20; préfet, vii, 36; envahie par les Lombards, iv, 41, 45; sous Alboin, v, 15.

Ivois, viii, 15.

J

Jacinthe, diacre de Ravenne, GM 81.
Jacob, fils d'Isaac, 1, 12, etc.
Jacob, fils de Mathan, 1, 15.
Jacob, fils de Macliau, v, 16.
Jacques, frère de Jésus, 1, 21; son martyre, 1, 24; GM 27.
Jacques, évêque de Nisibe, 1, 35.
Janus, GM *pr*.
Javols, 1, 32; iv, 40; vi, 37.
Jean-Baptiste (église de Saint-), à Marmoutiers, x, 31. — GM 12 à 15.
Jean évangéliste, ii, 3; ix, 42; x, 13; est-il mort? 1, 24 *fin*; son disciple Polycarpe, 1, 26; son église à Rome, x, 1. — GM 30.
Jean Ier, pape, GM 40.
Jean III, pape, v, 21.
Jean, roi. *Voy*. Herménégild.
Jean, tyran, ii, 8.
Jean (saint), abbé de Réome, GC 87.
Jean, archidiacre de Nîmes, GM 78.
Jean, prêtre breton, GC 23.
Jean, prêtre de Tours, VP 8.
Jean, fils d'Eulalius, x, 8.
Jean, de Tours, vii, 47.
Jean, lépreux, GM 19.
Jechonias, ancêtre de Jésus, 1, 15.
Jéricho, GM 88.
Jérôme (saint), sa Chronique, 1, *prol. fin*, 34, 37; ii, *prol.*
Jérusalem, 1, 7, 36; ii, 39; calamités sous Ézéchiel, ii, *prol.*; est relevée et prend le nom d'Elia, 1, 26; — (évêque de), Siméon, 1, 25. — GM 11.
Jessé, fils d'Obeth, 1, 12.
Jeûne, ses conditions, ii, 34 *fin*; son efficacité, ii, 3; ordonné par le roi Gontran, ix, 21; par Perpétue, x, 31.

Joatham, fils d'Ozias, 1, 14.
Job ou Jobab, son époque, 1, 8.
Joram, fils de Josaphat, 1, 14.
Josaphat, fils d'Asa, 1, 14.
Joseph, 1, 9; greniers construits par lui en Égypte, 1, 10.
Joseph, époux de Marie, 1, 15; est-il père de saint Jacques? 1, 21.
Joseph ensevelit J.-C., 1, 20.
Josias, fils d'Amon, 1, 14.
Josué, 1, iv *fin*, 11; GC 40.
Jouay ou Joué, près Tours, v, 14; J 39.
Jourdain, 1, 11; vi, 5; GM 17, 88.
Joviniens, ii, 9.
Jovinus, tyran, ii, 9.
Jovinus, gouverneur de la Provence, iv, 44; évêque d'Uzès, vi, 7; ancien préfet, vi, 11.
Jovius, tué par sa femme, ix, 38.
Jucundus, père de saint Yriez, AR 2.
Juda, fils de Jacob, 1, 12.
Judas Quiriacus, 1, 34.
Judée (rois de), 1, 14; Ézéchias, ii, *prol.*; Abia et autres jusqu'à Josias, 1, 14.
Juifs, sont les brebis du Christ, v, 11; leurs malheurs sous Vespasien, 1, 2, 4 *fin*; baptisés à Clermont, v, 11; sont appelés hérétiques, viii, 1 *fin*; insultent un nouveau baptisé, v, 11; donnent des louanges au roi Gontran, viii, 1; forcés au baptême par Chilpéric, vi, 17; l'un d'eux réfuté par Grégoire, vi, 5. — GM 10, 22; GC 97.
Jugement. Le comte y assiste avec des clercs et des laïcs, v, 49; jugement dans l'affaire de Chrodielde, etc.; sa teneur, x, 16; — des citoyens, vii, 47; — de Dieu, v, 19; vii, 14; — jugement dernier, ii, 3; général, x, 13.
Juges, v, 50; vi, 8; vii, 47.
Jules César, 1, 17.
Julia, martyre à Lyon, GM 49.
Juliana, matrone grecque, GM 103.

Julianus Cæsar, D 3; M 1.
JULIANUS, défenseur, puis prêtre, VP 6.
JULIANUS (autre), VP 16.
JULIANUS (saint Julien), martyr, sa basilique à Clermont, II, 11, 20; III, 16; IV, 32; à Brives, II, 11; IV, 5, 13 etc.; est pillée, III, 12; à Paris, VI, 17; IX, 6; ses miracles, V, 29; sa fête, X, 8; — J 1 à 50; GC 20; JJ; AR 7, etc.
JULIANUS, martyr à Antioche, sa basilique, IV, 39.
JULIANUS, prêtre, sa mort, IV, 32.
JULIANUS, Espagnol, MM III, 21.
JULIENSIS vicus, GC 52.
JULIUS, martyr à Lyon, GM 49.
JUNIANUS, reclus en Limousin, GC 103.
JUNON, GM pr.
JUPITER, II, 29; GM pr.; VP 17.
JURA (mont), VP 1.
JUSTA, martyre à Lyon, GM 49.
JUSTE, évêque de Lyon, VP 8.
JUSTE, archidiacre de Clermont, I, 40.
JUSTINE, prévôtesse du monastère de Poitiers et nièce de Grégoire, X, 15.
JUSTINIEN, empereur, V, 31; IV, 39; GM 103;
JUSTINIEN, évêque de Tours, II, 1; X, 31.
JUSTINUS, empereur, IV, 39; V, 20, 31.
JUSTINUS, martyr, I, 26.
JUSTINUS, beau-frère de Grégoire, MM II, 2.
JUSTINUS, prêtre, GC 49.
JUVENCUS, prêtre et poëte, I, 34.

L

LABAN, évêque d'Eause, VIII, 22.
Lacédémone, A 29.
LACÉDÉMONIENS, I, 16.
Lætus, un des sept dormants, D 1-6.
LACTANCE, S 23.

LAÏCS, recevaient à l'autel l'eucharistie dans la main, X, 8.
LACTANCE, S.
LAMBRES, Lambri, vill., IV, 52.
LAMPADIUS, diacre, V, 5.
LANDULF de Vienne, MM II, 18.
LANGEAIS, bourg de Touraine, X, 31; GM 16.
LANGOBARDS. Voy. LOMBARDS.
LANGRES, V, 5 fin; GC II, 87, 89; VP 7.
LANTECHILDE, sœur de Clovis, II, 31.
LAOCOON, GM pr.
LAODICÉE, Latakié, VII, 29.
LAON, VI, 4.
LATINS, leur roi Silvius, I, 16. — (langue des), louanges données au roi Gontran, VIII, 1.
LATIUM, III, 23.
LATTE. Voyez CIRAN-LA-LATTE.
LAUDOVALD, serviteur de Grégoire, MM IV, 47.
LAURENT (Saint), martyr, I, 28; VI, 6; à Clermont, II, 20; à Mont-Louis, X, 31; à Paris, VI, 9, 25; à Milan, GM 46; ses reliques, GM 42.
LECTEUR, son office, IV, 6.
LÉGONUS, évêque de Clermont, I, 39 fin.
LÉMAN (le lac), GM 76. Voy. LIMAGNE.
LÉOBARDUS, reclus, VP 20.
LÉOCADIA, VP 6.
LÉOCADIUS, sénateur des Gaules, I, 29; GC 92.
LÉOCADIUS, père de Leudaste, V, 49.
LÉODEMUND, aveugle, MM IV, 24.
LÉODINUS, VP 19.
LÉODOVALD, évêque d'Avranches, MM II, 36.
LÉODOVALD, Franc, X, 27.
LÉODULF, boiteux, MM II, 46.
LÉODULF, aliéné, MM IV, 34.
LÉODULF de Bourges, MM IV, 45.
LÉOMERIA, aveugle, MM I, 39.
LÉOMÉRIS, esclave en Anjou, MM I, 22.
LÉON, empereur, GC 63.
LÉON, prêtre de Tours, MM IV, 25.

Léon, autre prêtre, GC 6.
Léon, évêque d'Agde, GM 79.
Léon, abbé, devient évêque de Tours, III, 17 ; x, 31.
Léon, conseiller d'Alaric, GM 92.
Léon, Poitevin, IV, 16.
Léon, cuisinier de l'évêque Grégoire de Langres, III, 15 ; délivre Attale de servitude, *ibid.*
Léonacter, fou, AR 17.
Léonard, domestique, VII, 15.
Léonaste, archidiacre de Bourges, V, 6.
Léonce, évêque de Bordeaux, IV, 26.
Léonce, esclave grec, A 26.
Léopatius, abbé, VP 18.
Lérins (Ile de), GC 97.
Lettres nouvelles inventées par Chilpéric, V, 45.
Leuba, belle-mère du duc Bladaste, VIII, 28 *fin.*
Leubella, VP 9.
Leubaste, martyraire et abbé, IV, 11.
Leubovère, abbesse de Poitiers, IX, 39, etc.; maltraitée par ses religieuses, x, 15, 16.
Leubovéus, clerc de Bourges, MM II, 7.
Leudard, serf du diacre Emerius, MM IV, 20.
Leudaste, comte de Tours, V, 14, 48, 49, 50 ; VI, 32 ; MM II, 58.
Leudégisil, assiège Comminges, VII, 37 ; et la prend, VII, 38 ; duc, VII, 40 ; VIII, 20 *fin*, 30 *fin.*
Leudovald, évêque de Bayeux, VI, 3 ; VIII, 31 ; IX, 13.
Leudovald, serf du Baudeleif, MM IV, 17.
Leuva, roi d'Espagne, IV, 38 ; IX, 24.
Leuvigild, roi d'Espagne, V, 39 ; VIII, 35, 38 ; IX, 24 ; ses fils, IV, 38 ; V, 39 ; extermine les meurtriers des rois, IV, 38 ; envoie une ambassade à Chilpéric, V, 44 ; dont il demande la fille pour son fils, VI, 34 ; guerre avec ce fils, V, 39 *fin;* VI, 29, 33, 40, GC 12 ; il le poursuit, VI, 18 ; le prend, VI, 43 *fin;* le tue, VIII, 28 ; fait pénitence et meurt, VIII, 46.
Lévida, *Livia*, en Palestine, GM 18.

Licaniacensis *vicus*, II, 20.
Licinius, évêque de Tours, II, 39, 43 ; III, 2 ; visite les lieux saints, II, 39 ; fonde un monastère, x, 31.
Lidus, rivière, M 22.
Lieux saints, visités par saint Martin de Galice, V, 38 ; par Licinius de Tours, x, 31 ; etc., *pass.*
Ligugé, monast., MM IV, 30.
Liguria, plaine de Livière, GM 92.
Limagne d'Auvergne (*Lemanis*, *Limane*), III, 9 ; V, 34 ; GC 31.
Liminius, martyr arverne, I, 31 ; GC 36.
Limoges, VII, 13 ; IX, 20 ; x, 29, 30 ; GC 27 ; AR 11.
Limousin, IV, 20 ; V, 13 ; VII, 10 ; VIII, 15. — (Peuple du), V, 29. — (Comte du), *voy* Nonnichius, Terentiolus. — *Voy.* encore GM 101 et Aredius.
Lipari (île de), GM 33.
Lisieux, MM II, 54 ; son évêque Éthérius, VI, 36.
Lisimaque, A 12.
Litanies, x, 1.
Lithomérus, de Tours, GC 21.
Litigius, III, 13 *fin.*
Litomérus bâtit une église de Saint-Julien, J 50.
Litorius, évêque de Tours, I, 43 ; x, 31.
Litovéus, impotent, MM IV, 19.
Loches, x, 31 ; VP 18.
Loi Théodosienne, IV, 47 ; suivie par les Bourguignons, II, 33 *fin.*
Loire, fleuve, II, 19, 35 ; MM II, 16, 17 ; M 2.
Loirs, VIII, 33.
Lombards, envahissent l'Italie, IV, 41 ; se jettent sur les Gaules, IV, 42, 45 ; battent les Francs, IX, 25 ; x, 3 ; combattent contre Mummol, V, 21 ; Childebert envoie contre eux, IX, 29 ; x, 3 ; ils l'apaisent, IX, 29 ; lui sont soumis, VI, 42 ; tributaires des Francs, x, 3 *fin;* mis en fuite par l'évêque Épiphane, VI, 24. — (Ducs des), *voyez* Amon, Zaban, Rhodan, IV, 45, etc. — *Voy.* encore GM 69, 85.

Longinus, évêque d'Afrique, II, 3.
Lubné, *Lipidiacus*, VP 13.
Lugano, *voy.* Ceresius.
Lucus Martis vel Rupes, nunc Casta petra, M 20.
Lune, rencontrée par une étoile, IV, 9 *fin*; S.
Lupentius, abbé de Saint-Privat, VI, 37.
Lupianus (Saint), GC 54.
Lupicin, abbé de Condé (saint Claude), VP 1.
Lupicin, autre saint, VP 13.
Lupus, évêque de Troyes, GC 67, 68.
Lupus, duc de Champagne, IV, 47; VI, 4; IX, 11, 12, 14; X, 19 *fin*.
Lupus, prêtre de Bordeaux, MM III, 50.
Lupus, citoyen de Tours, IV, 13; VII, 3.
Lupus, démoniaque, VP 9.
Lusor ou saint Ludre, GC 92.
Luzillé, bourg, X, 31.
Lydiens, leur roi Gygès, I, 16.
Lyon, II, 9; III, 5; V, 5, 34; ville très-noble, I, 17; tourmentée par une épidémie, IV, 31 *fin*; second concile, V, 21; troisième, VI, 1; exemptée d'impôts, GC 63; — *voy.* GC 64, 65, 87, 112; VP 6.
Lyon (monastère de), X, 8. — (évêques de), appelés patriarches, V, 21. — (martyrs de); Vettius Epagatus et quarante-sept autres chrétiens, I, 27; GM 49. — (abbé de), IV, 36 *fin*.
Lysbius proconsul, A 23, 26, 30.

M

Macarius, martyr à Lyon, GM 49.
Maccon, comte, IX, 41; X, 15, 16; de Poitiers, X, 21.
Macédoine, A 7, etc.
Macédoniens, leur roi Argée, I, 16.
Machovilla, IV, 45.

Macliau, comte des Bretons, IV, 4; V, 16, 27; est fait évêque de Vannes et apostasie, IV, 4; est tué, V, 16.
Macon, IX, 1; concile, VIII, 12, 20.
Magdal, ville de la Bible, I, 10 *fin*.
Magie, I, 5.
Magnachaire, V, 21; père de Marcatrude, IV, 25; ses fils tués, V, 17.
Magnatrude, femme de Badégisil, évêque du Mans, X, 5 *fin*.
Magneric, évêque de Trèves, VIII, 37; IX, 19; sa bonté envers un évêque persécuté, VIII, 12.
Magnifiques, titre donné à des citoyens, IV, 16; IX, 18; 8 *fin*.
Magnovald, duc, IX, 9 *fin*; est tué VIII, 36.
Magnulf, évêque de Toulouse, VII, 27, 32; maltraité par Gondovald et les siens, VII, 27.
Maillé, monast., GC 21.
Maine (Le), GM 101. *Voy.* Mans.
Maires du palais, VI, 9 *fin*; de Childebert II, Florentianus, IX, 30; de Rigonthe, Waddon, VI, 45 *fin*; VII, 27 *fin*, 28.
Maison épiscopale, I, 39; II, 18, 23; IX, 12, etc.
Maîtres de la cavalerie, II, 8. — (de la milice), *voy.* Sisinnius, Carietton, Syrus; — dans la Gaule, *voy.* Nannenus, Quintinus, Egidius; — (des offices), II, 9.
Maixent, abbé, II, 37.
Majorien, empereur, II, 11.
Maléfices découverts, IX, 6; auteurs de maléfices punis à Paris, VI, 35.
Mallet, monast. en Auvergne, VP 11.
Mallosus, martyr à Xanten, GM 63.
Mallulf, évêque de Senlis, VI, 46 *fin*.
Mallulf, de Tours, MM III, 44.
Mamertus, évêque de Vienne, II, 34; J 12.

Manassès, fils d'Ezéchias, i, 14.
Manichéens, i, 23.
Manlulf, d'Auxerre, MM ii, 5.
Mans (Le), ii, 42, vi, 46; son église, ix, 26; monastère d'Aninsule, v, 14; (peuples du), v, 1, 4; souffrent de la famine, x, 25; conduits contre les Bretons, v, 27; leur territoire, ix, 33. — M 21.
Manthelan, bourg, x, 31.
Manulf, évêque de Liége, GC 72.
Marachaire, comte, devient évêque d'Angoulême, v, 37.
Marate, roi des Sicyoniens, i, 16.
Marbre de Paros, iv, 12, etc.; d'Héraclée, GC 102. Voy. Paros, Héraclée.
Marcatrude, femme de Gontran, iv, 25; v, 17.
Marcel, évêque d'Uzès, vi, 7.
Marcel, évêque de Chalon, sa fête, ix, 3; sa basilique, ix, 27 fin; x, 10 fin. — GM 53.
Marcel, évêque de Paris, GC 89.
Marcel, évêque de Die, GC 70.
Marcellin et Pierre, leur église, x, 1.
Marcellinus, évêque d'Embrun, GC 69.
Marcien, empereur, II, 11.
Marcion, hérésiarque, i, 26.
Marcomer, duc des Francs, ii, 9.
Marcovièvre, religieuse, iv, 26; devient femme de Charibert, v, 49.
Marcus, évangéliste, martyr, i, 24.
Marcus, évêque d'Orléans, VP 6.
Marcus, référendaire, v, 29, 35 fin; vi, 28.
Marcus, perclus, VP 19.
Marcus Valérius (Corvinus), J 7.
Mareuil, maison royale, x, 5, fin; son église, vii, 12.
Marianus, ermite en Berri, GC 81.
Marie, mère de Jésus, i, 15, 18; toujours vierge, i, prol.; recommandée à Jean, ix, 42 fin; sa basilique à Poitiers, ix, 42; à Rome, x, 1; à Toulouse, vii,

10; à Tours, viii, 40 fin; x, 31; Notre-Dame d'Escrignole à Tours, ix, 33, 42. — GM 4, 9, 11, etc.
Marie, fausse prophétesse, x, 25.
Marileif, premier médecin de Chilpéric, v, 14; vii, 25.
Marlhac (Chastel-), iii, 13.
Marlheim, maison royale, ix, 38 fin; x, 18.
Marmoutier, x, 31; VP 20; D 1-6.
Marne, fleuve, v, 40; vi, 25; viii, 10.
Mérovée, évêque de Poitiers, vii, 24; ix, 30, 39, 41, 43, etc.; refuse la direction du monastère de Sainte-Croix, ix, 40; l'accepte, ibid.; brise un calice pour délivrer le peuple, vii, 24; est commis pour connaître de l'affaire d'Ingeltrude, ix, 33 fin. — GC 106; MM ii, 44.
Mars (Le dieu), ii, 29; J 5.
Mars (Saint), abbé à Clermont, VP 14.
Marsas en Bordelais, MM iii, 33.
Marsat en Auvergne, GM 9.
Marseille, iv, 43, 47; v, 5; vi, 11, 31, etc.; en proie à une épidémie, ix, 21, 22; x, 25; accueille Gondovald, vii, 36; rendue à Childebert, vi, 11, 33; viii, 12; son duc Ratharius, viii, 12. — (port de), iv, 44. — (évêque de), Théodore, vi, 11. — (Province de), ii, 32; a pour gouverneur Nicétius, viii, 43. — Voy. encore GM 83; VP 8. D 2.
Martial, évêque de Limoges, i, 28; x, 29 fin; GC 27-29.
Martianus Capella, x, 31.
Martigni, près Tours, GC 8.
Martin (Saint), évêque de Tours, sa nativité 1, 34; natif de Pannonie, ibid. et x, 31; vient dans les Gaules, x, 31; est fait évêque, ibid.; est battu de verges à cause de sa constance dans la foi, ibid; moine et abbé, i, 43; ses prédications, ses miracles

etc. 1, 36; va trouver l'empereur Maxime, 1, 38; donne la communion à un homicide, v, 19; sa mort, 1, 43; 11, 43; iv, 52 *fin*; x, 31 *fin*; sa sépulture, 1, 43; confesseur, vii, 6 *fin*; a pour successeur Brice, 11, 1; son éloge, ix, 39; eulogies de saint Martin, viii, 2; son tombeau visité par Clotilde, iii, 28; eau recueillie sur ce tombeau, v, 22; serments, v, 49 *fin*, 50; reliques, vii, 12; viii, 14, 15; portées en Galice, v, 38; sa vertu, v, 1; vii, 29; viii, 16, etc.; met fin à la guerre et guérit des paralytiques, iv, 50 *fin*; miracles, v, 6; vii, 42; viii, 34, *fin*; x, 29; MM 1 à iv; autres à Trèves, viii, 16; vénéré par les rois, iv, 2; qui par respect pour lui exemptent Tours de tributs, ix, 30; lettre que lui écrit Chilpéric, v, 14; monastère de Poitiers mis sous sa protection, ix, 42. — (église de) à Tours, iv, 16, etc.; construite par Brice, x, 31; reconstruite par Perpétue, ii, 14; x, 31; respect que lui porte Clovis, ii, 37, 38; des voleurs s'y introduisent, vi, 10; brûlée par Wiliachaire, iv, 20; x, 31; couverte en étain par Clotaire, iv, 20; x, 31; qui vient la visiter, iv, 21; vigiles qui s'y célèbrent, x, 31; lieu de sépulture de la plupart des évêques de Tours, x, 31; asile violé, vii, 29 *fin*; punition du juge violateur, iv, 18; son abbé, vii, 29. — (basiliques de) à Candes, viii, 40 *fin*; près d'Ivois, viii, 15; à Paris, vi, 9; à Rouen, v, 2; au pays de Vaivre, ix, 12. — (monastères de) près d'Ivois, viii, 15, 16; à Ciran-la-Latte, iv, 49; à Ciran-du-Jambot MM 1, 18; à Limoges, viii, 15; à Paris, viii, 33. — D 1 à 6; M 1.

Martin, disciple de saint Martin de Tours, vii, 10.

Martin, évêque de Galice, v, 38.
Martin, prêtre de Lyon, iv, 36 *fin*.
Martyraire, iv, 11.
Martyrs, leur gloire, GM 1 à 107; à Lyon, 1, 17, 27; GM 49; sous Dèce, 1, 28; en Afrique, 11, 3; sous les Vandales, *ibid.*; dans la Gaule, 1, 26, sous les Goths, 11, 4.
Mascarpion, serf, VP 16.
Massa, *voy.* Pléiades.
Materna, martyre à Lyon, GM 49.
Mathan, fils d'Éléazar, 1, 15.
Mathieu (Saint), à Myrmidonie, A 1.
Matines, 11, 23; vigiles, iv, 31; signal appelant à matines, iii, 15 *fin*.
Matricules, vii, 29.
Maturus, martyr à Lyon, GM 49.
Maura, bienheureuse, GC 18.
Mauranus, Biscayen, MM, iv, 40.
Maurellus, serf, MM iv, 41.
Maurice (Saint), x, 31, GM 76; monastère fondé par Sigismond, iii, 5, 6; GM 75.
Maurice, empereur, favorise l'élection du pape Grégoire, x, 1; donne de l'or aux Francs pour les exciter contre les Lombards, vi, 42; envoie à Childebert les Carthaginois meurtriers d'ambassadeurs francs, x, 4.
Maurienne (Pays de), GM 14.
Maurille (Saint), M, 1-30.
Maurillon, évêque de Cahors, v, 43.
Mauriopes, bourg, ix, 19.
Mauritanie, occupée par les Vandales, 11, 2 *fin*.
Maurus de Troyes, GC 67.
Maurusa, perclue, MM 11, 3.
Mauzac, bourg, GC 41.
Maxime, empereur, 1, 38, 40; 11, 9; x, 31; puni de mort, v, 19; son fils, 11, 9; MM iv, 10.
Maxime, tyran en Espagne, 11, 9.
Maximien, D 1.
Maximilla, épouse d'Égée, A 30, 34, 35.

MAXIMIN, évêque de Trèves, I, 35; monastère et église, VIII, 12 *fin;* GC 93, 94; VP 17.
MAXIMUS, évêque de Riez, GC 83.
MAXIMUS, évêque de Nola, GM 104.
MAXIMUS (saint Mesme), GC 22.
MAXONIDIUS, aveugle, VP 9.
MAYENCE, II, 9.
MAYENNE, rivière, X, 9 *fin;* M 24.
MEAUX, V, 1; IX, 20, 36; VII, 4. — (comtes de). *Voy.* GONDOVALD, GUERPIN. — (territoire de), V, 29.
MÉDARD, évêque de Noyon, IV, 19; V, 50; sa mort, IV, 19; sa basilique à Soissons, IV, 19, 21 *fin;* V, 35 *fin*, 50; IX, 9; où est enterré Clotaire, IV, 21, 52; ainsi que Sigebert, *ibid*. — GC 95; VP 19.
MÉDARDUS, tribun, VII, 23 *fin.*
MEDIOCANTUS, vill., VP 9.
Médias de Philippes, A 15.
MEILLANT (CHATEAU-) VI, 31; X, 19.
MÉLANIE, dame romaine, I, 36.
MÉLANIUS, évêque de Rennes, GC 55.
MÉLANIUS, évêque de Rouen, VIII, 31 *fin*, 41; VII, 19.
MEMMIUS ou saint Menge, évêque de Châlons, GC 66.
MÉNAT, monast. VP 12.
MENDE, X, 29.
MER, sortant de son lit, V, 24. — (Rouge), I, 9 *fin*, 10.
MERCURE (Le dieu), II, 29; J 5; VP 17.
MÉRIDA, VI, 18.
MÉROBAUDE, homme du Poitou, MM II, 15.
MÉROFLÈDE, femme de Charibert, IV, 26.
MÉROVECH, roi des Francs, II, 9 *fin.*
MÉROVECH, fils de Chilpéric, IV, 28 *fin;* V, 2, 3, 19; fils spirituel de Prétextat, V, 19; en butte aux embûches de Gontran-Boson, V, 14; dépouille Leudaste, V, 49 *fin;* est fait prêtre, V, 14; se réfugie dans la basilique de Saint-Martin, V, 14; de Saint-Germain d'Auxerre, V, 13 *fin;* épouse Brunehaut, V, 2; consulte Dieu par les Saintes Écritures, V, 14; est tué, V, 19 *fin;* pleuré par Gontran, VIII, 10; qui le fait enterrer dans l'église de Saint-Vincent à Paris, *ibid.*
MESSE, II, 22, 34 *fin;* IV, 16 *fin*, 31 *fin*, 40 *fin;* V, 50; VI, 40, 46; VII, 8; VIII, 7; IX, 9.
Messes de Sidoine Apollinaire, II, XXII.
MÉTRIAS, martyr à Aix, GC 71.
MÉTROPOLITAIN, sa présence nécessaire pour ordonner un évêque, IV, 26.
METZ, IV, 7, etc.; MM IV, 29; brûlé par les Huns, II, 6; basilique et moines, VIII, 21; tourmenté par la dyssenterie, IX, 13; consécration d'Avit, évêque de Clermont, IV, 35 *fin*. — (concile de), X, 19, 20.
MICHEL, transporte au ciel l'âme de la religieuse Disciola, VI, 29.
MICI (*Miciacense mon.*), monastère, son abbé saint Avit, III, 6.
Milan, D 2; M 1.
MILICE, les moines y sont soumis par Valens, I, 37. — (maîtres de la), *voyez* MAITRES.
MINCIO, fleuve, II, 9.
MINERVE (La déesse), VP 17; GM 41.
MIR, roi de Galice ou des Suèves, V, 42; VI, 43; MM IV, 7.
MIRACLES, faits par des chrétiens et non par des ariens, II, 4; IX, 15.
MISILINUS, prêtre, GC 49.
MISSIONS en Gaule, I, 28.
MODESTUS, ouvrier en bois, V, 50.
Mœnus vicus, AR 29.
MOINES, forcés par Valens d'entrer dans la milice, I, 37; leur avarice punie, IV, 31; doivent préférer l'humilité aux miracles, IV, 34.
MOISE, I, 9, 10; III, *prol.;* V, 44 *fin;* GC 87; rois ses contemporains, I, 16.

356   TABLE GÉNÉRALE

Momociasensis *episcopus*, ix, 29; GC 53.
Monastères. Les clercs y étaient instruits, v, 14; les évêques s'y retiraient pour faire pénitence v, 21; monastères soumis aux rois, ix 40; monastères sur les bords du Nil, i, 10.
Mondéric, évêque de Tournai, v, 5; ensuite de Larsaguez, *ibid.*
Mondéric, se révolte, iii, 14.
Monégunde (Sainte), de Tours, GC 24.
Monégunde (Sainte), de Chartres, VP 19.
Monétaires de Paris GC 105; de Tours AR 20.
Mont-Louis, Mons *Laudiacus*, bourg de Touraine, ii, 1 *fin*; x, 31; MM iii, 54.
Morgengabe, don du lendemain des noces, ix, 20.
Morts. Ablution des corps, iv, 5 *fin*; couverts de vêtements, iv, 37, 51; vii, 1.
Mosaïque, i, 30; v, 46.
Moselle, iii, 15; MM iv, 29; VP 17; sa jonction avec le Rhin, viii, 13.
Mosnr, bourg, x, 31.
Mothaire, de Tours, MM iv, 21.
Mouches (Armée de), x, 25.
Mouchoir, iii, 5; iv, 20 *fin*; x, 14 *fin*, 24.
Mummol, cognomento Bonus, évêque de Langres, v, 5 *fin*.
Mummol Eunius, iv, 42; supplante son père dans le comté d'Auxerre, *ibid.*; ses gestes, *ibid. et jusqu'à* 47; met en fuite les Saxons et les Lombards, iv, 42, 43; v, 21; patrice, vii, 1 *fin*, 36 *fin*; fuit le roi Gontran, vi, 1; trompe le duc Gontran, vi, 26; accueille Gondovald, vii, 36 *fin*; se joint à lui, vi, 24; vii, 10, 28, 34; brise les reliques de saint Serge, vii, 31; à Comminges, vii, 38; abandonne Gondovald, *ibid.*; sa femme et ses trésors, vii, 40; viii, 3; est tué, viii, 39. — GM 31.

Mummol, préfet, vii, 15 *fin*; odieux à Frédégonde, vi, 35; meurt, *ibid.*
Mummola, femme d'Animius, MM ii, 11.
Mummolen, vi, 45 *fin*; de Soissons, x, 2.
Municipe d'Auxerre, iv, 42.

N

Naason, fils d'Aminadab, i, 12.
Namatius, évêque de Clermont, ii, 16; sa femme, ii, 17; sa mort, ii, 21; — GM 44.
Namatius, évêque d'Orléans, ix, 18.
Nannenus, maître de la milice, ii, 9.
Nanninus, prêtre de Vibrac, J 48.
Nantais (pays), vi, 31; en proie à la famine, x, 25; à une épidémie, x, 30; ses vignes, iv, 18 *fin.*
Nanterre, x, 28; Clotaire II y est baptisé, *ibid.*
Nantes, v, 32; vi, 15; viii, 43; ix, 18 *fin*; x, 9, etc. — (territoire de), ix, 18, 24 *fin*; VP 10.
Nantinus, comte d'Angoulême, v, 37.
Nantulf, esclave, GC 25.
Nappes d'autel, vii, 22 *fin*; x, 15, 16; sur le tombeau de saint Martin, v, 49 *fin*; nappe de soie, x, 16; prises à témoin des serments, v, 14, 49; sauvegarde contre la violence, vii, 22.
Narbonne, vi, 15; viii, 38; désolée par une épidémie, vi, 33. — (province de), ix, 15 *fin*. — GM 23, 92.
Narsès, vi, 24; préfet d'Italie, vi, 24; vii, 36; remplace Bélisaire, iii, 32; vaincu par les Francs, *ibid.*; tue Buccelin, iv, 9; duc d'Italie, v, 20.
Nathan, prophète, i, 12.
Nazaire (Saint), bourg, GM 61.
Nazarius, martyr à Embrun, GM 47.

DES OEUVRES DE GRÉGOIRE DE TOURS. 357

Nazelles, *Navicellæ*, MM 1, 29.
Nebrodes (mont), S 30.
Nécromancie, ix, 6.
Nectaire, vii, 15; viii, 32; sa femme Domnola, viii, 43.
Nectariola, possédée, VP 9.
Nectarius, limosin, vir magnificus, AR 31.
Nemrod, S 4.
Népotianus, évêque de Clermont, i, 40, 41; GC 37.
Neptune, GM pr.
Neptunius (mons), S 30.
Néris, VP 9.
Néron, i, 24.
Neuilli, plusieurs bourgs de ce nom, x, 31; GC 7.
Neuvi, près Tours, GM 31.
Nevers, viii, 1.
Nicaise, évêque d'Angoulême, viii, 2 *fin;* ix, 41.
Nice, iv, 43; iv, 6.
Nicée (Concile de), i, *prol.;* ses canons, ix, 33. — *Voy.* A 6.
Nicétius, comte d'Acqs, vii, 31; fait évêque, viii, 20.
Nicétius, comte, fait duc d'Auvergne, viii, 18, 30; gouverneur de la Provence, viii, 43.
Nicétius, évêque de Lyon, v, 5, 21; viii, 5, etc.; patriarche, v, 21; oncle de la mère de Grégoire de Tours, v, 5; ses vertus, iv, 36. — *Voy.* J 50, GC 61, 62; VP 8.
Nicétius, évêque de Trèves, x, 29; GC 94; VP 6, 17; AR 4.
Nicétius, patrice, ix, 22.
Nicétius, mari de la nièce de Grégoire de Tours, v, 14.
Nicolas, vieillard débauché, A 28; autre Nicolas, A 16.
Nicomédie, A 7; D 2.
Nil, i, 10.
Nîmes, viii, 30; GM 78.
Ninive, ville, i, 7; jeûnes des Ninivites, iii, 29; pénitence, x, 1.
Ninus, roi des Assyriens, i, 7, 16.
Nisier, *Voy.* Nicétius.
Nivard, ivrogne, VP 14.
Nivardus quidam, AR 9, 12.

Noé, i, 4, 5, 7; S.
Nogent, vi, 2.
Noire (Montagne), en Limousin, iv, 16.
Noisi, v, 40.
Nola, MM 1, 2; GC 110.
Noms, changés lors du baptême, i, 34.
Noms doubles, *Voy.* Ballomer, Calumniosus, Cardégisile, Chararic, Gontran, Gundégisil, Mummol, Wistrimond.
Noniacus, colonie, AR 7.
Nonnichius, comte de Limoges, vi, 22.
Nonnichius, évêque de Nantes, vi, 15 *fin;* viii, 43.
Notaire, appelé pour un testament, ix, 26.
Novatianus, hérétique, i, 28.
Novempopulanie, ii, 25.
Nuitz, v, 9.
Nunninus, tribun, GC 41.
Nunnion, officier de Childebert, VP 9.

O

Obeth, fils de Booz, i, 12.
Occyla, soldat romain, ii, 8 *fin.*
Océan, S.
Octavien, empereur romain, i, 17.
Octavien, martyr, ii, 3.
Octavus, bourg du Lyonnais, ix, 21.
October, martyr à Lyon, GM 49.
Odoacre, ii, 18, 19; roi des Saxons, ii, 18; traite avec Childéric, ii, 19.
Ollon, comte de Bourges, vii, 38, 42.
Olon, duc en Italie, x, 3.
Omatius, évêque de Tours, iii, 17; x, 31.
Oméga, constellation, S 44, 65.
Oppila, envoyé espagnol, vi, 40.
Orbigny, x, 31; GM 90.
Orge, rivière, vi, 19.
Orient, là furent les premiers hommes, i, 6; les mages, i, 18; les lieux saints, v, 38; visité

par Licinius, évêque de Tours, III, 39; x, 3. — (roi d'), VII, 31.
ORIENTIUS (Saint), évêque d'Auch, GC 108.
ORION, constellation, S.
ORLÉANS, II, 7; v, 34 *fin;* VII, 46; VIII, 1; IX, 33; combats sous ses murs livrés par Childéric, II, 18; délivrée du siége fait par Attila, II, 7; réception solennelle de Gontran, VIII, 1. — (comte d'), *voy.* WILIACHAIRE. — (territoire d'), IX, 5. — GC 99; VP 8.
OROSE, v, *prol.;* son Histoire, I, *prol. fin*, 6; II, *prol.*, 9; ses livres, I, 37 *fin;* S 3.
OSSEN ou OSSER, château, VI, 42; GM 24 à 16.
OTTON, référendaire de Childebert, x, 19.
OUCHE, rivière, II, 32; III, 19.
OXION, roi des Corinthiens, I, 16.
OZIAS, fils de Joram, I, 14.

P

PALLADIUS, comte des Gabales, IV, 40.
PALLADIUS, évêque de Saintes, VII, 31 *fin;* VIII, 2, 7, 20, 22 *fin,* 43; GM 56; MM IV, 8.
PALLADIUS le riche, père du précédent, GC 60.
PANCRATIUS, martyr, GM 39.
PANÉAS (statue du Christ à), GM 21.
PANNICHIUS, prêtre de Poitou, GM 107.
PANNONIE, I, 34; berceau des Francs, II, 9; patrie de saint Martin de Tours, I, 34; x, 31; et de saint Martin de Galice, v, 38; pays des Huns, II, 6.
PAPE, II, 1; x, 1, 31; appel à son autorité, v, 21; absout Brice, II, 1 *fin;* x, 31; titre donné à tous les évêques, mais surtout à celui de Rome, IV, 26. — de Constantinople, v, 31.

PAPIANILLA, fille de l'empereur Avitus et femme de l'évêque de Sidoine, II, 21.
PAPPOLA, sainte, GC 16.
PAPPOLEIN, VI, 16.
PAPPOLUS, évêque de Chartres, VII, 17; VIII, 10 *fin.*
PAPPOLUS, évêque de Langres, v, 5.
PARANYMPHE de Rigonthe, IV, 45 *fin.*
PARIS, son patron saint Denis, x, 29; incendié, VIII, 33; GM 72; grande désolation, VI, 45; première église où se réfugia Frédégonde, VII, 4, 15; église de Saint-Denis, v, 35 *fin,* etc., de Saint-Pierre, v, 50; de Saint-Laurent, VI, 9.
Séjour des rois, II, 38; x, 28; partagé entre les rois, IX, 20; séjour de Clovis, II, 38, 40; où il est enterré, II, 43; résidence de Clotilde, III, 18; lieu de la mort de Childebert, IV, 20; voyage de Gontran à Paris, VII, 5; VIII, 1, 9; x, 11, 28; et de Childebert II, VII, 5; qui n'y est pas reçu, VII, 6; de Chilpéric, IV, 22; v, 1; VI, 5; contre les traités, VI, 27; il y revient, VI, 31, 32; en sort et y rentre, v, 34; y réside, VI, 31; y construit des cirques, v, 18; voyage de Sigebert, IV, 51; de Brunehaut, IV, 52; qui y réside, v, 1; congrès, x, 28. — (second concile de), IV, 36; quatrième, IV, 48; pour le jugement de Prétextat, v, 19; VII, 16; dans l'affaire de Pappolus, VII, 17. — (territoire de) VI, 14; x, 19; IV, 50 *fin;* GC 90; AR 25, 26.
PAROS (marbre de), GC 92, 102.
PARRE (Saint). *Voy.* PATROCLE.
PARTHÉNIUS, III, 36.
PARTHÉNIUS, évêque des Gabales, IV, 40.
PASCENTIUS, abbé, puis évêque de Poitiers, IV, 18 *fin.*
PASCHASIE (Sainte), GM 51; GC 43.

Passivus, prêtre, VP 16.
Paternianus, breton infirme, MM iv, 46.
Pathmos, île, i, 24 *fin*.
Patient, évêque de Lyon, ii, 24 *fin*.
Patras en Achaïe, GM 31; A 21, etc.
Patriarches, titre donné aux évêques de Lyon, v, 21, *Voy.* Pape.
Patrice, dignité, iv, 24. — Patrices bourguignons. *Voyez* Astérius, Agricola, Celsus, Amatus, Mummol.
Patrocle, reclus à Bourges, v, 10; VP 9.
Patrocle, martyr (à Troyes), GM 64.
Paul, apôtre, vi, 6; le Christ parlait par sa bouche, x, 13; meurt à Rome, i, 24; GM 29. — (église de Saint-) à Rouen, x, 1; à Tours, ii, 14.
Paul, évêque de Constantinople, D 2.
Paul, roi des Lombards, x, 3.
Paul, évêque de Narbonne, i, 28.
Paul, démoniaque, MM i, 38.
Paul, rachitique, VP 16.
Paulelle, prêtre de Reims, iii, 51 *fin*.
Pauliacense mon., GM 48.
Paulin, ii, 13; sa lettre, x, 31; MM i, *pr.*, 2; GC 110.
Paulus, comte des Romains, ii, 18.
Pauvres. Gontran leur distribue des trésors, vii, 40 *fin*; viii, 3 *fin*; nourris par l'Eglise, vii, 29.
Pégase, évêque de Périgueux, ii, 13.
Peintures, dans les églises, ii, 17; vii, 22; GM 23; MM i, 15.
Pélage, pape, x, 1; sa mort, *ibid.*
Pélage, gardien des troupeaux du fisc, viii, 40.
Pélagie, mère de saint Arédius, x, 29; GC 104; AR 2-40.
Pélagienne (Hérésie), iv, 39; suivie par l'empereur Justin, *ibid.*
Péonius, comte d'Auxerre, iv, 42.
Perche (Le), GC 99.

Père, doit être sacré pour son fils, v, 14; fût-il hérétique, vi, 43.
Pères, leur autorité, iv, 42; x, 13.
Périgueux, vi, 8, etc.; reçoit Gondovald, vii, 26; soumis à Chilpéric, vi, 12. — (habitants de), ix, 31; sous Gontran, viii, 30; GC 100; AR 14.
Périnthe en Thrace, A 9.
Pernay, en Touraine, VP 8.
Perpétue, évêque de Tours, ii, 14; x, 31; MM i, 6.
Persarméniens, se réfugient près de Justin leur évêque, iv, 39.
Perse, pays, x, 24; S.
Persécutions contre les chrétiens. Leur origine, i, 23; à Rome, sous Néron, i, 24; sous Domitien, *ibid. fin*; sous Trajan, i, 25; dans les Gaules, à Lyon, i, 27; sous Dèce, i, 28; sous Valérien et Gallien, i, 30, 31; sous Dioclétien, i, 33; sous Valens, i, 37; sous les Vandales en Afrique, ii, 3; en Espagne, ii, 2; sous les Goths, ii, 4; v, 39; sous Euric, ii, 25.
Perses. Leur dieu Zoroastre, i, 5; mis en fuite par Tibère, v, 31 *fin*; dévastent l'Arménie, x, 24; envahissent Antioche, etc., iv, 39.
Peuple; petit peuple dans les armées, vi, 51; vii, 35.
Pharaon, roi d'Égypte, i, 9 *fin*, 10.
Pharès, fils de Juda, i, 12.
Phatir, Juif converti, vi, 17.
Phénicie (Peau de), GC 112.
Phénix, oiseau, S 23-28.
Philominus, martyr à Lyon, GM 49.
Philopater, A 24.
Philippes, ville grecque, A 11, 12.
Phinée, nom biblique, ii, *prol.*, 10.
Photin, évêque de Lyon, martyr, i, 27; GM 49, 50.
Photin (autre), martyr à Lyon, GM 49.
Pientius, évêque d'Aix, vi, 11 *fin*.
Pientius, évêque de Poitiers, iv, 18.

PIERRE, apotre, VI, 6; meurt à Rome, I, 24; GM 28.
PIERRE (Église de Saint-), à Rome, II, 7; X, 1; — à Clermont, IV, 31; — à Paris, III, 18; IV, 1; V, 19, 50; à Tours, II, 14 *fin*; X, 31; à Marmoutier, X, 31.
PIERRE, diacre, frère de Grégoire de Tours, V, 5; J 24.
PIERRES (Champ de), près de Marseille, IV, 45.
PIERRES PRÉCIEUSES d'Espagne, X, 31.
PILATE, ses Gestes envoyés à Tibère, I, 20, 23.
PIOLUS, clerc, MM II, 26.
PIONSAT (forêts de), VP 12.
PLACIDINA, femme d'Apollinaire, III, 2; mère d'Arcadius, III, 12.
PLACIDUS, procurateur à Ravenne; MM I, 16.
PLAIDS, assises, VII, 7, 23; GM 65.
PLAIES d'Égypte, I, 9; VI, 5.
PLAISANCE, a pour évêque l'empereur Avitus, II, 11.
PLATON, archidiacre de Tours, V, 50; évêque de Poitiers, MM IV, 32, 33.
PLÉIADES (ou Massa ou Butrio), constellation, S 51.
PLUIES excessives, V, 34; VIII, 23; IX, 17.
PLUTON, GM *pr*.
Pociacense prædium, M 3.
POITIERS, résidence d'Alaric, II, 37; séjour de Chramn, IV, 16; envahi par Chilpéric, IV, 46, 48; V, 25; repris par Sigebert, IV, 46; son église de Saint-Hilaire, V, 50. — (monastère de), VI, 34 *fin*; fondé par Radegonde, III, 7; troublé, IX, 19, 49; sa règle, IX, 30, 42. — (pays de), II, 37; respecté par Clovis, *ibid*.; sous Chilpéric, V, 42. — (diocèse de), IV, 18 *fin*; habité par les Téifales, *ibid*. — (comtes de), *voyez* MACCON. — (ducs de), *voyez* ENNODIUS, BÉRULF. — *Voy.* encore MM I, 30; II, 15,
44, 56; III, 9, 46; IV, 16, 29; GC 2, 53.
POLYCARPE, martyr, I, 26; son disciple Irénée, I, 27. — GM 86.
POLYEUCTE, martyr, VII, 6 *fin*; GM 103.
POMPEIA (deux), martyres à Lyon, GM 49.
PONT-PIERRE, V, 18.
PONTHION, IV, 23; VI, 37; MM IV, 41.
PONTICUS, martyr à Lyon, GM 49.
PONTIGNI, monast., VP 18.
POPUSITUS, aveugle, VP 15.
PORCAIRE, abbé de Poitiers, IX, 43.
Port près de Rome, X, 1 *fin*.
PORTIANUS, abbé, VP 5.
PORTIERS, IV, 31 *fin*; VI, 11; VIII, 11; IX, 9.
POSSESSION, possédés, IV, 11 *fin*; VII, 35 *fin*; VIII, 34; IX, 21 *fin*.
POSTHUMIANA, martyre à Lyon, GM 49.
PRÉCEPTEUR, VI, 36.
PRÉCIGNI, bourg, VP 8.
PRÉVOTESSE du monastère de Poitiers, X, 15.
PRÉTEXTAT, évêque de Rouen, accusé par Chilpéric, V, 19, défendu par Grégoire, *ibid*.; envoyé en exil, *ibid*; compose des prières, VIII, 20; est réintégré, VII, 16; altercation avec Frédégonde, VIII, 31; est tué, *ibid*.; par ordre de Frédégonde, VIII, 41; Gontran veut venger mort, IX, 20; était parrain Mérovech, V, 19.
PRÉTORIENS, II, 8.
PRÊTRES, doivent obéir aux évêques, II, 23; prêtre tué par un comte, V, 37; autre relégué dans un monastère, V, 50; prêtres suppliciés par Chilpéric, V, 29; prêtre d'un bourg, VII, 47; châtiment de leurs persécuteurs, V, 37 *fin*; vêtus de blanc, II, 23; leurs vêtements diffèrent de ceux des laïcs, V, 14.
PRILIDAN, martyr, I, 28.
PRIMICIER dans une église II, 37.

PRIMUS, martyr à Lyon, GM 49.
Primus, un des sept Dormants, D 1-6.
PRINCIPIUS, citoyen de Périgueux, MM IV, 44.
Prisciacus collis, M 7.
PRISCUS, évêque de Lyon, IV, 36; VIII, 20 *fin*; est puni, IV, 36.
PRISCUS, Juif, VI, 5, 17 *fin*.
PRIVAT ou SAINT-PRIX, évêque des Gabales, martyr, I, 32; VI, 37; patron de Mende, X, 29.
PROBATUS, archidiacre de Grégoire, GC 24.
PROBIANUS, évêque de Bourges, GC 80.
PROCESSIONS publiques le jour de l'Épiphanie, V, 4 *fin*; de l'Ascension, V, 11; à Rome, ordonnées par Grégoire le Grand, X, 1; processions solennelles lors des funérailles, II, 13.
PROCULUS, évêque de Tours, III, 17; X, 31; VP 4.
PROCULUS, prêtre de Marseille, VI, 11.
PROCULUS outrage saint Quintien, est tué à l'autel, III, 13.
Proculus quidam, AR 15.
PRODIGES, IV, 9 *fin*; I, 31, 52; V, 19, 24, 34, 42; VI, 14, 21, 25, 33, 44; VII, 11; VIII, 8, 17, 24, 42 *fin*; IX, 5, 44; X, 23 *fin*.
PROFUTURUS; *voyez* FRIGÉRIDUS.
PROMOTUS, évêque de Châteaudun, est dépossédé, VII, 17.
PROPHÈTES (Faux), X, 25.
PROPRIÉTÉ, biens propres d'un évêque, III, 34; ne peut être conservée par les religieux, IX, 42.
PROSÉRIUS, martyraire, J, 46.
PROSERPINE, GM *pr*.
PROTAIS, son église à Rome, X, 1; ses reliques, à Tours, X, 31; apportées par saint Martin, *ibid*.
PROTASIUS, abbé, VP 5.
PROVENCE, VI, 6; souffre d'une épidémie, VIII, 39 *fin*; ses gouverneurs Dynamius, Jovinus, VI, 7; Albinus, IV, 44; Nicétius, VIII, 43; divisée en deux parties, VIII, 43; province d'Arles, IV, 5, 45; VIII, 30 *fin*; X, 25; dévastée par les Goths, IX, 7; sous Gontran, VIII, 43; province de Marseille, II, 32; VIII, 43; X, 25; en proie à une épidémie, X, 25.
PROVINCIAUX (Évêques), IX, 20; X, 15, 16.
PRUDENTIA, aveugle, VP 9.
PRUNES, III, 15.
PSAUMES, commentés par Grégoire, X, 31.
PUBLIANUS, aveugle, J, 22.
PYRAMIDES d'Égypte, I, 10.
PYRÉNÉES, montagnes, II, 9; V, 34 *fin*.
PYTHONISSE, V, 14; VII, 44; ses mensonges, V, 14; exorcisée, VII, 44.

Q

QUARTA, martyre à Lyon, GM 49.
QUARÊME, IV, 5 *fin*, 13; VI, 6; VII, 34, etc.; temps d'abstinence, V, 4 *fin*; un évêque se renferme pour prier, II, 21 *fin*; un autre se retire dans une île, VIII, 43.
QUINIO, constellation, S 55.
QUINTIANUS, évêque de Rodez, II, 36; par la volonté du roi Théodoric, III, 2 *fin*; est fait évêque de Clermont, III, 2, 12; IV, 5; Dieu punit son injure, III, 13; prophétie accomplie, IV, 35; VP 4, 6.
QUINTINUS, maître de la milice, II, 9.
QUINTINUS, martyr à Vermand, GM 73.
QUINTUS, évêque de Nola, GM 104.
Quiriacus, un des sept Dormants, D 1-6.
QUIRINUS, prêtre de Siscia, martyr, I, 33.
Quirinus ou Virinus proconsul, A 18.
QUITÉRIA (Sainte), GC 109.

R

RADÉGONDE, reine, VI, 29 *fin*, 34 *fin*; IX, 40; X, 15 *fin*, 16; sa patrie, IX, 39; son père, III, 4, 7; femme de Clotaire, III, 7; fonde le monastère de Sainte-Croix de Poitiers, III, 7; VI, 29; X, 16; lettre à ce sujet, IX, 42; établit une abbesse à laquelle elle obéit elle-même, IX, 42; envoie chercher des reliques en Orient, IX, 40; son humilité, ses jeûnes, ses oraisons, IX, 39; lettre que lui écrivent les évêques, *ibid.*; meurtres commis sur son tombeau, X, 15, 16. — GM 5; GC 106.

RAGNACAIRE, roi des Francs, II, 27; à Cambrai, II, 42; réuni à Clovis contre Syagrius, II, 27; tué par lui, II, 42.

RAGNEMOD, prêtre, puis évêque de Paris, V, 14, 19, 33 *fin*; VI, 27; VIII, 4, 16; IX, 6; X, 14; MM II, 12.

RAGNOVALD, duc, VI, 12; VII, 10.

RAISINS venus sur un pied de sureau, VI, 9.

RAMICHILDE, fille de Sigivald, VP 12.

RATHARIUS, duc de Marseille, VIII, 12.

RAUCHING, duc, VIII, 26, 29 *fin*; sa cruauté, V, 3; se dit fils de Clotaire, sa femme, IX, 9; conspire contre Childebert II, IX, 9; X, 19; est découvert et tué, IX, 9.

RAVENNE (Ecoles de), MM 1, 15, 16.

RÉ (Ile de), V, 49.

RECCARED, roi, VI, 34; fils de Leuvigild, VIII, 30 *fin*, 38; succède à son père, VIII, 46; envoie une ambassade aux rois francs, IX, 1, 16; convoque les évêques, IX, 15, reconnait la vérité et se fait baptiser, *ibid.*; demande Clodosuinde en mariage, IX, 16 *fin*, 20; son expédition en Gaule, VIII, 30 *fin*, 38; est fiancé à Rigonthe, IV, 38; VI, 18, 34, 45; reçoit des présents de Brunehaut, IX, 28 *fin*.

RECENSEMENTS, V, 35 *fin*; IX, 30.

RECLUS, VI, 29 *fin*; VIII, 34; IX, 40 *fin*.

RÉFÉRENDAIRES, *voyez* MARC, BAUDIN, THEUTHAIRE, GALLOMAGNE, OTTON, URSICIN, BOBOLEN.

RÉGALIS, évêque de Vannes, X, 9.

RÈGLES des monastères. De Cassien et d'autres abbés dans le monastère de Saint-Arédius, X, 29; de Saint-Césaire d'Arles, IX, 39; de Saint-Césaire et de Sainte-Césarie, IX, 40, 42.

REIMS, envahi par Chilpéric, IV, 23; dévasté, IV, 51; résidence royale de Sigebert, IV, 23; MM IV, 26; GC 79.

REINES, prennent soin des affaires du ménage, VI, 45; titre donné aux filles de rois, V, 50; VII, 9 *fin*, 27 *fin*, 28, etc.; même aux religieuses, IX, 40 *fin*.

RELIGIEUSES, ne doivent pas sortir du cloître, IX, 39; leurs biens propres, IX, 42; chevelure conservée, X, 15.

RELIGIEUX, IX, 15, 42; changent d'habit, II, 1; leurs vêtements, IV, 26; IX, 33.

RELIGION, V, 44 *fin*; catholique, IV, 18; profession monastique, IX, 42; tolérance des Ariens, V, 44.

RELIQUES suspendues au cou, VIII, 15; portées au-devant du roi, VI, 27.

REMI, évêque de Bourges, VI, 39.

REMI, évêque de Reims, II, 27, 31; éclaire Clovis, II, 31; le baptise, *ibid.*; fait des miracles, *ibid.*; sa basilique, IX, 14; X, 19 *fin*; GC 79.

RÉMIGIA, matrone, MM II, 22.

RENATUS FRIGERIDUS. *Voyez* FRIGÉRIDUS.

Renatus, évêque d'Angers, M 16.

DES ŒUVRES DE GRÉGOIRE DE TOURS.

Rennes, v, 32; x, 9. — (pays de), v, 30. — (habitants de), viii, 42. — *Voy.* GC 55.
Renosinde, frère de saint Yriez, MM ii 39.
Réome, monast., GC 87.
Réoval., médecin, x, 15.
République romaine, ii, 3 *fin.*
Respendial, roi des Alemans ou des Alains, ii, 9.
Resson, ix, 20.
Résurrection du Seigneur, eut lieu le premier jour de la semaine, i, 22; exprime un dimanche quelconque, viii, 31.
Retz, en Poitou, GC 54.
Reuil, vii, 19.
Révocatus, évêque apostat, ii, 3.
Rhin, fleuve, ii, 9, 40; iv, 50 *fin;* ses bords occupés par les Francs; ii, 9 *fin;* qui le traversent, ii, 9; son confluent avec la Moselle, viii, 13.
Rhodan, duc des Lombards, iv, 45.
Rhodes (Colosse de) S, 13.
Rhône, fleuve, son cours arrêté par la chute d'une montagne, iv, 31. — GM 69, 76.
Richaire ou Riquier, ii, 42; tué par Clovis, *ibid.*
Richimer, père d'un roi franc, ii, *fin.*
Ricovera, AR 20.
Riculf, clerc, sous-diacre à Tours, v, 14, 50.
Riez (Territoire de), iv, 43. — GC 83.
Rignomer, tué par Clovis, ii, 42.
Rigonthe, fille de Chilpéric, reine, v, 50; vii, 9, 15, etc.; promise à Reccared, vi, 34; fiancée, iv, 38; son mariage, vi, 45; envoyée en Espagne, vi, 45; vii, 9; reste à Toulouse, vii, 9; est maltraitée après la mort de son père, *ibid.*, et 10, 15; vol de ses trésors, vii, 32 *fin,* 35; revient avec humiliation, vii, 39 *fin;* rixes avec sa mère, ix, 34.
Riom, GM 86, 87; GC 33; AR 35.
Rions, village, GC 48.

Riticius, évêque d'Autun, GC 75.
Roboam, fils de Salomon, I 14.
Roche (La), lieu de culte païen, M 20.
Roccolen, duc des Cénomans, v, 1; tourmente Grégoire, v, 4; MM, ii, 27.
Rodez, ii, 37 *fin;* iii, 21; vi, 38. — (territoire de), x, 8.
Rodone, martyre à Lyon, GM 49.
Rogatianus, martyr à Nantes, GM 60.
Rois. Les Israélites en demandent à Dieu, i, 12; chez les Ariens communient avec un calice particulier, iii, 31; s'appellent réciproquement frères, ii, 35; sont la tête du peuple, ii, 34; les trahisons envers eux doivent être punies, ii, 42; leurs meurtriers exterminés en Espagne, iv, 38.
Rois des Francs, leur maison et leurs richesses, vi, 45; manière de les proclamer, ii, 40 *fin;* v, 18; vii, 33; de les inaugurer, ii, 40 *fin;* iv, 42; vision de saint Nizier sur leur règne, VP 17; leur droit dans l'élection des évêques, iv, 6; permission d'eux pour en appeler au pape, v, 21; doivent suivre les canons et les lois, v, 19; on doit recourir à eux contre les persécuteurs de l'Église, ix, 42; prières pour eux dans la messe, vii, 8; demandaient la bénédiction des évêques, viii, 1 *fin;* peuvent être réprimandés, mais non condamnés, v, 19; leurs injustices punies par Dieu, *ibid.;* garantissent par serment les biens du monastère de Poitiers, ix, 42; et les priviléges des peuples, ix, 30. — (fils des) appelés rois, ii, 42; iii, 22; iv, 13, etc. — (filles des) appelées reines, v, 50.
Romacaire, évêque de Coutances, viii, 31.
Romagnat (Plaine de), iv, 20.
Romain (Saint-), de Blaye, GC 46.

Romain (Saint-), dans le Jura, VP 1.

Romains, III, 18, 23; vaincus par les Francs, II, 9; par Clodion, II, 9 *fin;* combattent contre les Saxons, II, 18, 19.

Rome. Prise par les Goths, II, 9; périt par les guerres civiles, v, *prol.;* épidémie, x, 1; son patron saint Pierre, I, 24; VI, 6; siége apostolique, II, 1 *fin;* IV, 26; GC 27; VP 8.

Romulf, évêque de Reims, x, 19 *fin.*

Romulf, comte du palais, IX, 30; MM IV, 6.

Rosamonde, femme d'Alboin, IV, 41.

Roue (Supplice de la), v, 19 *fin.*

Rouen, IV, 52; v, 2, 19; ses citoyens, VIII, 31; ses églises fermées, *ibid.* — (territoire de), VII, 19. — (comte de), VI, 31.

Ruan, bourg de Touraine, x, 31.

Rubéola, constellation, S 42, 61.

Rucco, démoniaque, VP 9.

Ruccolen. *Voy.* Roccolen.

Ruel, IX, 13; x, 28.

Rufin, historien, IX, 15.

Rufin, évêque de Comminges, VII, 34.

Rufus, évêque de Turin, GM 14.

Rusticus, évêque de Clermont, II, 13, 16.

Rusticus, évêque d'Aire, VII, 31 *fin.*

Rusticus Décimus, II, 9.

S

Sabaria en Pannonie, MM I, 3.

Sabaudus, évêque d'Arles, IV, 30; VIII, 39.

Sabaudus, serviteur du roi Clotaire, VP 9.

Sabellius, hérésiarque, II, 34; son hérésie renouvelée par Chilpéric, v, 45.

Sacerdos, évêque de Lyon, IV, 36; VP 8.

Sacrifice offert à Dieu, VI, 40; dès le commencement du monde, 1, 2.

Sacristie, II, 21; v, 19; VI, 11; VII, 22; VIII, 7.

Sadoc, fils d'Azor, I 15.

Saducéens, leur hérésie renouvelée, x, 13.

Saffaragus, évêque de Paris, IV, 36.

Saffarius, évêque de Périgueux, IX, 41.

Sagittarius, évêque de Gap, IV, 43; ses crimes, v, 21; dégradé et renfermé, v, 28; s'emporte contre le roi Gontran, v, 21; se joint à Gondovald, VII, 28 *fin,* 34; vient à Comminges, VII, 37 *fin,* 38; est tué, VII, 39.

Sainte-Barbe, abbaye, GC 22.

Saintes (Concile de), IV, 26; v, 37. — (comtes de), *voyez* Waddon, Gundégisil. — (habitants de), IX, 31; MM III, 51; IV, 31; GC 57-60; sous Gontran, VIII, 30.

Salathiel, fils de Jechonias, I 15.

Salluste, son Histoire, IV, 13 *fin,* VII, 1.

Salluste, comte de Clermont, IV, 13.

Salmon, fils de Naasson, I 12.

Salomon, fils de David, I, 12, 13, 14; v, 44, etc.; rois qui régnaient de son temps, I, 16.

Salonas oppid., D 2.

Salonius, évêque d'Embrun, IV, 43; ses crimes, v, 21; dégradé, v, 28.

Salvius, évêque d'Albi, v, 45, 51; VII, 1; sa mort, VIII, 22 *fin.*

Samson, fils de Chilpéric, v, 23.

Samuel, prophète, 1, 12; le Juste, II *prol.*

Sanctus, martyr à Lyon, GM 49.

Sang répandu dans l'église, v, 33; coule à la fraction du pain, v, 34 *fin;* VI, 21. — (pluie de), VI, 14. — (nuages de), VIII, 17. — (étang de), VIII, 25.

Saône, fleuve, II, 32; v, 34; VIII, 30; GM 70.

SARAGOSSE, II, 9; assiégée par Childebert, est délivrée, III, 29.
SATURNE, II, 29; GM *pr*.
SATURNIN, évêque de Toulouse, ses actes, son martyre, I, 28; patron de Toulouse, X, 29 *fin;* son église, VI, 12; GM 48; GC 20.
Saturnus quidam, M 3.
SAUL, roi des Israélites, I, 12.
SAUTERELLES, armées combattantes, IV, 20; désolent la Nouvelle-Castille, VI, 33, 44.
SAXONS, en guerre avec les Romains, II, 18, 19; vaincus par les Francs, II, 19; Saxons en Italie, V, 15; d'où ils se jettent sur la Gaule, IV, 43; trompent les Arvernes, IV, 43 *fin;* de retour dans leur patrie, sont vaincus par les Suèves, V, 15; se jettent sur la France, IV, 16 *fin*, 17; rebelles à Clotaire Ier, sont réprimés, IV, 10; se révoltent, IV, 14, 16; tributaires des Francs, IV, 14; demandent la paix, carnage des deux côtés, *ibid. fin*.
SAXONS de Bayeux, V, 27; X, 9. — (roi des), *voyez* ODOACRE.
SCAPTHARIUS, l'un des premiers du royaume, IV, 13 *fin*.
SCEAU du roi, V, 3 *fin*.
SCELLÉS, VII, 9; VIII, 12.
SCHISMES, leur origine, I, 26.
SCOPILIA, possédée, VP 9.
SCYTHIE, II, 8.
SECUNDELLUS, diacre, VP 9.
SECUNDINUS, III, 33.
SECURUS, rachitique, MM I, 40.
SEDULIUS, poëte, V, 45 *fin;* imité par Chilpéric, VI, 46.
SEIGNEURS, I, 29; VI, 24, 45; VII, 7, 19, 26; IX, 36; X, 16.
SEINE, fleuve, IV, 50; V, 25; VIII, 30.
SELLE en Poitou, son évêque Austrapius, IV, 18, *fin*.
SEMBLIN (Saint), *voyez* SIMILINUS.
SÉNAT romain, sa haine contre les chrétiens, pour quelle cause, I, 23.
SÉNATEURS, I, 29.

SÉNATEURS des Gaules, II, 21 *fin;* VI, 39, etc.; d'Auvergne, X, 31; leurs fils donnés en otage sont réduits en servitude, III, 15.
SÉNATOR, angevin, MM III, 7.
SÉNEVIÈRES, monast., VP 18.
SENLIS, partagé entre les rois, IX, 20; sous Childebert II, IX, 20.
— (territoire de), VI, 14 *fin*.
SENNAAR (Champ de), I, 6.
SENOCH, abbé à Tours, GC 25; VP 15; sa mort, V, 7.
SÉNONAIS (Pays), MM II, 55.
SENS, X, 11 *fin;* son évêque Anthémius, VIII, 31 *fin*.
SEPT DORMANTS (Les) d'Ephèse, GM 95.
Sept Dormants (Les) de Marmoutier, D p. 104 et suiv.
SEPTENTRION, constellation, S 56.
SEPTIMANIE, IX, 1 *fin*, 24, 31; dans les Gaules, VIII, 28; voisine des Gaules, VIII, 30; dévastée par Gontran, VIII, 35; IX, 7.
SEPTIMINE, gouvernante des enfants du roi, IX, 38.
SÉPULTURE refusée aux criminels, IX, 10 *fin;* — dans les églises, IX, 42.
SÉQUANUS ou saint Seine, GC 88.
SÉRÉNATUS, serf de Grégoire, MM IV, 36.
SERGIUS, martyr, VII, 31; GM 97.
SERMENT sur l'autel, III, 14 *fin;* à trois autels, V, 50; sur le tombeau de saint Denis, V, 33; de saint Martin, V, 49 *fin;* VIII, 16; sa formule, IV, 47; des peuples aux rois, IX, 30; des rois pour assurer les priviléges des peuples, *ibid.;* faux serments punis, VIII, 16, 40.
SERPENTS tombés des nuages, IX, 5; les premiers vus à Paris, VIII, 33 *fin*.
SERPENT (Le), constellation, S 50.
SERVATIUS. *Voy.* ARAVATIUS.
SERVIUS TULLIUS, roi des Romains, I, 16 *fin*.
SERFS, leur mariage, V, 3.
SÉVÈRE (Saint), GC 51, 52.

SÉVÈRE, v, 26 *fin*; mis à mort par Chilpéric; *ibid*.
SÉVÈRE SULPICE. Son livre, etc., de saint Martin, x, 31; MM 1; *prol*., 1, 2; 11, 32; sa Chronique, 1, 7 *fin*; 11, *prol*., *fin*.
SÉVÉRINUS, évêque de Cologne, MM 1, 4.
SÉVÉRINUS, évêque de Bordeaux, GC 45.
SEXCIACENSIS, *vicus*, GC 49.
SICAMBRES, 11, 31.
SICHAIRE, de Tours, VII, 47; IX, 19; est tué, 47 *fin*; IX, 19.
SICHLAIR, Goth., VP 18.
SICILE, envahie par les Francs, III, 32 *fin*; monastères fondés par saint Grégoire le Grand, x, 1. — S 29 et 30.
SICYONIENS, leurs rois EUROPS, MARATE, 1, 16.
SIDOINE APOLLINAIRE, évêque de Clermont, 11, 23, 24, 25, etc.; ancien préfet, 11, 21 *fin*; sa femme, son éloge, son livre sur les messes, 11, 22; ses lettres, VI, 7; sa mort, 11, 23. — GM 65; J 2; VP.
SIGEBERT, roi, fils de Clotaire Ier, IV, 3; fait sa résidence à Reims, IV, 22 *fin*; reçoit pour femme Brunehaut, IV, 207; envoie des ambassadeurs à Constantinople, IV, 39; fait la paix avec les Huns, IV, 29, et avec l'empereur Justin, IV, 39; accueille les Saxons, IV, 43; vaincu par les Huns au moyen de la magie, fait la paix, IV, 29; les met en fuite, réprime Chilpéric, prend Soissons, IV, 23; donne des terres aux Suèves v, 15; possède en partie l'Italie, IX, 20; x, 3; fait raser Gondovald, MM 1, 29; VI, 24; succède à Charibert, VII, 12; est pourchassé par Chilpéric, IV, 48; arme contre lui les nations d'outre Rhin, IV, 50; s'empare de son royaume, IV, 52; prend Arles, IV, 30; qu'il perd avec son armée, *ibid*.; possède Tours et le perd, v, 49 *fin*; Poitiers et Tours, IV, 46; les reprend, *ibid*., et tout ce qu'il avait perdu, son courage, IV, 50; fait la paix avec Gontran, IX, 20; qui lui rend ses villes, VII, 33 *fin*; favorisé par Mondéric, v, 5; incendie Paris, GM 72; achève l'église de Saint-Médard, IV, 19; exempte Tours du payement des tributs, IX, 30 *fin*; établit un évêque à Châteaudun, VII, 17; sa sévérité envers un archidiacre, IV, 44 *fin*; est tué, IV, 52; v, 6; VII, 6 *fin*; enterré à Soissons, IV, 52; sa mort, rejetée par Chilpéric sur Gontran, VI, 31; de glorieuse mémoire, VIII, 45; de bonne mémoire, IX, 20; son fils Childebert, v, 48; sa fille Ingonde, v, 39; IX, 24; ses trésors, VIII, 26; a pour comte du palais Gucilion, v, 19 *fin*; pour référendaire Siggo, v, 3 *fin*; Theuthaire, IX, 33 *fin*. — *Voyez* encore MM 1, 32; 11, 1, 7, 27; 111, 17; GC 71; VP 17; S 59.
SIGEBERT, évêque Momociacensis oppidi, IX, 29.
SIGEBERT CLAUDE, c'est-à-dire *le boiteux*, roi à Cologne, 11, 37; tué par son fils, 11, 40.
SIGÉRIC, fils du roi Sigismond, III, 5; est tué, *ibid*.
SIGGO, référendaire, v, 3 *fin*; MM III, 17.
SICHAIRE, citoyen de Poitiers, IV, 46.
SIGILA, Goth; sa mort, IV, 52.
SIGISMOND, roi des Bourguignons, fonde le monastère de Saint-Maurice, III, 5; GM 75; ses femmes, *ibid*.; tue son fils Sigéric, *ibid. fin*; marie sa fille à Théodéric, roi des Francs, *ibid. fin*; est tué, III, 6.
SIGIVALD, VII, 12.
SIGIVALD, duc, v, 12; l'un des grands de Théodéric, III, 24; VP 5, 12; gouverneur de Clermont, III, 13 *fin*; envahit les biens de l'Église et devient fou, III, 16; J 14; parent du roi, est tué, III, 23.

Sigulf, iv, 48; vii, 27; duc, viii, 18 *fin.*
Silluvius, de Bayeux, MM iv, 22.
Silvestre, pape, ii, 31 *fin.*
Silvestre, élu évêque de Langres, meurt, v, 5.
Silvius, roi des Latins, i, 16.
Silvius, martyr à Lyon, GM 49.
Siméon (Saint), Stylite, GC 26.
Siméon, évêque de Jérusalem, i, 25.
Siméon d'Antioche, viii, 15 *fin;* x, 24.
Similinus, martyr à Nantes, GM 60.
Simois, fleuve, iv, 30.
Simon, prêtre, MM ii, 4.
Simon, évêque étranger, x, 24.
Simon le Magicien, i, 24; ii, 23 *fin;* v, 50; vi, 39.
Simplicius, évêque de Vienne, ii, 13.
Simplicius, évêque d'Autun, GC 74, 76, 77.
Sina, Sinaï, montagne, i, 10.
Sirivald, est tué, iii, 35.
Siroialense monast., iv, 49; MM i, 18.
Siscia, i, 33; son évêque Quirinus, *ibid.*
Sisinnius, maître de la milice, iv, 45 *fin.*
Sisulf, pauvre, MM ii, 40.
Sixte, pape, martyr, i, 28.
Socratius, est tué, x, 8.
Sodome, vi, 5; x, 24 *fin.*
Soissons, résidence de Syagrius, ii, 27; de Chilpéric, iv, 22; v, 2 *fin;* qui y bâtit des cirques, v, 18 *fin;* basilique de Saint-Médard, v, 35 *fin;* son tombeau, iv, 19, 21; sépulture de Sigebert, v, 52 *fin;* (prisonnier pour dettes à), MM iii, 47. — GC 95.
Soissons (Pays de), v, 3; vi, 34.
Soie (Étoffe de), x, 16.
Soleil, prodiges, iv, 31; éclipse, *ibid.*; x, 23 *fin;* dimanche appelé jour du soleil, iii, 15.
Solemnis ou Soulein (Saint), GC 21.
Sollius, iv, 12. *Voyez* Sidoine Apollinaire.

Somme, fleuve, ii, 9 *fin.*
Sonnay, bourg, x, 31.
Sophie, impératrice, vi, 30; femme de Justin, v, 20; dresse des embûches à Tibère, est punie, v, 31.
Sort, consulté au moyen des saintes Écritures, ii, 37; iv, 16 *fin;* v, 14.
Sosie, disciple des apôtres, A 30.
Sostrate, esclave grec, A 4.
Sostrate, père de Philopater, A 24, 26.
Soucy, maison royale, synode, ix, 37.
Stade, mesure, i, 6; GM 76; S 3, etc.
Stamas, martyr à Lyon, GM 49.
Statue adorée, i, 5.
Stefadium ou Symma, constellation, S 43.
Stilicon, bat les Francs, ii, 9.
Strasbourg, ix, 36; x, 19 *fin.*
Stratoclès, A 34.
Stremonius. *Voy.* Austremoine.
Suaire, porté par un Juif, vi, 17.
Suavegothe, femme de Théodoric Ier, roi des Francs, iii, 5.
Suétone, cité, vi, 46.
Suèves, vainquent les Saxons, v, 15; reçoivent des terres, *ibid.;* appelés Alemans, occupent la Galice, ii, 2; leurs envoyés, v, 42.
Sulpice, évêque de Bourges, vi, 38; sa mort, x, 26. — D pr.
Sulpice Alexandre; son Histoire, ii, 9.
Sunnégisil, comte de l'étable, ix, 38; x, 19.
Sunniulfe, abbé de Randan, iv, 33.
Sunnon, duc des Francs, ii, 9.
Sureau portant des raisins, iv, 9.
Susanne, femme de Priscus, évêque de Lyon, iv, 36.
Suze, iv, 45 *fin.*
Syagrius, évêque d'Autun, v, 5; ix, 23 *fin,* 41; x, 28; VP 8; AR 35.
Syagrius, ii, 41; maître de la milice, ii, 18; roi des Romains, réside à Soissons, est tué, ii, 27.

Syagrius, fils de l'évêque Désidératus, 35.
Sylvestre (Saint), GC 85.
Symbole de la foi, 1, *prol.*
Symphorien, martyr; son église, 11, 15; à Clermont, viii, 30; sa nativité, x, 31; GM 52.
Syrie, iv, 39.
Syriens, x, 26; dans l'église de Paris, *ibid.*; louanges adressées au roi Gontran dans leur langue, viii, 1; le Syrien Eufronius, vii, 31.
Syrus, maître de la milice, ii, 9.

T

Tables (Jeu des), ou trictrac, x, 16.
Tachildis, possédée, VP 9.
Tailleur parisien, MM ii, 58.
Talva *vicus*, GC 49.
Tatton. *Voy.* Wistrimond.
Tauredunum, iv, 31.
Teifales, peuple établi dans le Poitou, iv, 18; v, 7; VP 15.
Témoins, quels peuvent témoigner contre les évêques, v, 50.
Temple de Salomon, 1, 13; dépouillé par Nabuchodonosor, 1, 14; sa ruine, 1, 22; incendié sous les Romains, 1, 24 *fin.*
Tentures dans les églises, ii, 29, 31; iv, 31.
Terentiolus, comte de Limoges, viii, 30.
Térouanne (Habitants de), v, 1.
Terre (Tremblement de), ii, 20 *fin;* v, 18, 34; vi, 21; vii, 119; x, 23. — (promise), 1, 11.
Tertium, château en Italie, MM 1, 14.
Testament, vi, 45; v, 37; x, 31.
Tétradie, femme d'Eulalius, se marie avec Didier, viii, 45; x, 8.
Tétradius, évêque de Bourges, iii, 16; J 14.
Tétradius, cousin de Cautin, iv, 31 *fin.*
Tétricus, évêque de Langres, iv, 16; v, 5; viii, 5; GC 107.

Teuthaire, prêtre commis pour examiner la cause de Chrodielde, ix, 43; x, 16.
Thau, inscription, iv, 5 *fin.*
Thaumastus, évêque, GC 53.
Thécla, surnom donné à Mélanie, 1, 36.
Themellus, bourg de Touraine, MM iv, 42.
Théoda, fille du prêtre Wiliachaire, MM iii, 13.
Théodat, roi d'Espagne, iii, 30.
Théodat, roi de Toscane, ensuite d'Italie, iii, 31 *fin.*
Théodebald, roi des Francs, iii, 37; iv, 7, 14; jeune enfant, iv, 6; sa femme Vultrade, iv, 9; ses mœurs, sa mort, *ibid.*
Théodebald ou Théodoald, fils de Clodomir, iii, 6 *fin.*
Théodebert, roi, iii, 1; iv. 52 *fin;* x 29; marche avec son père contre les Thuringiens, iii, 7; envoyé contre les Goths, iii, 21; succède à son père, iii, 23; a pour femmes Deuthérie et Wisigarde, les répudie, iii, 20, 22, 27; menace Théodat, roi d'Italie, iii, 31 *fin;* en reçoit de l'argent, *ibid.;* expédition en Italie, iii 32; qu'il soumet ainsi que la Sicile, *ibid.;* arme contre Clotaire, iii, 28; repousse les Danois, iii, 3, et tue leur roi, *ibid.;* tue Badéric, roi des Thuringiens, iii, 4; sauve Givald de la mort, iii, 23; ses vertus, iii, 25; donne de l'argent aux Verdunois, iii, 34; sa mort, iii, 36, 37. — *Voy.* GM 84; GC 93; VP 17; AR 3, 30.
Théodebert II, fils de Childebert II, ix, 9 *fin,* etc.; sa naissance, viii, 37; tombe malade, ix, 29; envoyé à Soissons, ix, 36.
Théodebert, fils de Chilpéric, envahit Tours, v, 49; est pris, iv, 23; ravage le pays de Tours et de Poitiers, iv, 48; qui est rendu à Sigebert, iv, 50 *fin;* est tué et enterré à Angoulême, iv, 51 *fin;*

DES OEUVRES DE GRÉGOIRE DE TOURS.

le duc Gontran accusé d'être auteur de sa mort, v, 14.
THÉODÉGISILE, roi d'Espagne, III, 30; GM 26.
THÉODEMUND, sourd-muet, MM I, 7.
THÉODÉRIC, roi d'Italie, sa femme Anaflède, sœur de Clovis, III, 31. — GM 40, 78.
THÉODÉRIC ou THIERRY, roi, fils de Clovis, II, 28 *fin;* III, 1; son expédition contre les Goths, II, 37 *fin;* réside à Reims, IV, 22; fait un traité avec Childebert, III, 15; destine Wisigarde à son fils Théodebert, III, 20; envoie ce fils contre les Goths, III. 21; contre les Danois, III, 3; son expédition en Thuringe, III, 4, 7; bat les Thuringiens, III, 7; est supposé avoir tué leur roi, III, 8; retour, III, 9; sa femme, fille de Sigismond, III, 5 *fin;* promet à Clodomir de marcher contre les Bourguignons, III, 6; refuse de le faire, III, 11; se prépare à porter la guerre en Auvergne, dévaste ce pays, III, 12; GM 52; J, 13; VP 5; en donne le gouvernement à Sigivald, III, 13 *fin;* qu'il fait périr, III, 23; tente de tuer son frère Clotaire, III, 7 *fin;* assiége le rebelle Mondéric, III, 14; tourmente Désiré, évêque de Verdun III, 34; sur l'accusation de Sirivald, fait périr celui-ci, III, 35; établit saint Quintien évêque de Clermont, III, 2 *fin;* sa mort, III, 23; *voy.* encore VP 4, 6, 17.
THÉODÉRIC, comte des Bretons, v, 16.
THÉODOMER, roi des Francs, II, 9, *fin.*
THÉODORE, évêque de Marseille, VI, 11, 24; reçoit Gondovald, VI, 24; VII, 36 *fin;* est poursuivi par Gontran, VIII, 12, et par Childebert II, *ibid.;* est enchaîné et absous, VI, 11 *fin;* dans un synode, VIII, 20 *fin;* sa sollicitude en temps d'épidémie, IX, 22; son éloge, VIII, 12 *fin.*
THÉODORE, évêque de Tours, III, 17; X, 31.
THÉODORE, évêque de Conserans, GC, 84.
THÉODORE, serviteur de Grégoire, MM IV, 9.
Théodore, un des sept Dormants, D I, 6.
THÉODORIC, roi des Goths, II, 7.
THÉODORIC, fils de Chilpéric, VI, 27.
THÉODORIC II, fils de Childebert II, IX, 4, 9.
THÉODOSE, empereur, I, 38; II, 8; GM 95.
THÉODOSE, évêque de Rodez, v, 47 *fin;* VI, 38.
THÉODOSIENNE (Loi), IV, 47.
THÉODULF, abbé, élu évêque du Mans, VI, 9 *fin.*
THÉODULF, comte d'Angers, VIII, 18 *fin.*
THÉODULF, diacre de Paris, X, 14.
THÉODULF, citoyen de Tours, MM IV, 5.
THÉODULF, possédé, VP 9.
THEPHEI, roi d'Égypte, I, 16.
THÉROUANNE, ses habitants, v, 19.
Thessalonique, A 12, 13, 18.
THEUDECHILDE, femme de Charibert, IV, 26; cherche à épouser le roi Gontran, est renfermée, IV, 25 *fin;* reçoit des tributs, GC 41.
THEUDOMER, diacre MM II, 19.
THEUTHAIRE, référendaire se fait prêtre, IX, 33 *fin.*
THIERS, château, GM 52.
THOMAS, apôtre, GM 32.
THORISMOND, roi des Goths, II, 7.
TIMOTHÉE, martyr à Reims, GM 55.
TITIANUS (Julius), géographe, S. 30.
TITUS, martyr à Lyon, GM 49.
TOLBIAC, II, 37; III, 8.
TOLÈDE, V, 39 *fin;* VI, 43 *fin.*
TONNERRE, son archiprêtre Mondéric, v, 5; son château, GC 11, 37.

Tornes, village du Maine, MM iv, 12.
Toscane, son roi Théodat, iii, 31.
Toulouse, son patron Saturnin, i, 28; x, 29 *fin*; GM 48; son Capitole, i, 28 *fin*; renferme les trésors d'Alaric, ii, 37 *fin*; reçoit Gondovald, vii, 27; Rigonthe, vii, 9; dans la basilique de Sainte-Marie, vii, 10; son évêché promis à Sagittarius, vii, 28.
Toulouse (Pays de), vii, 39 *fin*; viii, 30, 45 *fin*. — (habitants de); viii, 30; ix, 31. — *Voy.* encore GM 89.
Tournai, Chilpéric s'y fortifie, iv, 51 *fin*; v, 23; en sort, iv, 52. — (Francs de), x, 27.
Tournaisis, v, 50.
Tournon, bourg, x, 31.
Tournus, GM 54.
Tours, exempt de tributs, ix, 30; incendié, iv, 20; x, 31; ses églises dévastées par Leudaste, v, 48; Clovis y prend les titres de consul et d'Auguste, ii, 38; séjour de Clotilde, ii, 43; elle y meurt, iv, 1; sous Charibert, Sigebert, Chilpéric, v, 49; sous Clotaire, Charibert, Sigebert, Childebert, ix, 30; envahi par Chilpéric, iv, 46, 48; v, 1, 2; restitué, iv, 50; rentre dans les mains de Sigebert, iv, 46.

Premier germe de la foi, x, 31; première basilique, *ibid.*; son patron saint Martin, x, 29 *fin*; sa basilique, *voyez* Martin; celle de saint Julien, *voyez* Julien: son cimetière, x, 31; ses fêtes, ses jeûnes, ses vigiles, x, 31: son église, ix, 26; x, 31; reconstruite par Grégoire, x, 31. Église Sainte-Marie et Saint-Jean, GM 20; Saint-Étienne; GM 34. — (habitants de), en proie à une épidémie, x, 30; disputent aux Poitevins le corps de saint Martin, i, 43; marchent contre les Bretons, v, 27; demandent Caton pour évêque, iv, 11; Eufronius, iv, 15; guerre civile, vii, 47; ix, 19. — (pays de), iv, 48 *fin*; v, 14; vi, 12, 21; x, 31; est ravagé, iv, 48 *fin*; vi, 31; préservé par la vertu de saint Martin, ii, 37. — GM 105; MM iii, 6, etc.; D 5; M 1, etc.
Tours (Ducs de). *Voyez* Ennodius, Bérule. — (comtes de). *Voyez* Leudastes, Eunomius. — (évêques de); furent presque tous parents de Grégoire, v, 50; leur suite jusqu'à Grégoire, x, 31; leur chronologie, x, 21 *fin*.
Toury, village VP 18.
Traducta, ville d'Espagne, ii, 2.
Traguilan, iii, 31.
Traités, terminés par des imprécations, vii, 6 *fin*; traité conclu entre Gontran et Childebert, ix, 20.
Trajan, persécuteur, i, 25.
Tranquillus (Saint), GC 44.
Transfiguration de J. C., vi, 40 *fin*.
Transmigration des Israélites, i, 15.
Transobad, prêtre de Rodez, v, 47.
Transobad, prêtre du Gévaudan, vi, 38.
Trasamond, roi des Vandales, persécute les catholiques, ii, 2; sa mort, ii, 3.
Trèves, brûlé par les Francs, ii, 9; résidence de l'empereur, i, 38; J 4; MM iv, 29; GC 93; VP 2, 6, 17. — (territoire de), iii, 15; viii, 15.
Trézelle, bourg, MM ii, 10; VP 13.
Tribun, son office, vii, 23; puissance tribunitienne, x, 21. — (des Joviniens), Héraclius, ii, 9.
Tribunal de l'Église, x, 15.
Tribut public, vi, 45; vii, 23; ix, 30; étranger aux habitants de Tours, ix, 30 et aux ecclésiastiques de Clermont, x, 7; Francs libres soumis de force à le payer, vii, 15 *fin*. *Voyez* Recensements. — *Voy.* AR 25.

TRIFIME, martyr à Lyon, GM 49.
TRINITÉ, son défenseur saint Martin, x, 31, attaquée par Chilpéric, v, 45 ; les biens abondent à ceux qui la vénèrent, III, *Prol.*
TRION, constellation, S 47.
TROIS-CHATEAUX (SAINT-PAUL-); son évêque Victor, v, 21.
TROJANUS, évêque de Saintes, GC 59.
TROPAS ou TROPHAS, roi des Argiens, I, 16.
Trophima, A 23.
TROPHIME, évêque d'Arles, I, 28.
TROUPEAUX, mortalité, VI, 31 *fin.*
TROYES, ville de Champagne, VIII, 13 ; GC 67.
TRUDULF, comte du palais, IX, 12.
TRUYES, bourg de Touraine, x, 31.

U

ULPIUS, martyr à Lyon, GM 49.
ULTROGOTHE, femme de Childebert, IV, 20; son référendaire Ursicin, v, 43 ; vient prier à Tours, MM 1, 12.
UNSTRUT, fleuve, III, 7.
URBAIN, diacre, J 46.
URBAIN, fils de Mélanie, I, 36.
URBAIN, martyr d'Antioche, I, 28.
URBICUS, évêque de Clermont, I, 39.
URBICUS, évêque de Riez, IX, 41.
URSICIN, évêque de Cahors, v, 43 ; VI, 38 ; ancien référendaire de la reine Ultrogothe, v, 43 ; excommunié, fait pénitence, VIII, 20.
URSINUS, évêque de Bourges, I, 29, GC, 80.
URSION, VI, 4; trempe dans une conjuration, IX, 9 ; se fortifie dans le château de Vaivre, *ibid*; assiégé et tué, IX, 12. — (domaine d'), IX, 9 *fin.*
URSULF, serf à Tours, MM II, 13.
URSUS, citoyen de Clermont, IV ; 47 ; autre Ursus, *ibid.*
URSUS, abbé à Cahors, VP 18.
UTRECHT, GC 72.
UZÈS, son duc Nizier, VIII, 18

V

VAIVRE, IX, 9 *fin.* — (pays de), IX, 12.
VALENCE, IV, 45.
VALENS, empereur, I, 36; x, 31 ; soumet les moines à la milice, I, 37 ; sa mort, *ibid.*
VALENTINIEN, empereur, I, 36; x, 31 ; sa mort, I, 37.
VALENTINIEN II, empereur, II, 9.
VALENTINIEN III, empereur, II, 8 ; sa mort, *ibid. fin.*
VALENTINIEN, hérésiarque, I, 26, 28.
VALENTINIEN, diacre, VP 6.
VALÉRIEN, empereur romain, I, 30.
VALÉRIEN (saint), GM 54.
VALÉRIUS, évêque de Conserans, GC 84.
VANDALES, se jettent sur la Gaule, II, 2 ; passent en Espagne et en Afrique, *ibid. fin;* vaincus par les Francs, II, 9 ; ariens, persécutent les catholiques en Espagne, II, 2; en Afrique, II, 3.
VANNES, V, 27 *fin;* VIII, 25, etc. — (pays de), IX, 18 *fin.*
VAPRÈS, roi des Égyptiens, I, 16.
VASSO, temple gaulois en Auvergne, I, 30.
VELAY (Le), x, 25 ; VI, 26; J 7; GC 35. — (territoire du), IV, 47 *fin;* 25.
VENANT (Saint-), monastère ; ses abbés. *Voyez* LICINIUS, GONTHAIRE.
VENANT (Saint-) GC 15 ; VP 16.
VENDANGES à Constantinople, V, 31.
VENDÔME, IX, 20.
VÉNÉRANDA, concubine de Gontran, IV, 25.
VÉNÉRANDUS, évêque de Clermont, II, 13 ; GC 35, 37.
VÉNÉRANDUS, comte, VP 3.
VENNOC ou WINNOCH, reclus, v, 22 ; s'adonne au vin, VIII, 34.
VENSAT (Domaine de), VP 12.

372   TABLE GÉNÉRALE

VENTOUSES, v, 6; vii, 22.
VÉRANUS, évêque de Cavaillon, viii, 31 *fin*; ix, 4, 41.
VÉRANUS, esclave du prêtre Simon, MM ii, 4.
VERBE; son incarnation, vi, 5.
VERCEIL, ii, 1 *fin*; x 31; GC 3.
VERDUN, iii, 26; ix, 12; sauvé de la misère par Théodebert, iii, 34; son église, ix, 8, concile, x, 19.
VERMANDOIS (Pays de), MM ii, 19.
VERNOU, bourg, x.
VÉRUS, évêque de Tours, ii, 26; x, 31.
VESERONCE? iii, 6.
VESPASIEN, empereur romain, 1, 24 *fin*.
VETTIUS EPAGATUS, martyr à Lyon, 1, 27 *fin*, 19; GM 49; VP 6.
VIBRAC (Église de), J 48.
VICAIRES, x, 5.
VICTOR, martyr à Marseille, ix, 22; GM 77.
VICTOR, martyr à Milan, GM 45.
VICTOR, évêque de Saint-Paul-Trois-Châteaux, v, 21.
VICTOR, martyr à Xanten, GM 63.
VICTOR, fils du tyran Maxime, ii, 9.
VICTORIN, martyr, 1, 31.
VICTORINA, à Saintes, J, 47.
VICTORIUS, duc, ii, 20 et 21 *fin*; d'Auvergne, *ibid.*; tué à Rome, ii, 20; GM 45; GC 33; VP 3.
VICTORIUS, évêque de Rennes, viii, 32; ix, 39.
VICTORIUS, évêque du Mans, GC 56.
VICTORIUS ou VICTOR; son cycle pascal, 1, Prol. *fin*; x, 23.
VIDIMACLE, comte de Bretagne, ix, 18.
VIE, présente et future, 1, 10 *fin*; ii, 3.
VIENNE (La), fleuve, 1, 43 *fin*; ii, 39.
VIENNE, assiégée et prise, ii, 33, 34. — *Voy.* encore MM ii, 18; JJ p. 97, etc.
VIGILIUS, archidiacre de Marseille, iv, 44.
VIGILES, célébrées la nuit dans les églises, vii, 22; de Pâques, ii, 34; de saint Martin, v, 24; à Saint-Maurice, x, 31; à Tours, instituées par Perpétuus, x, 31.
VILAINE, fleuve, v, 27; x, 9.
VILIOGUNDE, fille aveugle, MM iv, 18.
VIE, de Dijon, de Châlon, iii, 19; de Gaza, de Latakié, vii, 29; de Gaza, GC 65.
VINASTÈS, aveugle, MM ii, 23.
VINCENT, martyr en Espagne, ix, 6; iii, 29; GM 90; sa basilique à Paris, iv, 20; vi, 46 *fin*; viii, 10 *fin*, 33; GC 90; bâtie par Childebert, *voyez* GERMAIN; à Tours, x, 31; à Toulouse; GM 89.
VINCENT, martyr à Agen; sa basilique violée, vii, 35; GM 105.
VINDEMIAL, évêque, ii, 3.
Vinicella, village d'Auvergne, JJ 100.
VINTRHION, ii, 3; duc, viii, 18.
VIRGILE; ses ouvrages, iv, 30, 47. — GM pr.; S 29 (*Publius Mantuanus*); S 36 (*Maro*); D pr.
VIRGILE, évêque d'Arles, ix, 23.
VIRGINITÉ, son éloge, 1, 42 *fin*.
VIRUS, évêque de Vienne, viii, 39 *fin*.
VIRUS, neveu d'Eulalius, x, 8.
VISIGOTHS. *Voy.* les mots GOTHS, ESPAGNE.
VISIONS, iii, 36; iv, 33; vi, 29; vii, 1, etc.
VITALINA (Sainte), GC 5.
VITALIS, martyr à Bologne, ii, 16; GM 44.
VITALIS, martyr à Lyon, GM 49.
VITRY, domaine, iv, 52; v, 1; vi, 41 *fin*.
VIVENTIUS, clerc, VP 6.
VIVIANUS, évêque de Saintes, GC 58.
VIVIERS (épidémie à), x, 23 *fin*.
VODOLLACENSIS *vicus*, Bouliac, GC 47.
VOILES. *Voyez* TENTURES.
VOITURES publiques, ix, 9.
VOLLORE, iii, 13; VP 4.
VOLUSIANUS, évêque, x, 31.

VOULON (Bataille de), II, 37.
VOUTEGON, bourg, MM II, 45.
VULTRADE, femme de Théodebald, IV, 9.

W

WADDON, IV, 35; X, 21; maire du palais de Rigonthe, V, 27 *fin*. 43; ancien comte de Saintes, VI, 45 *fin*; se joint à Gondovald, VII, 28, 34, 38; l'abandonne, VIII, 38; passe à Brunchaut, VII, 43; est tué, IX, 35 *fin*; crimes de ses fils, prend les trésors de Gondovald, X, 21.
WALDIN, Franc, est tué, X, 27 *fin*.
WALDON, surnommé BERTRAM, diacre, VIII, 22.
WALFROIE, VIII, 15.
WANDELIN, gouverneur de Childebert, II, VI, 1; VIII, 22 *fin*.
WARINAIRE, Franc, IV, 39.
WAROCH, fils de Macliau, V, 16; comte de Bretagne, V, 27; IX, 18; viole la foi promise, IX, 18 *fin*; duc, se jette sur la Gaule, X, 9; fait la paix avec Ebrachaire, et la rompt, *ibid.*; conspire avec Frédégonde contre Beppolen, X, 11. — *Voy*. GM 61.
WILIACHAIRE, comte, X, 9 *fin*; d'Orléans, VII, 13.
WILIACHAIRE, duc d'Aquitaine; sa fille mariée à Chramn, IV, 17; se réfugie dans l'église de Saint-Martin, IV, 20, MM I, 23; l'incendie, X, 31.
WILIACHAIRE, prêtre, MM III, 13.
WILIULF de Poitiers, IX, 13.
WINNOCH. *Voy*. VENNOC.
WISIGARDE, reine, III, 33; fiancée à Théodebert, III, 20; sa femme, III, 27.
WISTRIMOND, surnommée TATTON ou ATTON, X, 29; AR 19.

X

XANTEN. *Voy*. BERTUNENSE oppidum.

Y

YRIEZ (Saint), abbé. *Voy*. ARÉDIUS.
YRIEZ (Saint-), monastère, VIII, 15; X, 29.
YZEURE en Touraine, GM 59.

Z

ZABAN, duc des Lombards, IV, 45.
ZACHARIAS, martyr à Lyon, GM 49.
ZAHULF, VII, 32.
ZOROASTRE, dieu des Perses, I, 5.
ZOROBABEL, I, 14, 15.
ZOTAN, envoyé de Gondovald, VII, 32.
ZOTICUS, martyr à Lyon, GM 49.
ZOTIMUS, martyr à Lyon, GM 49.
ZULPIC. *Voy*. TOLBIAC.

FIN DE LA TABLE.

ERRATA ET ADDENDA.

TOME Ier.

Page 142, l. 2 : Vectius, Epagatus, *lisez en un seul nom* Vectius Epagatus.

— 143, l. 2 : Même correction : Vectius Epagatus, ou le bien bon, ἐπ' ἀγαθὸς.

— 155, l. 4, 6, 10 : *Lisez :* Chalon *et non* Châlon.

— 157, l. 7 : Même correction.

— 169, l. 14 : Sur les confins du territoire de Tours, *lisez :* sur le territoire de la cité de Tours.

— 185, l. 12 : De la même ville, *lisez :* de la même contrée.

— 221, l. 2 : L'évêque s'éloigna, *lisez :* y alla.

249, l. 1 : Sur les frontières du Poitou, *lisez :* sur le territoire du Poitou.

— 248, l. 2, et 249, note : Vicus Becciaco, Bessay. — « Saint-Vincent-sous-Jart, » le Becciacum de Grégoire de Tours, cité dans les *Lettres écrites de la Vendée*, par B. Fillon, 1861, p. 107.

— 275, l. 6 : A un certain endroit des frontières du pays de Limoges, *lisez :* à un certain endroit du territoire limousin.

ERRATA ET ADDENDA. 375

Page 299, l. 6, en remontant : Prêtre des confins du Poitou, *lisez :* prêtre du territoire du Poitou.

— 319, l. 16 : Les hommes notables, *lisez :* les guerriers.

— 367, l. 4 : S'élança pour le saluer, *lisez :* s'élança sur lui en sautant.

— 377, l. 21 : D'un enfant, *lisez :* d'un serviteur.

— 383, l. 18 : Aréduis, prêtre, etc., *lisez :* le prêtre Arédius étant venu du Limousin pour me voir.

— 383, l. 21 : D'un enfant qui fut conduit, *lisez :* d'un serviteur.

— 395-398. Ajoutez qu'une partie de la correspondance de dom Ruinart est imprimée dans les recueils intitulés : 1° *OEuvres posthumes de D. Mabillon et de D. Ruinart*; publiées par dom Vincent Thuillier, 3 vol. in-4°, 1724, 2° *Correspondance inédite de Mabillon et de Montfaucon avec l'Italie, contenant un grand nombre de faits sur l'histoire religieuse et littéraire*, etc., par M. Valery (3 vol. in-8, 1846).

TOME II.

— 53, note 1. *Supprimez* les mots « près Angers. » Saint-Ciran-du-Sambot ou du Jambot est de l'autre côté de Tours, vers Loches. Supprimez aussi la dernière phrase de la note.

— 71, ligne pénultième : Avait contre toute justice enlevé, *lisez :* disputait au saint évêque Eufronius, contre toute justice.

— 82 et 83. *Berberis ou Verberis fluvius* est la Bèbre, rivière du département de l'Allier, qui se jette dans la Loire, près Bourbon-Lancy. Cela est démontré dans la traduction de l'histoire des Francks, publiée par la librairie Firmin-Didot, 1859-61, 2 vol. in-12. La Bèbre est encore citée par Grégoire, *Vitæ Pat.*, XIII, 1.

— 89, l. 8 : Du paralytique Securus, *lisez :* du rachitique.

ERRATA ET ADDENDA.

Page 235, l. 25 : Le domaine de Marciac. — *Marsas*, à 24 kil. s.-e. de Blaye, selon A. Jacobs.

— 315, l. 7 : Les pays de Saintes, *lisez* le pays.

— 392, note. *Ajoutez* Cl.-F. Monagunda.

— 422, l. 18 : Teudechildæ. *Ajoutez :* Cl. F. Teudilgilde.

— 424, l. ult. Musiacas. *Ajoutez :* Cl. F. Musciacas.

— 428, l. 12 : Tranquillo. *Ajoutez :* Cl. F. Tranquillino.

— 432, l. 11. Blaviensi castello. *Ajoutez :* Cl. F. Blavianensi.

— 437. l. 15 : Cité de Béziers, *lisez :* de Bigorre.

TOME III.

— 187, note. Le prieuré de Saint-Portien, *lisez :* de Saint-Pourçain.

TOME IV.

— 3, l. 25. In Athenœo Francogallico, p. 578. Il s'agit, dans ce passage, de l'*Athenæum français*, revue littéraire qui parut de 1855 à 1860 sous la direction de M. Lud. Lalanne.

FIN DU QUATRIÈME ET DERNIER VOLUME.

Paris. — Imprimerie générale de Ch. Lahure, rue de Fleurus, 9.

www.ingramcontent.com/pod-product-compliance
Lightning Source LLC
Chambersburg PA
CBHW070447170426
43201CB00010B/1245